A publicidade na construção de grandes marcas

A Editora Nobel tem como objetivo publicar obras com qualidade editorial e gráfica, consistência de informações, confiabilidade de tradução, clareza de texto, e impressão, acabamento e papel adequados.
Para que você, nosso leitor, possa expressar suas sugestões, dúvidas, críticas e eventuais reclamações, a Nobel mantém aberto um canal de comunicação.

Entre em contato com:
CENTRAL NOBEL DE ATENDIMENTO AO CONSUMIDOR
Fone: (11) 3706-1466 – Fax: (11) 3706-1462
R. Pedroso Alvarenga, 1046 – 9º andar – 04531-004 – São Paulo – SP
www.editoranobel.com.br
E-mail: ednobel@editoranobel.com.br

John Philip Jones
(org.)

A publicidade na construção de grandes marcas

Tradução de Elizabeth Chammas

Nobel

Publicado originalmente sob o título
How to use advertising to build strong brands
por acordo com Sage Publications, Inc., (EUA, Reino Unido e Índia)

Direitos desta edição reservados à
AMPUB Comercial Ltda.
(Nobel é um selo editorial da AMPUB Comercial Ltda.)
Rua Pedroso Alvarenga, 1046 – 9º andar – 04531-004 – São Paulo – SP
Fone: (11) 3706-1466 – Fax: (11) 3706-1462
www.editoranobel.com.br
E-mail: ednobel@editoranobel.com.br

Supervisão editorial: Maria Elisa Bifano
Preparação de texto: Clemente Raphael Mahl
Revisão técnica: Maria Cecilia Chagas e Renata Policicio
Revisão: Fernando Santos, Maria Aparecida Amaral
Fotos da capa: Getty Images/Photodisk, Keystone/Pixtal
Capa: Vivian Valli
Composição: Júlio Cesar Portellada
Impressão: PROL Editora Gráfica Ltda.

Publicado em 2005

Dados Internacionais de Catalogação na Publicação (CIP)
(Câmara Brasileira do Livro, SP, Brasil)

A publicidade na construção de grandes marcas / John Philip Jones, org.; tradução Elizabeth Chammas. — São Paulo : Nobel, 2004.

Título original: How to use advertising to build strong brands.

Bibliografia.
ISBN 85-213-1282-2

1. Marcas de produtos 2. Marketing 3. Publicidade – Marcas de produtos I. Jones, John Philip.

04-3027 CDD– 659.1

Índices para catálogo sistemático:

1. Marcas : Publicidade : Administração de empresas 659.1
2. Publicidade : Marcas : Administração de empresas 659.1

Impresso no Brasil / *Printed in Brazil*

Biblioteca Grupo de Mídia

A Biblioteca Grupo de Mídia
é um projeto inovador, que busca aumentar o nível de informação para todos os profissionais que atuam na área.
A iniciativa do Grupo de Mídia São Paulo conta com a participação da Editora Nobel e tem como objetivo trazer para o Brasil os aperfeiçoamentos desenvolvidos nos centros mais avançados e estender a um maior número de pessoas o acesso à tecnologia e bibliografia de ponta.
O projeto foi concebido e dirigido por Claudio Venâncio, com a colaboração de um conselho editorial formado por Waldemar Lichtenfels, Altino João de Barros, Maria Cecilia Chagas, Renata Policicio, Osvaldo Inocima, Geraldo Leite, Rodney Ulrich e José Carlos Veronezzi.
Profissionais da área de mídia terão, a partir de agora, uma biblioteca atualizada, com a chancela do Grupo de Mídia São Paulo, para reciclar seus conhecimentos e otimizar ainda mais suas estratégias.

Grupo de Mídia São Paulo
Av. Dr. Cardoso de Melo, 1340 - 15º andar
São Paulo - Vila Olímpia - 04548-004
Fones: (11) 3846-1203 - 3842-5219
e-mail: gm@gm.org.br
www.gm.org.br

GRUPO DE MÍDIA
SÃO PAULO

Títulos da Biblioteca Grupo de Mídia

Já publicados

A essência do planejamento de mídia:
um ponto de vista mercadológico
(maio de 2001)
Arnold M. Barban, Steven M. Cristol, Frank J. Kopec

Planejamento de mídia:
aferições, estratégias e avaliações
(junho de 2001)
Jack Z. Sissors e Lincoln J. Bumba

Praticando o planejamento de mídia – 36 exercícios
(setembro de 2001)
William B. Goodrich e Jack Z. Sissors

Gerenciamento de mídia:
ajudando o anunciante a ampliar seus conhecimentos em mídia
(dezembro de 2001)
Herbert Zeltner

Como vender a mídia:
o marketing como ferramenta de venda do espaço publicitário
(setembro de 2002)
Mary Alice Shaver

A conquista da atenção:
a publicidade e as novas formas de comunicação
(dezembro de 2002)
Richard P. Adler e Charles M. Firestone

A publicidade como negócio
operações – criatividade – planejamento de mídia – comunicação integrada
(abril de 2003)
John Philip Jones (org.)

Media handbook:
um guia completo para eficiência em mídia
(maio de 2004)
Helen Katz

Este livro é dedicado a David Ogilvy

Toda e qualquer publicidade deve ser considerada como uma contribuição ao símbolo complexo que é a imagem da marca. Se você assumir essa visão de longo prazo, uma grande quantidade de problemas cotidianos se resolverá sozinha.

David Ogilvy, 1963

(*Confissões de um publicitário*)

Sumário

Parte II – Marcas novas e em crescimento

Parte III – Marcas maduras

Parte IV – Conceitos da marca em novas áreas

Introdução

John Philip Jones

Este livro é obra de vários autores — vinte e um no total. Destes, quinze são americanos e seis são ingleses; onze são publicitários e dez são acadêmicos. Todos são especialistas em suas áreas e vários deles ocupam uma posição de liderança em termos de conhecimento e experiência profissionais.

A maior de todas as contribuições da publicidade para o mundo dos negócios é, com certeza, sua capacidade de construir marcas. O conceito de marca é descrito em detalhe neste livro, especialmente no Capítulo 1, dedicado ao importante tópico dos valores agregados.

Uma marca é um produto ou serviço usado pelos consumidores. Esses consumidores, em sua maioria, pertencem ao público em geral, mas há casos em que os consumidores de uma determinada marca podem ser a indústria ou o comércio. De todo modo, uma marca só obterá sucesso se cumprir sua função com eficiência; certamente deve ser superior — ou percebida como tal — às marcas já existentes quanto às qualidades mais apreciadas pelos consumidores. (Estas qualidades podem ser bem diferentes daquelas exigidas por consumidores de outras marcas.) Mas uma marca — mesmo a melhor delas — é bem mais do que um simples produto com propriedades funcionais. Uma marca bem-sucedida criará uma preferência — uma predileção psicológica — nas mentes desses consumidores, e isso os motivará a comprá-la repetidamente. É por isso que as marcas são consideradas como ponto de partida para uma lucratividade de longo prazo por parte dos fabricantes. A preferência do consumidor por uma marca é construída substancialmente pelo que se tornou conhecido como valores agregados.

O conceito de marca tornou-se uma ferramenta conhecida para impulsionar os negócios antes do final do século XIX. Entretanto, até meados do século XX, o uso da publicidade estava amplamente restrito a bens de consumo freqüente.

Essa categoria (ou grupo de categorias) de mercadoria é responsável por um terço das cem marcas mais importantes existentes. No entanto, a expansão do conceito — o desenvolvimento de marcas em novos campos — tem sido uma das mais importantes características da prática de marketing nos últimos cinqüenta anos. Essa expansão será demonstrada logo a seguir; antes, porém, é preciso descrever a área em que as marcas se originaram: os produtos de consumo freqüente.

Produtos de consumo freqüente

A expressão produtos de consumo freqüente — conhecida na Inglaterra como *mercadorias de balcão de rápida reposição* (mbrr) — descreve um grupo muito grande. As categorias individuais importantes que integram esta classe de produtos são: alimentos empacotados, enlatados e congelados; medicamentos de uso não-controlado*; produtos de tabacaria; produtos de higiene pessoal e cosméticos; vinho, cerveja e bebidas alcoólicas em geral; sabão e produtos de limpeza; chicletes e doces; e refrigerantes. Essa mistura de categorias tem considerável homogeneidade em termos de marketing. Todas elas têm seis características gerais em comum, nas quais a maioria difere pelo menos em grau das outras categorias de produtos e de serviços, como, por exemplo, setor automotivo, viagens, varejo, resposta direta, finanças e entretenimento.

* Categoria também conhecida no mercado brasileiro como OTC (*over-the-counter drugs*). (N.R.T.)

1. As mulheres são o grupo mais importante de consumidores

Os produtos de consumo freqüente são sobretudo vendidos em supermercados, farmácias e hipermercados. Na grande maioria dos casos, os compradores são mulheres, apesar de tais mercadorias ou produtos serem certamente usados por todos os membros da família além da dona-de-casa. Com as mudanças nos papéis individuais das mulheres e dos homens em muitos lares, 20% de todos os domicílios passaram a ter um homem como responsável pela casa, e, como conseqüência, os homens estão presentes em um terço das compras efetuadas, efetivamente comprando ou acompanhando suas esposas. Apesar disso, muitos, se não a maioria dos fabricantes desses produtos, continuam a se referir ao seu consumidor-alvo como ela. A única outra categoria de publicidade na qual o target feminino é tão importante quanto esta é a do varejo.

2. Os consumidores compram repetidamente e têm um repertório de marcas

As marcas são compradas não apenas uma, mas repetidas vezes, e em muitos casos em padrões previsivelmente regulares; daí ser verdade dizer que ao construirmos marcas estamos também criando consumidores fiéis e não simplesmente vendendo. De acordo com o jargão do marketing, estamos construindo uma parceria de longo prazo.

Descobriu-se, em praticamente todas as categorias examinadas empiricamente, que dois terços dos consumidores normalmente compram (com graus variáveis de irregularidade) mais de uma marca. Esse fato introduz o conceito extremamente importante de repertório de marcas: o conjunto de produtos que a dona-de-casa compra em proporções variáveis, freqüentemente (novamente) em padrões previsivelmente regulares.

A uniformidade desses padrões surpreenderá alguns leitores. O elemento de fidelidade — ou a inércia do hábito — na maioria dos mercados de produtos de consumo freqüente explica em parte a dificuldade manifesta de se introduzir novas marcas no mercado. Também sugere o enorme papel da publicidade direcionada para o reforço e a proteção da maioria das marcas já consagradas. Na verdade, muita publicidade é dirigida aos usuários já existentes dessas marcas, sejam eles regulares ou irregulares. Fazemos publicidade para essas pessoas a fim de não somente garantir, mas também aumentar nossa participação de mercado. Conversamos com elas com a intenção de reforçar sua fidelidade para com nossa marca, de elogiar sua sabedoria por usar nossa marca, de forma a manter a empatia e encorajar cada vez mais o uso de nossa marca. Se olharmos para a publicidade dessa maneira, nossa abordagem se tornará diferente do que sugere o juízo convencional: que a publicidade é um meio de converter pessoas, persuadindo-as a trocar a marca A pela B. Há bastante evidência de que a publicidade das marcas, como vem sendo praticada no mundo real, é baseada substancialmente em continuidade e não em conversão.

Devido ao amplo papel que o hábito desempenha na decisão de compra, tal tomada de decisão é freqüentemente descrita como de "baixo envolvimento", um conceito primeiramente desenvolvido pelo conhecido pesquisador Herbert E. Krugman.

A alta taxa de uso, característica peculiar aos produtos de consumo freqüente, faz com que os fatores de repetição e alternância sejam considerados mais importantes para essa categoria do que para a maioria dos segmentos existentes no mercado.

A importância da compra repetida significa que na publicidade de produtos de consumo freqüente, falar a verdade não é somente ético, mas também lucrativo, pois, caso a publicidade não cumpra o que prometeu, o consumidor irá punir o fabricante não adquirindo sua marca novamente.

3. Marcas concorrentes diferem entre si em termos funcionais

Muitos leitores ficarão surpresos com esta afirmação, pois ela poderá abalar uma crença profundamente arraigada e meio surpreendente que muitos têm — especialmente jornalistas e acadêmicos — de que marcas concorrentes não se distinguem entre si em termos funcionais. A prevalência universal dessa crença faz com que produtos de tal mercado sejam chamados de "produtos de paridade" ou "produtos homogêneos", e os melhoramentos e avanços nesses produtos sejam descritos simplesmente como "alterações cosméticas" ou "diferenciação de produto induzida" criadas pela publicidade.

A maioria dos mercados de bens de consumo são oligopólios dominados por um pequeno número de grandes fabricantes concorrentes. É substancialmente verdadeira a afirmação de que a natureza da concorrência entre oligopólios e a relativa facilidade com a qual melhoramentos funcionais podem ser copiados são forças que estimulam as inovações funcionais em marcas novas e relançadas a serem amplamente e, às vezes, rapidamente, difundidas nos mercados. No entanto, não é somente errado, mas também perigoso inferir que, devido à força e às características da concorrência entre oligopólios, todas as marcas são intercambiáveis ou substituíveis entre si, do ponto de vista funcional. Isto é errado porque vai contra os fatos, e é perigoso porque tal linha de pensamento pode persuadir profissionais de marketing a introduzir novas marcas que ofereçam uma mera paridade funcional com seus concorrentes, tendo como conseqüência uma taxa de insucesso que, na maioria dos casos, é fácil e desanimadoramente previsível.

A afirmação de pesquisadores, publicitários e pessoas que trabalham em agências de publicidade — gente que tem um conhecimento operacional diário das marcas — torna bem claro o fato de que marcas concorrentes em qualquer categoria tendem a ser funcionalmente diferentes entre si. A evidência de diferenças entre as marcas, em termos funcionais, vem principalmente dos *blind tests*, nos quais os nomes das marcas comparadas não são revelados, para que se dê atenção exclusiva às propriedades funcionais.

Apesar de os testes de produtos geralmente apresentarem resultados bem definidos, nem sempre é recomendável interpretá-los de uma forma igualmente bem definida. Marcas com um "apelo às minorias" nem sempre devem ser rejeitadas pelos fabricantes, pois elas freqüentemente são capazes de atrair os pequenos grupos de usuários interessados em atributos específicos, nos quais tais marcas podem ter sucesso. Na realidade, na maioria dos mercados há um segmento de marcas lucrativas com participação de mercado individual de menos de 5% que vende regularmente para um pequeno número de consumidores.

O que os profissionais conhecidos têm a dizer sobre diferenças funcionais de produto? Seguem-se as opiniões de cinco deles.[1] James O. Peckham, um pesquisador com quarenta anos de experiência junto à A. C. Nielsen, escreveu:

> Baseados em uma tendência conjunta de oito marcas novas e/ou modificadas comercializadas nacionalmente antes do início de nosso estudo, observamos que a compra dessas novas marcas cresceu 51% em dois anos. Se examinarmos as marcas individuais que compõem essa ótima tendência de vendas, verificaremos que todas elas tiveram um "*consumer plus*" (vantagem) prontamente demonstrável ao consumidor.

Ainda:

> O presidente do conselho de um dos principais fabricantes de um produto doméstico afirmou recentemente em um discurso perante o *National Industrial Conference Board* (Conselho da Conferência da Indústria Nacional) que a principal marca da empresa havia sofrido 55 modificações em seus 29 anos de existência.

E novamente:

> Em um blind test de um produto de sua nova marca contra as marcas líderes já presentes no mercado, não se deve simplesmente tentar construir uma parceria com o consumidor, a não ser que se tenha níveis de preferência entre 60 e 40%, ou, melhor ainda, entre 65 e 35%.

J. Hugh Davidson, um executivo sênior de uma das principais empresas de marketing internacional, publicou um exame empírico de novos produtos bem-sucedidos e também daqueles que não obtiveram sucesso, no qual ele concluiu que

> 74% das marcas bem-sucedidas pesquisadas ofereciam ao consumidor um melhor desempenho pelo mesmo preço ou por um preço maior... O estudo revelou uma correlação íntima entre o sucesso da marca e sua capacidade de se distinguir.

David Ogilvy, um dos mais consagrados publicitários, referiu-se a afirmações feitas pelo antigo presidente da Procter & Gamble (P&G):

> Harness diz: "A chave de um marketing eficiente é o desempenho superior do produto... Se o consumidor não perceber nenhum benefício real em uma marca, então nenhum investimento em publicidade ou estratégia engenhosa de venda poderão salvá-la".

A que Ogilvy respondeu:

> A melhor maneira de derrotar a P&G é, certamente, comercializar um produto melhor. As batatinhas fritas da marca Bell tomaram o lugar da Pringles da P&G porque elas eram mais saborosas. E a Rave ultrapassou a Lilt em menos de um ano porque, por não conter amônia, é um produto melhor.

Bill Bernbach, que, como Ogilvy, foi um dos ícones da publicidade no pós-guerra, também foi muito claro quanto à importância da funcionalidade:

> Acho que o elemento mais importante no sucesso de uma peça publicitária é o próprio produto. Por mais que eu diga ou enfatize isto, nunca é demais. Porque eu penso que uma grande campanha publicitária fará com que um produto ruim fracasse mais rapidamente. Mais pessoas saberão que ele é ruim. O produto é mais importante que tudo, e é por isso que nós, como uma agência de publicidade, trabalhamos tão próximo aos clientes em prol do produto — procurando sempre melhorá-lo, procurando maneiras de fazer as pessoas se interessarem por ele, procurando agregar valor ao produto, procurando modificá-lo. Porque quando se alcança isso estamos dando às pessoas algo que elas não poderão obter em nenhum outro lugar. E, fundamentalmente, isso é o que vende.

Rosser Reeves, uma figura tão eminente como Ogilvy e Bernbach nesta área, observou:

> A agência pode induzir o cliente a mudar o produto, a melhorá-lo. Nós temos feito isso em muitas ocasiões...
> Um grande publicitário de três décadas atrás, disse: "Um bom produto é mais poderoso que uma boa caneta". E como ele estava certo! Essa não é uma opção secundária. Freqüentemente, é o primeiro, e o melhor caminho a ser trilhado.

4. As marcas são enriquecidas com valores agregados

Além das recompensas funcionais que os consumidores obtêm quando usam uma marca, há benefícios extras ao consumidor, de cunho psicológico: valores agregados, construídos pela experiência do consumidor no uso das marcas, bem como por campanhas promocionais e pela embalagem.

Os valores agregados são importantes para qualquer produto e serviço, especialmente para produtos de consumo freqüente, mas sua importância em relação aos benefícios funcionais varia de acordo com a categoria do produto; por exemplo, os valores agregados são relativamente mais importantes para artigos de higiene do que para produtos alimentícios. Produtos de consumo freqüente incluem aquelas categorias nas quais valores agregados são de suma importância.

O resultado dos valores agregados é que marcas de sucesso são preferidas pelo público em geral com uma margem mais alta em testes de produtos com nomes do que em blind tests, porque estes últimos excluem valores agregados e induzem os entrevistados a reagir exclusivamente ao desempenho funcional.

É importante salientar, entretanto, que os valores agregados são acrescentados ao desempenho funcional, mas não o substituem. Uma concepção errônea a esse respeito é a principal razão de profissionais de marketing malsucedidos sacrificarem fortunas em aventuras com novas marcas.

Esse assunto é extremamente importante na discussão sobre a publicidade. Aqui, a intuição e a imaginação exercem um papel real, apesar de serem consideradas por muitas pessoas como qualidades predominantemente femininas, tanto quanto a lógica, a precisão e a motivação são, às vezes, consideradas virtudes predominantemente masculinas. O leitor notará como a associação do feminino com a intuição e a imaginação é geralmente consistente com a primeira característica de produtos de consumo freqüente na presente análise: a importância das mulheres como consumidoras-alvo.

5. O campo é relativamente de publicidade intensiva

Isto significa que a publicidade de uma marca, quando expressa como uma proporção do valor de sua venda, é uma cifra relativamente alta. Informações na *Advertising Age* (publicadas anualmente com base no total do anunciante e não em uma marca) mostram índices médios acima de 4% na maioria das categorias de produtos de consumo freqüente, e substancialmente mais altos em certas categorias. Os índices comparáveis em categorias que não incluem produtos de consumo são, na maior parte dos casos, mais baixos. Por exemplo, os índices para as categorias automotivas, aéreas e de varejo são aproximadamente de 2%.

A partir dessa informação, podemos obviamente inferir que a publicidade é uma atividade relativamente importante de geração de vendas em mercados de produtos de consumo, ou melhor, que é assim percebida pelos fabricantes, cujos gastos medidos em termos reais são relativamente constantes ano após ano. Essa consistência sugere que as empresas têm diretrizes que se baseiam na experiência quanto à eficácia de mercado de determinados níveis de pressão publicitária.

6. O campo é muito amplo

Investimentos em publicidade em várias categorias de produtos de consumo freqüente são consistentes e extremamente altos, representando provavelmente um terço da publicidade em geral nos Estados Unidos. O tamanho da categoria total e sua excepcional importância para grandes anunciantes têm significativos efeitos adicionais relacionados. Por exemplo, a televisão é o mais importante meio de publicidade para os grandes anunciantes (com exceção das indústrias de tabaco e de bebidas alcoólicas, devido à proibição governamental norte-americana), e não causa surpresa alguma que, justamente com os produtos de consumo que a televisão tenha desenvolvido a capacidade de apresentar as características funcionais das marcas por meio da demonstração, bem como a de gerar valores agregados não-funcionais, principalmente pela comunicação de humor e de emoção.

Fabricantes de produtos de consumo freqüente também se tornaram os clientes mais importantes das maiores e mais sofisticadas agências de publicidade. Aperfeiçoamentos quanto às técnicas e a habilidade de criar e planejar comerciais ocorrem quase que invariavelmente com produtos de consumo, e associamos a maioria dos avanços no campo da publicidade a nomes como Procter & Gamble, Philip Morris/Kraft General Foods, RJR Nabisco, Unilever, Johnson & Johnson, Warner Lambert, Coca-Cola e Anheuser-Busch, juntamente com as agências de publicidade contratadas por estas empresas.

Extensões do conceito da marca

Todos os anos a *Advertising Age* faz uma lista das marcas mais bem-sucedidas nos Estados Unidos de acordo com seus gastos em publicidade. Essas "Top 100 Megabrands" (as 100 megamarcas mais famosas) pertenciam, em 1997, às categorias relacionadas na Tabela I.1. Dos cem nomes, 32 são de produtos de consumo freqüente e afins. Embora representem uma parcela substancial (28%) do gasto em publicidade agregado dos cem líderes, essa proporção é muito menor do que antes. Durante o início da década de 1960, esse percentual era de aproximadamente 70%, e durante o início da década de 1980 era de cerca de 60%.[2]

Tabela I.1 – Distribuição Top 100 Megabrands, 1997 (As 100 melhores marcas).

Produtos de consumo freqüente	21
Produtos de consumo quase freqüente (fast-food, filme fotográfico, cartões comemorativos, *commodities* agrícolas)	11
Indústria automotiva	26
Varejo	14
Serviços de comunicações	7
Equipamentos eletrônicos	7
Serviços financeiros	7
Outros (entretenimento, *collectibles* [itens colecionáveis], etc.)	8

Fonte: Informação publicada na edição de 13 de julho de 1998, da *Advertising Age*. Copyright Crain Communications Inc., 1998.

O declínio na proporção da despesa total em publicidade representada por produtos de consumo freqüente não significa que seus fabricantes tenham sofrido uma catastrófica diminuição no volume de negócios no longo prazo. A mudança mais importante que os afeta diretamente tem sido o crescimento da força e do poder de negociação do comércio varejista. Este fator reduziu as margens de lucro dos fabricantes, restringindo-as de uma forma notável, mas não desastrosa. Os varejistas direcionaram parte desse ganho para sua própria publicidade. Há catorze grandes varejistas incluídos na Tabela I.1. Um fator que pesa ainda mais é o aumento da importância das marcas próprias nos ramos de alimentos e de medicamentos. Mas a maioria dessas marcas vem de varejistas regionais e locais, que individualmente são muito pequenos para fazer parte da lista das “100 megamarcas mais famosas”.

A razão principal para o lento e contínuo decréscimo da participação das marcas líderes dos fabricantes de produtos de consumo freqüente na publicidade total nos Estados Unidos é que o crescimento agregado na área publicitária vem, há alguns anos, sendo impulsionado por outras categorias mostradas na Tabela I.1: automotiva (p. ex., Chevrolet), varejo (p. ex., Sears), serviços de comunicação (p. ex., AT&T), equipamentos eletrônicos (p. ex., IBM), serviços financeiros (p. ex., American Express), entretenimento (p. ex., HBO) e *collectibles* (itens colecionáveis) (p. ex., Franklin Mint). Todas elas representam uma vasta expansão das marcas.

De modo algum pode-se dizer que essa tendência se estabilizou. Na verdade, não há limites evidentes à extensão do conceito de marca para novos territórios. Levando isto em consideração, cinco capítulos da Parte IV deste livro foram dedicados às fronteiras da marca — o emprego do conceito de marca em campos que até recentemente eram pouco previsíveis.

Qual a contribuição das marcas para os negócios/ vendas dos fabricantes?

Em vez de se ocupar com estratégias de criação de uma marca, os fabricantes podem explorar o ramo das commodities, como, por exemplo, plantar e preparar legumes e vegetais em larga escala, fabricar componentes para maquinário, produzir material de construção ou manipular medicamentos genéricos. Os fabricantes de commodities têm preços competitivos. Não há diferenciação de produtos dentro de segmentos ou mesmo dentro de categorias — o preço que predomina no mercado é o mais baixo, e a margem predominante é também a mais baixa. Nesses mercados não há espaço para valores agregados.

A criação de uma marca oferece aos fabricantes três vantagens incomparáveis: marcas estimulam a fidelidade do cliente, geram lucros mais altos do que commodities sem marca e podem se tornar (dentro dos limites) ativos (patrimônios) ampliáveis.

1. As marcas estimulam a fidelidade dos clientes

Por definição, todas as marcas bem-sucedidas de produtos de consumo freqüente são adquiridas com um grau variado de repetição. O mesmo se aplica a marcas de outras categorias de produtos, com as devidas alterações. Mesmo com os bens duráveis (automóveis, p. ex.), apesar de a recompra não ser freqüente, este é um objetivo importante para os fabricantes.

Marcas famosas encorajam a recompra pela satisfação do consumidor quanto às suas propriedades funcionais, trabalhando em harmonia com os valores agregados criados e construídos pela publicidade. A publicidade funciona no sentido de reforçar a satisfação do consumidor para com a marca.

O volume de uso (ou utilização ou consumo) é o que vai polarizar a base de consumidores de uma marca. Como regra geral, os 20% de consumidores assíduos representam mais da metade do volume total de ondas, e os 80% de consumidores esporádicos representam o restante. Isto é demonstrado na Tabela I.2.[3]

Tabela I.2 – Volume representado por 20% dos consumidores mais assíduos.

Tipo de produto	%
Sabão em pó	53
Detergentes líquidos	54
Sabão em barra	50
Xampu	53
Papel higiênico	46
Sorvete	58
Maionese	52
Pasta de amendoim	55
Café moído	55
Refrigerantes diet	67
Cereais matinais	52
Analgésicos	59

Os 20% dos consumidores mais assíduos de qualquer marca são considerados um grupo especialmente importante para os fabricantes. Essas pessoas têm de continuar fiéis, pois, caso contrário, haveria uma enorme perda de faturamento. E esses mesmos consumidores, por já encararem a marca favoravelmente, são em geral mais facilmente convencidos a adquirir produtos extras do que os consumidores esporádicos.

A razão óbvia pela qual esse volume de negócios está concentrado em compradores assíduos é que o índice médio de compra destes é maior do que o dos consumidores esporádicos. O índice médio de compra de todos os usuários de uma categoria e de todos os usuários de uma marca pode ser facilmente medido. Essa estatística indica o número médio de situações de compra por ano. Essa taxa de consumo, no entanto, contém uma distorção interna (bias*), que é demonstrada na Tabela I.3. No lado direito da coluna, os números são indexados pela média de todos os compradores de todas as marcas da categoria. As marcas são "rankeadas" (ou classificadas) por quintil, ou seja, as marcas são divididas em cinco grupos de tamanhos equivalentes e "rankeadas" pelo tamanho da marca em cada quintil, do menor ao maior.[4]

* Termo estatístico: distorção, preconceito, parcialidade nas pesquisas. (N.R.T.)

De acordo com a Tabela I.3, fica claro que quanto mais uma marca cresce e obtém sucesso, maior será o número de consumidores a usá-la com maior freqüência. O grande triunfo vem com as marcas cujo *market share* (participação no mercado) excede os 15%. Nos meus primeiros escritos, inventei o termo *penetration supercharge* (superpoder de penetração) para descrever esse fenômeno, que é precisamente o centro nervoso e a mais demonstrável manifestação de branding.[5] É o principal motor que impulsiona os fabricantes de marcas de sucesso em direção à futura prosperidade.

Tabela I.3 – Freqüência média de compra (indexada). Marcas classificadas por quintiles.

	Market share médio %	Freqüência média de compra (índice, média = 100)
Primeiro quintil	1,8	84
Segundo quintil	2,8	94
Terceiro quintil	3,9	92
Quarto quintil	6,8	97
Quinto quintil	18,7	125

2. Marcas geram lucros maiores do que commodities sem marcas

A lucratividade excepcional das marcas de sucesso vem de três diferentes fontes. Em primeiro lugar está a tendência, descrita no parágrafo anterior, que usuários de grandes marcas têm de comprá-las com freqüência maior do que a média. Em segundo — um aspecto correlato — é que, quando medida em pontos percentuais quanto ao market share, o investimento publicitário necessário à manutenção das grandes marcas é significativamente menor do que a das marcas pequenas. Em outras palavras, grandes marcas são mais eficientes quanto à publicidade; elas usam seus orçamentos de publicidade de maneira mais rentável do que as pequenas marcas. Há uma regressão, amplamente divulgada, chamada "curva de intensidade de publicidade", que demonstra claramente essa diferença entre grandes e pequenas marcas. Esse ponto é descrito no Capítulo 10 do livro.

O terceiro aspecto da lucratividade das marcas é o mais direto de todos. Commodities de marca conseguem alcançar um preço maior do que os que não têm. A veracidade dessa afirmação fica evidente ao se visitar qualquer supermercado como, por exemplo, o descrito no meu livro *What's in a Name?*[6] Em uma análise mais recente dos preços médios de 78 marcas típicas e diferentes, calculei suas médias de categoria em relação ao preço de cada marca indicado nessa média. Ao classificar as marcas por tamanho, descobri que as marcas listadas entre as vinte maiores atingiam o índice médio de 112 — isto é, seus preços eram 12% superiores aos da média. As marcas classificadas entre 59 e 68 alcançavam a média de 107; as classificadas entre 69 e 78 (isto é, as maiores, 117). As grandes marcas dominam os preços acima da média, e as maiores dentre elas têm os preços mais altos de todos.[7]

3. As marcas podem se tornar (dentro dos limites) ativos ampliáveis

Brand stretching, às vezes conhecido como *line extension** (extensão de linha), tem sido uma das características mais notáveis da prática de marketing durante as décadas de 1980 e 1990. Existe, porém, um número de razões ocultas por detrás do brand stretching, mas ele basicamente derivou da teoria que diz que o *equity*** de uma marca em uma categoria de produtos pode ser parcialmente transferido para outras marcas dessa mesma categoria (Tide líquido baseado no Tide em pó) ou para duas marcas em categorias diferentes (Xampu Ivory baseado no sabonete Ivory), pelo simples uso do mesmo nome e design da embalagem.

Há muitos exemplos bem-sucedidos de line extension, mas têm havido também muitos fracassos, causados principalmente pelo baixo investimento por parte dos fabricantes nos lançamentos de novas marcas, na crença equivocada de que o próprio nome fornecerá todo o brand equity*** de que uma marca nova necessita. Como descrito no Capítulo 10 deste livro, todas as marcas novas requerem investimentos em publicidade, que são determinados pelo volume de publicidade usual nas suas categorias de produto. A curto

---

* *Line extension ou brand extension*: adição de um novo produto a uma linha já existente sob a mesma marca. (N.R.T.)

** *Equity*: eqüicidade da marca: valor da força global da marca no mercado.

*** *Brand equity*: valor agregado resultado da transformação de um produto numa marca. O conceito de *brand equity* atribui a determinadas marcas um valor superior ao que os consumidores lhe atribuem. (N.R.T.)

prazo, a equity transferível não chega a ser importante se não estiver respaldada pela publicidade.

Entretanto, a longo prazo, a política de fazer o marketing de produtos diferentes sob um mesmo guarda-chuva certamente apresenta alguma sinergia, e fabricantes tão diversos como Kraft, Kellogg's, Cadbury's, Ford, Franklin Mint e L.L. Bean podem atestar seu valor. Isso pode resultar em um fortalecimento da posição do fabricante perante o consumidor; por exemplo, torna-se muito mais fácil para um fabricante convencer o consumidor a experimentar um produto cuja marca já esteja estabelecida do que um produto com uma marca totalmente nova. Na área de alimentação e medicamentos, existe um segundo e talvez mais importante aspecto de sinergia, relacionado ao varejo. Este uso de um nome comum para a marca do produto geralmente fortalece a presença do fabricante — particularmente quanto à sua visibilidade dentro da loja — e contribui muito para aumentar a confiança do pessoal de vendas, seu poder de decisão e a capacidade de negociação diante dos clientes do varejo.

Marcas e seus proprietários

Criar marcas para o mercado de massa (branding) exige talento e recursos amplos. Devido ao investimento necessário, a tendência é que grandes empresas dominem esse nicho. Pequenas e novas empresas, baseadas na criatividade e na motivação, geralmente sem muito capital, às vezes têm sucesso — apesar de isso ser muito raro. E quando são bem-sucedidas, quase que invariavelmente elas operam em categorias de produto de rápido crescimento — Macintosh em computadores pessoais, Microsoft em softwares, Yahoo! em instrumentos de busca na internet. Em um país como os Estados Unidos, a grande maioria das categorias de produto não está crescendo. A maturidade do mercado não significa somente a desaceleração da expansão de categorias, mas também o predomínio de um punhado de grandes oligopólios. Os novos concorrentes pequenos quase nunca são capazes de reverter esse quadro.

As dificuldades e os custos do branding são de três tipos principais:

- O índice de fracasso na introdução de marcas novas é desencorajadoramente alto (discutido no Capítulo 12 deste livro). Somente as grandes empresas têm recursos suficientes para absorver tais perdas. O sucesso ou o fracasso podem ficar imperceptíveis durante muitos meses — talvez anos — após o lançamento, o que é tempo suficientemente longo para que os concorrentes desenvolvam suas respostas a um estreante inicialmente bem-sucedido. A Slice e a Lever 2000 são bons exemplos que ilustram este ponto. Apesar de lançamentos notavelmente bem-sucedidos, essas marcas não conseguiram manter seu momentum* inicial. Após dois ou três anos, concorrentes estabelecidos apareceram com variantes de produtos que retomaram boa parte do mercado inicialmente conquistado pelos estreantes.

- Diretamente relacionado com o alto índice de fracasso na introdução de novas marcas está o seu alto custo inicial em termos de pesquisa e desenvolvimento, capacidade de produção, recursos para equipe de vendas e, não menos importante, a publicidade e a promoção das vendas. Conforme explicado nos capítulos 10 e 12, é raro que uma marca nova seja lucrativa nos seus primeiros dois ou três anos de existência. Somente grandes empresas têm recursos para manter os investimentos necessários.
- A evolução bem-sucedida de uma marca já existente também exige gastos altos, para investir no aperfeiçoamento da fórmula e do design, para manter a marca em sua posição (freqüentemente de líder) no mercado e para a publicidade regular restante. No entanto, como Sir David Orr, um eminente publicitário, destacou:

  "Desde que [uma marca] esteja sempre atualizada como um produto, por meio de aperfeiçoamento e inovação técnica, e que sua comunicação continue relevante, ela pode durar décadas ou mais".[8]

A razão principal pela qual empresas líderes na área de bens de consumo persistem em investir em novas marcas sem esmorecimento ou desânimo, apesar da alta taxa de fracasso, e a razão pela qual elas freqüentemente (mas não sempre) esmeram-se em proteger sua galinha dos ovos de ouro, é que as marcas são o seu negócio. Essa afirmação tem uma conotação enfaticamente positiva, mostrando as marcas como fonte de proteção e crescimento dos fabricantes.

Além de outros aspectos, a inovação da marca invariavelmente requer agressividade.

A não ser que os fabricantes se empenhem em ser os primeiros com novas idéias de marcas, ao mesmo tempo em que erguem muros ao redor de suas propriedades já existentes, eles correm o risco de perder tanto as oportunidades quanto os negócios para concorrentes ricos e talentosos — e na maioria das categorias de produtos há um grande número deles.

**Momentum*: habilidade de manter o crescimento e o desenvolvimento ou de obter mais sucesso. (N.R.T.)

Notas

1. Conforme citado no livro de John Philip Jones, *What's in a Name? Advertising and the Concept of Brands*, Nova York: Simon & Schuster-Lexington, 1986, p. 4-6.
2. Ibidem, p. 248.
3. Consulte John Philip Jones, *When Ads Work: New Proof That Advertising Triggers Sales*, Nova York: Simon & Schuster-Lexington, 1995, cap. 12.
4. Ibidem.
5. Jones, *What's in a Name?*, p. 114, 126.
6. Ibidem, p. 18-21.
7. Jones, *When Ads Work*.
8. Sir David Orr, "Preâmbulo" em John Philip Jones, *Does it Pay to Advertise? Cases Illustrating Successful Brand Advertising*, Nova York: Simon & Schuster-Lexington, 1989.

Parte I

Marcas: valores agregados e brand equity

1

Marcas e valores agregados

John Philip Jones

Uma perspectiva histórica

O conceito da marca é fundamentalmente importante para o entendimento dos efeitos da publicidade a longo prazo. É a publicidade que transforma um produto com benefícios apenas funcionais em uma marca que ofereça ao consumidor recompensas psicológicas além daquelas funcionais. No entanto, as marcas — muitas das quais criadas há cem ou mais anos — foram desenvolvidas para uma série de propósitos diferentes.[1]

O primeiro desses propósitos foi confirmar a proteção legal conferida pela patente do inventor; o segundo foi garantir qualidade e homogeneidade depois que o contato pessoal entre compradores e vendedores deixou de existir. Isto foi conseqüência do crescimento da industrialização, com a fabricação dos produtos em grandes fábricas, distantes da maioria dos lares dos consumidores. Hoje, a maioria dos mercados de bens de consumo está oligopolizada, isto é, é dominada por um número pequeno de fabricantes, cujas marcas são concorrentes acirradas entre si. Um terceiro propósito originou-se diretamente da necessidade de os oligopólios diferenciarem seus produtos. Eles viam corretamente a criação da marca como um expediente para melhor controlarem seus mercados, impedindo que produtos de outros fabricantes substituíssem os deles.

De um modo geral, os oligopólios competem em questão de preço, normalmente por meio de ativas e constantes promoções. Mas a competição entre eles não se restringe aos preços. A força das marcas dos oligopólios (e principalmente dos valores agregados que as enriquecem) transforma o campo de batalha da concorrência: de redução de preço para desenvolvimento de produtos e marcas. Esse desenvolvimento tende a reduzir a necessidade do produto mais antigo (ou anterior), mas nunca a eliminá-lo. As margens, ao menos, são mantidas, mas nem tudo é lucrativo, porque a construção das marcas é muito cara.

Os fabricantes fazem todo o possível para diferenciar suas marcas. Eles querem persuadir os usuários a acreditar que elas são únicas, protegendo-as assim da competição direta com outras marcas. Uma marca forte suprime ou pelo menos reduz a substituição.

Os economistas descrevem esse bloco de substituição como uma redução na elasticidade do preço de demanda. A curva de demanda — a descrição geométrica usada em análise de preço — torna-se mais vertical (veja Figura 1.1). Uma marca com uma curva de demanda elástica — relativamente horizontal — tem muitos substitutos, e um aumento de preço levará a uma substancial perda de vendas. Uma marca com uma curva de demanda não-elástica — relativamente vertical — tem poucos substitutos, e um aumento no preço levará a uma pequena perda de mercado.[2]

Usando como ilustrações as curvas de demanda da Figura 1.1, vemos que o propósito da publicidade é duplo:

1. Ela impulsiona a demanda sensivelmente. Consideremos a curva de demanda antes da publicidade como D1. Após a publicidade, a curva D2 mostra que, independentemente do preço, a quantidade comercializada é maior do que antes.

2. A publicidade ainda reduz a substituição e torna a curva de demanda menos elástica, inclinando-a para a direção vertical (D3). Isto significa que o fabricante não perderá muito mercado se houver um aumento de preço. Em outras palavras, ela possibilita ao fabricante manter um melhor controle do processo de preço.

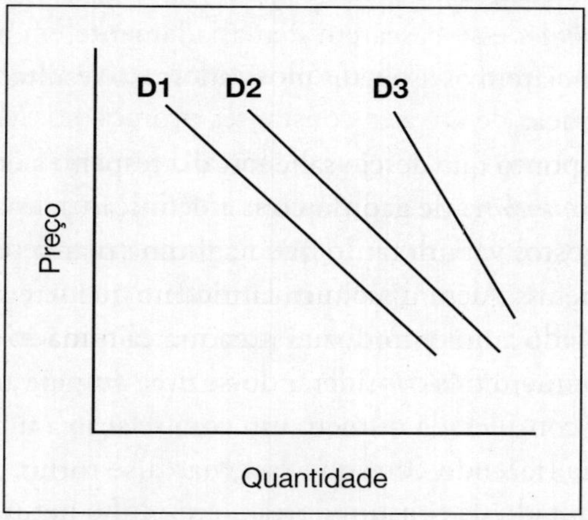

Figura 1.1 – O efeito da publicidade sobre a demanda.

O papel dos valores agregados

Nesse importante processo de aumentar o poder de controle de preço por parte dos fabricantes, o ingrediente principal é a distinção entre um produto e uma marca. Produto é algo com um mero propósito funcional. A marca oferece algo além do propósito funcional. Todas as marcas são produtos (incluindo marcas como Hertz e American Airlines, que são serviços), uma vez que elas servem a um propósito funcional. Mas nem todos os produtos são marcas. Portanto, a definição de marca deve ser a seguinte: *marca é um produto que oferece benefícios funcionais além dos valores agregados que os consumidores valorizam o bastante para adquiri-lo*.

Os valores agregados formam a parte mais importante na definição de uma marca. Como introdução, dois pontos gerais devem ser levados em consideração. Primeiro, as marcas mais fortes são freqüentemente as que mais se destacam. Mas ao fazê-lo, entretanto, elas geralmente são bem equilibradas entre benefícios motivadores (aqueles benefícios geralmente funcionais que impelem o consumidor a usar qualquer marca da gama de produtos) e benefícios discriminatórios (aqueles que impelem o consumidor a usar uma marca específica em detrimento de outras). Todas as marcas são diferentes entre si, pois obviamente os nomes e as embalagens são diferentes, mas aquilo que a distingue vai geralmente além desses elementos. No entanto, sempre que uma marca e sua publicidade se basearem demasiadamente em aspectos discriminatórios e negligenciarem os aspectos motivadores, o resultado é a receita certa para uma marca fraca.

O segundo ponto que desejo salientar diz respeito à ênfase que deve ser dada a *alguns consumidores* de acordo com a definição acima (aspectos discriminatórios). Os gostos variam tanto que nenhuma marca pode agradar todas as pessoas plenamente. Além disso, um fabricante que se empenha em cobrir um campo demasiado amplo produzirá uma marca que será classificada como número dois ou número três considerando-se uma ampla variedade de atributos, em vez de ser considerada número um com relação a uma variedade limitada de qualidades (fazendo com que essa marca se torne a primeira escolha para um grupo limitado de consumidores — caminho natural para o sucesso). A maioria dos profissionais de marketing considera mais atraente almejar uma parte limitada do mercado do que entrar com tudo em um mercado cercado por concorrência acirrada, principalmente nos setores maiores.

Chegamos à questão do valor agregado, um tópico que tem causado algumas das maiores controvérsias quanto a técnicas, economia e ética da publicidade. Não há dúvida alguma de que os valores agregados influenciam quase todas as decisões de compra. Esses valores estão acima e além dos benefícios funcionais pelos quais a marca ou o produto é adquirido. A idéia de valor agregado não é nova — foi sucintamente descrita por James Webb Young em um livro intitulado *How to become an advertising man*, escrito a partir de seus ensinamentos na Universidade de Chicago há cerca de cinqüenta anos (apesar de ter sido publicado pela primeira vez somente em 1963): "a função da publicidade é acrescentar um valor subjetivo aos valores tangíveis do produto, pois os valores subjetivos não são menos reais do que os tangíveis".[3]

Young descreve um modelo simples de cinco partes que mostra como a publicidade funciona:

- pela familiarização;
- pela lembrança;
- pela divulgação das notícias ou novidades;
- pela superação da inércia;
- por acrescentar um valor inexistente no produto.

Young dá a entender, apesar de não falar explicitamente, que o papel mais importante da publicidade é o último dos cinco: acrescentar valores. Evidentemente, isto é de suma importância com relação a marcas consagradas, porque lhes possibilita manter suas características únicas (isto é, reduz a probabilidade de serem substituídas por outras marcas concorrentes, conforme explicado).

O que são e de onde vêm esses valores agregados? Alguns profissionais de marketing afirmam que todo e qualquer fator, desde o início da história da marca até o modo como a concorrência está distribuída, está relacionado aos valores agregados. Embora essa afirmação não seja uma total inverdade, alguns fatores são claramente mais importantes do que outros. Todos os valores agregados mais importantes são não-funcionais, mesmo que eu considere valor agregado também os inesperados usos funcionais que às vezes descobrimos para algumas marcas (como, por exemplo, o modo como o fermento em pó da Arm & Hammer pode ser usado para melhorar o pH da água da piscina ou tirar o mau cheiro da geladeira). Mas isto é verdadeiramente uma exceção. A maioria das marcas tem uma variedade restrita e conhecida de funções, e os valores agregados são *benefícios não-funcionais acrescidos às marcas e que vão além delas.*

Como exemplos de *variedade restrita e conhecida de funções* temos o automóvel, capaz de nos transportar de um lugar a outro de maneira segura, confiável e econômica; as roupas em geral, por serem confortáveis, quentes e elegantes; um pacote de cereais matinais, por serem gostosos e nutritivos; um vidro de perfume, por seu aroma; e uma furadeira, por sua capacidade de fazer furos uniformes de vários tamanhos, de uma forma confiável, segura e rápida. Além dessas qualidades funcionais, os valores agregados mais importantes são os seguintes:

1. Aqueles que vêm da *experiência da marca*. Esses incluem familiaridade, confiabilidade conhecida e redução de riscos. Uma marca se torna uma velha amiga. Isto introduz a noção especialmente importante de personalidade da marca, que pode em algumas ocasiões ser interpretada como a voz do fabricante (p. ex., Betty Crocker ou the Jolly Green Giant). Mas, é mais normalmente interpretada como a voz da própria marca, ou seja, suas características funcionais e não-funcionais que podem ser descritas em termos quase humanos, um expediente usado por algumas agências de publicidade para mapear o posicionamento da marca em relação aos seus concorrentes.

2. Aqueles que vêm *dos tipos de pessoas que usam a marca* (ricas, esnobes, jovens, atraentes, homens ou mulheres). O leitor pode encontrar muitos exemplos de marcas que têm essas associações com seus usuários, muitas das quais são estimuladas pela publicidade.

3. Aqueles que vêm da *crença de que a marca é eficaz*. Isto está relacionado ao modo pelo qual alguns medicamentos, até mesmo placebos, agem sobre as crenças das pessoas fazendo com que eles funcionem. Há uma evidência razoável de que a criação da marca de medicamentos com propriedade afeta a influência da mente sobre os processos corporais. "Métodos de pesquisa duplo-cego* demonstraram que o branding é responsável por um quarto e até um terço do efeito terapêutico. Em outras palavras, o branding funciona como um ingrediente que interage com os ingredientes farmacológicos ativos para produzir algo mais poderoso do que os comprimidos sem marca."[4] A crença na eficácia também exerce um papel fundamental no uso de cosméticos, quanto a sua capacidade de fazer o usuário sentir-se mais bonito, geralmente com resultados positivos.
4. Aqueles que vêm da *aparência da marca*. Este é o papel principal da embalagem. E caso o leitor acredite que este fator somente é importante no que se refere às marcas vendidas para adolescentes altamente influenciáveis, sugiro o conhecido trabalho de Theodore Levitt "The Morality (?) of Advertising", no qual, como parte de uma discussão bem ponderada sobre valores agregados, ele conta a seguinte anedota: "Há alguns anos, um laboratório de eletrônica colocou à venda um instrumento de testes no valor de US$ 700. A companhia encomendou o desenho de dois painéis frontais diferentes, um para os engenheiros que desenvolveram o equipamento e outro para desenhistas industriais profissionais. Quando os dois modelos foram apresentados a um número representativo de diretores do laboratório, todos com Ph.D., o desenho profissional atraiu duas vezes mais intenções de compra do que o dos engenheiros. Obviamente, o diretor de laboratório, que tinha sido apresentado à ciência pelo MIT, responde tão positivamente aos apelos da embalagem como a matrona de Boston".[5]

O leitor pode estranhar o fato de nesta lista estarem omitidos os valores agregados que advêm do nome de um fabricante, bem como de sua reputação. Há três razões para isto. Em primeiro lugar, os consumidores não sabem quem fabrica muitas das marcas que usam. (Tente adivinhar quem fabrica as principais marcas de sabão em pó, sabão em barra ou xampu.) Em segundo lugar, os nomes das marcas são algumas vezes usados como "expedientes de guarda-chuva" para ajudar a lançar novas marcas, que estão relacionadas de alguma forma às originais (como o xampu Ivory, que se seguiu ao sabonete Ivory). E, ao examinar tal

* *Pesquisa duplo-cego*: método experimental em que nem o pesquisador nem o entrevistado sabem que marca/produto estão experimentando. (N.R.T.)

estratégia, Nielsen encontrou evidências de que o "nome guarda-chuva" tem pouca influência no sucesso de uma nova marca.[6] Em terceiro lugar, a familiaridade com uma marca não é mais necessária como garantia de homogeneidade e qualidade de um novo produto. Todos os produtos com marca são conhecidos por serem homogêneos e por executarem suas funções razoavelmente bem. É muito difícil afirmar que algum argumento fraudulento tenha sido usado no passado, e, mesmo hoje, é muito raro que isto ocorra, pela simples razão de que enfrentarão penalidades legais relacionadas à publicidade enganosa.

A contribuição dos valores agregados na escolha do consumidor é facilmente demonstrada por meio da técnica normalmente usada de testes de produtos combinados ou similares. Nesses testes, membros de uma amostragem de consumidores usam e julgam marcas diferentes sem saber quais são (isto é, em embalagens codificadas, mas sem nome), enquanto membros de uma segunda e similar amostragem de consumidores usam e julgam as mesmas marcas nas suas embalagens normais. O padrão geral é que as preferências entre marcas identificadas são um tanto quanto diferentes daquelas entre aquelas mesmas marcas em embalagens codificadas mas não-identificadas. Um cereal matinal líder de mercado foi preferido diante de dois concorrentes nos blind tests nas proporções de 47:27:26. Quando o teste foi repetido com embalagens identificadas, as preferências mudaram para 59:26:15. A proporção de pessoas que preferiram a marca líder era de 47% no blind test, e de 59% no teste identificado, uma diferença de um quarto (12 pontos percentuais sobre uma base de 47), a qual só pode ter advindo dos valores agregados à marca que não estavam no produto originalmente.

Os valores agregados surgem principalmente do uso e da experiência que as pessoas têm da marca, da publicidade e da embalagem. Além disso, os valores agregados não estão imediatamente disponíveis para fabricantes de novas marcas; pelo contrário, eles são construídos com o tempo. Uma marca adentra o mundo nua e deve se basear quase que totalmente em suas propriedades funcionais para que sobreviva inicialmente. Há bom suporte empírico para essa crença. A maior parte da grande quantidade de marcas novas que não são bem-sucedidas fracassa devido às suas fraquezas funcionais. É também verdade que marcas antigas e de sucesso acumulam uma grande reserva de valores agregados na boa vontade de seus usuários, de modo que, se uma marca nova tiver um fabricante com ambições de ultrapassar esses valores, ela deve começar com uma generosa margem de superioridade funcional, caso queira fazer algum progresso.

O papel da publicidade na construção de valores agregados é inegável. Mas que tipo de publicidade é a mais eficaz? Acredito que a melhor publicidade para a construção de uma marca seja aquela que se auto-anula. A impressão deixada no leitor ou espectador deve ser a da marca e não a da publicidade em si. Este ponto é vigorosamente ilustrado em uma parábola contada por Alfred Politz, cuja paráfrase faço a seguir:

> Havia três salas dando para a mesma vista, que era muito bonita. No entanto, quando uma pessoa entrava em qualquer uma das salas, ela não podia ver a vista diretamente; só era possível ver um espelho onde a vista era refletida. Na primeira sala, o espelho estava quebrado; na segunda, era um lindo espelho do século XVIII, feito à mão; na terceira, a parede inteira era revestida por um espelho.
>
> Um homem entrou na primeira sala e viu a linda vista refletida em um espelho quebrado. Um outro homem entrou na segunda sala e viu a linda vista refletida em um espelho antigo. Um terceiro homem entrou na última sala e viu somente uma vista bonita.

No lugar de *vista*, leia-se *marca*. Em vez de *espelho*, leia-se *publicidade*. E quem habita a terceira sala é Politz, assim como eu.[7]

Brand Asset Valuator (BAV): Avaliador de patrimônio de marca, desenvolvido pela Young & Rubicam

Medir os valores agregados tem sido uma tarefa difícil. Uma das abordagens mais interessantes empregando pesquisa quantitativa de consumo é o Brand Asset Valuator (BAV), o avaliador de patrimônio da marca desenvolvido pela agência de publicidade líder de mercado Young & Rubicam (Y&R) e publicado em 1994. O BAV classifica a força de uma marca como uma totalidade — como um amálgama de suas propriedades funcionais e dos valores agregados.

O BAV é o produto final da informação coletada em entrevistas com 30 mil pessoas em dezenove países. É construído a partir de duas variáveis, cada uma das quais seguindo uma tendência contínua: a *vitalidade da marca*, baseada em sua relevância e sua diferenciação; e a *estatura da marca*, baseada em sua estima e sua familiaridade.

Marcas específicas são posicionadas em um diagrama, que é dividido em quatro quadrantes. Estes reúnem as marcas de acordo com quatro combinações (veja a Figura 1.2). Movendo-se no sentido horário, e começando pelo quadrante inferior esquerdo, as marcas são classificadas da seguinte forma: (a) baixa vitalidade — baixa estatura, (b) alta vitalidade — baixa estatura, (c) alta vitalidade — alta estatura, e (d) baixa vitalidade — alta estatura.

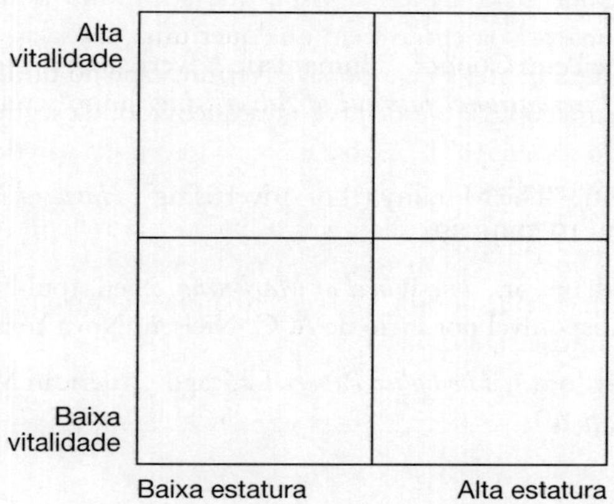

Figura 1.2 – Vitalidade e estatura da marca.

O BAV é um instrumento de diagnóstico que pode ser usado para direcionar a estratégia de uma marca, bem como a estratégia do fabricante. Ele tem um valor prático óbvio. A Y&R publicou os nomes de marcas típicas que obtiveram uma contagem alta em vários países quanto aos quesitos de relevância, diferenciação, estima e familiaridade. A classificação é bem fundamentada, mas há poucas surpresas no posicionamento de marcas específicas.

Notas

1. John Philip Jones, *What's in a Name?* Advertising and Concept of Brands, Nova York: Simon & Schuster-Lexington, 1986, cap. 2.
2. John Philip Jones, *How Much is Enough? Getting the Most From Your Advertising Dollar*, Nova York: Simon & Schuster-Lexington, 1992, apêndice A.
3. James Webb Young, *How to Become an Advertising Man*, Chicago: Crain, 1979[1963], p. 73.
4. Judie Lannon e Peter Cooper, "Humanistic Advertising: A Holistic Cultural Perspective," *International Journal of Advertising*, julho/setembro de 198[illegible], p. 206.
5. Theodore Levitt, "The Morality (?) of Advertising", *Harvard Business Review*, julho/agosto de 1970, p. 89.
6. James O. Peckham, Sr., *The Wheel of Marketing*, 2. ed. (publicação independente, 1981; disponível por meio de A. C. Nielsen, Nova York), p. 89-91.
7. Hugh S. Hardy (org.), *The Politz Papers*, Chicago: American Marketing Association, 1990, p. 40.

2

Brand idea (idéia da marca) e sua importância

"Quando se deve dizer para a agência qual o significado da marca?"

Harold F. Clark, Jr.

Em uma reunião recente de diretores de marketing e gerentes de produto de países da Europa Central, o mediador do grupo explicou cuidadosamente as bases do planejamento de marcas: grupos-alvo, estrutura competitiva, benefícios, razões, posicionamento da marca, personalidade da marca, e, finalmente, em um resumo abrangente ao final do segundo dia, explicou os componentes de um briefing da marca para agências de publicidade. "Alguma dúvida?", perguntou, confiante de que haveria algumas. "Sim, uma", respondeu um perspicaz diretor de marketing vindo da Hungria. "Quando você diz à agência o que a marca significa?"

Há duas suposições críticas por trás desta reveladora pergunta:

1. A marca deve ter um significado.
2. Todos que estão envolvidos com a marca devem saber qual é esse significado.

Nenhuma dessas suposições é automaticamente verdadeira. Nem todas as marcas têm um significado amplamente entendido e acordado. Freqüentemente, não há uma constatação clara e articulada do que a marca simboliza ou deveria representar. E se você perguntasse a todos que trabalham com uma marca o que ela representa, seria improvável que obtivesse respostas consistentes.

Mesmo assim, os consumidores sabem o que uma marca significa. Uma técnica de pesquisa muito adotada para se determinar a personalidade da marca pergunta aos consumidores: "Se esta marca fosse um ser vivo, quem seria?" As agências esperam que as pessoas respondam a esta pergunta — e elas têm esta capacidade. Elas expressam um significado que extrapola o posicionamento da marca, a personalidade da marca, sua estrutura competitiva e mesmo seu grupo-alvo. Para elas, o que a marca representa resume sua qualidade e superioridade (ou inferioridade). Os profissionais de marketing gerenciam os componentes da marca, enquanto os consumidores percebem as marcas de uma maneira abrangente. Eles sabem o que uma marca significa; para eles, isso é a essência da marca, ou o que chamamos de brand idea (idéia da marca).

Brand idea (idéia da marca)

Uma marca é muito mais do que um objeto; ela é a relação entre a "marca como objeto" e o público consumidor. Esta relação advém da combinação única de associações ligadas ao produto (nome, embalagem, história, publicidade, promoção e assim por diante...) pelas quais os consumidores o diferenciam de um outro. Nem o produto nem a marca são uma entidade estática. Os produtos modificam-se o tempo todo. A Kodak, em 1932, descreveu as vantagens de seus filmes exatamente com a mesma linguagem usada hoje. Obviamente, durante todos estes anos, as características físicas do filme como produto mudaram enormemente. Os produtos mudam conforme as condições de mercado mudam, conforme os departamentos de desenvolvimento e de pesquisa descobrem novas formulações, conforme a distribuição ou o preço de varejo sofre alterações, conforme as necessidades e percepções dos consumidores se transformam.

O que prevalece é o sentido da marca. A intenção da Kodak, em 1932, com a publicidade mostrando pais fotografando seu bebê é exatamente a mesma de hoje. As pessoas, naquela época e também hoje, confiam na Kodak para preservar suas recordações. Conforme mudavam suas necessidades, sua marca, "Kodak", permaneceu consistente e relevante.

Um relacionamento de marca tão forte se desenvolve a partir do momento em que um produto continua a satisfazer as expectativas das pessoas com desempenho melhor ou diferente de outras alternativas de produtos que possam satisfazer aquelas mesmas necessidades. As pessoas, por um longo período, atêm-se firmemente à convicção de que "suas" marcas são superiores, de alguma forma, a todas as outras da mesma categoria.

O objetivo de qualquer profissional de marketing de marca é desenvolver o maior número possível de relacionamentos como esses — quanto mais relacionamentos houver, maior será a marca. Quanto mais fortes forem os relacionamentos, maior será a fidelidade à marca — o brand equity que a marca tem com o público consumidor. Os consumidores apenas percebem um sentido mais claro do que a marca representa e significa para eles, quando estabelecem relacionamentos fortes com ela.

A brand idea é a expressão, ou frase, que resume esse significado. Não é um slogan de publicidade; na realidade, ela poderá nem mesmo aparecer na publicidade. Ao contrário, é o conjunto de palavras que define o que a grande maioria das pessoas diria se tivesse de falar o que primeiro lhes vem à cabeça quando a marca é mencionada.

Para se determinar as características de uma brand idea, têm sido feitas pesquisas informais com diferentes grupos de pessoas, às quais se perguntou sobre o significado de várias marcas. Analisando-se essas *brand response surveys* (pesquisas de resposta às marcas), é possível definir algumas das características que as brand ideas fortes têm em comum: realidade, característica de propriedade, exclusividade, longevidade e consistência.

Real, positiva e verdadeira

Uma brand idea é uma idéia real tanto para consumidores quanto para não-consumidores. Representa um sentimento genuíno. A força do relacionamento do consumidor para com a marca reside na convicção de que aquilo em que ele acredita é verdade. A afirmação "percepção é realidade" é mais do que um chavão de publicidade; podemos dizer que a publicidade somente funcionará se for capaz de influenciar percepções positivamente.

Contanto que as percepções dos consumidores sejam positivas e correspondam ao que os profissionais de marketing desejam que sua marca simbolize, as comunicações publicitárias podem funcionar no sentido de reforçar aquelas percepções ou talvez modificá-las levemente. É muito difícil modificar uma percepção negativa ou mesmo corrigir uma percepção errônea. No início da década de 1970, a Miller Brewing Company esperou 28 meses antes que sua campanha "Miller Time" mostrasse algum resultado positivo nos *brand attitude tracking studies* (estudos de rastreamento da personalidade da marca). A Schlitz nunca foi capaz de apagar a imagem negativa inadvertidamente criada pela campanha que apregoava que a cervejaria havia reduzido seu processo de fermentação de 28 para catorze dias.

Paradoxalmente, é muito fácil destruir uma percepção positiva. Uma brand response survey mostrou que mais de 50% das respostas à Exxon se relacionavam ao caso de derramamento de óleo do petroleiro *Valdez*; todas as menções de poder, energia, transporte, pesquisa, exploração e o "tigre no tanque" juntas não conseguiram igualar-se ao tal derramamento de óleo. Levará muito mais tempo para que se reconstrua uma brand idea positiva para a Exxon do que o curto espaço de tempo que se levou para destruí-la.

Propriedade

A brand idea deve pertencer a uma só marca e a nenhuma outra. Um caubói montado em um cavalo no topo de um desfiladeiro cercado de montanhas cobertas por neve evoca somente uma marca. Uma fábrica de botas que queria usar uma fotografia semelhante descobriu que, mesmo com seu logotipo em destaque na parte inferior do anúncio, a grande maioria dos entrevistados pensou que o anúncio fosse do Marlboro.

Uma brand idea pode se tornar propriedade pelo uso. A fonte de uma brand idea é, em muitos dos casos, uma idéia de publicidade particularmente penetrante e criativa que se encaixa com uma marca de maneira tão inteligente que os consumidores cada vez mais a relacionam àquela marca e a nenhuma outra. O Marlboro não era "dono" dos caubóis até começar a usá-los em uma campanha publicitária desenvolvida por Leo Burnett, no final da década de 1950.

Para uma brand idea funcionar, ela deve "adequar-se" à marca, isto é, fazer sentido para um número suficiente de pessoas que a percebem como apropriada e relevante. Se as pessoas acreditarem que a marca está tentando "enganá-las" ou tentando ser algo que não é ou que não pode se tornar, então elas a rejeitarão.

As pessoas identificam uma marca entre outras por meio das brand ideas. Quanto mais forte for a marca, maior será a probabilidade de os consumidores identificarem-na inequivocamente, lembrarem seu nome e adquirirem-na com segurança. Tal grau de força depende de uma idéia que se adapte bem àquela marca e a nenhuma outra.

Única

Uma brand idea forte não pode ser confundida com nenhuma outra. Ela é nova e original; sempre se destaca.

No início da década de 1990, os serviços telefônicos de longa distância tornaram-se uma das categorias que investiam mais pesadamente em propaganda no mercado americano. Cada um dos três principais grupos do mercado competia para estabelecer sua brand idea — AT&T: "poderosa, onipresente, confiável e forte"; MCI: "preço baixo"; e Sprint: "transparência". No período de 1993 a 1994, a propaganda da AT&T começou a atacar a MCI em termos de preço, e a MCI introduziu uma série de comerciais com imagens notáveis sobre a internet. De acordo com a subseqüente brand response research, as brand ideas para ambas as companhias transmissoras foram obscurecidas. Nenhuma das duas representava algo que pudesse ser considerado único. A Sprint, por outro lado, obteve 55% de respostas para "transparência" (sua brand idea). A presença de Candice Bergen na campanha, simbolizando uma irreverência classuda, proporcionou 26% de respostas adicionais. A apresentação da Sprint foi única e sua personalidade de tal forma distinta que a identidade da marca neste caso acabou sendo a mais clara de todas, apesar de ser a que menos investiu em propaganda.

Duradoura

Uma brand idea forte dura muito tempo, através de gerações de grupos de consumidores. A frase "chega de lágrimas", do xampu para bebê da Johnson & Johnson, é reconhecidamente uma brand idea admirável e diferenciada, apesar de seus concorrentes terem usado a frase "sem lágrimas" e de a própria J&J ter mudado algumas expressões promocionais e de publicidade para a marca.

No início da década de 1970, a BBDO desenvolveu a campanha "Do jeito que você quer" para a rede Burger King. A frase contribuiu para a importante brand idea da segunda cadeia de restaurantes fast-food dos Estados Unidos: hambúrgueres grelhados na hora, feitos de acordo com o seu pedido. Desde então, a corporação tem mudado a campanha publicitária quase que anualmente, mas o serviço personalizado com alimentos frescos e de qualidade persiste como núcleo da brand idea. Mesmo hoje em dia, muitas pessoas ainda são capazes de cantarolar o slogan "Escolha seu picles, escolha seu alface pois pedidos especiais não nos incomodam", apesar de fazer mais de vinte anos que não o ouvem.

No final da década de 1960, um dos refrigerantes de lima-limão introduziu uma idéia de propaganda que rapidamente se tornou a brand idea que a definia: a "não-cola" para a 7-Up. Mais tarde, na década de 1970, a marca abandonou essa idéia quando a empresa trocou de agência de publicidade. Recentemente, esse slogan tem aparecido novamente em algumas campanhas, pois, mesmo após vinte anos, ainda permanece uma brand idea admirável e diferenciada.

Um outro aspecto da longevidade é o tempo necessário para se desenvolver uma brand idea forte. Não é algo que exista, exato e previsível, quando uma marca está sendo introduzida, porque antes é preciso entender como os consumidores definem seu relacionamento para com a marca, e um número suficiente desses relacionamentos tem de ser desenvolvido e mantido ao longo de um período para que a brand idea possa ter uma definição adequada. O publicitário pode controlar o estímulo que evoca o relacionamento entre o consumidor e a marca, mas o que importa na verdade é como o consumidor define aquele relacionamento.

Uma brand response survey revelou que a Chevrolet tem uma das brand ideas mais claras no mercado: 81,8% das respostas posicionaram a Chevrolet como "o carro da América". Essa resposta se origina de uma campanha publicitária da década de 1950 — "Veja os Estados Unidos em seu Chevrolet" — e continua com "A pulsação da América". Nenhuma campanha reivindicou abertamente a brand idea "o carro da América". Ao invés disso, ela é o resultado de um acúmulo cuidadoso de muitos estímulos ao longo de muitos e muitos anos.

Consistente

A tarefa mais difícil ao se gerenciar uma brand idea é manter sua consistência. Como já vimos, uma brand idea pode ser poderosa e duradoura. Às vezes, como no caso do Burger King e da 7-Up, ela permanecerá nas mentes dos consumidores apesar dos inúmeros esforços dos publicitários para apagá-la. A Chevrolet goza de uma identidade diferenciada como resultado de sua imagem consistente ao longo dos anos.

Independentemente das várias tentativas de marketing de mudar ou modificar a posição ou a personalidade de uma marca, o consumidor fiel continua a pensar nela em todos os seus aspectos: embalagem, logotipo, cor característica, nome, símbolos de promoção/publicidade, e assim por diante. As pessoas não "vêem" mudança ou definem marcas pelo que é diferente. Elas reconhecem e aderem ao que é familiar — o que conhecem, o que lhes é cômodo. Portanto, se um produto usufrui de uma brand idea que seja clara, admirável e comunicativa/expressiva, certamente a gerência de marketing deve ter a coragem de adotar e permanecer fiel a ela.

Esse tipo de coragem se depara com muitos obstáculos. Gerentes de novos produtos invariavelmente desejam mudar os elementos da marca e imprimir sua marca pessoal nela. As agências procuram novas e melhores campanhas publicitárias, cada vez mais impactantes. E o mais grave é que pessoas bem-intencionadas colocam grande ênfase em campanhas publicitárias porque é crença generalizada que não há diferença entre a brand idea e a advertising idea (idéia da propaganda ou caminho criativo).

As *advertising ideas* e a *brand idea*

A brand idea é aquilo que a empresa deseja que a marca represente nas mentes dos consumidores — ao longo do tempo. A longevidade e a consistência contribuem para sua eficácia.

Uma advertising idea é a tradução da brand idea em comunicação publicitária, num momento específico, para um grupo-alvo específico, a fim de solucionar um problema específico.

Em um dado momento, devido a pressões relacionadas ao produto, ao mercado, à concorrência ou às necessidades dos consumidores, desenvolve-se uma campanha publicitária para meios específicos no intuito de atingir um target bem definido. Essa campanha tem objetivos importantes, concretos e de curto prazo — geralmente um problema a ser solucionado ou uma oportunidade a ser aproveitada. Depois de ter atingido esses objetivos, outra campanha diferente para solucionar um problema diferente se seguirá. Ambas devem apoiar e refletir a idéia comum da marca, mesmo sendo distintas da brand idea.

Uma advertising idea é simplesmente uma expressão isolada da brand idea. Uma outra campanha, em outros meios, pode muito bem ser uma expressão diferente da mesma brand idea. Uma cerveja premium tem diferentes veiculações durante o horário nobre da rede de televisão em relação àquelas que passam durante um intervalo do programa Saturday Night Live, à meia-noite, por exemplo. As veiculações serão diferentes; mas a brand idea deverá ser consistente e coerente.

O assunto torna-se complexo porque as advertising ideas têm certas características próprias que são similares às características da brand idea:

- *Propriedade*: uma boa advertising idea deve ser um estímulo forte que evoque somente uma marca e nenhuma outra.
- *Única*: uma advertising idea bem-sucedida deve ser algo que ninguém esteja fazendo — ou já tenha feito.
- *Nova, original, inesperada*: uma advertising idea efetiva fornecerá um elemento de novidade ou surpresa ao leitor/espectador. Se não houver nada de novo, então não haverá razão para a pessoa parar e prestar atenção, e, portanto, essa pessoa "se desliga" ou "vira a página"e perder-se-á uma oportunidade. A originalidade ajuda a chamar a atenção, além de ser uma recompensa para o leitor/espectador. De preferência, esse elemento deve relacionar-se com a brand idea, nunca contradizê-la ou superá-la.
- *Ampliáveis*: as melhores advertising ideas são passíveis de desenvolvimento e de expansão por um longo período de tempo. Advertising ideas genuínas e duradouras diferem das veiculações únicas de publicidade quanto à capacidade de se expandir de maneira relevante, surpreendente e envolvente. Veja o exemplo da criatividade envolvente da campanha impressa da vodca Absolut ao longo dos últimos dezoito anos. Muitas marcas têm uma única propaganda que atrai a atenção do público por uma só vez, mas caso elas não sejam capazes de evoluir quanto a expressões relacionadas a uma idéia subliminar, elas provavelmente não contêm nenhuma advertising idea.

Embora tanto as brand ideas como as advertising ideas envolvam elementos similares, elas nunca devem ser confundidas. Uma comparação sumária é útil:

Brand idea	*Advertising ideas*
Uma expressão definível	Uma expressão definível
O que se quer que a marca represente na mente dos consumidores	Como a brand idea é comunicada a um target específico, em um dado momento, para solucionar um problema
A relação marca-consumidor	Um estímulo criado para evocar uma resposta específica a um problema
Significa o mesmo para todas as pessoas, tanto usuárias como não-usuárias	Pode ser diferente para diferentes públicos-alvo
Persiste: é difícil mudar; leva anos para ser desenvolvida	Muda quando o produto, o mercado, a estrutura competitiva ou as necessidades do consumidor mudam
Dura o mesmo tempo que a marca	Temporária, de curta duração, acaba junto com a veiculação
Unicamente nossa	Unicamente nossa
Sustentável no longo prazo	Tem objetivos estratégicos de curto prazo
Nova, estimulante	Nova, estimulante

A base de ambas é obviamente uma idéia: um significado fundamental que é claro, comunicável e entendido por todos. Só haverá uma idéia clara caso possamos articulá-la inteligivelmente.

Quanto mais clara for a brand idea na mente de quem cria a propaganda, maior será a probabilidade de se desenvolver advertising ideas novas, estimulantes e realmente eficazes.

Há muitos exemplos de brand ideas que têm sido traduzidos de vários modos em muitas veiculações de publicidade diferentes. No verão de 1993, a *Sports Illustrated* publicou um artigo importante sobre a Nike no qual ficou claro que a brand idea Nike é "a força vital do esporte." A Nike almeja ser dona da categoria dos super-heróis do esporte. Essa brand idea global é apoiada por algumas dúzias (provavelmente centenas) de diferentes comerciais por todo o mundo, incluindo todos os tipos de esportes e de figuras esportivas — profissionais, amadores, praticantes esporádicos e atletas de rua. As veiculações são exclusivamente da Nike — não poderiam ser de ninguém mais. São estrategicamente relevantes porque cada uma delas sustenta a brand idea fundamental da Nike.

Por que o conceito de brand idea é importante

O conceito de brand idea serve a muitos propósitos: embasa a plataforma para toda a comunicação sobre a marca; auxilia na avaliação de uma nova publicidade; estabelece continuidade para a marca; protege a personalidade e a herança de longo prazo da marca; e torna-se "a voz do grupo" que une aqueles que trabalham com a marca, aqueles para os quais a marca é atraente e o plano de comunicação da marca.

Embasa a plataforma para toda comunicação

O conceito de brand idea ajuda a definir os papéis dos canais de comunicação. Assim como diferentes meios têm diferentes papéis no marketing mix, os canais de comunicação também os têm. Cada vez mais, publicitários e agências reconhecem a necessidade de que todos os meios de comunicação e seus veículos reflitam e sustentem uma brand idea que seja única, consistente e coerente.

Muitos departamentos de marketing usam uma empresa para desenvolver promoções de vendas, outra para criar anúncios dirigidos ao consumidor, uma terceira para o ponto de venda e, possivelmente, uma quarta ou quinta empresa para a publicidade do produto ou resposta direta ou interatividade. É raro que todas essas empresas consigam um briefing ao mesmo tempo; mesmo assim, cada uma delas precisa desenvolver materiais que operem em sinergia com aqueles desenvolvidos pelas outras. Dar a cada produtor a mesma brand idea e manter cada um deles responsável pelo desenvolvimento de materiais que a sustentem ajuda a assegurar a comunicação na mídia tradicional (geralmente paga).

Comunicações internas são igualmente importantes. Gerentes seniores, engenheiros de produção, pessoal da área de vendas, serviços técnicos, compra, embalagem, o departamento legal — muitas pessoas têm papéis a serem executados na produção e no marketing bem-sucedidos de uma marca. Partir da mesma brand idea e trabalhar com ela é vital para todos eles, mesmo para aqueles a quem os detalhes do plano de marketing possam parecer uma língua estrangeira. Uma brand idea clara e simples ajuda a estabelecer a base para uma comunicação interna facilmente entendida e aceita por todos.

Apoio para avaliação de uma brand idea

A avaliação de novas recomendações promocionais e de publicidade é difícil. Se uma idéia for genuinamente nova, ela pode ser desconfortável para as pessoas (justamente por seu ineditismo). Assim como os consumidores, os profissionais de marketing tendem a gravitar em torno do familiar e do confortável. Uma brand idea bem definida torna mais fácil avaliar e sustentar mudanças: em que grau a idéia recomendada apóia, expande ou intensifica a brand idea? Uma resposta positiva a essa pergunta diminui as chances de boas idéias serem descartadas somente por serem novas. A brand idea é a âncora que concede às novas idéias a chance de funcionarem.

O completo entendimento de uma brand idea pode impedir que profissionais de marketing cometam erros fundamentais. Em bebidas do tipo "cola", tanto a Coca-Cola quanto a Pepsi-Cola têm brand ideas claras: a Coca é a bebida do tipo cola caracteristicamente americana, a real, original e genuína. A Pepsi é a rebelde. Em uma brand response survey, mais de um terço dos entrevistados mencionou os atributos do produto Coca (gosto ou frescor), e nenhum deles mencionou públicos-alvo. Quando as mesmas pessoas falaram da Pepsi, quase 30% mencionaram públicos-alvo ("Geração Pepsi" ou "juventude"), e menos de 10% falaram sobre gosto ou frescor. Conhecer a importância dos atributos do produto dentro da brand idea Coca teria tornado mais difícil para a Coca-Cola aprovar a mudança do produto para "a nova Coca", em meados da década de 1980.

Os críticos insistem que é possível trocar marcas em comerciais de empresas concorrentes e atingir o mesmo resultado quanto ao desempenho. Por suas brand ideas inconfundíveis, a Pepsi e a Coca não são intercambiáveis. Os comerciais da Pepsi mais característicos reforçam a brand idea como sendo rebelde (o "arqueólogo" em 2031 que acha uma garrafa de Coca e não sabe o que é; o caminhão que leva a Pepsi para idosos e a Coca para o convento; a seleção das situações escolhidas para as estrelas testemunhais das campanhas). Inversamente, não seria crível a Pepsi usar um spot do "Hino da Coca". Esta tese está atualmente sendo testada. Em algumas séries de comerciais, a Coca tem conscientemente tentado usurpar algumas das bases mais tradicionais da Pepsi: juventude e rebeldia.

Estabelece continuidade

Um dos problemas externos enfrentados por muitas marcas é o rodízio relativamente constante das pessoas responsáveis por sua criação e manutenção. Uma brand idea forte e bem articulada pode fornecer uma diretriz que assegure continuidade e uma abordagem consistente para o mercado. Além de promover a unidade por todos os meios/veículos de publicidade e promoção de vendas, a brand idea também assegura unidade ao longo do tempo.

Protege a herança de longo prazo e a personalidade da marca

Os melhores exemplos de brand ideas fortes sempre contêm a essência da promessa da marca, bem como da personalidade da marca. Deste modo, a herança e a personalidade da marca são preservadas e cuidadas pela brand idea. Uma forte expressão publicitária da brand idea ajuda a reforçá-la, mantendo-a sempre nova e relevante para todos os públicos-alvo (target).

É importante não achar que a brand idea é algo assegurado — ela precisa de apoio. Uma fase de uma recente brand response survey mostrou que mais de 50% dos entrevistados não reconheceram o nome "S.C. Johnson", e cerca de 13,6% adicionais identificaram-no erroneamente, confundindo-o com a J&J. Uma fase diferente da mesma pesquisa mostrou uma lembrança significativamente mais alta de "Johnson's Wax" (Ceras Johnson), mas mesmo assim não havia nenhuma brand idea claramente relacionada a esse reconhecimento.

Torna-se a voz do grupo

A brand idea é o elemento comum que une pessoas dentro de organizações de marketing trabalhando com uma marca, os vários públicos-alvo para os quais a marca é atraente e as várias expressões da execução do plano de comunicações da marca. Ela se torna a bandeira que tem o apoio e o endosso de todos. Em suma, é o emblema da liderança de marca.

Brand ideas globais

Uma palavra final sobre a utilidade das brand ideas. Na busca por marcas globais tem sido gasto muito tempo, esforço e dinheiro na tentativa de se criar "campanhas publicitárias globais". O valor e a força de uma marca global não estão na veiculação mundial uniforme da mesma campanha publicitária. A publicidade é somente um estímulo.

A resposta é a brand idea. O objetivo de um profissional de marketing internacional deve ser a criação de uma única brand idea em todos os mercados. A marca deve representar o mesmo na mente de todos os grupos de consumidores relacionados em todos os lugares. As advertising ideas necessárias para estabelecer essa brand idea única variam de acordo com o mercado. E elas certamente devem variar, pois precisam expressar todo o sabor e individualidade locais que farão com que a marca seja relevante e apropriada para aquele mercado. Contanto que o resultado final seja uma brand idea comum, a variedade das expressões locais não é importante.

Um dos maiores exemplos de uma brand idea construída com sucesso por todo o mundo é a do sabonete Lux: "o sabonete das estrelas". Essa brand idea tem sido a base de seu sucesso por setenta anos. Começou com a mídia impressa, nos Estados Unidos e na Inglaterra, e cresceu por meio do rádio e da televisão, com a participação de atrizes famosas: estrelas de Hollywood e artistas de televisão e de cinema locais cujos nomes não seriam reconhecidos além das fronteiras de seus próprios países. Incontáveis veiculações individuais locais (mais algumas importantes veiculações mundiais de peso) ajudaram a Unilever a gerenciar uma marca que parece tanto local e familiar (porque ela usa artistas locais reconhecidos) como poderosa mundialmente (pois usa estrelas de projeção internacional como Sophia Loren e Michelle Pfeiffer). O objetivo não era criar um único pool de comerciais mundiais; ao contrário, era criar uma marca e uma brand idea mundiais. O sabonete Lux continua a ser uma marca líder no mundo todo.

Uma brand idea forte é a base para uma marca de sucesso perdurar. Atualmente, quando é cada vez mais dispendioso consolidar qualquer marca nova ou sustentar uma já existente, que não tenha uma vantagem de produto perceptível em um segmento de mercado estagnado, uma brand idea atraente é fundamental. Toda marca tem um significado; os profissionais de marketing precisam saber que significado é esse, como preservar sua relevância e potencial, e como estimular a agência a criar uma publicidade que contenha uma advertising idea genuína que alimente a brand idea.

Assim, a resposta para a pergunta do diretor de marketing húngaro — "Quando se deve dizer para a agência qual o significado da marca ?" — é clara:

Agora.

3

As marcas e seus símbolos

Judie Lannon

Provavelmente não é exagero afirmar que tudo o que os seres humanos fazem tem um valor simbólico de algum tipo. Nós escolhemos adquirir produtos, serviços e marcas por um número infinito de razões complexas — algumas racionais, outras nem tanto. Em sociedades de consumo avançadas, nossas necessidades poderiam ser satisfeitas de uma maneira muito mais barata do que são hoje em dia; gastamos nosso dinheiro com o que queremos e não somente com o que precisamos, e o que queremos será sempre uma mistura de valores e significados funcionais e emocionais (mesmo que esse significado seja "se não for um disparate, é um bom valor"). Nada é livre de valor.

Este capítulo explora quatro questões:

1. Por que as pessoas querem ou, de fato, necessitam de símbolos?
2. Como os significados e símbolos passam a integrar as marcas?
3. Como entendemos quais significados ou símbolos particulares uma marca traz consigo?
4. Como os donos da marca e suas agências de publicidade deveriam lidar com os símbolos da marca de uma forma eficaz e competitiva ao longo do tempo?

Por que as pessoas querem ou precisam de símbolos?

Produto *versus* marca

O princípio fundamental e o ponto de partida dessa discussão é a distinção importantíssima entre o produto e a marca. Uma maneira de tornar essa distinção clara é pensar em produtos como algo produzido nas fábricas; composições de ingredientes, materiais e trabalhos manuais, mas nada além disso. Os produtos são o que os fabricantes fazem.

A marca, no entanto, é o que o consumidor compra, e até chegar ao consumidor final terá adquirido muitas camadas de significado. Terá uma embalagem de formato e desenho apropriados; suas cores e seu design estarão em evidência para dar uma dica do produto que está dentro; terá um preço; estará à venda em determinadas lojas; terá sido promovida por meio de propaganda ou outro meio de um modo particular; e, ao longo do tempo, ficará conhecida por ser comprada por determinados tipos de pessoas, e não por todas. Estas "camadas" adicionadas ao produto aplicam-lhe um verniz, acrescentando significado e simbolismo à marca. Assim, o que o consumidor finalmente escolhe é um pacote completo de significados. Em uma marca coerente e bem gerida, essas camadas irão se relacionar entre si, com o objetivo final de interpretar estetica e psicologicamente as propriedades do produto físico, de forma a agregar valor para o consumidor.

A função original da marca era de proteção legal, em uma época em que as marcas eram muito mais diferenciadas pelas suas funções do que são hoje em dia. Com a acelerada transferência de tecnologia e com os concorrentes (e, mais recentemente, os varejistas) sendo capazes de copiar os avanços tecnológicos rapidamente, a vantagem competitiva mudou gradualmente para as recompensas psicológicas — o que poderíamos chamar de valores agregados da marca. Portanto, para o proprietário da marca, dotar a marca de nuances psicológicas adequadas e de recompensas apropriadas foi um modo de criar uma razão a mais para os consumidores preferirem-na entre as muitas outras oferecidas pelos concorrentes.

Os publicitários criativos sempre fizeram isso intuitivamente, como fica evidente em algumas das coletâneas disponíveis de grandes campanhas publicitárias ao longo dos anos. A novidade é que a competitividade do mercado moderno exige que todas as marcas entendam os valores simbólicos de modo mais sistemático.

Como as pessoas fazem suas escolhas?

Este assunto foi originalmente tratado pelos economistas. Entretanto, devido ao fato de o pensamento econômico se restringir a teorias razoavelmente estéreis baseadas na maximização da utilidade, é mais aconselhável dirigir-se à antropologia, à psicologia e à sociologia, que oferecem explanações e insights mais ricos.

Uma das características da vida em sociedades avançadas de consumo é a vasta proliferação da escolha que quase nos paraliza e que pode ser vista na sua forma mais espetacular de intimidação nos modernos supermercados americanos. Estratégias para sair do supermercado com a saúde mental intacta envolvem uma complexa mistura de hábito e impulso. Por que escolher café solúvel Maxwell House em vez de Nescafé ou Folgers, ou por que escolher a Coca e não a Pepsi? Por que os cosméticos da Revlon e não os da Max Factor, ou mesmo por que a pasta de dentes Crest em vez da Colgate? Por que procurar a cerveja Budweiser e não a Miller? Certamente, com esses exemplos de produtos de consumo relativamente baratos, as diferenças funcionais do produto, conforme medidas em blind tests de produtos, são mínimas, e quando elas realmente existem raramente estão na mesma escala no que diz respeito às diferenças de brand share*.

Mais desconcertante ainda é a razão pela qual as pessoas pagam altíssimos preços por certas marcas quando existem várias outras equivalentes e mais baratas. Sabe-se que os adolescentes russos pagam o equivalente a um mês de salário por um par de jeans da marca Levi's, e que os motoristas de táxi na Rússia recebem maços de cigarro Marlboro como moeda corrente. Um adolescente americano literalmente matou por um par de tênis Nike. Ou, se você pode gastar mais de 40 mil dólares em um carro, por que escolher um Mercedes e não uma BMW, um Cadillac ou um Jaguar? Com certeza, algo mais está acontecendo.

A primeira e mais importante consideração é que as pessoas acreditam que os valores simbólicos ajudam na escolha das marcas. Um estudo ainda não-publicado feito por uma agência de publicidade americana demonstrou que as pessoas acham mais fácil escolher entre produtos que tenham diferenças altamente emocionais do que entre produtos de categorias em que as diferenças são meramente funcionais. Os símbolos são fáceis de comprar porque

---

* *Brand share* (share da marca): o percentual de vendas de uma marca comparado ao total de vendas da categoria a qual ela pertence. (N.R.T.)

podem diferenciar nitidamente as diversas marcas, ao contrário da avaliação racional do produto, que é difícil e demora muito tempo. Portanto, as pessoas cooperam e participam ativamente de um esquema para dotar os produtos de significados simbólicos e metafóricos, pois esses significados as auxiliam a formar hábitos. Desta maneira, marcas favoritas e confiáveis tornam-se placas de sinalização em meio à profusão de mensagens publicitárias e às pressões nos supermercados. Mas esta é apenas a utilidade mais superficial dos símbolos, por mais importante que seja para muitas categorias de produtos de consumo freqüente.

Diferentes tipos de significado e de auto-expressão

Em um nível mais profundo e mais complexo, os símbolos da marca tornam-se parte dos esforços do indivíduo para construir e manter sua identidade. O que compramos pode dizer quem somos, para onde vamos e quem não somos. O significado simbólico e metafórico nos ajuda em nossa comunicação com o mundo exterior. Pense nas marcas que escolhemos para uso familiar, comparadas com as que servimos aos nossos convidados; nos presentes que compramos para funcionários ou vizinhos, comparados aos que escolhemos com carinho para dar a quem amamos; nas roupas que usamos em situações informais e aquelas que escolhemos a dedo para causar uma boa impressão — e qual impressão — e assim por diante. Todas as atividades em que figuram objetos físicos (ou serviços) envolverão escolhas sobre o que é ou não é importante com relação ao que sentimos e pensamos, como queremos que os outros nos vejam, como achamos correto nos comportar.

Tradicionalmente, os antropólogos têm estudado os significados culturais de produtos que as pessoas escolhem possuir, portanto os significados que as marcas trazem consigo são uma extensão natural dessa linha de pesquisa. O sociólogo alemão Max Weber descreveu a cultura como sendo "um homem vivendo em uma rede de significados que ele mesmo escolheu", e, visto que o consumo é a atividade de escolha mais proeminente, os significados que escolhemos através das marcas individuais que compramos constituem o estudo básico da cultura.

Estamos acostumados a "símbolos de status" como o relógio Rolex e os carros Porsche, ou em um nível mais simples, Johnny Walker Black Label, cristais Baccarat e champanhe Krug — todos tradicionais produtos de prestígio. Esses produtos são comprados consciente e deliberadamente para transmitir uma mensagem de elitismo, refinamento e bom gosto, identificando os compradores como membros de uma classe distinta e refinada. No entanto, este é apenas o tipo de simbolismo mais óbvio.

Ritos e rituais

Em toda sociedade ou subgrupo social, os indivíduos constroem suas vidas sobre complexas estruturas de ritos e rituais. Marcas e produtos freqüentemente fazem parte desses ritos e rituais, e um exame da imagem da marca líder de uma categoria geralmente revela um conjunto de significados que marcam a conexão entre a marca e o ritual. Por exemplo, os cartões de saudações Hallmark e o uísque Chivas Regal identificam-se com o ritual de presentear alguém.

O exemplo mais extremo é certamente o anel de noivado de diamantes usado para marcar esse rito de passagem particularmente importante. A De Beers anunciou "Um diamante é para sempre" por décadas e décadas em vários países, fazendo com que o ato de presentear com o anel de noivado de diamantes se tornasse comportamento culturalmente recomendado.

Tribos

Separadas do modo como o status em uma sociedade ou cultura é distribuído existe uma proliferação de subgrupos aos quais as pessoas pertencem.

Esse tipo de agrupamento, subgrupo ou "tribo" pode ter raízes profundas ou superficiais: subgrupos ou "tribos" podem ter suas raízes nas classes sociais (*sloane rangers* na Inglaterra ou *valley girls* nos Estados Unidos), nos modismos passageiros dos adolescentes (*punks*, *skinheads*, *rappers*, e assim por diante), ou em estilos de vida (*yuppies*). Sociedades complexas e instáveis como a dos Estados Unidos abrigam muitas dessas tribos e outros agrupamentos de estabilidade e inclusão variáveis. As bebidas alcoólicas são mais bem entendidas seguindo-se essa abordagem: a cerveja como vínculo entre adolescentes do sexo masculino, o uísque tipo *bourbon* associado aos "good ole boys" (bons garotos rebeldes), marcas de uísque tipo *scotch* e vodcas importadas associadas aos estilos sofisticados da Costa Leste americana.

Outros tipos de significados também reúnem as pessoas em tribos metafóricas, por assim dizer: proprietários de computadores Apple; proprietários de Filofax; pessoas que usam tênis Nike, e outros grupos para os quais certas marcas passaram a ter um tipo de significado *cult*.

Mitos, heróis e arquétipos

Podemos também ver o simbolismo de uma forma mais mítica, examinando os heróis, arquétipos e lendas que as pessoas veneram e respeitam. O estudo de arquétipos e ícones culturais é fundamental para entendermos o sucesso da publicidade global, especialmente o sucesso de marcas que têm dimensões auto-expressivas, tais como perfumes, bebidas, cigarros, moda, cosméticos e alguns produtos de higiene.

Claude Degrese, uma antropóloga francesa, descreveu um panteão de arquétipos masculino e feminino e usa essa tipologia no trabalho com perfumes, cosméticos e artigos de higiene. Ela demonstrou que os arquétipos existem em todas as culturas, mas que podem ter expressões levemente diferentes, e também que as quantidades de cada arquétipo variam entre as culturas. A propaganda do perfume Poison, uma marca da Christian Dior que rompeu com todos os padrões, evoca esta tese ao apresentar a fragrância como a personificação do mito da "feiticeira".

Mitos de machos carismáticos são personificados nos jeans 501 da Levi's (na Europa), tênis da Nike e da Reebok e relógios Rolex. O sabonete Lux, que usa estrelas de cinema nas campanhas publicitárias há mais de setenta anos, recorre ao mito de Helena de Tróia. O mito de Davi e Golias foi primeiramente visto em uma propaganda da locadora de veículos Avis Rent A Car (com a Hertz no papel de Golias); e mais recentemente isto ficou evidente em anúncios que apresentavam a Apple contra a IBM e a Virgin Atlantic contra a British Airways.

Ideais e valores

Outra fonte de simbolismo da marca encontra-se nos ideais, valores e crenças que certos grupos de pessoas têm e reconhecem como importantes. Um exemplo particularmente feliz é a campanha da Benetton "United Colors of Benetton", que usa um tema que se apropria dos valores do multiculturalismo com sua série multicolorida de pulôveres. A loja Body Shop de Anita

Roddick, ecologicamente justa e politicamente correta, é o mais nítido exemplo de uma filosofia totalmente idealista apropriada por uma loja de varejo. Na Inglaterra, a marca de sabão em pó Persil apropriou-se do ideal de cuidado maternal para enfatizar suavidade combinada com força; a "van" da Volvo representa o pai preocupado com segurança; a Coca-Cola representa "a coisa real" — autenticidade em um mundo falso — envolta em imagens extraídas do grande conglomerado de significados culturais conhecidos dentro e fora dos Estados Unidos como o "Sonho Americano".

Como os significados passam a integrar as marcas?

A maneira como os significados passam a integrar as marcas é certamente o ponto crucial da questão. Precisamos examinar outras estruturas de referência a partir do marketing para entendermos totalmente esse processo.

Primeiramente, restringir essa discussão somente à publicidade é uma limitação desnecessária. A marca é uma totalidade para a qual muitos fatores contribuem. Os fatores principais são os seguintes:

- *O produto físico real*: o que exatamente ele faz ou deixa de fazer? Ele é de algum modo especial ou exclusivo ? Existem ingredientes específicos que são especiais ou exclusivos?
- *Quem faz esse produto*: as empresas têm uma reputação que vem de suas outras marcas ou outras atividades. O que a reputação da empresa acrescenta (ou subtrai) a essa marca em particular? Tradicionalmente, essa dimensão tem-se relacionado somente à história da empresa e às suas habilidades na confecção do produto; mas, hoje em dia, a maior awareness social, as práticas de emprego, os padrões éticos, juntamente com uma maior consciência ecológica da empresa também podem ser considerados como parte integrante da reputação que afeta a personalidade de uma marca em particular.

  Em pequenas empresas, se o presidente ou mesmo sua família se dedicar à produção de produtos de qualidade, isto certamente agregará credibilidade ao produto da empresa (p.ex., as famílias Gucci, Hermès e Ferragamo em produtos de luxo; a família Heineken e a dinastia Budweiser em cervejas). Em empresas maiores, as crenças são mais difusas, mas empresas que têm áreas de atuação específicas podem freqüentemente obter uma vantagem (nem que seja somente quanto à eficácia do marketing) sobre outras corporações que fabricam produtos em áreas diversas. Os cereais matinais da Kellogg's, os queijos da Kraft e os chocolates da Hershey estão em todos os lares, e cada um deles funciona como uma poderosa autoridade em suas respectivas categorias.

- *O preço da marca*: o preço é, sozinho, a dica de posicionamento mais importante em muitos campos de produtos e não somente em categorias convencionais de prestígio. Estabelecer um preço, no entanto, é relativo e contextual; os consumidores entendem as "regras" de marketing e julgam de acordo com o resultado. Portanto, supermercados comuns, pontas de estoque, lojas de conveniência e lojas "duty-free" criam diferentes expectativas. Por ser o preço uma afirmação da crença do fabricante no valor da marca, não é surpresa alguma que a prática de oferecer descontos seja prejudicial à reputação da marca ao longo do tempo.
- *Onde a marca é vista ou vendida*: esse fator se refere ao valor estratégico do local onde a marca é comprada. Por exemplo, os fabricantes de cosméticos de luxo inspecionam as farmácias e drogarias cuidadosamente, e algumas marcas, como Estée Lauder, raramente ou nunca são comercializadas fora da mais exclusiva atmosfera das lojas de departamentos. Para realçar a reputação da marca, podem-se manipular contextos de vários modos, como, por exemplo, assegurando que uma marca especial de chocolates seja oferecida em restaurantes de qualidade, ou que uma marca particular de água mineral seja associada a uma boa refeição. Toda a área de patrocínio, que está em plena ascensão, faz o mesmo trabalho.
- *Quem acreditamos que usa a marca ou não*: em algumas categorias de itens de uso pessoal — roupas, carros, mobiliário —, os tipos de pessoas (em termos de gosto, classe, educação, interesses) que acreditamos usar o produto representam dicas valiosas quanto ao seu poder de atração.
- *A publicidade, a embalagem e outros esforços promocionais relacionados*: estas são as fontes mais diretas para o conhecimento do que é uma marca. O trabalho de promover novas marcas é simplesmente o de transmitir tão atrativamente quanto possível a idéia de que a marca existe, para que serve, em que contexto pode ser usada e que tipo de pessoa a usa.

Vamos examinar agora mais atentamente o processo de construção da publicidade, para entendermos sua contribuição.

O papel da publicidade

A construção do conteúdo de uma campanha publicitária é um processo muito complexo. Tradicionalmente, toda publicidade era vista como uma substituta do tradicional vendedor que visitava as residências. Então, a repetição de um argumento persuasivo, enumerando os méritos funcionais da marca, foi considerada como uma maneira de se fazer isso. No entanto, esse foco unilateral nas qualidades palpáveis do produto peca por omitir quais recompensas adicionais as pessoas estariam obtendo ao usarem a marca, o que poderia vir a ser um avanço competitivo. Portanto, uma publicidade sofisticada tem o duplo desafio de assegurar que a história do produto seja central para a propaganda e que isto seja feito de modo a adicionar níveis de significado e simbolismo ao produto básico.

Um conceito útil em se tratando de marcas e sua publicidade é o da metáfora da marca. Uma metáfora é uma palavra ou frase que denota literalmente um tipo de objeto usado no lugar de outro para sugerir assim uma similaridade ou analogia entre eles. A linguagem do cotidiano é cheia de metáforas: "Ela é uma violeta murcha"; "Ele tem um parafuso solto"; "Ela era uma fortaleza" — e elas invariavelmente têm uma dimensão figurativa. Podemos visualizá-las facilmente.[1]

A publicidade faz uso abundante de metáforas, geralmente para conferir características um tanto quanto "sólidas" ao produto. Uma metáfora nítida e prontamente reconhecida tem muitas virtudes como artifício publicitário porque está em sua natureza englobar muitos significados simultaneamente. Metáforas publicitárias podem ser usadas para transmitir quatro tipos de informações diferentes: (a) o desempenho funcional superior da marca; (b) as recompensas psicológicas da marca; (c) os tipos de pessoas que usam a marca; e/ou (d) de que ambiente social a marca é característica. Por exemplo, um comercial da Levi's 501 na Europa apresenta uma garota e um garoto cujo carro quebrou no meio do deserto; eles usam os jeans do garoto como corda para rebocar o carro. Este anúncio faz uso de uma rica mistura de símbolos para comunicar a informação funcional do produto (resistência, vigor), as recompensas psicológicas de possuir/usar o produto (o garoto salvou a garota de uma situação desagradável) e o ambiente social em que a marca se apresenta (o cenário é a América da década de 1950, evocando para os adolescentes europeus os filmes de jovens rebeldes da época, e James Dean, em particular, como um ícone cultural).

Um outro exemplo nítido é um comercial do Volvo 850 veiculado na época do seu lançamento no Reino Unido. O carro que está sendo conduzido transforma-se de repente em um cavalo galopando, o qual, juntamente com o cavaleiro, representam a experiência de dirigir. A imagem é secundada pela fala "Corre como se estivesse vivo". Este tipo de metáfora visual não somente representa o carro — sua velocidade, seu manuseio, sua capacidade de responder aos estímulos — como também, ao fazer uso do arquétipo do caubói, significa a relação entre o carro e o motorista, sua auto-imagem e o que ele quer deste tipo de carro.

Sinais e símbolos usados como metáforas da marca são transmissores potentes de significado porque são muito concentrados e econômicos. Por isso o design da embalagem e outros aspectos são tão importantes para a marca. Símbolos de empresas, tais como "as boas mãos" da Allstate, "a rocha" da Prudential e o "carro-forte" do Wells Fargo Bank, servem como logotipos metafóricos do que a companhia representa. O uso do touro da Merrill Lynch, que tem sido usado há tempos para simbolizar otimismo com toques de força e masculinidade, é um bom exemplo de uma metáfora da marca que começou como um logotipo e se transformou em publicidade. É interessante salientar que a campanha foi modificada durante a década de 1970; a propaganda que inicialmente mostrava um rebanho passou a mostrar um único touro, para criar um símbolo mais adequado à auto-imagem de independência do investidor-alvo.

Os símbolos, no entanto, não são necessariamente metáforas — o boneco de pneus da Michelin, por exemplo, está associado a pneus de longa duração, mas não diz nada em particular sobre a excelência do produto. Por outro lado, o tigre da Exxon é tanto um símbolo quanto uma metáfora de poder. Aqui, também, vemos a metáfora evoluir de acordo com as tendências sociais — no Reino Unido, o tigre tornou-se um marido e pai com filhotes, e preocupa-se com o meio ambiente.

Marcas familiares de produtos de consumo tais como Pepperidge Farm, legumes e vegetais da Green Giant, xampu Timotei e sabonete Lux usam metáforas, explicita ou implicitamente, em suas propagandas para condensar os significados das marcas de forma concisa. O Titus Moody da Pepperidge Farm junto ao seu carro de entregas sugere a excelência das padarias do passado. A Jolly Green Giant, de uma forma antropomórfica, simboliza a bondade, a integridade e o frescor da fazenda nos vegetais e legumes enlatados e congelados. O xampu neutro da Timotei para garotas ou crianças representa pureza, naturalidade e suavidade. O sabonete Lux tem estrelas de cinema em sua campanha há mais de setenta anos em mais de quarenta mercados (mais da metade dos países onde a marca é vendida). As estrelas parecem funcionar como metáforas das "mulheres mais bonitas do mundo" — uma idéia que por sua vez funciona por meio da evocação do mito de Helena de Tróia.

Tais significados permeiam as marcas e se tornam parte delas, em parte como resultado da repetição e de um tipo de condicionamento, e em parte porque os significados e os próprios produtos encaixam-se tão bem que as pessoas voluntariamente fazem essa associação. Uma idéia cercada de significados pode tocar uma corda particularmente forte que reverberará nas mentes das pessoas por um longo tempo. Por exemplo, o comercial "1984" da Apple, no qual uma população controlada foi libertada por uma jovem mulher, e que trazia somente uma palavra — Macintosh — foi mostrado somente uma vez na televisão americana. Mesmo assim, a metáfora foi tão poderosa que o comercial e os significados que ele confere à Apple (a libertadora) *versus* a IBM (o gigantesco conglomerado controlador) foram significativos para a atração gerada pela Apple e para a extrema fidelidade e zelo que os usuários têm demonstrado para com a companhia/marca.

A partir desses exemplos é possível estabelecer princípios que ajudam a explicar como metáforas visuais dotam as marcas de valores simbólicos, servindo assim de veículos de publicidade eficazes:

1. As metáforas visuais podem aumentar a eficácia por se afastarem do mundo da argumentação persuasiva racional (o que encoraja a contra-argumentação) e adentrarem um mundo de exageros aceitável, pois não se espera que os espectadores entendam as metáforas literalmente.
2. As metáforas visuais podem conter diversos tipos de informações e, portanto, não exigem muito em relação ao texto de apoio. Diferentemente de apelos verbais, as metáforas podem embutir vários significados simultaneamente, e por esse motivo são um meio de comunicação econômico.
3. As metáforas visuais requerem um certo nível de processo mental. Em algum ponto, elas devem fazer a ligação entre a imagem e o produto; essa conexão deve ser feita rapidamente, e fluir fácil e naturalmente pela justaposição da metáfora e do produto físico ou serviço.
4. As metáforas visuais são úteis para definir os "territórios" das marcas. As metáforas ajudam a traçar as barreiras emocionais quanto a possíveis extensões do produto. Se a Levi Strauss, por exemplo, tivesse tido mais consciência de seu território, nunca teria dado o passo que deu alguns anos atrás quando começou a produzir calças masculinas e vestimentas de lazer, com suas associações entediantes e de meia-idade.
5. As metáforas visuais se prestam a abreviações e adaptações para outros meios. Elas podem ser traduzidas para logotipos, embalagens e para meios semipermanentes de identidade corporativa.

Como entendemos os significados particulares de uma marca?

Extraída das ciências sociais, uma série rica e variada de técnicas tem sido utilizada por pesquisadores comerciais para desvendar os significados que as pessoas atrelam às marcas. A antropologia é talvez a disciplina mais adequada para se entender o simbolismo da marca, já que essa disciplina analisa o contexto social do consumo e também os significados de qualquer tipo de ritual de consumo e as marcas que o acompanham. Ironicamente, entretanto, a maioria dos pesquisadores de mercado tem maior probabilidade de vir de outras áreas — geralmente psicologia ou sociologia.

Técnicas de capacitação e de projeção

Normalmente, perguntas diretas provocam respostas; mas como o ponto central do simbolismo é sua habilidade em carregar um conteúdo emocional considerável, as pessoas freqüentemente acham difícil colocar suas idéias em palavras. Usamos então, as técnicas de "capacitação" e de "projeção" — perguntas e expedientes que ajudam as pessoas a expressar suas razões, pensamentos ou impressões por meio de uma abordagem indireta.

Peter Cooper, presidente da empresa de pesquisa de mercado britânica CRAM, utiliza-se do seguinte esquema básico para pesquisar diferentes estados de consciência:

Fatores estudados	*Técnicas*
Fatores conscientes	Acessíveis a questionário estruturado
Sentimentos pessoais e linguagem	Necessitam de estrutura de entrevista compreensiva
Associações intuitivas	Jogo não-verbal; o mundo interno dos consumidores, das marcas e da publicidade
Fatores inconscientes	Entrevista de projeção e dedução de observação; reações não censuradas[2]

Algumas das técnicas empregadas por Cooper e por outros são descritas a seguir. O uso de qualquer técnica particular ou de um conjunto de técnicas depende muito do assunto a ser pesquisado, e, em última análise, o valor de qualquer técnica depende muito de uma interpretação capaz.

No entanto, todos esses métodos compartilham uma característica comum, que é um tipo de "jogo", na qual uma série de abordagens não-verbais torna-se o caminho para idéias emocionais por meio do envolvimento e da expansão da imaginação.

- *Conclusão da sentença e conclusão do quadro*: neste último, apresentam-se às pessoas desenhos em quadrinhos e pede-se a elas que descrevam uma conversa entre um usuário da marca e um não-usuário, ou o que alguém poderá dizer em uma situação em contraste com o que ela poderá estar pensando.
- *Personalizando as analogias da marca ou dos desenhos*: pergunta-se às pessoas que tipo de indivíduo uma marca seria se fosse viva. A pergunta resgata uma série de características humanas que iluminam a imagem da marca. De modo semelhante, perguntar, por exemplo, "se um carro Ford fosse uma companhia de aviação, qual seria?" ajuda a expandir a imaginação e apresenta um outro conjunto de imagens. Uma extensão dessa idéia tem sido desenvolvida pela organização de pesquisa Research International para ser usada com companhias prestadoras de serviços. Os entrevistados são questionados não só a respeito do que eles pensam da companhia, mas também sobre o que eles acham que a companhia pensa deles. Respostas como "um cliente especial" *versus* "um número" podem nos dizer muito sobre o modo como uma companhia conduz seus negócios.
- *Dramatização, desenhos e modelagem*: estas técnicas são mais interativas e encorajam as pessoas a "atuar" ou expressar seus sentimentos por meio de desenhos ou modelagem em argila. Como as roupas lavadas com uma marca de sabão em pó se sentem quando comparadas a roupas lavadas com outra marca? Desenhe o pão branco comparando-o com o pão preto. Como você se sente ao voar por uma companhia aérea ou por outra?
- *Colagens, montagens, escolha de figuras*: uma grande coleção de fotos (tiradas de jornais, revistas e anúncios) retratando várias pessoas, lugares, estados de espírito, bens materiais (carros, casas, roupas, interiores de ambientes) e assim por diante é apresentada aos entrevistados, os quais têm de ordená-las em categorias ou combiná-las de maneira a melhor expressar as diferentes marcas.

Técnicas como estas são tipicamente incorporadas em grupos de discussões, com duas ou mais horas de duração, entre amostras de pessoas selecionadas de acordo com critérios particulares relacionados ao comportamento conhecido do mercado. Por exemplo, para uma marca cujo market share está em queda ou que não esteja crescendo como o previsto, os pesquisadores entrevistariam uma amostra de usuários regulares da marca, uma outra de usuários ocasionais, e talvez uma amostra de não-usuários. Cada amostra seria investigada com essas técnicas para detectar se o problema está na marca, na propaganda, nos concorrentes ou em qualquer outro fator relacionado ao ambiente de marketing. Novas marcas são minuciosamente pesquisadas para assegurar que todos os elementos da brand mix — produto, embalagem e tema da publicidade — estejam funcionando coerentemente juntos e que o conjunto todo de significados seja atraente para compradores em potencial.

Como os proprietários da marca e as agências devem administrar o simbolismo da marca?

Discutiu-se no item anterior os usos que as pessoas fazem dos símbolos e dos seus significados e como os pesquisadores podem ajudar as empresas a entender os significados de suas marcas. Passaremos agora a analisar como as empresas podem usar essas informações de maneira mais eficiente. Para tanto, devemos atentar para o modo como o simbolismo da marca se enquadra nos princípios e na prática de marketing.

As empresas estão no mercado para serem lucrativas, acima de tudo, e seus lucros serão mais bem garantidos quanto maiores forem as margens sobre o custo de produção e distribuição. A fonte dessas margens são essencialmente os valores agregados da marca, pois são eles que fazem com que mais pessoas paguem preços mais altos do que os dos concorrentes ao longo do tempo, pois os valores oferecidos são importantes para elas.

O primeiro ponto a ser enfocado, no entanto, é que não há nenhum volume de simbolismo que compense um produto inadequado: os valores da marca são adições e nunca substituições. As marcas líderes em suas respectivas categorias por décadas são aquelas de propriedade de profissionais de marketing agressivos que têm dedicação quase que fanática à qualidade do produto: Mars, Procter & Gamble, Colgate e Kellogg's mantêm a liderança porque ao longo do tempo os consumidores acharam que essas marcas têm um significativo valor intrínseco.

O segundo ponto a ser levado em consideração é o erro que se comete ao se simplificar em demasia a relação entre tipos de personalidade e marcas. Apesar de muitos trabalhos terem sido feitos para tentar fazer a correlação entre o uso da marca e os tipos de personalidade de grupos com diferentes estilos de vida, o resultado tem sido curiosamente decepcionante quanto a sua aplicabilidade no dia-a-dia do marketing e da publicidade. Há um número de razões, desde os instrumentos de pesquisa usados, um tanto quanto primitivos, até um modelo de comportamento humano demasiadamente simplista. Entretanto, outra razão é que a explicação dada por uma única disciplina sobre algo tão complexo quanto o mercado consumidor está fadada à inadequação. Uma descrição do processo de marketing embasada apenas na psicologia tende a simplificar em excesso e a ignorar atividades tão cruciais como distribuição, exposição à mídia e política de preços. Estas disciplinas de marketing são difíceis e estruturais, assemelham-se a leis no que diz respeito ao comportamento de compra repetida. Isso significa que o estudante do marketing da marca deve dominar os elementos de todas elas em vez de eleger uma delas como a mais importante.

Devido ao fato de que os significados podem mudar à medida que as culturas evoluem, as tendências sociais se desenvolvem e as influências na moda e na mídia evoluem, o simbolismo da marca não é estático. Quando uma marca está conectada a rituais que não são mais relevantes por alguma razão, então é hora de reinterpretar seu significado. Um bom exemplo vem da Inglaterra que, como todos os países europeus, é geralmente bem mais rica em rituais do que os Estados Unidos. A Lucozade, uma bebida à base de glicose da SmithKlinne Beecham, por décadas, foi associada à convalescença. Com a melhora na saúde geral da população, a Lucozade, então freqüentemente consumida por inválidos, passou a ser cada vez menos consumida, portanto foi preciso achar outro conjunto de significados que pudessem igualmente originar-se da glicose e de associações com a perda de energia. A resposta foi encontrada em bebidas para a prática de esportes. Com nova embalagem (uma lata, em vez de uma garrafa alta e fina) e, mais importante, nova propaganda (usando heróis e celebridades esportivas), a marca retornou ao mercado com sucesso.

A situação mais comum, no entanto, é a necessidade de se manter a marca continuamente renovada para que o seu significado principal permaneça o mesmo mas seja regularmente reinterpretada de acordo com as tendências sociais em mudança. Mais uma vez, a Inglaterra nos propicia muitos exemplos excelentes. O sabão em pó Persil, cujo marketing é feito pela Lever Brothers, usava a idéia de cuidado e amor maternais como sua proposição básica de publicidade. Anúncios antigos apresentavam mães em situações que, para os padrões modernos, pareciam opressivas e claustrofóbicas. Mas as mudanças sociais não eliminaram as mães, apenas mostraram que as mães se comportam de uma maneira diferente. Muitas delas trabalham fora, e, como conseqüência, os pais adotaram um papel quase maternal.

À medida que as marcas mais e mais se assemelham em termos de função do produto, tornando mais difícil a diferenciação entre elas, as habilidades do publicitário da área de criação tornam-se cada vez mais cruciais. Conforme descrito neste capítulo, essas habilidades devem incluir a capacidade de interpretar marcas de modo vivo e atraente, que as dote de um simbolismo, e que agregue valor à oferta física e construa uma forte sinergia.[3]

Notas

1. Ver Alexander L. Biel e Judie Lannon, "Steel Bullet in a Velvet Glove? The Use of Metaphor in Advertising", *Admap*, abril de 1993.

2. Ver Peter Cooper, *The New Qualitative Technology*, ESOMAR Marketing Research Monograph 2 (Amsterdã: European Society for Opinion and Marketing Research, 1987). Ver também Judie Lannon e Peter Cooper, "Humanistic Advertising: A Holistic Cultural Perspective", *International Journal of Advertising*, vol. 2, julho/setembro de 1983.

3. Juntos, estes dois artigos fornecem uma extensa bibliografia de livros e *papers* relacionados ao tópico abordado neste capítulo: Judie Lannon, "Mosaics of Meaning", *Journal of Brand Management*, vol. 2, nº 3, dezembro de 1994; Judie Lannon, "What is Postmodernism and What Does it Have to Do with Brands?" *Journal of Brand Management*, vol. 4, nº 2, outubro de 1996.

4

Gestalt

Como as marcas são influenciadas pela comunicação integrada

John Philip Jones

O consumidor pode responder a uma publicidade como um estímulo isolado, e diferentes veículos de comunicação capacitam o fabricante a enfocar a comunicação de uma maneira particular para cada mídia e até mesmo para cada veículo. No entanto, a resposta do consumidor é também afetada por uma gestalt, a soma de muitas comunicações sobre a marca — por exemplo, pelo que ele sabe sobre a marca, onde ela é vendida, quem a usa e como ela é promovida junto ao comércio e ao consumidor. Mais importante, é que existe uma comunicação implícita sobre a marca na empresa de publicidade com que ela trabalha, na mídia e nos veículos de comunicação em que ela aparece; em grande parte, o meio é, de fato, a mensagem. Mesmo assim, no mundo real são muito comuns dissonâncias de todos os tipos.

Um anúncio de automóvel tenta nos persuadir de que a marca agora é mais bem construída e mais confiável do que antes; ao mesmo tempo, o anúncio oferece um grande desconto no preço, demonstrando assim que o próprio fabricante não acredita em seus próprios apelos de qualidade. Uma outra propaganda de carro, de uma marca excessivamente tradicional e de estilo antigo, tenta persuadir os jovens de que atualmente esse carro é para eles — simplesmente por dizer que o carro agora é para eles. Uma marca altamente exclusiva, direcionada para as classes mais altas e com maior poder aquisitivo, faz propaganda em horário nobre nas redes de televisão, lado a lado com as marcas mais gerais do mercado de massa. Um conceito de produto altamente sofisticado aparece em anúncios de incrível banalidade. Essas ocorrências não são, de modo algum, excepcionais. Praticamente toda noite vemos estes e outros exemplos desanimadores na televisão.

Quando se pede aos consumidores que descrevam as personalidades de bancos e postos de gasolina conhecidos e tradicionais, suas impressões parecem ser uniformemente negativas. As comunicações implícitas — mas certamente não-intencionais — sobre estas organizações (p. ex., menções não-favoráveis na mídia) claramente influenciam os consumidores muito mais do que as comunicações explícitas e planejadas.

Durante a década de 1970, teve grande repercussão uma parábola — que ilustra nitidamente o significado da gestalt nas comunicações — apresentada de maneira envolvente por Jeremy Bullmore, na época presidente da sucursal de Londres da agência J. Walter Thompson.

Havia duas fazendas, com um campo em frente de cada uma delas. No campo pertencente à primeira havia uma placa de madeira escura muito áspera, com as palavras "Ovos Frescos" pintadas à mão. As letras eram de um pintor sem talento, provavelmente da esposa do fazendeiro, e apesar de a mensagem ser legível não ganharia nenhum concurso de artes gráficas. As letras eram tortas e o espaçamento entre elas desigual. No campo defronte da segunda fazenda também havia uma placa que dizia "Ovos Frescos", mas claramente este era o trabalho de um especialista em desenho gráfico, provavelmente um discípulo da Bauhaus. Era um pedaço de madeira bem lixado e não ficaria mal numa publicação anual dedicada a exemplos de excelência gráfica.

Ficou claro para os visitantes que os ovos da primeira fazenda eram mais frescos. Mesmo se de fato não fossem mais frescos, para as pessoas que viam as duas placas eles pareciam ser.

Seria igualmente instrutivo repetir o exercício, mas com uma placa que diz "Aulas de Pilotagem". Sem dúvida, a fazenda que vende os ovos mais frescos não ofereceria as aulas de pilotagem mais seguras! Num sentido literal, as aulas de pilotagem estão tão relacionadas com a placa "Aulas de Pilotagem" quanto os ovos com a placa "Ovos Frescos". Ainda assim, isso não é tão óbvio para os consumidores; para eles, qualquer marca projeta uma impressão total, para a qual todas as comunicações sobre a marca contribuem. Quando algumas dessas contribuições são negativas e outras — talvez a maioria — são positivas, a prevalência das impressões negativas talvez não seja surpreendente.

O princípio geral da comunicação gestáltica é importante para todos os que desenvolvem e gerenciam marcas. E é de especial valor para os pesquisadores de mercado que avaliam marcas com base nas respostas dos consumidores quanto às marcas como um todo. Portanto, os pesquisadores devem evitar o enfoque em itens discretos da comunicação fazendo perguntas como: Você acha que vermelho é uma boa cor para a embalagem? Você gosta de uma fragrância fresca ou adocicada? Que partes da propaganda você lembra? Você gosta dos modelos dos comerciais?

5

Marcas e publicidade

Roderick White

A maior parte da publicidade é sobre marcas — tanto isto é verdade que pode parecer ocioso aprofundarmos a relação entre as duas. Num passado recente, entretanto, temos visto o desenvolvimento de vários assuntos que aumentam a importância deste relacionamento e levantam questões sobre o que ele significa precisamente. Portanto, neste capítulo veremos brevemente o que é uma marca e como ela parece estar dependente da publicidade, estabeleceremos as questões-chaves e tentaremos chegar a conclusões relevantes sobre um debate que tem se tornado exagerado e confuso.

O que é uma marca?

Uma marca é o meio pelo qual uma empresa diferencia seus produtos dos concorrentes e — se bem-sucedida — protege sua posição no mercado, de maneira lucrativa, ao longo dos anos. Para que isto ocorra, a marca tem de construir

---

Nota: Este capítulo foi originalmente publicado como "What Advertising Can Really Do for Brands," *International Journal of Advertising*, vol. 18, nº 1, fevereiro de 1999. © 1999 por NTC Publications Ltd.
Reimpressão autorizada.

um relacionamento com seus consumidores; se a marca não estiver de algum modo "na mente" de seu mercado-alvo, poderá, na melhor das hipóteses, representar apenas uma compra aleatória.

De que modo deveríamos entender isto? Com base em análises antropológicas, Judie Lannon descreveu uma marca graficamente, como consistindo em um "mosaico de significados". Ela descreve o *branding* (criação da marca) como o mecanismo que cria e sustenta "mitos e rituais de consumo, envolvendo produtos e serviços dotados de significados simbólicos".[1] Se por um lado essa afirmação nos parece complexa, por outro lado tem o mérito de ater-se ao fato real de que uma marca existe dentro de uma sociedade e nas mentes dos consumidores; é uma construção de suas características físicas inerentes e de suas características funcionais, combinadas com valores e associações intangíveis. Caso a marca tenha sido cuidadosamente desenvolvida e o marketing tenha sido feito de forma apropriada, este fator criará uma vantagem competitiva muito poderosa no mercado, podendo garantir-lhe a manutenção de um preço superior (ou pelo menos reduzir a elasticidade de preço), sustentar um market share estável ou em crescimento e capacitar o proprietário da marca a alcançar economias de escala em despesas com marketing.

Stephen King, o pioneiro em planejamento e atendimento da J. Walter Thompson de Londres na década de 1960, disse certa vez:

> "O produto é algo feito em uma fábrica, ao passo que a marca é algo comprado por consumidores. O produto pode ser copiado pelo concorrente: a marca é única. O produto pode rapidamente se tornar ultrapassado: a marca de sucesso é eterna".[2]

Uma marca de sucesso extrai seu caráter único da combinação de elementos no *marketing mix** (incluindo suas características funcionais) e seus efeitos sobre as mentes dos consumidores. E, ainda mais, apesar de ser difícil ter uma marca de sucesso que não ofereça um desempenho funcional excelente, a maior parte das marcas de sucesso é poderosa porque seu apelo é tanto emocional quanto racional. Na realidade, uma marca que não consegue construir um forte laço emocional com seus usuários fica vulnerável; à medida que os concorrentes criam marcas que atingem ou ultrapassam as primeiras quanto aos principais indicadores funcionais de desempenho — e certamente isso ocorrerá ao longo do tempo —, uma ligação emocional pode fornecer um

* *Marketing mix*: integração ótima dos seus elementos, conhecidos como os "quatro P's"; produto, preço, praça, promoção. Praça simboliza canais de distribuição e distribuição física por mercado.(N.R.T.)

fôlego a mais para a gerência tomar providências com o intuito de recuperar o desempenho competitivo da marca.

Todos esses aspectos apontam para a importância das comunicações de marketing no branding e no desenvolvimento de suas potencialidades. O que transforma um produto (ou serviço) em marca é o modo pelo qual ele é apresentado e comunicado ao mercado: a embalagem, apoio de pontos de venda, literatura de venda, relações públicas, publicidade e patrocínio, bem como a política de preços e os canais de distribuição. Esses fatores, separadamente ou em conjunto, podem contribuir para uma imagem lapidada que os compradores dessa marca em particular terão desenvolvido ao longo do tempo, a respeito do que a marca pode oferecer — tanto os benefícios físicos e funcionais que ela oferece como as satisfações emocionais a ela associadas.

Em um planejamento de marketing criativo, esses benefícios e satisfações farão parte da marca desde o início, e integrarão o marketing mix, a fim de assegurar que o mercado os aceite. Como fazer isto é o tema de muitos livros sobre marcas e talvez o melhor exemplo seja o livro de Aaker sobre brand equity.[3] Um elemento-chave no processo de planejamento é o posicionamento da marca, discutido por Ries e Trout em sua "bíblia".[4]

Claramente, dentro de tudo isto, a publicidade, a mais invasora e visível forma de comunicação de marketing, desempenha um papel crucial. A publicidade não pode transformar uma orelha-de-porco em uma bolsa de seda, mas, se o produto for bom, ou — o que é preferível — superior, ela pode ajudá-lo a transformar-se em uma marca forte.

O papel da publicidade

O papel da publicidade, especificamente, tem sido visto tradicionalmente como um impulsionador de vendas, agindo de quatro modos principais:

1. criando awareness;
2. oferecendo informação essencial;
3. ajudando a construir uma imagem de marca relevante; e, uma vez que a marca tenha se tornado mais ou menos consolidada;
4. agindo como um lembrete regular para experimentar, comprar ou usar a marca.

Apesar de o papel principal da publicidade no lançamento de um novo produto ser o de anunciar e oferecer informações, ela também comunica o desejado posicionamento da marca desde o início; uma vez estabelecida a marca, a publicidade estará muito mais engajada em assegurar que o posicionamento se torne inteiramente parte do repertório mental do target, com imagens e associações apropriadas.

Estratégias de publicidade, portanto, precisam ser desenvolvidas tendo em mente as respostas e reações dos consumidores, e também precisam reconhecer que uma marca significa muito mais do que apenas suas características físicas. De fato, em muitos produtos de consumo freqüente, em particular, em que a "escolha" da marca é apenas um processo consciente no momento que o comprador passa pelo corredor de um supermercado, fatores simples como hábitos, sentimentos e associações influenciam muito mais na compra (ou não) do que as comparações racionais.

É perfeitamente possível construir-se uma marca sem investimento maciço em publicidade, apesar de este ser um comportamento mais comum em mercados de serviços como o varejo. Dois exemplos clássicos deste segmento, no Reino Unido são a Marks & Spencer, que raramente fazia publicidade antes de 1980 e que ainda hoje gasta bem menos do que outras cadeias de porte similar, e a John Lewis, um grupo de lojas de departamentos que nunca havia utilizado os serviços de uma agência de publicidade até dois anos atrás, mas é conhecida por todo o país pela frase poderosa de seu fundador: "Nunca conhecida por vender barato". Ambas as firmas, certamente, usaram suas lojas como propaganda, em vez da mídia, e foram bem-sucedidas. Da mesma forma, a maioria dos restaurantes conta com a propaganda boca-a-boca e com relações públicas para atrair seus clientes.

O que a publicidade faz pela marca?

"A publicidade vende marcas." Sim, é verdade. Mas a tarefa crucial para quem está envolvido no planejamento e na avaliação da publicidade é determinar precisamente como isto acontece — sem este conhecimento estamos condenados a nos confundirmos e a fazer um trabalho de adivinhação.

A questão de como a publicidade funciona tem preocupado os pensadores de marketing por mais de cem anos: o AIDA (Atenção — Interesse

— Desejo — Ação), primeiro dos assim chamados "modelos de hierarquia de efeitos", tem sua origem em 1898.[5] Este e tantos outros modelos similares continuam a dominar muitos pensamentos sobre a ação da publicidade, apesar de serem claramente simplificações exageradas, grosseiras, enganosas e errôneas. O grande problema está no modo como acreditamos que a publicidade deve funcionar, o que influencia o modo como decidimos medir os efeitos, tanto nos pré-testes quanto nas avaliações de campanha.

Modelos antigos de funcionamento da publicidade tinham por base a idéia de que os publicitários podiam usar a propaganda para que as pessoas agissem de determinadas maneiras: saíssem e comprassem a Marca X, trocassem da Marca Y para a Marca Z, e assim por diante. Em particular, havia uma idéia bem objetiva de que a boa publicidade poderia persuadir um consumidor (geralmente pela força do argumento racional) a mudar — totalmente — de uma marca para outra. Somente a partir de 1960 é que começou a ser reconhecido que o importante, na realidade, era o modo como as pessoas reagiam à publicidade, e que, portanto, fazia sentido estabelecer objetivos de publicidade que levem em conta, ainda que parcialmente, a resposta do consumidor ao anúncio. Reconhecer que a publicidade não usa as pessoas, mas que as pessoas usam a publicidade, se assim o desejarem, foi um avanço subseqüente.[6]

Vakratsas e Ambler examinaram vários modelos de publicidade e chegaram à conclusão de que qualquer análise do tema precisa reconhecer que a experiência, a emoção e a percepção desempenham papéis quanto à maneira como a publicidade funciona.[7] Ambler salientou que é comum ignorarmos a importância da experiência anterior que o consumidor tem da marca, ao passo que muitas discussões (e técnicas de pesquisa) se concentram primeiramente na percepção enquanto subestimam a emoção.[8]

Ambler destaca ainda que a publicidade tem de operar por meio de efeitos *imediatos* — há um inevitável vácuo entre a exposição ao anúncio e a aquisição (exceto nos casos especiais de resposta direta). Isto requer o armazenamento de traços de memória apropriados que podem ser recuperados no momento da compra. A maneira como esses traços foram ordenados e armazenados tem sido discutida em detalhe por Du Plessis, que mostra que esse é um processo de aprendizagem — não importando se foi alcançado pela busca ativa e deliberada de informação ou por meio do modo acidental e informal pelo qual aprendemos, por exemplo, como é uma sala em nossa casa.[9]

Du Plessis também salienta que a psicologia moderna veio para enfatizar a importância das emoções ou sentimentos, tanto com relação ao modo como as lembranças são armazenadas como em relação ao processo de tomada de decisão.[10] Isto ajuda a explicar os resultados do projeto da Advertising Research Foundation (ARF) de 1991 que surpreenderam a comunidade de pesquisa publicitária nos Estados Unidos por revelar que a apreciação da propaganda é o maior indicador de sucesso de mercado.[11]

No Reino Unido, pesquisadores concluíram ser muito improvável que todos os anúncios funcionem da mesma forma (e que, portanto, não faz sentido tentar testá-los todos ou avaliá-los usando uma única metodologia rigidamente elaborada). Hall, juntamente com seus colegas, realizou pesquisas com dois departamentos responsáveis pela publicidade de uma agência — planejamento estratégico e atendimento — identificando quatro "estruturas" dentro das quais a publicidade é planejada.[12] Basicamente, o que Hall e seus seguidores descobriram é que os objetivos principais da publicidade podem ser simplesmente criar vendas (principalmente resposta direta), persuadir (uma abordagem essencialmente racional), envolver (basicamente emocional) e alcançar notoriedade (criar a impressão de que algo está acontecendo). Esses objetivos não são, necessariamente, mutuamente excludentes; uma propaganda pode desempenhar várias (ou todas as quatro) das tarefas mencionadas, mas de um modo ou de outro, ela geralmente será mais influenciada por uma delas. Claramente, a maneira como a publicidade está sendo ou deveria ser planejada, nesses termos, dependerá da situação de mercado da marca.

Fechando o círculo, há dois elementos-chave no pensamento moderno quanto à avaliação de campanha que trazem luz ao questionamento do que a publicidade pode fazer por uma marca. Gordon Brown, da Millward Brown, enfatizou a importância da memória, mas ressaltou a não-importância da lembrança detalhada do próprio anúncio; a medida principal de sua agência é "advertising awareness", que é definida como awareness de que a marca foi promovida ou anunciada recentemente (p. ex., na televisão).[13] Esta é, essencialmente, uma medida de notoriedade da publicidade. Ao mesmo tempo, duas ou três agências de pesquisa, incluindo a Millward Brown, desenvolveram modelos de relacionamento do consumidor com a marca que podem ser ligados aos estudos de *advertising tracking* (rastreamento da publicidade). Esses modelos têm por objetivo avaliar até que ponto o consumidor está comprometido com uma determinada marca.[14]

Certamente, publicitários e agências estão acostumados a ver a publicidade como um meio de influenciar substancialmente as atitudes do consumidor em relação a uma marca — geralmente ao longo do tempo — para que possam construir e reforçar a posição da marca no mercado. Encontra-se implícito neste pensamento a crença evidente de que a publicidade é uma força bem poderosa para a mudança — uma crença que ninguém no mundo publicitário gostaria de desencorajar, apesar de já ter fornecido bastante combustível para os críticos da publicidade, desde Vance Packard e Ralph Nader até outros mais recentes.

A evolução do debate

Durante as décadas de 1970 e 1980, uma visão um tanto diferente a respeito do poder da publicidade e da natureza de marcas bem-sucedidas desenvolvia-se na surdina, e esta visão tornou-se muito mais aberta e conhecida no final da década de 1990. Ela tem duas correntes: a visão de marcas como sendo simplesmente marcas grandes ou pequenas, ao invés de fortes ou fracas; e a visão de que a publicidade é essencialmente uma força restrita no mercado — isto é, sua capacidade de obter uma mudança significativa nas vendas, no market share ou nas atitudes da marca é nitidamente limitada.

A publicidade como força restrita

Técnicos em economia sempre tiveram dificuldade em identificar os efeitos de longo prazo da publicidade — ou mesmo em concordar sobre quanto tempo os efeitos de uma publicidade podem durar. Esta dificuldade matemática tem sido igualada pela freqüência com que medidas de atitudes da marca, em estudos de rastreamento têm permanecido teimosamente estáticas, ou têm-se mexido depois das mudanças no market share, ao invés de antes. Em outras palavras, geralmente é a experiência da marca que impulsiona as mudanças de atitude e não a mudança de atitude que impulsiona o crescimento da marca.

Também tem sido exaustivamente discutido, por Ehrenberg e seus colegas, que atitudes da marca são, para todas as intenções e propósitos, produto do tamanho da marca, com marcas maiores tendendo a ter mais atitudes favoráveis (bem como aparentemente um índice mais alto de fidelidade à marca) como resultado do fenômeno de risco duplo (*double jeopardy*), bem conhecido atualmente.[15]

Ehrenberg, trabalhando principalmente em mercados estabelecidos, na maior parte em setores de produtos de consumo freqüente, desenvolveu uma série de argumentos convincentes, descritos em sua totalidade nos oito trabalhos do projeto JOAB (Justifying our Advertising Budget — Justificando nosso Orçamento em Publicidade)[16], que demonstram que a publicidade age principalmente como um lembrete e tem pouca influência no comportamento de comprar, não indo além da garantia de que a marca permaneça no repertório das marcas compradas pelo consumidor. A publicidade, de acordo com Ehrenberg, existe principalmente para criar "notoriedade" para a marca — chamar a atenção sobre ela. E isto ela faz da melhor maneira sendo "criativa", mas não devemos esperar nenhuma alteração significativa quanto às atitudes do consumidor com relação à marca como resultado.[17]

Ehrenberg argumenta, de fato, que a maioria das marcas não são diferenciadas em termos físicos, e que a maior parte da publicidade existente nem mesmo tenta diferenciá-las.[18] (Esta visão de publicidade parece ser muito limitada e inteiramente embasada numa leitura literal quase caprichosa do texto ou do *script*. Não fica bem claro a partir de seus escritos o que Ehrenberg pensa que a publicidade teria de fazer, desprovida de uma comparação competitiva detalhada e direta, para ter esta capacidade de "diferenciação").

O argumento da "força restrita" tem sido apoiado por Jones, mas somente até certo ponto; em um artigo recente ele argumenta, baseado na análise de seu livro *When ads work**, que a publicidade pode agir como algo muito mais próximo da convencionalmente aceita "força forte" a curto prazo.[19] Este efeito, no entanto, é raramente detectável a longo prazo, porque às vezes os dramáticos resultados de curto prazo são anulados por pressões competitivas e pelas limitações do próprio orçamento da marca a longo prazo.

Marcas fracas ou fortes

A visão de marca de Ehrenberg deriva de sua análise de padrões de compra, que mostra grande consistência com o comportamento do consumidor. Isto

---

* *Quando a propaganda funciona*, John Philip Jones. São Paulo, Globo, 1999.

é comum na maioria dos mercados e permite prever facilmente os inter-relacionamentos da marca. Ele estende sua análise para argumentar, com base no material de estudos do uso e de atitudes (U&A) em vários mercados, que informações de atitudes não nos capacitam a distinguir as marcas adequadamente nem proporcionam grande estabilidade ao longo do tempo. Conclui, a partir daí, que não há marcas fortes, mas somente marcas grandes e pequenas.

Valores e atitudes

Devemos ressaltar, entretanto, que a visão de Ehrenberg quanto às atitudes dos consumidores para com as marcas é determinadamente racionalista. Fosse ele um filósofo, seria um positivista lógico, e sua psicologia nitidamente Skinneriana.[20] Além do mais, a série de "atitudes" mencionadas nas publicações de Ehrenberg sobre o assunto parece nitidamente limitada. Quase que sem exceção, as atitudes têm um caráter funcional um tanto quanto banal: "tem um sabor delicioso", "fácil de digerir", e assim por diante. Apesar de Ehrenberg argumentar corretamente que as aparentes diferenças quanto às atitudes da marca em uma pesquisa típica de U&A podem ser atribuídas quase que inteiramente a níveis diferentes de uso, e que as atitudes dos usuários de uma marca são geralmente bem diferentes daquelas dos não-usuários, o material mencionado em suas publicações parece muito fraco em termos de declarações de atitude emocionais, em oposição às funcionais.

Este fato parece refletir a relutância de profissionais de marketing (ou dos pesquisadores?) em tentar quantificar sistematica e rotineiramente as distintas e consistentes personalidades que são atribuídas às marcas em pesquisa qualitativa (isto é, pesquisa envolvendo *focus groups** ou entrevistas de profundidade). Essas personalidades da marca são construídas ao longo do tempo pela combinação entre publicidade consistente e posicionamento em relação às características físicas da marca. Mesmo em mercados de produtos de consumo freqüente altamente competitivos, tais como detergentes, sabão em pó ou café solúvel, marcas individuais podem e são claramente diferenciadas pelos consumidores quanto às dimensões não-tangíveis.

---

* *Focus group* (discussão em grupo): pesquisa qualitativa de caráter exploratório de um segmento de mercado, que tem o objetivo de obter dados sobre sua opinião, comportamento, etc. em relação a um assunto, problema, produto ou serviço. Geralmente é conduzida por um moderador. (N. R. T.)

Ehrenberg argumenta que, devido ao repertório de comportamento de compra da maioria dos consumidores nesses mercados, os valores (ou como quer que os chamemos) que se agregam às marcas não podem ser muito significativos, senão por que razão um comprador inglês iria adquirir o "prático, importante, eficiente" sabão em pó Ariel em uma ocasião, e em outra preferir o "cuidadoso, maternal e prático" Persil?

Este é um argumento curioso, posto que o resto da análise quanto a fenômenos de marketing reconhece a instabilidade dos consumidores e a natureza irregular da compra da maior parte das marcas, mesmo as muito grandes. Assim como pesquisadores qualitativos, como Wendy Gordon no Reino Unido, têm demonstrado amplamente, a compra de uma marca está sujeita à variação de atitudes e padrões mentais de consumo — o que ele chama de "needs-states" (estado de necessidade) —, que se aplica tanto dentro de uma categoria de produtos como também entre categorias.[21] Apesar de um consumidor poder ser geralmente simpático a personalidade/valores/associações da marca X, isso de maneira alguma o impedirá de também ser simpático a personalidade/valores/associações da marca Y. Não buscamos sempre a companhia de pessoas com a mesma mentalidade que a nossa nem de pessoas com pensamentos parecidos.

Compromisso

As análises de Ehrenberg sobre o comportamento dos consumidores ao comprarem marcas torna claro que, pelo menos nos mercados de produtos de consumo freqüente, a clássica fidelidade à marca ("os fumantes de Us Tareyton preferem brigar ao invés de trocar de marca" — para citar uma marca antiga que deixou de existir há muito tempo) é de importância insignificante: os compradores de uma única marca são geralmente poucos e na maior parte usuários fracos da categoria. (Isto já é conhecido há 25 anos por meio do Target Group Index no Reino Unido; mas, em alguns mercados, compradores de uma única marca podem constituir mais de 20% dos usuários da categoria, e têm um peso maior). A fidelidade é, na prática, a compra habitual dentro de um repertório de marcas. Ehrenberg usa tal evidência para deduzir que a fidelidade à marca é, na melhor das hipóteses, de importância marginal; talvez seria responsável pela tendência marginal de as grandes marcas serem compradas com uma freqüência maior, embora isso seja considerado quase sempre um risco duplo.

Foi só nos últimos três ou quatro anos que as maiores agências/institutos de pesquisa começaram a introduzir produtos feitos especificamente para avaliar os graus de fidelidade dos consumidores em relação às marcas que compram e a publicar descobertas que descrevem as medições ideais que tanto avaliam fidelidade como prevêem tendências no market share.[22] Parece-me que apesar de Ehrenberg ter entrado em conflito aberto com o sistema de Dinâmica da Marca da Millward Brown™[23] em particular, ele não tem tomado muito conhecimento dessas descobertas e tampouco as tem conseguido minar.

Avançando o debate

Claramente há uma enorme distância entre a evidência que Ehrenberg produziu para demonstrar que a publicidade, apesar de necessária, provavelmente não tem nenhum efeito muito significativo sobre o sucesso de uma marca já estabelecida, e a crença coletiva — e experiência — da maioria dos profissionais de publicidade. Será que o edifício inteiro da estratégia publicitária e do desenvolvimento da marca está construído na areia?

Ehrenberg não ajuda muito ao dizer mais adiante que não importa muito o que uma propaganda diz, contanto que ela diga isso de um modo suficientemente "criativo" para alcançar a notoriedade. Esta afirmação de fato remove praticamente toda a relevância do pensamento estratégico da publicidade, se interpretada literalmente.

Há uma crescente evidência no mundo todo de que um grande volume de publicidade funciona exatamente do modo que os publicitários sempre pensaram. O Institute of Practitioners in Advertising (IPA), no Reino Unido, estabeleceu seu esquema de premiação de Eficácia na Publicidade em 1981[24], e agora tem uma banco de dados de mais de mil casos; este esquema foi copiado, até agora principalmente em um nível mais baixo, em alguns países como os Estados Unidos (os Effies), Canadá e Austrália. (Uma grande parte desse material pode ser acessada on-line por meio do World Advertising Research Center em http://www.warc.com). Certamente, é possível criticar o material como sendo a ponta cintilante de um iceberg da mediocridade, mas isso seria ignorar o fato de que a maioria dos publicitários não tem o tempo, a inclinação ou, em muitos casos, a informação que permitam que se candidatem a essas premiações. Obviamente, existem muitos mais casos de sucesso do que os que são publicados — apesar de provavelmente haver, do mesmo modo, muito também de autopromoção.

Devemos reconhecer também que a maior parte do trabalho de Ehrenberg — inevitavelmente, devido as suas origens em padrões de compra da marca — tem sido feita sobre mercados para produtos de consumo freqüente. Embora Ehrenberg e seus colegas afirmem ter produzido muito em outras áreas, pouco disso parece ter sido publicado.

Parece não haver dúvida de que os consumidores são capazes de distinguir entre as marcas, e realmente o fazem, na maioria das áreas e de maneiras que são significativas considerando-se as motivações de compra conhecidas. É inconcebível que estas distinções não tenham algum efeito sobre suas tendências e comportamentos de compra.

Também não há dúvida de que os consumidores que tomam parte em pesquisas qualitativas — em focus groups ou em entrevistas de profundidade — possam pintar quadros distintos, claros e detalhados quanto ao caráter e personalidade da marca, refletindo tanto a experiência cumulativa da marca-como-produto como de sua comunicação. Em uma palestra recente, Bruce Haines, CEO da filial britânica da Leagas Delaney, descreveu o absoluto contraste de imagem entre a Nike (criativa, imaginativa e fértil) e a Adidas (profissional, técnica, controlada) baseando-se em pesquisa de comerciais relacionados à Copa do Mundo de Futebol de 1998.[25] É difícil acreditar que esta diferenciação gráfica entre as marcas não se reflita em pelo menos algumas decisões de compra.

Surpreendentemente, nenhuma dessas discussões jamais ocorrem no contexto da publicidade de resposta direta, de onde se originou a pesquisa de publicidade nas décadas de 1920 e 1930. Se esta publicidade for bem-sucedida, ela realmente venderá produtos — e é normal que continue assim por um longo período, se for compatível com o modo como uma publicidade da marca deve ser. É claro que alcança índices de resposta de apenas 1% a 2%. Mas, então, todo o impulso do pensamento recente da mídia — "planejamento de recency*" da Ephron[26] — baseia-se no reconhecimento de que, em qualquer período único, somente poucas pessoas estarão no mercado por uma determinada marca ou categoria.

---

* "Planejamento de recency": modelo de planejamento de mídia que estabelece que a publicidade é mais eficiente perto da compra, e uma única exposição perto da compra parece responder pela maior parte do efeito total da publicidade. Bibliografia adicional: *A publicidade como negócio*, John Philip Jones (org.). São Paulo, Nobel, 2003; *Quando a propaganda funciona*, John Philip Jones. São Paulo, Globo, 1999.

Minha visão de tudo isso é muito clara. As marcas são reais nas mentes dos consumidores. As marcas fortes existem porque se tornaram profundamente enraizadas nas mentes dos consumidores e fazem parte da trama das vidas das pessoas. Elas se tornam parte dessa trama porque as pessoas estão dispostas a responder às marcas e às maneiras como elas são apresentadas, e a publicidade é freqüentemente o aspecto mais visível e extremo disso.

Isto posto, particularmente nos mercados de produtos de consumo freqüente, as escolhas dos consumidores são geralmente corriqueiras, de modo que, como mostrou Ehrenberg, os consumidores têm repertórios dos quais compram de forma bastante irregular. A maneira pela qual uma marca entra no repertório e lá permanece é o modo principal pelo qual a publicidade funciona nesses mercados. A publicidade tem a missão de manter, e idealmente fortalecer, a posição da marca em tal repertório.

Ehrenberg argumenta que é difícil alcançar este fortalecimento. Penso que ele descarta as descobertas da escola de "compromisso" dos pesquisadores, de uma forma arrogante demais. As evidências de que as pessoas são capazes de avançar, e avançam ao longo de uma escala de compromisso para com uma marca parecem ser muito fortes, e este fato relaciona-se com os inputs da publicidade e também com sua capacidade de prever mudanças quanto ao brand market share (participação de mercado da marca).

A relação entre marcas e publicidade é complexa. Uma marca pode ser visualizada como um tipo de gangorra, alcançando um equilíbrio (que pode variar amplamente para diferentes tipos de marcas) entre elementos e características racionais e emocionais (Figura 5.1).

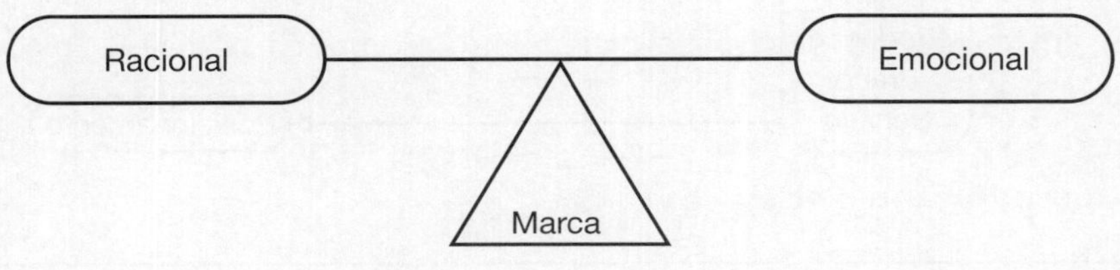

Figura 5.1 – A gangorra da marca.

Do ponto de vista do profissional de marketing, isto é construído e articulado por todo o marketing mix, mas, em particular, pelos elementos de comunicação do mix, dos quais a publicidade abrange a maior parte em termos de dólares e também provavelmente em termos de impacto ao longo do tempo (Figura 5.2). Entretanto, sem o consumidor a marca praticamente não existe. Para completar o quadro, temos de reconhecer a relação do consumidor com a marca, que, como já vimos anteriormente, envolve as facetas da cognição, emoção e experiência. Cada uma delas opera como recipiente dos valores da marca e também como uma força criativa sobre elas: o relacionamento é de mão dupla (Figura 5.3). Os planejadores de publicidade têm o dever de entender esses relacionamentos e de aprender como melhor influenciar e — idealmente — manipulá-los para o benefício de sua marca em seu mercado específico.

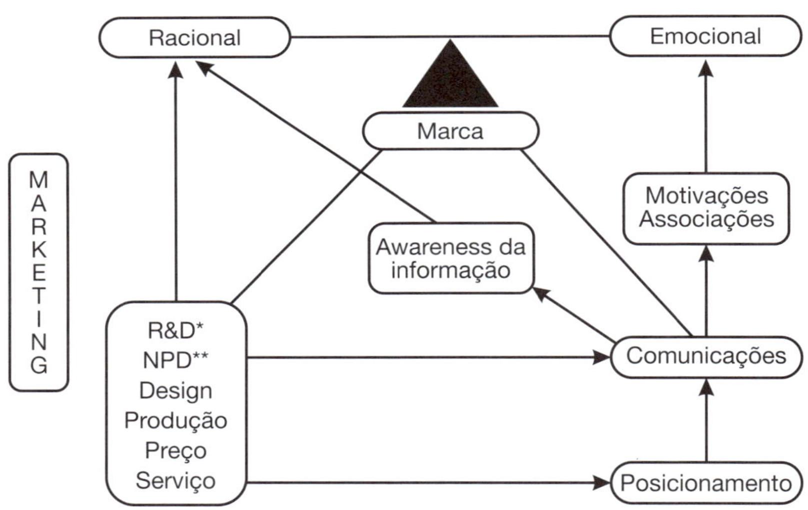

Figura 5.2 – O *input* do marketing.

* *Research & Development* – Pesquisa e Desenvolvimento.

** *New Product Development* – Desenvolvimento de Novos Produtos.

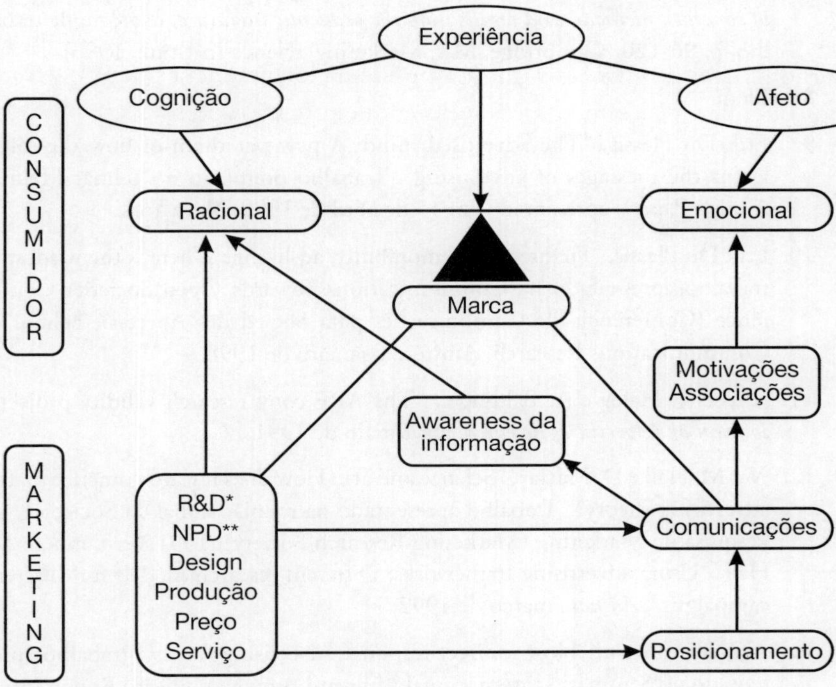

Figura 5.3 – O *input* do consumidor.

Notas

1. Judie Lannon, "Mosaics of meaning", *Journal of Brand Management*, vol. 2, nº 3, dezembro de 1994, p. 157.
2. Stephen King, *What's a brand?* (Londres: J. Walter Thompson, 1970), p. 37.
3. David A. Aaker, *Managing brand equity: Capitalizing on the value of a brand name* (Nova York: Free Press,1991).
4. Al Ries e Jack Trout, *Positioning: The battle for your mind* (Nova York: McGraw-Hill, 1985).
5. Tim Ambler, "Advertising and profit growth", *Admap*, maio de 1998.
6. Herbert E. Krugman, "The measure of advertising involvement", *Public Opinion Quarterly*, vol. 30, 1966-1967, p. 583-596; ver também Judie Lannon, "Asking the right questions: What do people do with advertising?" *Admap*, março de 1992 (e referências lá mencionadas).

7. Demetrios Vakratsas e Tim Ambler, *Advertising effects: A taxonomy and review of concepts, methods, and results from the academic literature*, relatório de trabalho, p. 96-120 (Cambridge, MA: Marketing Science Institute, 1996).
8. Idem.
9. Erik Du Plessis, "The advertised mind: A new paradigm of how the mind learns the messages of advertising". Trabalho premiado da Telmar (Telmar Awards Paper), apresentado em 15 de abril de 1998, Nova York.
10. Erik Du Plessis, "Frequency, memorability, ad-liking: Where is the wisdom?" trabalho apresentado na Communications Towards Open Societies Conference (Conferência de Comunicações para Sociedades Abertas), School of Communications Research, Amsterdã, janeiro de 1998.
11. Russel J. Haley e A. Baldinger, "The ARF copy research validity project", *Journal of Advertising Research*, abril/maio de 1991.
12. Ver M. Hall e D. Maclay, "Science and art : How does research practice match advertising theory?" Trabalho apresentado na reunião anual da Sociedade de Pesquisa de Marketing (Marketing Research Society), 1991.Ver também M. Hall, "Using advertising frameworks: Different research models for different campaigns", *Admap*, março de 1992.
13. Gordon Brown, "How indirect response advertising works", trabalho apresentado no Seminário Internacional Millward Brown (Millward Brown International Seminar), setembro de 1992.
14. R. Heath, "Brand commitment as a predictor of advertising effect", *Admap*, abril de 1997.
15. Andrew S. C. Ehrenberg, Gerald J. Goodhardt e T. Patrick Barwise, "Double jeopardy revisited", *Journal of Marketing*, vol. 54, julho de 1990, p. 82-91.
16. Para um conjunto completo de referências, ver Andrew S. C. Ehrenberg e John Scriven, "Added values or propensities to buy?" *Admap*, setembro de 1997.
17. Idem.
18. Ver Andrew S. C. Ehrenberg, J. R. Barnard e John Scriven, "Differentiation or salience?" *Journal of Advertising Researh*, novembro/dezembro de 1997.
19. A respeito do argumento da força fraca, ver John Philip Jones, "Advertising: strong force or weak force? Two views an ocean apart", em J. C. Luik e M. J. Waterson (orgs.), *Advertising and markets: A collection of seminal papers* (Henley-on-Thames, UK: NTC, 1996). Ver também John Philip Jones, "Is advertising still salesmanship?" *Journal of Advertising Research*, maio/junho de 1997; e John Philip Jones, *When Ads Work: New Proof That Advertising Triggers Sales* (Nova York): Simon & Schuster-Lexington, 1995).

20. Positivismo lógico, doutrina filosófica da Escola de Viena (década de 1930), reconhece como fatos verdadeiros somente as afirmações que podem ser empiricamente verificáveis. Ver, por exemplo, Alfred J. Ayer, *Language, truth and logic* (Harmondsworth, UK: Pelican, 1954). B. F. Skinner, psicólogo comportamental líder em sua área, ficou famoso por seu trabalho com pombos. De acordo com o que George Herbert Mead afirmou, a ciência do comportamento só pode se responsabilizar por aquilo que as pessoas estão fazendo e não pelo que elas estão pensando ou sentindo"; citado em Gordon Marshall (org.), *The concise oxford dictionary of sociology* (Oxford: Oxford University Press, 1994).

21. Wendy Gordon, "Retailer brands: The value equation for success in the 90s", *Journal of the Market Research Society*, vol. 36, nº 3, julho de 1994.

22. Heath, "Brand commitment".

23. Ver artigos de diversos autores nas edições de novembro/dezembro de 1997 do *Journal of Advertising Research*, bem como os comentários subseqüentes na edição de janeiro/fevereiro de 1998. Ver também a edição de maio de 1998 da *Admap* e os comentários posteriores na edição de junho de 1998.

24. Ver a série *Advertising works*, vols. 1-9 (Londres: Institute of Practitioners in Advertising, 1982-1998).

25. Bruce Haines, "Leverage via creativity: Seven sure ways to get more from your advertising budget", trabalho apresentado na Conferência da Admap, maio de 1998.

26. Erwin Ephron, "Recency planning", *Admap*, fevereiro de 1997.

6

O brand equity é realmente necessário?

Paul Feldwick

Qual é a resposta para a pergunta que se ouve o tempo todo em reuniões e coquetéis nos Estados Unidos: "O que é brand equity, afinal, e como medi-lo?"

Thornton C. Lockwood
Gerente de pesquisa de comunicações, AT&T
"The Confessions of a Brand Equity Junkie"[1]

O essencialismo metodológico — teoria que afirma ser o objetivo da ciência revelar essências e descrevê-las por meio de definições — pode ser mais bem entendido se comparado com seu oposto, o nominalismo metodológico. O nominalista metodológico nunca pensará que questões como: "o que é energia?" ou "o que é movimento?" ou ainda, "o que é um átomo?" sejam importantes para a física; mas dará importância para questões do tipo: "como a energia do sol pode ser mais útil?" ou "como um planeta se move?", ou então "sob que condições um átomo irradia luz?". E para aqueles filósofos que lhe dizem somente ser possível dar respostas exatas às perguntas que começam com "como" se, primeiramente, respondermos às perguntas que começam com "o quê", ele responderá, na melhor

> das hipóteses, que prefere muito mais os modestos graus de exatidão que se podem atingir com seus métodos à desordem pretensiosa que os outros têm atingido com os deles.
>
> Karl Popper
> *The Open Society and Its Enemies*[2]

Da imagem da marca ao brand equity

As marcas têm sido um aspecto principal da realidade do marketing por mais de cem anos. A teoria do branding veio algum tempo depois. David Ogilvy já falava da importância da imagem da marca (brand image) por volta de 1951.[3] Ela foi plenamente articulada pela primeira vez por Burleigh Gardner e Sidney Levy em seu artigo clássico de 1955 na *Harvard Business Review*.[4] Mas, apesar de tão distinta procedência, o conceito de "imagem da marca" permaneceu, até recentemente, à margem da corrente principal da teoria e avaliação da publicidade. Embora tenha sido endossada a partir de 1960, pelo movimento britânico de planejamento de contas[5], também foi vista por muitos publicitários e pesquisadores (especialmente nos Estados Unidos) como uma teoria um tanto quanto vaga e confusa — o tipo de coisa sobre a qual os profissionais de publicidade falavam com desenvoltura quando fracassavam em "transmitir uma mensagem de um produto difícil" ou em "converter prospects" (ou futuros clientes) ou em "efetuar vendas," conforme se esperava que fizessem. A "imagem da marca" era associada à "venda branda"[6] e à "teoria fraca da publicidade"[7], o que para muita gente, deu a ela o ar de luxo e de capricho que um anunciante profissional mal teria condições de pagar.

Então, na década de 1980, os executivos extremamente realistas e atentos começaram a notar que as marcas pareciam estar mudando de mãos por grandes somas de dinheiro. À medida que a febre de aquisições se espalhou, a diferença entre os valores das folhas de balanço e o preço pago pelos predadores foi substancialmente atribuída ao "valor das marcas". Repentinamente, a marca deixou de ser um conceito metafísico obscuro de relevância duvidosa e passou a ser algo que valia dinheiro.

A mudança de percepção refletiu-se no modo como o termo tradicional *imagem da marca* (com sua sugestão de ilusão fantasmagórica) foi cada vez mais sendo substituído pelo seu sólido equivalente financeiro brand equity.

Ainda não se sabe ao certo quem inventou essa expressão, mas sabe-se que essa denominação vem sendo usada desde meados da década de 1980.[8] Ela conquistou respeitabilidade quando foi adotada pelo famoso Marketing Science Institute, que promoveu um importante seminário sobre a matéria em 1988, e desde então tem se fortalecido cada vez mais.

De fato, o passado recente tem visto o conceito de brand equity tornar-se um dos tópicos mais abordados em negócios. Nos Estados Unidos, existe agora um grupo influente, fundado em 1991, chamado Coalition for Brand Equity (Coalisão para o Brand Equity), que prega a importância de se construir relacionamentos de marca e fidelidade de marca. Livros interessantes (e muito diferentes) também foram publicados sobre este tema.[9] Inúmeras conferências e seminários foram promovidos. A matéria tem atraído a atenção de muitos pesquisadores acadêmicos, apesar de grande parte desses trabalhos ser sobre o brand equity aplicada a extensões da marca.[10] Enquanto isso, pesquisadores comerciais têm se ocupado muito com o desenvolvimento e a venda de métodos para medir, acompanhar e otimizar o brand equity.

Isto pode ser visto como um tipo de mudança de paradigma no pensamento de marketing, e eu a considero uma mudança positiva. Parece certo que as idéias formuladas por Gardner e Levy, e por King também, há tanto tempo, finalmente serão consideradas legítimas como uma parte séria do negócio. Na conclusão deste capítulo, revisaremos os aspectos positivos do brand equity. Mas, enquanto conseguia me juntar à grande multidão que participa da grande parada do brand equity, duas perguntas que parecem não ter tido respostas suficientemente claras ainda me perturbam:

- O que exatamente é entendido por brand equity — e será que todos entendem esta expressão da mesma maneira?
- Até que ponto o brand equity pode ser medida de maneira objetiva?

Escrevi este capítulo na tentativa de responder a estas perguntas. As respostas que achei sugerem algumas outras perguntas adicionais:

- O brand equity é um conceito útil?
- O brand equity é, de fato, necessário?

O que é brand equity, afinal?

Karl Popper chamou a atenção para um erro comum, cometido por cientistas e filósofos, ao qual ele chamou de "essencialismo".[11] O erro é supor que se pode encontrar a verdade partindo de uma palavra e discutindo sobre o que ela "realmente" significa. Palavras, como Humpty Dumpty sugeriu, significam apenas o que seus usuários querem que elas signifiquem. Elas podem ter vários significados diferentes, e é inútil argumentar sobre qual é o correto ou o errado. Contudo, quando uma expressão comum realmente tem diferentes significados, é bom estar ciente do fato para poder evitar confusões desnecessárias. Isto é particularmente verdadeiro em relação ao termo brand equity, que parece ser usado em três sentidos bem diferentes (cada um deles com diversas nuances de significado adicionais):

1. O valor total de uma marca como patrimônio separável — quando é vendida ou incluída no balanço da empresa detentora da marca.
2. Uma medida da força da ligação do consumidor para com a marca.
3. Uma descrição das associações e crenças que os consumidores têm a respeito de uma marca.

Desses três conceitos, o primeiro poderia menos ambiguamente ser chamado de *estimativa do valor da marca* (e geralmente o é). No presente argumento, ele é chamado de *valor da marca*.

O conceito de medir o nível de ligação do consumidor com uma marca pode ser chamado de *fidelidade à marca* — apesar de esta frase ser quase tão ambígua quanto o próprio brand equity. Prefiro *força da marca* para este sentido, e apesar de estar ciente que isto possa ser potencialmente confuso, é assim que irei chamá-la neste capítulo.

O terceiro poderia ser chamado pelo nome tradicional de *imagem da marca*, mas para efeito de clareza vou referir-me a ele como *descrição da marca*. Isto reflete sua diferença fundamental dos outros dois sentidos de brand equity; e esta diferença reside no fato de que ele não pode ser representado por um único número.

O valor da marca também poderia ser visto como uma exceção de um outro modo, por se referir a uma transação comercial real ou especulativa, ao passo que os outros dois argumentos enfocam o consumidor. De fato, a força da marca e a descrição da marca são às vezes chamadas de *consu-*

mer brand equity, para distingui-las do significado de estimativa do valor do patrimônio.

Embora já devesse estar claro que esses três conceitos são diferentes, é tentador presumir que eles estejam intimamente relacionados entre si. A força da marca pode ser a chave determinante do valor total da marca; a descrição da marca pode afetar ou, pelo menos, explicar a força da marca. Subjacente a toda conversa sobre brand equity, e a algumas das mais elaboradas propostas para medi-la, como a metodologia Yankelovich[12], parece estar a suposição de uma cadeia causal ao longo das linhas mostradas na Figura 6.1.

Figura 6.1 – O valor da marca: a cadeia de causalidade.

Um tema a ser desenvolvido neste capítulo é o porquê das duas ligações nesta cadeia serem fracas, ou, na melhor das hipóteses, obscuras. Assim sendo, há riscos claros em se usar o mesmo nome para todos os três (ou mesmo dois) destes conceitos — dá a impressão (deliberadamente ou por descuido) que eles são todos aspectos do mesmo conceito. Como as flechas na Figura 6.1, chamá-los a todos de brand equity é o caminho mais fácil para criar a ilusão de que uma relação operacional existe, quando, na realidade, tal relação não pode ser demonstrada.

Esses três significados de brand equity são conceitos distintos que requerem discussões separadas. Se falamos sobre três conceitos diferentes, então haverá três diferentes questões sobre mensuração. A descrição da marca, em um certo sentido, não é algo que deveria ser medido em termos de uma única escala, apesar de os atributos da marca poderem ser "medidos" usando escalas múltiplas. Mas tratarei disto em breve. A mais longa discussão, exposta a seguir, diz respeito à força da marca, por parecer ser o centro da maior parte dos debates em torno do brand equity. Mas também é necessário rever a questão do valor da marca, sem nos intrometermos em nenhuma das ramificações financeiras desta área tão amplamente discutida, pois estas já têm sido revistas em maior profundidade por outros que são mais qualificados para a tarefa.[13]

Sentido 1: Brand equity é igual a valor da marca

A necessidade de se estabelecer o valor de uma marca surge por duas razões principais: (a) para fixar um preço quando a marca é vendida; e (b) para incluí-la como um patrimônio intangível no balanço, prática agora possível no Reino Unido, mas não em todos os países. A partir disto, foi sugerido que a estimativa do valor de uma marca deveria se tornar uma das medidas pela qual a gerência da marca — bem como vários inputs — como, por exemplo, a publicidade pode ser avaliada.

Os consultores desenvolveram fórmulas que são hoje em dia amplamente usadas para criar estimativas do valor da marca, estando em primeiro lugar a Interbrands e as consultorias de gerenciamento como a Arthur Andersen.[14] (Ver Haigh, Capítulo 7, neste volume). Entretanto, ainda restam muitas dificuldades dignas de nota, particularmente se estas fórmulas forem usadas como uma indicação da força total e da saúde da marca, ou como base para avaliação de desempenho.

Há, antes de tudo, a diferença significativa entre uma estimativa "objetiva" criada para efeito de balanço e o preço real que uma marca pode alcançar em uma venda real. Se pensarmos nas marcas como casas, parece razoável que um especialista deva ser capaz de dizer, dentro de limites bem definidos, o quanto uma delas em particular pode alcançar — seu valor de mercado. Entretanto, os corretores de imóveis e os analistas imobiliários são capazes de fazer isto em relação à propriedade (nem sempre, mas na maior parte do tempo) porque eles têm muitos pontos de comparação. Eles têm visto casas similares sendo vendidas e, com um mínimo de experiência, podem formar uma idéia consistente de um "preço de mercado". Mas as marcas são diferentes e são vendidas com uma freqüência menor do que as casas, portanto, as normas necessárias para se estimar o preço de mercado geralmente não existem.

Mais importante ainda: é provável que uma marca tenha um valor muito maior para um comprador do que para outro. Caso uma empresa já possua fábricas, know-how, meios de distribuição ou até mesmo outras marcas[15], poderá haver sinergias que compensem o alto custo de uma determinada marca. Para uma empresa sem os mesmos ativos, o mesmo nome poderia representar relativamente muito pouco. Para efeito de aquisição, o valor de uma marca para um determinado comprador é mais bem estimado por meio de um planejamento de cenário — que fluxos de caixa futuros esta empresa poderia atingir se possuísse e explorasse aquela marca? O preço da incorporação pode ser maior do que a avaliação corrente porque estes aumentos nos fluxos de caixa poderão ser bem maiores do que a marca traria ao proprietário atual.

Neste sentido, as marcas podem ser consideradas como propriedades em um jogo de Banco Imobiliário. O valor de mercado da rua Coventry na versão britânica do jogo é de 280 libras esterlinas, mas se um jogador possuir as outras duas ruas do conjunto e tiver bastante dinheiro para desenvolvê-lo quando completo, então seu valor será muito maior. Um outro jogador, mesmo pagando o valor de mercado, nunca seria capaz de recuperar o investimento feito.

Esta é uma das razões pelas quais não pode haver um valor absoluto para uma marca. O lucro que ela poderá realmente gerar, caso vendida, depende em grande parte de quem está interessado em comprá-la na época, e qual o motivo desse interesse. Se, por um acaso, duas empresas estiverem interessadas em comprá-la ao mesmo tempo, isto então poderá inflacionar consideravelmente o preço de mercado, pois, além do montante gerado pela marca, há também a vantagem estratégica de mantê-la fora do alcance do concorrente. A disputa entre a Nestlé e a Jacob Suchard para comprar a Rowntree (talvez o exemplo de "valor da marca" mais citado atualmente) ilustra bem este ponto.

Uma outra dificuldade ainda não-solucionada quanto à avaliação da marca é a questão da separabilidade. John Stuart, quando presidente da Quaker Oats, conseguiu notoriedade quando afirmou: "Se este empreendimento fosse dividido, eu ficaria muito satisfeito se pudesse ter as marcas, as marcas registradas e a boa reputação, enquanto vocês poderiam ficar com os tijolos e o concreto — e eu iria lucrar muito mais do que vocês". Ele poderia estar certo neste caso em particular, mas tal afirmativa nem sempre procede. Além do mais, um negócio bem-sucedido possui muitos outros ativos além de marcas registradas, tijolos e concreto. Muitos nomes de marcas, sem o gerenciamento, os talentos e a cultura ou apoio que normalmente possuem, rapidamente perderiam sua base de consumidores. Este fato reforça, mais uma vez, a tese de que uma marca — essencialmente o direito a um nome ou a uma identidade particular — tem um valor que oscila de acordo com quem a usa.

As avaliações de balanço podem se preocupar apenas com o usuário corrente e com base nisso tentam estimar lucros futuros derivados da marca e, dentro disto, o quanto pode ser atribuído ao próprio nome da marca. Os principais motivos para haver avaliações de balanço são financeiros e, portanto, não precisam ser discutidos aqui. Mas tem sido dito, também, que avaliar marcas formalmente seria um exercício bom para a empresa, pois pode mudar seu foco de atenção, antes voltado apenas ao lucro e à perda imediatos, para uma consideração de mais longo prazo.

Parece ser este o caso, mas até que ponto isso funciona depende da fórmula usada para criar o valor da marca. Os métodos preferidos geralmente usados começam por considerar a lucratividade atual da marca. Aplicam-se, então, análises de probabilidades à atual situação de crescimento ou de continuidade, baseadas nas várias medidas da "força da marca", que neste sentido podem incluir a pesquisa de consumidor e também outros fatores como posição competitiva.[16] A análise em profundidade de todos os aspectos da marca em questão pode muito bem ser um exercício valioso. O que é questionável é se tais abordagens consideram o "valor da marca" em um sentido estrito, ou se consideram a unidade do negócio como um todo. Como as vendas e, principalmente, a lucratividade podem ser manipuladas mais rapidamente e mais facilmente do que as medidas subjacentes à força da marca (que são, de qualquer modo, necessariamente subjetivas), o modo mais simples de aumentar a avaliação de uma marca, quanto a este argumento, poderia ser continuando o foco nos lucros de curto prazo. É exatamente disso que muitos defensores do brand equity estão loucos para escapar.

Isto levanta mais uma questão crucial que enfocarei adiante — separar a *força da marca* do *tamanho da marca*. A Coca-Cola parece uma marca muito mais forte do que a Pepsi, na maioria das medições usuais, porque é uma marca maior do que a Pepsi. Um dos problemas principais em todo o campo da medição do brand equity é como achar uma indicação de força da marca que não seja simplesmente um reflexo do tamanho da marca. Uma visão extrema é que, de fato, as duas são exatamente a mesma medida.[17]

Apesar de discordar desse argumento, é verdadeiro o fato de que marcas famosas — particularmente as líderes de mercado — derivam em grande parte da força competitiva de seu tamanho relativo, e que muitas medições quanto à força da marca são significativamente afetadas pelo seu tamanho.

Há, entretanto, uma questão mais fundamental sobre a avaliação da marca. O modo mais comum e lógico de se estimar o valor de uma marca é descontar-se seus futuros fluxos de caixa. Isto significa prever o futuro. Agora, a previsão faz-se necessária, mas é completamente diferente de uma mensuração objetiva. Para podermos prever algo, é necessário que façamos todos os tipos de suposições sobre o futuro; muitas destas suposições, de qualquer forma, se mostrarão inadequadas ou mesmo erradas. Por esta razão, as previsões tendem a ser voláteis, e é também por isso que a compra e a venda de bens (como ações, por exemplo) baseadas em previsões possuem um elemento de risco, um sabor de aposta.

A revista americana *Financial World* faz, todos os anos, uma avaliação das maiores marcas do mundo. Em 1992, a Marlboro foi avaliada em 51,6 bilhões de dólares precisamente. Após um ano, usando os mesmos procedimentos, a Marlboro foi avaliada em 33 bilhões de dólares. Nesse período, o que ocorreu foi a redução do preço do Marlboro. Provavelmente, muitos observadores agora concordariam que se a marca não tivesse reduzido seu preço teria enfrentado um futuro desastroso a longo prazo; de fato, a marca estava "mais forte" valendo 33 bilhões de dólares do que quando valia 51,6 bilhões de dólares.

É improvável que a marca tenha se tornado menos atrativa para seus consumidores com a redução de preço. Isso tudo sugere que o demonstrado pela avaliação da marca não constitui uma medida objetiva da realidade nem um reflexo da força da marca para o consumidor.

Em resumo, uma avaliação para efeitos de balanço não significa o mesmo que uma avaliação feita em favor de um determinado comprador. Avaliações são voláteis; variam de acordo com as suposições e com o contexto. Elas não refletem medidas correntes da força da marca junto ao consumidor.

Sentido 2: Brand equity é igual à força da marca — Uma medida da demanda de consumo relativa para a marca

David Aaker descreve o brand equity como tendo cinco componentes:

- Fidelidade à marca.
- Awareness.
- Qualidade percebida.
- Outras associações.
- Outros ativos da marca.[18]

Este é um reconhecimento pragmático dos diferentes conceitos que têm sido associados à força da marca e que podem ser medidos. Porém, isto pode ser criticado por faltar uma teoria que relacione essas cinco idéias entre si,[19] mas pelo mesmo motivo é bom saber que tal teoria realmente não existe — e, neste caso, o conceito de brand equity mal pode ser considerado científico.

Os diversos métodos diferentes que têm sido publicados podem, na maior parte, ser descritos usando-se um ou uma combinação dos seguintes tipos básicos de medidas:

- Medidas de preço/demanda (incluindo abordagens de modelagem).
- Medidas de comportamento de fidelidade (comportamento de compra).
- Medidas de awareness.
- Medidas de atitude de fidelidade.

Destas, a segunda é similar ao componente de fidelidade de Aaker, a terceira é similar ao seu componente de lembrança, e a última está relacionada ao conceito de "qualidade percebida", mas não tem exatamente o mesmo sentido.

O termo de Aaker "associações da marca" descreve amplamente o terceiro principal sentido de brand equity — que é a descrição da marca. Aaker está correto em incluí-la como uma das dimensões nas quais uma marca deve ser avaliada; ela tem sido tratada separadamente, pois, ao invés de avaliar, essencialmente descreve.

Em minha opinião, Aaker também está certo em não incluir *price premium** como uma dimensão fundamental do brand equity, apesar de enfocá-la brevemente.[20] Também concordaria que esse conceito refere-se a um resultado mensurável do brand equity, em vez de ser visto como uma parte do próprio brand equity (o que cria outro possível debate sobre o que o termo significa realmente). Apesar de tudo, por ter formado uma das mais populares abordagens de medição do brand equity, este assunto é tratado em primeiro lugar.

Medidas de preço/demanda (Incluindo abordagens de modelagem)

Uma das vantagens freqüentes de uma marca forte é sua capacidade de comandar preços mais altos e/ou sua baixa sensibilidade a aumentos de preço se comparada a seus concorrentes. A partir deste quadro, podemos dizer que as duas dimensões sobre as quais a força de um marca pode ser medida são seu preço premium e sua elasticidade de preço. Em outras palavras, uma marca é forte se as pessoas estiverem dispostas a pagar mais por ela. Cada uma dessas

* *Price premium* (preço premium): produto ou serviço de qualidade e preço superior. (N.R.T.)

dimensões pode ser medida de duas maneiras: usando dados de mercado ou usando dados experimentais.

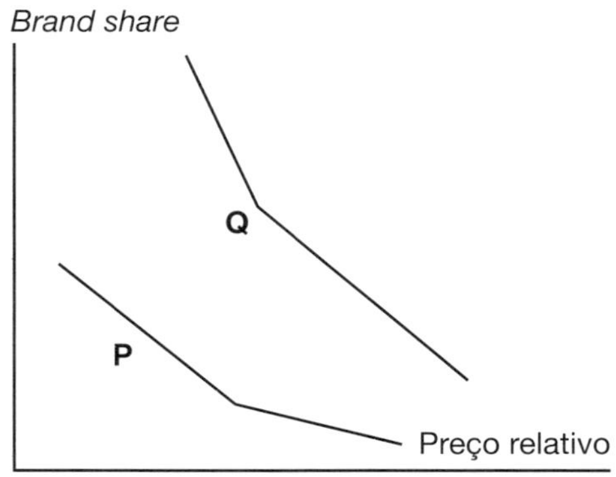

Figura 6.2 – Duas curvas de demanda.

Preço 1: Usando dados de mercado

Suponhamos que uma melhora no preço premium, ao mesmo tempo que sustenta o share (ou melhorando o share ao mesmo tempo que sustenta o preço), é considerada uma melhora no brand equity. Isto tem o mérito da simplicidade e não necessita de nenhuma pesquisa especial além de dados confiáveis sobre preço relativo e share, que podem ser obtidos a partir de uma boa pesquisa de mercado. A maneira mais simples de se imaginar isto é colocar o brand share e o preço relativo em dois eixos de um gráfico. Para cada marca, espera-se que seja vista uma relação entre preço e share, popularmente chamada de *curva de demanda*. "Mudar o formato da curva de demanda" e "mover a curva de demanda para a direita" sempre foram reconhecidos como possíveis resultados desejados da publicidade.[21] Este aumento na demanda poderia também ser visto como um aumento no brand equity.

Na Figura 6.2, a marca Q tem uma participação maior do que a marca P quando ambas cobram o mesmo preço premium acima da média de mercado, ou podem cobrar um preço mais alto quando ambas tiverem o mesmo share. Também, a Q perde menos share do que a P quando o preço aumenta;

a inclinação da linha é mais acentuada. Estas poderiam ser vistas como duas mensurações da força maior da marca Q. Se P e Q representassem a mesma marca em períodos diferentes, Q vindo depois de P, isto poderia ser tomado como evidência do brand equity melhorado — causada, por exemplo, pela publicidade.

Também podemos estimar a elasticidade de preço usando o modelo econométrico; na história de caso da PG Tips, vencedor do Grand Prix do Advertising Effectiveness Awards de 1990, patrocinado pelo British Institute of Practitioners in Advertising (IPA), há um exemplo de relativa elasticidade de preço citado como evidência da força da marca/efeito da publicidade.[22]

Um refinamento da abordagem do preço premium é oferecido pela Longman-Moran Analytics nos Estados Unidos.[23] Aqui a definição de brand equity é a seguinte: Market Share × Preço Relativo × um fator de "durabilidade". Este último é uma estimativa da elasticidade do preço baseada em dados do mercado. Crucial para esta medição (o que a torna menos fácil do que parece) está a importância da definição correta do conjunto competitivo sobre o qual as diferenças de share e preço se baseiam, de tal maneira que uma marca aparentemente pequena pode realmente precisar ser considerada como um jogador de um nicho dominante de um segmento ou de uma categoria pequena.

Um outro aspecto desta abordagem leva em conta a distribuição, também. A distribuição e o preço, portanto, são considerados como dois fatores "contaminadores" que disfarçam a "real" demanda subjacente das marcas concorrentes. Simon Broadbent desenvolveu uma medida de brand equity de consumo que se define como "a participação de vendas que obteríamos se estivéssemos num preço médio com uma distribuição média — e aplicando-se o preço médio e as elasticidades da distribuição. Equity é, com efeito, o residual depois que os efeitos do preço e da distribuição foram levados em conta".[24] Conceitualmente, estamos a um pequeno passo de identificar o equity com a "base" subjacente ou constante em um modelo econométrico de vendas ou de share. Broadbent também teve uma participação muito ativa na exploração da idéia de que a constante em tais equações consegue se mover com o passar do tempo, e na verdade o faz, refletindo assim a força subjacente de uma marca quando todos os fatores de curto prazo — preço, distribuição, publicidade, atividade competitiva, ou o que quer que seja — são levados em conta.[25] Referimo-nos a estes fatores como a *base flutuante*. Um conceito similar pode ser encontrado na abordagem da modelagem para a mensuração do brand equity, proposta pela Consumer Affinity Company nos Estados Unidos.[26]

A idéia de se buscar o brand equity (força da marca) calculando todas as influências sobre o desempenho do mercado, além do próprio nome da marca pode conduzir a alguns procedimentos muito complexos, como aqueles usados por Kamakura e Russel.[27] Entretanto, é muito interessante o fato de esses pesquisadores acadêmicos americanos tornarem válida sua abordagem altamente sofisticada comparando os resultados em relação a uma simples trama de preço premium *versus* brand share. De fato, esta abordagem difusa ou abrangente ainda é uma das maneiras mais simples e práticas de avaliar a força de uma marca no mercado; na maioria dos casos, o uso de modelos multinominais *logit* para fazer a estimativa de algo desse tipo poderá corresponder ao uso de um martelo sofisticado para quebrar uma simples noz.

Preço 2: abordagens experimentais

Outras abordagens baseadas em preço tomam um caminho diferente. Em vez de usar dados do mercado, elas usam várias formas de pesquisa de preço para estimar a brand share em vários níveis diferentes de preço relativo. A mensuração do equity é basicamente um cálculo do preço relativo em que cada marca teria um share equivalente. (Isto é reconhecível como o inverso da definição de Broadbent, já apresentada.)

Joel Axelrod define o brand equity como sendo "a importância a mais que um consumidor paga para obter a sua marca preferida e não um produto parecido sem o seu nome de marca".[28] Para se medir isto, os consumidores são divididos em diferentes núcleos, após o que diversas combinações da marca a ser testada são mostradas a eles, juntamente com a dos concorrentes, com diferentes níveis de preço; os diversos núcleos expressam, assim, suas preferências usando uma técnica de acréscimos constantes.

Jim Crimmins da DDB Needham tem uma abordagem de certa forma parecida de medir "o montante do valor adicionado por um brand name" (a seu favor, ele evita a temida palavra começando com a letra E).[29] A abordagem da entrevista parece-se com aquela usada por Axelrod. O resultado é uma estimativa de preço em que a marca testada e suas concorrentes tenham a mesma possibilidade de serem escolhidas. Note-se que esta medida de "valor agregado à marca" não é absoluta, variando de acordo com o concorrente que serve de comparação. Crimmins relata que o valor agregado pela marca número um da média do mercado fica em torno de 40% se comparado com as marcas de loja, mas soma em média apenas 10% se comparado com a marca número dois; em ambos os casos há uma grande variação em torno deste número mediano.

Steve Roth descreve o uso da "brand price trade-off analysis" (análise de troca de marcas) do brand price para estimar o brand equity.[30] Nesta abordagem, os entrevistados escolhem suas marcas preferidas dentre vários grupos de marcas separadas por nível de preço. Reunindo todos os processos de decisão dos entrevistados, o programa de computador pode simular resultados de mercado em qualquer grupo de preços. Do ponto de vista do brand equity, a abordagem de micromodeling (micromodelagem) mostra que uma marca pode ter "equity" diferente para diferentes entrevistados.

Como podemos ver ao examinarmos as "attitudinal loyalty measures" (medidas atitudinais de fidelidade), é provável que qualquer investigação séria para quantificar o grau de "apego" do consumidor à marca revele uma verdade nada surpreendente: alguns consumidores apegam-se muito mais à marca do que outros. Daí se deduz que os números que perfazem a média de todos os consumidores para fornecer um resultado total da marca podem ser ilusórios. Inversamente, o processo de divisão da base dos usuários da marca entre usuários mais leais ou menos leais pode ser valioso em si mesmo com relação ao planejamento da estratégia de marketing. Pode ser que um dos benefícios principais de alguma pesquisa de brand equity esteja nesta área e não na busca de um único padrão rígido de comparação para se medir a força da marca.

Abordagens conjuntas fazem com que pareça fácil separar os efeitos do brand name de outros fatores, o que pode fazer com que as pessoas se esqueçam que na vida real a separação nem sempre é tão nítida. Pode-se, realmente separar o nome Mercedes-Benz da realidade do carro Mercedes-Benz?

Algumas observações gerais sobre preço

A atração de se usar o preço como uma indicação da força da marca está no fato de ele se relacionar intimamente com uma das principais vantagens comerciais do branding. Isto se mostra útil na medida em que retira o foco sobre o volume e acrescenta a dimensão de se estipular um preço justo para um produto de confiança. Entretanto, há mais coisas relacionadas à força da marca do que o preço premium. Há marcas fortes que não requerem um preço premium, ou porque são exemplos de "scale economy branding" (economia de escala do branding) ou porque não há nenhum produto que as possa substituir no mercado. A Mars Bars é um exemplo dos dois pontos mencionados. É possível que a relativamente baixa elasticidade de preço ainda seja uma indicação da força da marca, mas se a política do fabricante for manter os preços baixos — por exemplo, para manter os concorrentes fora do mercado — esta seria uma medida um tanto teórica.

Outro perigo é um possível efeito descompassado entre aumento de preço e perda no market share. É perigoso supor que uma marca pode tornar-se "mais forte" ao se aumentar seu preço premium, mas este poderia ser um resultado lógico de um sistema que mede o brand equity desse modo. A história da Marlboro no período de preparação do "Marlboro Friday" ilustra os riscos.[31]

Este ponto suscita uma outra questão fundamental para a definição do brand equity. É suficiente considerar uma "foto instantânea" da posição da marca em um determinado momento? Ou as pessoas deveriam estar interessadas em seu potencial de crescimento futuro, em sua resistência contra ataques? Preços premiums podem ser mais um legado de força passada (ou de ganância presente) do que uma garantia de desempenho no futuro. Muitas marcas do mercado de alimentos do Reino Unido podem servir para ilustrar esta situação de incerteza.

Mensurações de comportamentos de fidelidade à marca

A *fidelidade à marca*, conforme foi dito antes, é outra expressão que pode ter vários significados. Às vezes é usada, por exemplo, para descrever a orientação atitudinal do consumidor frente à marca (o que será estudado mais tarde). Seu sentido mais restrito, porém, baseia-se em registros de comportamento de compra real conforme reunidos nos painéis do consumidor.

Um método comum do uso de dados do painel para gerar a medida de fidelidade envolve o conceito de *share of category requirements* (SCR) ou *share of requirements* (SOR) — parcela de exigências da categoria. A parcela de exigência da categoria (SOR) para o Nescafé representa todo o volume do Nescafé expresso em seu share de todo o café solúvel comprado pelos entrevistados que adquiriram Nescafé durante o período da análise. Este número total mascara amplas variações entre compradores, alguns dos quais não compraram nenhum outro café no período (SOR=100%) e outros que compraram Nescafé somente uma vez em inúmeras compras de café (SOR= $1/n$ x 100%). Portanto, o comprador mais fiel é aquele para o qual a marca representa o mais alto share de exigências da categoria; por exemplo, alguém que compra sete vidros de Nescafé em dez ocasiões de compra de café é mais "fiel" do que alguém que compra somente três.

Muita atenção tem sido dada a esta definição comportamental de fidelidade como um indicador de brand equity, especialmente nos Estados Unidos. A idéia é que o comprador com uma parcela (ou share) mais alta de exigências da categoria é, obviamente, muito mais importante para o negócio (o peso total das compras sendo igual) e também está, implícita e emocionalmente, mais ligado à marca e menos predisposto a aceitar uma marca substituta. (Não se conclui que este sempre será o caso, e não tenho certeza quanto às evidências existentes para corroborar esta suposição.) Portanto, se compradores de uma marca mostrarem, além de tudo, uma média de SOR mais alta, então este fato poderia ser visto como um sinal da força da marca. (Em geral, hoje em dia, o critério é uma igualdade mais alta entre compradores com um SOR acima de um certo nível, que seria a média. Crimmins sugere a igualdade de compradores com um SOR superior a 60%; já Christiani insiste em considerar a distribuição total.)[32]

Larry Light, um conhecido publicitário americano que também é presidente da Coalition for Brand Equity, usa um exemplo para demonstrar que marcas com o mesmo market share podem diferir quanto à fidelidade, segundo a aferição da SOR.[33] Ele apresenta três marcas imaginárias: marca A, que 100% dos usuários compram 15% do tempo; marca B, que 15% da população compram 100% do tempo; e a marca C, que metade da população compra 30% do tempo. Veremos que cada uma dessas marcas tem exatamente os mesmos 15% do market share, mas em termos de lucratividade, a marca B provou ser a mais lucrativa (e a mais segura?) enquanto a marca A provou ser a menos lucrativa.

O problema com este exemplo (reconhecidamente hipotético) está no fato de que marcas como A, B e C não existem em mercados normais. Como já foi observado, toda e qualquer marca mostra uma distribuição de diferentes níveis de fidelidade, variando dos 100% fiéis aos que compraram a marca somente uma vez. Andrew Ehrenberg e seus colegas têm mostrado repetidamente que em qualquer período de tempo esta distribuição segue um modelo-padrão previsível, dentro de limites razoavelmente estreitos, partindo-se de três parâmetros. Dois deles são específicos de mercado e podem ser estimados a partir do nível de compra da categoria e do número de marcas no mercado; o terceiro é simplesmente o market share daquela marca. Portanto, qualquer parcela média de exigência da categoria da marca (SOR) também pode ser prevista, dentro de limites estreitos, a partir desses mesmos três parâmetros. Ehrenberg também nos mostra que a parcela média de exigências (SOR) na realidade varia pouco entre as marcas em um mesmo mercado, apesar de ser normalmente mais alta para marcas com uma share maior, um exemplo do assim chamado risco duplo.[34] A Tabela 6.1, baseada nos dados de Ehrenberg e de Scriven, ilustra uma descoberta curiosa.

Tabela 6.1: Mercado de café instantâneo nos EUA.

Café	*Share de mercado anual (%)*	*SOR anual da categoria (%)*
Maxwell House	19	39
Sanka	16	36
Taster's Choice	14	32
High Point	13	31
Todas as outras marcas	12	32
Folgers	11	29
Nescafé	8	28
Brim	4	21
Maxim	3	23

Há um aparente conflito entre as descobertas de Ehrenberg (que nunca foram seriamente discutidas, embora freqüentemente ignoradas) e muita pesquisa feita nos Estados Unidos baseada na participação das exigências da categoria (SOR). A lógica decorrente dos dados de Ehrenberg é que medidas de força da marca baseadas na parcela de exigências da categoria (SOR) são, mais uma vez, meras redundâncias do brand share; a parcela das exigências da categoria (SOR) aumentará somente se o market share aumentar. E, nesse caso, a parcela das exigências da categoria (SOR) poderá fazer uma distinção entre os consumidores, mas não de uma forma proveitosa entre as marcas.

Uma alternativa ao uso da parcela das exigências da categoria (SOR) para se definir a fidelidade é estudar os padrões de compra ao longo do tempo e usá-los para estimar a probabilidade de cada membro do painel efetuar a compra da marca em sua próxima compra. Alain Pioche, da Nielsen, descreve tal sistema e ilustra como ele pode ser mais sensível do que a parcela das exigências da categoria (SOR), usando as três seqüências de compra seguintes, onde 1 representa a compra da marca e 0 representa a compra de outra marca:[35]

1,1,1,1,1,0,0,0,0,0

1,0,1,0,1,0,1,0,1,0

0,0,0,0,0,1,1,1,1,1

A parcela das exigências da categoria (SOR) aqui é idêntica para todas as três em 50%. Tendo como premissa que a compra passada é, individualmente, a melhor previsão de um futuro comportamento de compra, Pioche, então, estima a probabilidade de cada entrevistado comprar a marca da próxima vez como A = 0.21, B = 0.43, e C = 0.79. Os resultados devem ser agregados para se criar uma medida total de fidelidade a uma marca. Essa média, então, teria a possibilidade de variar continuamente no tempo.

Essa idéia tem um apelo intuitivo — é como ler sobre a organização de uma corrida de cavalos. Pode-se se pensar, entretanto, que em termos de agregação será improvável a revelação de qualquer informação nova sobre a saúde da marca — se mais pessoas estão comprando a marca com mais freqüência, este dado deve se refletir no total do seu brand share.

Mas o que a parcela de exigências da categoria (SOR) e esta abordagem "probabilidade" nos mostram é que qualquer marca é comprada por diferentes grupos de pessoas, algumas delas muito fiéis (em termos comportamentais), outras nem tanto. Essa análise é valiosa porque reconhece que alguns consumidores são muito mais importantes para a marca do que outros, e que se eles puderem ser identificados e vistos como metas, haverá, conseqüentemente, melhoras significativas quanto à eficiência de marketing. Isto é o oposto dos tradicionais modelos de "conversão" de marketing, nos quais o alvo era essencialmente concebido a partir de um não-usuário, e reflete uma ênfase nova e adequada sobre a importância da base de consumidor já existente.[36]

Uma vez que se procure analisar a base de consumidor desse modo, torna-se possível uma série de segmentações em cadeia, o que pode fazer com que o processo também fique bem mais complexo. Os três aspectos comuns são os seguintes:

- A importância da compra por categoria pode ser usada onde é esperada uma ampla distribuição a partir de usuários assíduos até usuários muito esporádicos, isto é, onde (pelo menos) geralmente se aplica a regra 80:20 — uma minoria de consumidores é responsável por uma parcela alta do consumo total da categoria.

- A parcela das exigências da categoria (SOR) passa por isso, de maneira que alguns dos usuários mais fiéis da marca serão usuários assíduos da categoria, enquanto outros serão muito esporádicos. Ehrenberg salienta que os consumidores cuja parcela de exigências da categoria (SOR) atinge 100%, provavelmente incluem muitos dos usuários bem esporádicos, pois o modo mais fácil de ser classificado como 100% fiel é ter comprado a marca apenas uma vez durante o período de análise.[37] Isso também se aplica a outros com alta taxa de SOR. Mesmo assim, haverá alguns usuários assíduos da categoria que são 80% — 100% fiéis, e esses serão responsáveis por um volume de negócios fora do comum.
- Nos Estados Unidos, onde os grandes descontos de preço se tornaram uma arma importante nos mercados de produtos de consumo, tem se tentado achar segmentos de consumidores que se mantêm fiéis às categorias — de modo que alguns indivíduos são mais fiéis à marca, outros compram por meio de uma ampla lista, e outros, ainda, compram somente se for um bom negócio.[38] Discute-se, então, se um comprador ocasional de uma marca é um possível cliente mais ou menos atraente se ele for um comprador fiel de uma marca concorrente ou "alguém que compra pelo preço mais baixo".

Tudo isso pode parecer que está se distanciando muito do tópico deste levantamento específico. E, de certa forma, é assim mesmo. Entretanto, a importância disso para a completa medição do brand equity é que um comprador cuja SOR de 50% baseia-se na preferência constituiria um ativo da marca bem maior do que um comprador que tivesse a mesma SOR, mas que se baseasse em compra de ocasião. Isto sugere que análises de padrões de compra por si só podem ser enganosas, a não ser que incluam também alguma informação a respeito do preço.

Aferições de fidelidade de comportamento procuram apontar a consistência do comportamento como um substituto para a atitude, ou o que podemos chamar de compromisso. Dada a influência de outros fatores — tais como inércia, disponibilidade e preço —, não é óbvio que isso seja totalmente consistente. Outro modo de se encarar o brand equity é marcar numa linha de atitude o número de compradores fortemente comprometidos com a marca em comparação com o número de compradores que adquirem a marca simplesmente por causa do preço, por hábito ou por inércia, ou simplesmente porque ela é a única presente no mercado. Descrevo, a seguir, algumas dessas condições.

Medida atitudinal de fidelidade à marca

Este subitem diz respeito a medidas de avaliação geral (afetiva ou de "preferências") mais do que a associações e crenças específicas sobre a marca (cognitivas ou de "pensamento"), as quais se situam de modo mais adequado na terceira definição principal de brand equity como sendo a descrição da marca. As medidas podem tomar várias formas que não precisam ser descritas em detalhe: escalas que vão de "a única que eu alguma vez consideraria" até "eu jamais consideraria"; a soma constante das escalas de preferência; marcas "para mim" até "para mim não." Qualquer forma de teste de preço experimental (como os testes realizados por Axelrod ou Crimmins, já citados anteriormente), pode ser vista como uma forma de levantamento atitudinal que toma como escala o desejo declarado de pagar um preço (visto que ela tem sido caprichosamente chamada de "escala de medição de dólares"). Medidas gerais de "estima" ou de "qualidade" tendem a ser suficientemente vagas para cobrirem assim todos os tipos de produtos e serviços, e, portanto, podem ser incluídas em medidas afetivas gerais.

De certa forma, tais medidas atitudinais levam a uma abordagem mais direta do conceito subjacente que precisa ser medido — a preferência relativa, "o desejo ardente" ou o apego que o cliente tem em relação à marca, independentemente de fatores "externos" como preço e distribuição. A força da marca, definida desse modo, é essencialmente atitudinal, seguindo a clássica definição de atitude de Gordon Allport como sendo "um estado de prontidão mental e neural, organizado pela experiência, que exerce uma influência diretiva e dinâmica sobre a resposta do indivíduo a todos os objetos e situações com as quais se relaciona".

Se as atitudes diante da marca forem manipuladas grosseiramente, baseadas em uma preferência do tipo "8 entre 10", ou, pior ainda, como um número mediano único, será necessário tomar muito cuidado para que os números dos que são fiéis a uma marca não sejam confundidos com o nível de sua dedicação à marca. Caso isso ocorra, grandes marcas, então, obterão os maiores pontos, e, mais uma vez, nada será aprendido a não ser a constatação de que elas são realmente grandes.[39] De fato, o uso da preferência e de outras medidas para representar o brand equity tem levado a um renovado interesse em se tentar entender como elas representam diferentes partes da base de consumidores separando-os em grupos (como na análise de fidelidade, com a qual alguns pesquisadores têm procurado combiná-la).

Um método de segmentação atitudinal é o proposto por Cramphorn[40], e em termos conceituais, parece bem simples. Este método divide compradores de uma marca em dois grupos, o discriminante e o não discriminante, tendo como base uma série validada de afirmações de atitude. O percentual de compradores discriminantes, confrontado ao market share no outro eixo, posiciona uma marca como relativamente mais forte ou mais fraca do que outras do mesmo tamanho.

Uma segmentação atitudinal mais complexa é a do modelo de conversão da Market Facts Inc., o qual segmenta compradores e não-compradores em quatro grupos de cada: dentre os usuários há os que querem firmar-se, os pouco convictos ou os passíveis de conversão e os conquistados e fidelizados, enquanto dentre os não-usuários há os disponíveis, os ambivalentes, os de certa forma não-disponíveis ou os fortemente não-disponíveis.[41] Diz-se que tendências em movimentos entre esses grupos antecipam e prevêem movimentos de market share; em particular, desde abril de 1991 o modelo previu o declínio no market share da Marlboro, o que levou a grandes reduções de preço do "Marlboro Friday".

Se isto for verdade, significa que essas questões representam um grande avanço em relação à pergunta tradicional de "intenção de compra", usada durante muitos anos como uma previsão de comportamento futuro. De fato, como Bird e Ehrenberg constataram algum tempo atrás, a intenção assumida de comprar reflete muito mais um comportamento passado do que um comportamento futuro.[42] Nesse caso, uma marca com uma intenção de compra mais alta do que seu market share atual indica que ela, contrariamente à expectativa, geralmente não é uma marca pronta para crescer e sim uma marca provavelmente em declínio. O número de entrevistados que deseja comprá-la é meramente um reflexo de glórias passadas.

Os proponentes do modelo de conversão argumentam que a fidelidade de comportamento por si só pode representar erroneamente o nível de ligação emocional do consumidor para com uma marca, reproduzindo a evidência de que muitos compradores com uma alta taxa de SOR têm baixo nível de compromisso emocional. Eles também salientam que em escolhas de compra nada freqüentes, como as relacionadas com bancos, carros e cartões de crédito, a SOR não é um conceito útil na prática.[43]

Aferições de awareness/destaque

A brand awareness é uma das cinco dimensões de brand equity de Aaker. Ele a define como "a capacidade de identificar uma marca como associada a uma categoria de produtos" — uma qualificação importante. Há uma diferença muito grande entre a "simples" awareness de um nome e a associação deste mesmo nome com um produto específico. O primeiro nome que vem à cabeça quando um indivíduo pensa em café, furadeira de mão ou anti-séptico bucal é certamente uma indicação de que a marca "possui" aquela categoria específica. Tais associações podem perdurar por um bom tempo.

A brand awareness tem um longo pedigree enquanto um resultado desejado da atividade de marketing, originando-se dos primeiros modelos de eficácia da publicidade, tais como a AIDA (Atenção-Interesse-Desejo-Ação) da St. Elmo Lewis em 1907. Na maioria dos mercados, o reconhecimento ou um sentido de familiaridade com o nome da marca é considerado um passo em direção a uma maior aceitabilidade e preferência, considerando-se que as outras coisas permanecem iguais. Awareness pode ser considerada como reconhecimento (despertada pelo nome da marca) ou espontânea (despertada por alguma definição do campo do produto), com um refinamento posterior ao registrar o primeiro nome mencionado.

Uma das aferições gerais de brand equity mais conhecidas, a Landor Image Power Survey, consiste em duas partes: uma simples medida de brand awareness e um fator mais complexo chamado "estima" (uma cotação geral de qualidade).[44] As descobertas dessa pesquisa indicam que estas duas medidas são substancialmente independentes uma da outra, o que mostra que marcas bem conhecidas ou facilmente lembradas nem sempre são admiradas ou preferidas (isto acontece muito mais nos Estados Unidos do que na Europa).

Uma outra pesquisa importante de categoria cruzada quanto à relativa força de marca, o Brand Asset Valuator da Young & Rubicam (Y&R), inclui "familiaridade" como uma das quatro dimensões mais importantes da força da marca (as outras são "estima," "relevância," e "diferenciação").[45] Mesmo aqui a Y&R é cuidadosa em apontar que sua definição de "familiaridade" abrange mais do que a mera awareness do nome.

De fato, é geralmente verdade que altos níveis de awareness são criados pelo tamanho, onipresença e/ou escala de atividade promocional de uma marca, mas tal awareness revela muito pouco sobre a "força" da marca em termos da ligação do consumidor com ela ou de sua preferência para com ela.

Tais medidas tendem a favorecer marcas que já são relativa ou absolutamente grandes, de modo que novamente corremos o risco de confundir tamanho com força.

Sentido 3: Brand equity é igual à descrição — Associações descritivas/Atributos da marca

Alguns pesquisadores falam sobre a coleta de dados da imagem da marca, mapeamento de posicionamento da marca e outros pontos similares como se isto fosse brand equity. David Aaker inclui esses aspectos como uma das suas dimensões do brand equity. É amplamente aceito que as associações ou atributos que uma marca adquire são os principais criadores de sua força, como quando Alexander Biel argumenta que a "imagem da marca impulsiona o brand equity".[46]

A grande variedade de técnicas, tanto qualitativa quanto quantitativa, existe para fazer associações e obter percepções de uma marca, ao incentivar entrevistados a relacionar cada marca a palavras ou imagens ou, em escala multidimensional, a posicioná-las entre si. Não há necessidade de descrevê-las todas aqui.

Mais relevante para a discussão sobre brand equity são as tentativas de relacionar os dados coletados, usando essas técnicas essencialmente descritivas, às dimensões de fidelidade de atitude ou de comportamento — isto é, a força da marca, conforme descrita anteriormente. É mediante essa ligação que os chamados dados da imagem da marca se ligarão ao conceito de brand equity, em procedimentos conhecidos nos Estados Unidos como "brand equity modeling".

Tentativas de se modelar atitudes afetivas gerais com relação a uma marca feitas desse modo podem seguir duas abordagens principais, que podem ser chamadas de séries seccionais cruzadas ou de tempo. A análise seccional cruzada está em busca de correlações entre os indivíduos na amostragem — de tal modo que, se os que preferem decisivamente a marca, mostrarem uma forte tendência a classificá-la conforme o atributo Y, a inferência será que se associarmos a marca com o atributo Y criaremos então a preferência pela mesma. Este procedimento não é novo — data do modelo de St. James da década de 1960, e a objeção feita a ele, naquela época, de que é impossível distinguir causa e efeito em tais correlações, ainda é assunto para debate. A *time series analysis* (análise de série de tempo) requer um conjunto de tais dados ao longo do tempo a partir de um estudo de rastreamento; se um repentino declínio em um atributo especial acontecer concomitante a um declínio nos resultados gerais de favoritismo, aquele atributo torna-se então um importante "impulsionador". Ambas as abordagens podem ser feitas e geralmente combinam com as segmentações de fidelidade descritas, de modo que os "impulsionadores" para cada grupo dos que são fiéis ou dos que rejeitam a marca (incluindo marcas competitivas) são computados. Todos esses procedimentos são controversos, mas inegavelmente atraentes por muitas razões que vão além do aspecto de medição do brand equity. Eles oferecem diretrizes para estratégias de publicidade e de marketing, e uma aparência, pelo menos, de controle da complexidade. "Se pudermos melhorar esta dimensão da imagem para essas pessoas, nosso brand equity — e lucratividade — crescerá na mesma proporção." Podemos dizer, a favor desses procedimentos, que eles se agarram à complexidade de uma base real de usuários, em que os indivíduos são instáveis e mutáveis. Nem todos ficarão convencidos de que eles realmente fazem o que prometem.

Conclusões gerais

Quais os aspectos positivos do "movimento de brand equity"?

Antes de tirarmos conclusões mais impactantes, proponho que o novo enfoque sobre o brand equity indique uma proveitosa mudança de paradigma quanto ao pensamento de marketing (o que seria especialmente desejável nos Estados Unidos). Os principais elementos dessa mudança de paradigma seriam os seguintes:

- Enfoque no valor de se conservar os atuais consumidores, em oposição à conquista de novos consumidores.
- Reconhecimento de que o marketing tem a ver com venda por um *preço ótimo*, e não apenas mudar os volumes.
- Enfoque sobre a proteção e o desenvolvimento de uma *corrente lucrativa de longo prazo*, e não apenas conseguir a venda seguinte.

- A compreensão de que uma marca sobrevive e prospera somente se ela mantiver seu compromisso com os consumidores.
- O restabelecimento do interesse nos conceitos de diferenciação e de posicionamento.

Mas a idéia de que tudo isto é de algum modo explicado pelos movimentos e dimensões de uma substância misteriosa chamado brand equity é muito mais difícil de ser defendida.

Desfazendo os mitos do brand equity

Valor da marca não é o mesmo que a força da marca

Tenho argumentado ao longo de todo este capítulo que a estimativa financeira de uma marca como um ativo distinto é fundamentalmente diferente do conceito de medir a "força" da marca com referência ao consumidor. Chamar as duas coisas pelo mesmo nome é confuso e mesmo enganoso. Apesar de ambos os conceitos terem algum tipo de validade como idéias, a ligação entre eles é muito tênue. A estimativa ou avaliação é geralmente uma previsão e, portanto, pode ser volátil e dependente de suposições variáveis. Uma medida de força da marca, por outro lado, deve refletir algum tipo de realidade objetiva e, como conseqüência, deve ser razoavelmente estável e passível de réplica. Uma representa o futuro, enquanto a outra representa o presente. E a força da marca atual é apenas um fator — não necessariamente um fator importante — na construção de uma previsão. (Barwise salienta que nenhuma das medidas de lealdade da marca de curto prazo tem mostrado algum poder de previsão de longo prazo.)[47]

Segue-se que a idéia de se usar a estimativa do valor da marca como um parâmetro para se julgar e premiar a condução do negócio é muito perigosa. Por que pagar um bônus ao gerente da marca por algo com o qual seus sucessores podem ou não obter sucesso no futuro?

Não há um número único que represente a força da marca

Deve ficar claro pelo menos que, seja lá o que for que as diferentes medidas da "força da marca" representem, nem todas elas medem a mesma coisa. Por exemplo:

- A capacidade de uma marca de estabelecer um preço premium é diferente de sua parcela de exigências da categoria (SOR). (O produto líder da marca pode ter 40% mais "equity" do que a marca de loja avaliada como price premium, mas a mesma parcela de exigências da categoria (SOR) — ou até menor — entre seus compradores.)
- "Fidelidade" conforme mostrada por modelos de probabilidade é diferente de medidas atitudinais[48]; como já foi mencionado, ela é diferente da parcela de exigências da categoria (SOR).
- Critérios diferentes de preço dão resultados bem diversos. (Crimmins deixa bem claro que sua medida de valor da marca não é a mesma da do price premium no mercado.)[49]
- Ceurvost ressalta que a medida de "compromisso" com o modelo de conversão não está relacionada à parcela de exigências da categoria (SOR).[50]

E assim por diante.

Falar sobre a "força" ou "saúde" de uma marca é, acima de tudo, fazer uso de metáfora. As metáforas são empregadas o tempo todo (p. ex., o sol "nasce"), e não devem ser confundidas com ciência. Os publicitários estão tão acostumados às metáforas de "marca como pessoa" que podem precisar lembrar a si próprios que isto não é literalmente verdade.

O que queremos dizer com a afirmação "uma marca é forte" é, na verdade, algo como: "os principais indicadores de desempenho parecem positivos". E pode haver muitos indicadores diferentes de desempenho, os que realmente interessam podem variar de acordo com a marca e a época. Nenhuma pessoa sensata esperaria ver a saúde de um indivíduo ou a economia de uma nação representada por um único número (e os resultados de tal erro, se cometido, poderiam ser desastrosos). A mesma coisa acontece com as marcas.

É difícil separar "força da marca" de "tamanho da marca"

Um outro tema deste capítulo é que muitos indicadores de desempenho aqui discutidos tendem a ser em grande medida uma função das vendas da marca no mercado. Alguns indicadores de desempenho principais são, de fato, baseados em vendas (como nos gráficos de preço/share). As medições de atitude e de awareness estão relacionadas, em grande escala, com o tamanho da marca, e até mesmo a parcela de exigências da categoria (SOR) tem demonstrado ser previsível a partir desses dados.

Entretanto, isto não justifica totalmente o ponto de vista aparente de Ehrenberg (se esta for a interpretação correta) de que a força da marca e o tamanho da marca são exatamente a mesma coisa, de modo que o primeiro termo é inteiramente redundante.[51] É fácil imaginar situações em que a pesquisa mostra um grau de demanda do consumidor para com uma marca não refletida nas vendas, ou em que as vendas são infladas por outros fatores diferentes da demanda do consumidor. Essas seriam situações muito valiosas para um gerente de marca conhecer, uma representando uma oportunidade e a outra representando uma ameaça. O objetivo dos "monitores da marca" e de outras pesquisas de atitude é fornecer informações como estas. Mas, tanto os fornecedores quanto os usuários dessas informações precisam estar a par das ciladas e dos riscos que elas acarretam.

O que exatamente precisa ser medido?

O que de fato foi discutido neste capítulo não foi o termo de difícil compreensão brand equity, mas uma variedade de diferentes medidas de desempenho e técnicas de previsão. Ao invés do erro nominalista (inventar uma coisa chamada brand equity e encontrar maneiras de medi-la), dever-se-ia, em primeiro lugar, tomar uma decisão a respeito do que precisa ser medido (e, se necessário, seriam encontrados nomes para essas coisas). As coisas principais que um gerente de marca ou um proprietário de marca pode querer medir, então, são as seguintes:

- *Desempenho atual*: Como a marca está indo agora, em relação aos seus concorrentes ou aos anos anteriores? Os indicadores incluiriam combinações de share/preço e técnicas de modeling (modelagem) que procuram separar a demanda subjacente do consumidor de fatores externos como distribuição (uma versão simples disso pode ser o índice de venda).
- *Diagnóstico de tendências correntes e de "sistemas antecipados de prevenção"*: É aqui que as várias medidas de atitude, awareness e comportamento de compra por parte do consumidor realizam-se — contanto que consideremos que essas informações geralmente refletem em grande medida o desempenho das vendas. Elas, também, são extremamente valiosas na análise de padrões de vendas agregados em diferentes grupos de consumidores. Medidas de mais percepção, tais como pesquisas de posicionamento relativo ou de diferenciação da marca, também são relevantes.

- *As chances da marca quanto a uma lucratividade futura e de longo prazo*: A meta real dos proprietários da marca é alcançar o que Larry Light chamou de crescimento lucrativo contínuo. Isto nos leva de volta ao centro da questão: o que as várias tentativas para se medir o brand equity estão procurando fazer. Indicadores de desempenho atual podem mostrar um aumento nas vendas de curto prazo (p. ex., pela promoção) ou nos lucros (p. ex., pelo aumento de preços) ou até mesmo os dois, ocasionalmente (pela promoção ao mesmo tempo em que se reduz a qualidade ou o investimento), mas simultaneamente podem estar reduzindo as chances futuras de sucesso da marca. Seria fantástico se tivéssemos um indicador de desempenho que recompensasse o gerente da marca por proteger a saúde duradoura dela, em vez de só maximizar sua participação ou lucro no presente. Entretanto, ainda não está claro se tal indicador já foi achado, ou mesmo se é possível que tal indicador exista.

  Certamente muitas das medidas simples adotadas como representando o brand equity, tais como demanda relativa, não são suficientes por si só. Em termos conceituais, o problema é exatamente o mesmo com a estimativa do valor da marca para fins financeiros — o que as pessoas estão procurando é uma estimativa de como a marca atuará por um bom período de tempo no futuro. Apesar de isso ser algo sobre o que o gerenciamento deve formar uma opinião, não há de forma alguma um modo objetivo de se capitalizar investimentos correntes no futuro de uma marca. As pessoas podem prestar atenção aos melhoramentos no desempenho atual, que são meramente um resultado da manipulação do preço ou do investimento, e um julgamento pode ser feito — não é possível expressar-me com maior força — sobre se as mudanças na política da empresa tendem a manter a posição competitiva da marca no futuro. Isto faz com que tenhamos de considerar novamente o desempenho atual e diagnosticar as razões desse desempenho.

- *Desempenho total:* Para comprar, vender ou avaliar uma marca, ou considerá-la como uma ajuda para um planejamento estratégico futuro, pode-se buscar uma avaliação total. Há várias maneiras de se enfrentar esse trabalho complicado, mas elas tendem a se constituir essencialmente em previsões de um desempenho futuro (traduzido em valor líquido atual). Tais previsões envolvem julgamentos competitivos e estratégicos e também outras considerações, como propriedade legal, bem como aferições de desempenho atual.

Uma outra pergunta que é sempre feita (mas quase não discutida neste capítulo) refere-se à *capacidade de extensão da marca*: como pode a reputação de uma marca ser usada em outras categorias de produtos? Apesar de haver uma grande quantidade de pesquisa acadêmica nesta área, é questionável que algum princípio útil tenha sido descoberto, e a hipótese de que venham a descobrir algum é meio duvidosa. A pesquisa com o consumidor pode ser de alguma valia para se tomar esse tipo de decisão. Do ponto de vista da avaliação, incluir o desempenho hipotético de uma marca em uma categoria diferente é demasiado especulativo. Certamente, faz parte do grande mito do brand equity a crença de que "uma marca forte" pode adentrar territórios vizinhos com facilidade e impunidade e lá permanecer vitoriosa. A experiência, no entanto, parece mostrar o contrário.

Conclusões finais

As marcas precisam ser administradas com vistas à posição de mercado de longo prazo, respeitando sempre seu contrato e seu relacionamento com o consumidor. Existem muitos tipos diferentes de indicadores de desempenho que monitoram esses fatores. Um valor pode também ser adicionado às marcas como parte dos ativos sempre que necessário, e eles podem ser comprados e vendidos. Mas tudo isso pode ser feito sem a suposição da existência de algo chamado brand equity. Na realidade, toda essa área poderá ser mais facilmente entendida se as pessoas pararem completamente de usar todas essas palavras.

Notas

1. Thornton C. Lockwood, "The confessions of a brand equity junkie", in Advertising Research Foundation (org.) *Exploring brand equity* (Nova York: Advertising Research Foundation, 1995).
2. Karl R. Popper, *The open society and its enemies*, vol. 1 (Londres: Routledge & Kegan Paul, 1945), p. 32.
3. Citado em Alexander L. Biel, "Converting image into equity", in David A. Aaker e Alexander L. Biel (orgs.), *Brand equity and advertising* (Hillsdale, Ny: Lawrence Erlbaum, 1993), p. 67.
4. Burleigh B. Gardner e Sidney J. Levy, "The product and the brand", *Harvard Business Review*, março/abril de 1955, p. 33-39.

5. Ver Stephen King, *What is a brand?* (Londres: J. Walter Thompson, 1970); ver também Don Cowley (org.), *Understanding brands* (Londres: Kogan Page/ Account Planning Group, 1989).
6. Rosser Reves, *Reality in advertising* (Nova York: Alfred A. Knopf, 1961), p. 77-86.
7. John Philip Jones, "Over-promise and under-delivery", trabalho apresentado no Seminário Esomar, What do we know about how advertising works and how promotions work? Amsterdã, abril de 1991, p. 13-27.
8. Tim Ambler e Chris Styles, *Brand equity: towards measures that matter*, Pan'agra Working Paper 9.902 (Londres: London Business School, 1995).
9. Ver, por exemplo, David A. Aaker, *Managing brand equity: capitalizing on the value of a brand. Name* (Nova York: Free Press, 1991); e J.-N. Kapferer, *Strategic brand management: New approaches to creating and evaluating brand equity* (Londres: Kogan Page, 1992).
10. Patrick Barwise, "Brand equity, snark or boojum", *International Journal of Research in Marketing*, vol. 10, nº 1, março de 1993, p. 93-104.
11. Popper, *The open society.*
12. Ver James A. Taylor, "Brand equity; its meaning, measurement and management", trabalho apresentado no Seminário Esomar, The challenge of branding today and in the future, Bruxelas, outubro de 1992, p. 55-75.
13. Patrick Barwise, Christopher Higson, Andrew Likierman e Paul Marsh, *Accounting for brands* (Londres: London Business School/Institute of Chartered Accountants, 1989). Ver também Kapferer, *Strategic Brand Management.*
14. John Murphy, "Assessing the value of brands", *Long Range Planning*, vol. 23, nº 3, 1990, p. 23-29; Howard Barrett e Nick P. Bertolotti, "Brand evaluation", trabalho apresentado no Seminário Esomar, The challenge of branding today and in the future, Bruxelas, outubro de 1992, p. 1-12.
15. Patrick Barwise e Thomas Robertson, "Brand portfolios", *European Management Journal*, vol. 10, nº3, setembro de 1992, p. 277-285.
16. Murphy, "Assessing the Value of Brands".
17. Andrew S. C. Ehrenberg, "If you're so strong, why aren't you bigger? Making the case against brand equity," *Admap*, outubro de 1993, p. 13-14. Ver também os comentários de Ambler e Feldwick, bem como a resposta de Ehrenberg, na edição de dezembro de 1993 da *Admap*.
18. Aaker, *Managing Brand Equity.*
19. Gil McWilliam, "A tale of two gurus", *International Journal of Research in Marketing*, vol. 10, nº1, março de 1993, p. 105-111.
20. Aaker, *Managing Brand Equity*, p. 23.

21. John Philip Jones, *What's in a name? Advertising and the concept of brand* (Nova York: Simon & Schuster, Lexington, 1986), p. 95-96.

22. Paul Feldwick (org.), *Advertising works* 6 (Henley-on-Thames, UK: NTC, 1991), p. 13.

23. William T. Moran, "Brand equity: the durability of brand value", trabalho apresentado no Workshop de Brand Equity da ARF, Nova York, fevereiro de 1994.

24. Simon Broadbent, "Using Data Better: a new approach to sales analyses", *Admap*, janeiro de 1992, p. 48-54.

25. Simon Broadbent, "Advertising effects: more than short term", *Journal of the Market Research Society*, vol. 35, nº 1, janeiro de 1993, p. 379.

26. Sandra K. Eubank, "Understanding brand equity: a volumetric model", trabalho apresentado no Brand Equity Research Day, na ARF, Nova York, outubro de 1993.

27. W. A. Kamakura e G. J. Russell, "Measuring brand value with scanner data", *International Journal of Research in Marketing*, vol. 10, nº 1, março de 1993, p. 9-22.

28. Joel N. Axelrod, "The use of experimental design in monitoring brand equity," trabalho apresentado no Seminário Esomar, The challenge of branding today and in the future, Bruxelas, outubro de 1992, p. 13-26.

29. James C. Crimmins, "Better measurement and management of brand value", *Journal of Advertising Research*, vol. 32, nº 4, julho/agosto de 1992, p. 11-19.

30. Steve Roth, "Pricing, profits and equity," trabalho apresentado no terceiro Workshop de Advertising and Promotions da ARF, Nova York, fevereiro de 1991.

31. Paul Feldwick e Françoise Bonnal, "Reports of the death of brands have been greatly exaggerated", *Marketing and Research Today*, vol. 23, nº 2, maio de 1995, p. 86-95.

32. Crimmins, "Better measurement and management"; Arthur Christiani, "Measuring and monitoring brand loyalty and its role in managing brand equity," trabalho apresentado no *Brand Equity Research Day* da ARF, Nova York, outubro de 1993.

33. Ver Larry Light, *The Fourth wave: brand loyalty* (Nova York: American Association of Advertising Agencies, 1996), p. 28.

34. Andrew S. C. Ehrenberg, *Repeat-buying: facts, theory and applications*, 2ª ed. (Nova York: Oxford University Press, 1988). Ver também Andrew S. C. Ehrenberg, Gerald J. Goodhardt e T. Patrick Barwise, "Double Jeopardy Revisited", *Journal of Marketing*, vol. 54, julho de 1990, p. 82-91; Andrew S. C. Ehrenberg e John Scriven, *JOAB Report 1: Added values or propensities to buy* (Londres: South Bank Business School, 1995).

35. Alain Pioche, "A definition of brand equity relying on attitudes and validated by behavior", trabalho apresentado no Seminário da Esomar, The challenge of branding today and in the future, Bruxelas, outubro de 1992, p. 27-40.

36. Garth Hallberg, *All consumers are not created equal: the differential marketing strategy for brand loyalty and profits* (Nova York: John Wiley, 1995), capítulos 3 e 4.

37. Ehrenberg, *Reapeat-buying*, p. 174.

38. Carol Foley, Josh McQueen e John Deighton, "Decomposing a brand's consumer franchise into buyer types", in David A. Aaker e Alexander L. Biel (orgs.), *Brand equity and advertising* (Hillsdale, NJ: Lawrence Erlbaum, 1993), p. 235-246.

39. Patrick Barwise e Andrew S. C. Ehrenberg, "Consumer beliefs and brand usage", *Journal of Market Research Society*, vol. 27, nº 2, abril de 1985, p. 81-93.

40. Michael F. Cramphorn, "Are there bounds on brand equity?" trabalho apresentado no Seminário da Esomar, The challenge of branding today and in the future, Bruxelas, outubro de 1992, p. 41-54.

41. Robert W. Ceurvost, "A brand equity measure based on consumer commitments to brands", trabalho apresentado no Workshop de Brand Equity da ARF, Nova York, fevereiro de 1994.

42. Michael Bird e Andrew S. C. Ehrenberg, "Intentions to buy and claimed brand usage", *Operational Research Quarterly*, vol.17, 1966-1967, p. 18, 27-46, 65-66. Ver também Neil Barnard, "What can you do with tracking studies and what are their limitations?" *Admap*, abril de 1990, p. 23.

43. Ceurvost, "A brand equity measure".

44. Stewart Owen, "The landor imagepower survey: A global assessment of brand strength", in David A. Aaker e Alexander L. Biel (orgs.), *Brand equity and advertising* (Hillsdale, NJ: Lawrence Erlbaum, 1993), p. 11-30.

45. Young & Rubicam Ltd., *Brand asset valuator prospectus* (Nova York: Young & Rubicam, 1994).

46. Alexander L. Biel, "How brand image drives brand equity", trabalho apresentado no Workshop da ARF, Nova York, fevereiro de 1992.

47. Barwise, "Brand equity".

48. Pioche, "A definition of brand equity", p. 37-39.

49. Crimmins, "Better measurement and management", p. 18.

50. Ceurvost, "A brand equity measure".

51. Ehrenberg, "If you're so strong".

7

Estabelecendo um preço para o brand equity

*David Haigh**

As análises das marcas geralmente têm como base o valor que elas possuem para o consumidor e para os fabricantes, "valor" sendo interpretado aqui em termos quase filosóficos, muito mais do que em dólares ou centavos. Muitas dessas análises — algumas incluídas neste livro — são fortemente empíricas, porém os dados relacionados a medidas não-financeiras, tais como awareness e atitudes dos consumidores para com as marcas representem detalhes complexos sobre o comportamento de compra desses mesmos consumidores.

Por mais de uma década, fabricantes e agências de publicidade têm tentado fazer estimativas financeiras sobre o brand equity, mas esses esforços não têm sido inteiramente bem-sucedidos por dois motivos: (a) sua metodologia e (b) o conservadorismo dos contadores americanos na exigência de avaliações muito rigorosas sobre o brand equity, antes mesmo destas conseguirem aparecer no balanço dos fabricantes. Os profissionais de contabilidade britânicos têm sido mais inovadores neste aspecto, e é por esta razão que grande parte da estimativa do valor da marca tem sido feita na Inglaterra. Os contadores

---

* David Haigh é diretor administrativo da Brand Finance. (N.A.)

britânicos, de fato, conseguiram estabelecer um valor para as marcas, devido a fortes pressões por parte de seus clientes.

A teoria e a prática da estimativa do valor da marca têm sofrido uma pormenorizada análise ao longo dos últimos dez anos, a partir do crescimento da necessidade de identificar, revelar e construir o valor da marca. O crescente enfoque sobre a estimativa do valor de uma marca tem levado a exigências cada vez maiores quanto à transparência e clareza nos métodos usados. Não há mais espaço para técnicas de "caixa-preta" que não possam se harmonizar com o gerenciamento do negócio.

Em resposta à reivindicação, foi desenvolvida uma abordagem bem transparente quanto à estimativa do valor da marca com base no investimento, no negócio e na teoria de marketing. Esta nova abordagem oferece soluções de estimativa quanto ao valor da marca sobre uma base modular, adequando a abordagem às necessidades específicas do cliente. Isto é o que faz a minha empresa — uma organização de consultoria britânica chamada Brand Finance Limited. Nossa abordagem está contida na Figura 7.1, que mostra os três passos em uma estimativa de uso econômico.

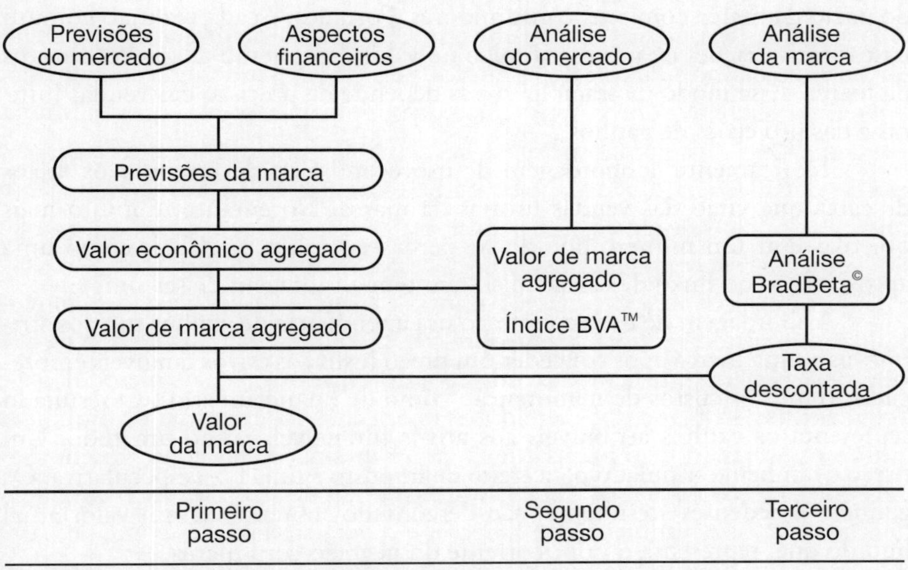

Figura 7.1 – Estrutura da estimativa do valor da marca: Três passos.
Fonte: Brand Finance Limited

Metodologia de avaliação da marca

Quando se fala de "uso econômico", fala-se do método mais popular para se conduzir avaliações da marca. Tais avaliações consideram o valor econômico de uma marca para o proprietário atual em seu uso atual. Em outras palavras, consideram o retorno que o proprietário realmente obtém pelo fato de possuir a marca — a contribuição líquida e certa para o negócio, tanto agora como no futuro.

Isso pode ser medido fazendo-se uma estimativa do aumento no lucro bruto atribuível à venda de um produto com marca, ao invés de um produto ou serviço sem marca. Entretanto, as avaliações da marca são baseadas mais freqüentemente em lucros líquidos, "totalmente absorvidos" através da identificação do excedente de ganho líquido atribuível à propriedade da marca. Tais avaliações têm como base informações internas complementadas por pesquisa de mercado externa. Elas geralmente não consideram o valor da marca em uso por parte de um diferente proprietário ou qualquer "valor esperado" com base em novos usos da marca.

O que realmente queremos saber é o valor dos ganhos futuros, advindos do pacto da marca com seus consumidores. Portanto, é cada vez mais comum basear as avaliações de uso econômico no valor descontado de ganhos futuros da marca. Esse modo de tratar as coisas depende da precisão das vendas futuras e das projeções de ganhos.

Teoricamente, a abordagem de uso econômico deveria usar os fluxos de caixa que virão das vendas futuras da marca. No entanto, é muito mais objetivo usar um número líquido de perdas e ganhos contábeis como uma aproximação do fluxo de caixa em si. Isso tem a vantagem de ser simples.

A abordagem de uso econômico usa a tendência de ganhos futuros atribuíveis a uma marca após conceder um preço justo aos ativos tangíveis empregados (tanto os custos de manutenção como de financiamento). O resultado representa os ganhos atribuíveis aos ativos intangíveis como um todo. Um preço é também estipulado para efeito de imposto a uma taxa especulativa. Os ganhos "excedentes" resultantes são descontados obtendo-se um valor atual líquido que representa o valor corrente do negócio com marca.

Uma parte do valor do negócio total com marca é a marca sozinha, a qual é avaliada por meio de uma estimativa da proporção dos ganhos totais do negócio que podem ser atribuídos especificamente àquela marca.

De modo característico, as avaliações de marca são baseadas em previsões de ganhos num período de cinco a dez anos preparadas anualmente. Além disso, é calculada uma "anuidade" sobre os ganhos do último ano, pressupondo-se que a marca continue ativa além do período previsto, na verdade, para sempre. Como os direitos sobre as marcas podem ser obtidos em perpetuidade e muitas marcas estão no mercado há mais de cinqüenta anos, esta não é uma suposição irracional.

Assim como os analistas, hoje em dia, valorizam as ações com base nos fluxos de caixa sustentáveis do negócio, atribuindo um valor àquele fluxo de caixa, o processo de avaliação da marca de uso econômico é essencialmente uma avaliação do fluxo de caixa. De fato, este tipo de abordagem de fluxo de caixa tem sido endossado pelo British Accounting Standards Board in Financial Reporting Standard 10 (FRS 10), e será descrito mais adiante neste capítulo.

Usando a abordagem de fluxo de caixa descontado, o avaliador da marca desconta futuros ganhos estimados da marca, a uma taxa de desconto apropriada, para chegar a um valor presente líquido — o valor da marca. Tal avaliação, compreende especificamente quatro elementos:

1. *Modelagem do mercado total,* para identificar a demanda de mercado e a posição de uma marca no conjunto de todas as outras concorrentes no mercado. Geralmente, o modelo é segmentado para refletir a estrutura competitiva relevante dentro da qual a marca opera. Modelos assim permitem que suposições "dinâmicas" sejam testadas, fazendo da avaliação da marca um instrumento de administração do portfólio, bem como uma técnica de relatório financeiro.
2. *Previsão específica quanto ao negócio* com a marca, para identificar o total dos ganhos com ela.
3. *Pesquisa de indutores do negócio,* para determinar qual a proporção dos ganhos totais do negócio com a marca pode ser atribuída especificamente a da Brand Value Added (Valor da Marca Agregado) ® BVA™.
4. *Análise do risco da marca,* para avaliar a segurança da franquia da marca junto aos clientes e consumidores finais, avaliando, portanto, a segurança de ganhos futuros com a marca. Isto é conhecido como análise BrandBeta™.

Um pré-requisito desse processo é que tenha sido realizada uma auditoria, confirmando a quem pertencem os componentes de propriedade intelectual da marca avaliada, para assim se estabelecer que a marca é uma verdadeira parte de uma "propriedade" legalmente reconhecida. Em muitos casos, os proprietários das marcas acreditam que têm um bom seguro para todos os elementos da marca, mas, quando vão verificar, descobrem que estão muito mal protegidos contra infrações.

Os passos de uma avaliação da marca

No primeiro passo, mostrado na Figura 7.1, é reunida uma grande variedade de informações sobre a marca, seu desempenho e sua história. As informações são provenientes de várias fontes diferentes. São coletadas por uma mescla de pesquisa exploratória, questionários e entrevistas. A informação é então analisada para avaliar a marca sob vários aspectos, começando com as informações financeiras.

Cálculo do valor econômico agregado

Uma vez estabelecidos o histórico de uma marca juntamente com seus lucros, é possível manter uma previsão de fluxo de caixa por um período de cinco a dez anos que pode ser avaliado racionalmente.

Uma clara definição dos ganhos da marca para efeitos de avaliação é muito importante. Os ganhos empregados para esse fim devem ser os ganhos reais da marca totalmente amortecidos após a alocação das despesas centrais gerais.

Eliminação do selo individual ou atividade sem marca

Os ganhos usados no cálculo do fluxo de caixa descontado devem referir-se somente à marca avaliada e não a outros produtos ou serviços sem marca que possam vir a ser produzidos em paralelo, mas que não sejam vendidos com o nome da marca.

Remuneração do capital empregado

Para evitar a supervalorização da marca, é necessário que se faça uma cobrança justa quanto ao valor dos ativos tangíveis empregados no negócio, como o sistema de distribuição, a estrutura da fábrica e o estoque. Até que se tenha um retorno justo sobre os ativos fixos e sobre o capital de giro empatado no negócio, não se pode dizer que a marca está acrescentando valor ao negócio. O fluxo de ganhos resultante, após ser efetuada a cobrança financeira, representa o valor econômico acrescentado ao negócio pelos ativos intangíveis.

Taxação

As avaliações da marca são especificamente preparadas para levar em conta os lucros após o desconto do imposto devido. O resultado dessa análise é uma avaliação completa do histórico e do futuro valor agregado atribuível a todos os ativos intangíveis empregados no negócio com marca. O próximo passo é estabelecer que proporção do valor econômico agregado total é oriundo da marca, ao contrário de outros ativos intangíveis.

Tabela 7.1: Análise BrandBeta™.

Análise da taxa de composição
Taxa de empréstimo livre de risco
Patrimônio de risco
Ponderação quanto ao risco de mercado
BrandBeta™ baseada na estabilidade, na escala e no crescimento da marca

Fonte: Brand Finance Limited.

Cálculo do valor agregado da marca

Este é o segundo passo que se encontra na Figura 7.1. Negócios diferentes dependem das marcas em graus variados para estimular a demanda e sustentar o preço. Identificando-se o que impulsiona a demanda em um determinado mercado, é possível estimar-se a margem de contribuição da marca para o negócio. Isto é especificamente alcançado usando-se um tipo de análise de conjunto conhecido como análise de Brand Value Added BVA™. Essa é uma maneira, baseada em pesquisas, de sistematicamente estimar os lucros atribuíveis à marca. Ela traz conclusões confiáveis, particularmente onde é sustentada por análises de ampla amostragem. Aplicando-se o índice BVA™ a valores econômicos agregados, pode-se então estimar o valor agregado da marca.

Avaliação de risco da marca

Este é o terceiro passo registrado na Figura 7.1. O valor de uma marca não somente reflete o potencial da marca para gerar lucro, como também a probabilidade de a marca ser lucrativa. Portanto, faz-se necessário fixar uma taxa de desconto apropriada que leve em consideração riscos econômicos, de mercado e da marca. Alcança-se este resultado com a análise BrandBeta™.

Em primeiro lugar, a taxa de empréstimo livre de riscos é obtida para o mercado geográfico no qual a avaliação está sendo completada. A seguir, é obtido um patrimônio de risco apropriado (ver Tabela 7.1). Tais patrimônios de risco estão disponíveis para a maioria dos mercados financeiros do mundo todo e refletem os retornos esperados pelos investidores de valores naqueles mercados. A taxa de desconto do complexo determinado pelo processo é então adaptada aos riscos específicos associados ao mercado dentro do qual a marca opera. Finalmente, a taxa média de risco de mercado é aumentada ou reduzida com referência ao perfil específico de risco da marca a ser avaliada.

Tabela 7.2: BrandBeta™ Modelo de resultados.

Atributo	*Resultados*
Tempo no mercado	0-10
Distribuição	0-10
Participação de mercado	0-10
Posição no mercado	0-10
Taxa de crescimento de vendas	0-10
Posicionamento de preço premium	0-10
Elasticidade de preço	0-10
Despesas/apoio de marketing	0-10
Awareness/efeito da publicidade	0-10
Awareness/fidelidade	0-10
Total	0-100

Fonte: Brand Finance Limited.

Tabela 7.3: Avaliação da marca.

Resultado BrandBeta™	*Avaliação*
91-100	AAA
81-90	AA
71-80	A
61-70	BBB
51-60	BB
41-50	B
31-40	CCC
21-30	CC
11-20	C
0-10	D

Fonte: Brand Finance Limited.

O modelo de resultados BrandBeta™

O resultado BrandBeta™ é atingido considerando-se o número de indicadores-chave da história e do desempenho da marca, objetivamente verificáveis (ver Tabela 7.2). Todas as marcas no mercado são comparadas umas com as outras para se chegar ao BrandBeta™ relevante para a marca avaliada.

Quando todas as marcas em um determinado mercado já tiverem sido avaliadas em termos dos dez critérios objetivamente verificáveis, as avaliações das marcas — de fato, cotações de crédito para as marcas — serão determinadas (ver Tabela 7.3). Estes fatores direcionam a taxa de desconto usada na avaliação.

Uma marca média, que atingir um resultado BrandBeta™ de 50 pontos e for avaliada como B, atrairá a taxa média de desconto para o setor. Uma marca com 100 pontos e avaliada como AAA está teoricamente livre de riscos e é descontada com uma taxa livre de risco. Na prática, poucas marcas têm a probabilidade de atrair tal taxa, se é que alguma o consegue. Uma marca com 0 pontos e avaliada como D atrai a mais alta taxa de desconto, com o dobro do patrimônio de risco.

Portanto, o resultado BrandBeta™ é usado para determinar a taxa de desconto a ser usada na avaliação da marca. É aplicada à média do patrimônio de risco para o setor em questão para se chegar ao patrimônio de risco apropriado a determinada marca naquele mercado particular (ver Figura 7.2).

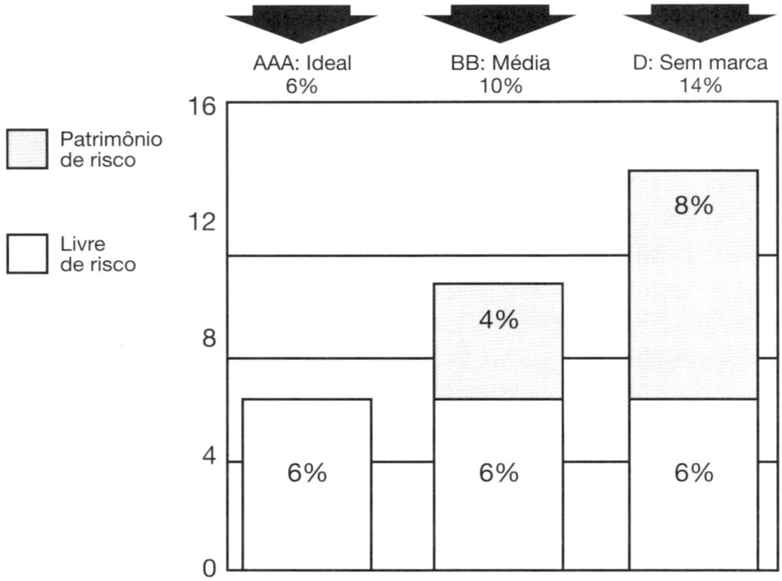

Figura 7.2 – Aplicação da análise BrandBeta™ (baseada na taxa de empréstimo livre de riscos e no patrimônio de risco no Reino Unido).
Fonte: Brand Finance Limited.

Determinando o valor da marca

De posse da previsão BVA™ para a marca, e com uma taxa de desconto determinada de modo consistente e transparente, podemos então calcular o valor da marca aplicando a taxa de desconto apropriada aos esperados fluxos de caixa da marca para o futuro.

Como mostra o exemplo simplificado a seguir, começamos com os lucros operacionais (*operating earnings*) calculados no modo convencional. O capital empregado na operação da marca é preestabelecido, e uma despesa financeira total é calculada em oposição ao lucro operacional para o capital necessário que sustente a marca. A taxa cobrada quanto ao capital está normalmente relacionada a uma taxa de empréstimo livre de riscos, partindo-se da premissa de que o capital está incluso em seu valor de mercado realizável, não havendo, portanto, nenhum risco envolvido na propriedade do capital.

Tendo estabelecido os custos de capital, resta o valor agregado do negócio com a marca. É esse excedente, depois de todos os fatores de produção terem sido remunerados, incluindo o capital tangível empregado, que pode ser realisticamente atribuído aos ativos intangíveis em atividade no negócio — incluindo a marca. O total do valor econômico agregado pelo negócio é usado para calcular o valor de um negócio com marca, parte do qual é o valor da marca. Ambos os valores são calculados aplicando-se a taxa de desconto apropriada ao fluxo de caixa futuro, já esperado. (ver Tabela 7.4).

Tabela 7.4: Exemplo de avaliação da marca com fluxo de caixa descontado — (baseado na previsão BVA™).

	Ano 0	*Ano 1*	*Ano 2*	*Ano 3*	*Ano 4*	*Ano 5*
Receitas líquidas	500	520	550	580	620	650
Lucros operacionais	75	78	82,5	87	93	97,5
Capital tangível empregado	250	260	275	290	310	325
Encargo por capital@ 5%	12,5	13	13,8	14,5	15,5	16,3
Valor econômico agregado	62,5	65	68,8	72,5	77,5	81,3
Valor da marca agregado@ 25%	15,6	16,3	17,2	18,1	19,4	20,3
Taxa de imposto (%)	33	33	33	33	33	33
Imposto	5,2	5,4	5,7	6	6,4	6,7
BVA™ pós-imposto	10,5	10,9	11,5	12,1	13	13,6
Taxa de desconto (%)	15					
Fator de desconto	1	1,15	1,32	1,52	1,75	2,01
Fluxo de caixa descontado	10,5	9,5	8,7	8	7,4	6,8
Valor até o ano 5	40,4					
Anuidade	45,1					
Crescimento 0%						
Valor da marca	85,1					

Fonte: Brand Finance Limited.

Segmentação e agregação dos valores da marca

As marcas somente têm valor no contexto de mercados específicos. Em um mercado uma marca pode agregar muito valor, enquanto em outro pode agregar muito pouco. Por exemplo, nos mercados já consolidados de gravadoras de música e de companhias aéreas, a marca Virgin agrega um grande valor, enquanto no mercado de refrigerantes ou vodca parece acrescentar muito pouco. Da mesma forma, na Escócia a marca Irn Bru agrega um grande valor, mas na Itália ou na Grécia, pouco ou nenhum valor. Conseqüentemente, as avaliações da marca são geralmente segmentadas por mercado e então agregadas novamente a um valor total. Em alguns mercados, a marca pode até estar destruindo o valor do acionista, e isto deveria ser agregado à avaliação total como parte da segmentação total.

Tal segmentação faz com que a avaliação da marca se reduza ao nível em que os negócios e mercados realmente operam. Ela permite um melhor entendimento de onde a marca está realmente agregando valor, e, de um ponto de vista administrativo, leva em conta a modelagem de como o valor total da marca pode ser aumentado no nível agregado. É exatamente por isso que a avaliação da marca é retirada da área do relatório financeiro global e enquadrada no campo de uma melhor administração de negócios. Por exemplo, a Brand Finance Limited recentemente criou modelos de segmentação de marca "dinâmicos" para clientes em setores tão diferentes como bancos, seguradoras, petroquímicas, bem como indústrias de alimentos e de bebidas alcoólicas.

A entrada de marcas como Virgin e Sainsbury's em certos mercados de negócios financeiros significa que marcas tradicionais de bancos e de seguradoras têm sido levadas a considerar minuciosamente qual é o valor que elas realmente acrescentam àqueles mercados. Elas foram levadas a aplicar a reengenharia nelas mesmas e nos seus esforços de marketing. Técnicas de avaliação da marca são o instrumento ideal de análise de desempenho neste novo mundo.

É possível imaginar que em algum ponto do futuro poderemos ser capazes de rastrear o valor da marca para cada cliente. Já existem muitos dados e poderosos sistemas de tecnologia da informação para manipular esses valores.No mercado de seguro de vida, cálculos do valor embutido já se iniciam no nível do cliente individual. Mas por ora, o rastreamento de awareness da marca, de dados financeiros e de marketing ocorre principalmente no nível do segmento do produto.

De acordo com a minha experiência, modelos segmentados de avaliação da marca oferecem uma maneira consistente de avaliar e administrar produtos e empresas prestadoras de serviços com marca. O uso desses modelos está crescendo rapidamente, e os resultados parecem fluir cada vez mais na direção dos relatórios externos.

Novos requisitos para os relatórios financeiros

O documento "Estrutura para a preparação e apresentação do balanço financeiro" do International Accounting Standards Committee's afirma que "o objetivo da demonstração financeira é fornecer informações sobre a posição financeira, o desempenho e as mudanças na situação nas finanças da empresa que podem ser úteis para um grande número de usuários quando toma decisões financeiras". Investidores, funcionários, credores, fornecedores, clientes, governos, suas agências e o público em geral precisam entender a base de ativos de uma determinada empresa, bem como seu perfil de risco. Demonstrações financeiras devem também "mostrar os resultados da condução do gerenciamento, ou a responsabilidade pelo gerenciamento dos recursos alocados à empresa".

Finalmente, depois de tantos anos de deliberação, o Accounting Standards Board aprovou o Financial Reporting Standard 10 (FRS), que ainda tem um longo caminho a percorrer até atingir os objetivos estabelecidos na estrutura conceitual de contabilidade. Atualmente, o FRS 10 aplica-se apenas às marcas adquiridas, mas ele requer uma abordagem muito mais consistente para transmitir os valores da marca, e provavelmente conduzirá a revelações muito maiores a respeito de dados e tendências subjacentes. Muito provavelmente, levará à revelação de mais informações sobre o portfólio total da marca e sobre a integração de relatórios internos e externos de informação sobre as marcas. Este é um grande passo na busca incessante de um relatório ideal sobre valor da marca.

Resumo do FRS 10

O FRS 10, "Fundos de comércio e ativos intangíveis", estabelece as novas regras de contabilidade tanto em relação aos fundos de comércio/aviamento quanto aos ativos intangíveis, incluindo licenças, franquias, títulos de publicação e marcas. O novo regulamento remove uma inconsistência importante encontrada nas práticas do Reino Unido internacionais, e dos EUA, exigindo que o aviamento (prestígio de uma empresa) e os intangíveis adquiridos fossem, no Reino Unido, alocados no balanço das empresas.

O FRS 10 exige uma mudança significativa quanto ao tratamento do aviamento e dos bens intangíveis, incluindo as marcas, para a maioria das empresas britânicas. O modelo anterior de contabilidade quanto aos bens intangíveis, Statement Standard Account Practice 22 (SSAP 22) permitia várias práticas contábeis. A prática preferencial, adotada na maior parte das aquisições, deixava o fundo de comércio adquirido imediatamente livre de reservas. Mais de 95% das empresas do Reino Unido adotavam essa prática, que tem sido criticada por dois motivos:

- Dava a impressão de que o valor líquido do adquirente foi esvaziado ou mesmo eliminado.
- Provocava declarações financeiras para aumentar exageradamente as taxas de retorno alcançadas por investimentos efetuados.

O problema da redução do valor do lucro líquido, e mesmo do patrimônio líquido negativo, particularmente entre grandes empresas que fazem enormes aquisições de marca, encorajou essas empresas a reduzir as quantias atribuídas ao aviamento adquirido e, à parte, aos valores da marca como ativos não depreciáveis e fixos em seus balanços. O SSSP 22 permitia esse tratamento, embora apenas uma pequena parte das grandes empresas escolhesse esse caminho — como Grand Met, Guinness e Cadbury's.

Sob o FRS 10, os ativos intangíveis identificáveis individualmente — inclusive as marcas — terão de ser capitalizados como ativos no balanço patrimonial, o mesmo ocorrendo com os resíduos de ativos intangíveis adquiridos. Esses ativos intangíveis que, acredita-se, têm uma vida limitada, serão amortizados por conta das perdas e lucros ao longo de sua vida útil. A amortização não será necessária para os ativos que demonstrem ter vidas indefinidas. Tais ativos deverão ser depreciados somente se e quando seus valores ficarem abaixo dos que foram registrados no balanço patrimonial.

Avaliação de prejuízos

O pressuposto geral do FRS 10 é que a vida útil do aviamento e dos ativos intangíveis seja de, no máximo, vinte anos. Uma vida mais longa ou indefinida pode ser atribuída somente se a durabilidade do ativo puder ser demonstrada e se for possível medir seu valor novamente a cada ano para identificar qualquer redução. Essas medições, chamadas avaliações do prejuízo, são requeridas anualmente só quando forem escolhidos bens que durem mais de vinte anos. Para bens com menos de vinte anos, as avaliações dos prejuízos são exigidas somente no ano após a aquisição, e em outros anos se houver indicação de que o valor do aviamento ou do ativo intangível pode ter caído abaixo do valor registrado. Regras detalhadas para tais avaliações estão estabelecidas em um texto separado mas paralelo, FRS 11.

A ênfase nas avaliações do prejuízo é uma característica importante do FRS 10. O British Accounting Standard Board acredita que um requerimento formal para monitorar o valor do prestígio adquirido e dos ativos intangíveis adquiridos, usando-se métodos padronizados, e para relatar quaisquer perdas nas declarações financeiras, irá melhorar a qualidade da informação fornecida a quem possa fazer uso de demonstrações financeiras. O Accounting Standards Board recomenda a avaliação de fluxo de caixa descontado baseado em "unidades geradoras de receita" — provavelmente as marcas, em muitos casos. Essa exigência endossa efetivamente os métodos de avaliação das marcas de melhor resultado. Os procedimentos para fazer as avaliações do prejuízo estão estabelecidos no FRS 11.

Para os donos das marcas o Natal chega cedo

O FRS 10 é eficaz para anos financeiros terminando em ou após 23 de dezembro de 1998. As empresas do Reino Unido têm a permissão de declarar novamente o prestígio que ficaram livres de reservas antes daquela data. Todas as compras de novas marcas precisarão ser capitalizadas.

A inclusão das marcas adquiridas no balanço deve chegar como uma surpresa bem-vinda tanto para a administração quanto para os acionistas, pois eles finalmente tomarão conhecimento dos valiosos ativos que os conservadores contadores do Reino Unido têm conseguido esconder do público por tanto tempo.

Lado a lado com o novo padrão de contabilidade do Reino Unido o Comitê Internacional de Padrões de Contabilidade — International Accounting Standards Committee (IASC) — produziu o International Account Standard (IAS) 58, em vigor a partir de julho de 1999. Ele recomenda que todas as marcas adquiridas sejam capitalizadas. Este é um padrão persuasivo, mais do que uma exigência para os membros do IASC. Entretanto, é provável que seja largamente adotado no mundo todo, exceto nos Estados Unidos. O American Financial Accounting Standards Board (FASB) tem, até o presente momento, rejeitado a abordagem do FRS 10 e do IAS 58.

Apesar das reservas do FASB, acredito que 1999 foi o início de um novo milênio para as marcas, o qual começou um ano antes. Foi o começo de uma nova era na administração do valor das marcas e na publicação de informações acerca dos valores das marcas para todos os investidores.

8

Paridade

As percepções dos consumidores de que todas as marcas são parecidas

John Philips Jones

Durante o início da década de 1990, o grande grupo de agências de publicidade Bartten, Barton, Durstine e Osborn Worldwide (BBDO) realizou uma pesquisa inovadora sobre como os consumidores percebem as marcas, e, em particular, o grau com que as marcas são percebidas como similares umas às outras. A pesquisa,.que foi um levantamento quantitativo padronizado, foi realizada por 28 agências da rede da BBDO, e um total de 4.200 consumidores foi entrevistado em todo o mundo. Os participantes foram Canadá, Estados Unidos, sete países da América Latina, nove países da Europa, dois países da África, um país do Oriente Médio e sete países da Ásia. O levantamento cobriu treze categorias diferentes de produtos: nove de bens de consumo de uso freqüente, dois de bens duráveis e dois de serviços.[1]

No total, os consumidores pesquisados acharam que as marcas eram muito parecidas. Quase dois terços da amostragem mundial consideraram que as marcas dentro das categorias cobertas não tinham "nenhuma diferença relevante ou perceptível". Em blind tests e testes abertos de produtos, independentes da pesquisa da BBDO, as marcas competitivas são sempre vistas pelos consumidores como significativamente diferentes umas das outras em termos funcionais. No entanto, a pesquisa da BBDO questionou a similaridade/diferença entre as marcas como uma proposição abstrata. E as respostas dos consumidores demonstraram no mínimo um certo grau de desilusão.

As percepções médias de paridade em todas as categorias estão listadas a seguir, com os países obedecendo à ordem de classificação:

- 80% - 99%
  Japão
  Coréia

- 60% - 79%
  Malásia
  França
  Austrália
  México
  Itália
  Canadá
  Alemanha
  Estados Unidos
  Nigéria
  Kuwait
  Argentina
  Áustria
  Hong Kong
  Cingapura
  Grã-Bretanha
  Espanha

- 40% - 59%
  Bélgica
  El Salvador
  África do Sul
  Dinamarca
  Chile
  Costa Rica
  Holanda
  Filipinas
  Porto Rico

- Abaixo de 40%
  Colômbia

Houve também grandes variações nas percepções de paridade de acordo com a categoria do produto, conforme mostrado na lista a seguir (as categorias são mostradas em ordem de classificação):

- 70% ou mais
  Cartões de crédito
  Toalhas de papel
  Sopas desidratadas
  Batatinha em saquinho

- 60% - 69%
  Sabão em barra
  Refrigerante
  Computadores pessoais

- 50% - 59%
  Companhias aéreas
  Aparelhos de televisão
  Cerveja
  Café moído
  Xampu
  Cigarros

As classificações das várias categorias de produtos são um pouco surpreendentes no que tange à baixa percepção de paridade (isto é, a crença nas diferenças) para categorias tão ricas em valores agregados quanto cerveja, café moído, xampu e cigarros.

A BBDO agrupa países e categorias de acordo com os diferentes graus de percepção de paridade. O agrupamento forte é um fator importante quando a agência desenvolve estratégias de publicidade globais. Entretanto, os agrupamentos da BBDO não são fixos e definidos, e há exceções dentro deles. O fato é que as percepções de paridade em categorias de produtos diferentes divergem muito entre países aparentemente similares.

As razões sugeridas pela BBDO para os notáveis resultados desta pesquisa são três:

1. Em um mundo em que a resposta competitiva à inovação de um produto tem se tornado muito rápida, categorias (ou, pelo menos, subcategorias) tendem para uma real paridade de marca em termos funcionais.
2. A proliferação de marcas e variedades (uma resposta para um achatamento do crescimento da categoria, em muitos países) tem levado a um desencanto por parte do consumidor, um sentimento de que "nenhuma das marcas disponíveis pode possuir características únicas e relevantes".
3. Tem havido muita "publicidade de paridade" (isto é, similaridades de apelos do produto e estilos de publicidade entre marcas competitivas), que levou a uma erosão de valores agregados, de modo que falta cada vez mais às marcas uma distinção não-funcional, coerente com sua percebida falta de distinção funcional.

A BBDO utiliza operacionalmente os resultados desta pesquisa. A pesquisa dá sinais de advertência quanto ao futuro das marcas e a BBDO acredita que os publicitários deveriam estar atentos a esses sinais.

Notas

1. BBDO Worldwide, Focus: *A world of brand parity* (Nova York: BBDO Worldwide Inc., s.d.). Karen Olshan, diretora de pesquisa da BBDO, ajudou na preparação deste capítulo.

9

Gerência de marca

John Philips Jones

A gerência de marca é um sistema pelo qual a maioria dos fabricantes de bens de consumo, bem como muitos anunciantes em outras áreas, controla sua publicidade diariamente. Um dos mais interessantes desenvolvimentos da área gerencial em meados da década de 1990 foi a introdução da gerência de marca em todas as três maiores empresas automobilísticas dos EUA. Esta é uma mudança do sistema para um campo totalmente não-tradicional. A Ford implantou este procedimento até mesmo na Europa, com o objetivo de estimular maior harmonia internacional nas campanhas publicitárias da corporação.[1]

O sistema de gerência de marca tem duas características importantes. Em primeiro lugar, um gerente de marca é um gerente generalista e não um especialista; suas funções compreendem todos os aspectos da marca, mas com ênfase específica em publicidade e promoção de vendas. A segunda característica do sistema é que o trabalho é de "staff" e não de "linha". Ele exige que o gerente de marca gere idéias e as conduza para dentro das camadas administrativas, freqüentemente abundantes, da empresa do anunciante. E acima de tudo, o gerente de marca deve coordenar toda a atividade de marketing da marca — produção, embalagem e vendas, além da publicidade e das promoções.

Por ser a função de "staff" e por não terem os gerentes de marca o poder de estabelecer políticas e tomar decisões financeiras importantes sobre as marcas, hoje em dia os gerentes de marca são em sua maioria executivos jovens, cuidadosamente selecionados devido à energia e ao caráter promissor. A gerência de marca é considerada um excelente treinamento para o gerenciamento geral de "linha".

Empreender — a capacidade de controlar marcas e operá-las agressivamente — é fundamental ao sistema. Espera-se que os gerentes de marca sejam oportunistas — o oposto do estilo burocrático de administração que grandes organizações industriais supostamente desenvolvem. Caso uma empresa venda um portfólio de marcas em qualquer categoria, o que é bem comum, essas marcas têm de ser claramente separadas umas das outras, em termos estratégicos, para prevenir a canibalização. Os gerentes de marca, responsáveis por marcas individuais, têm a permissão de competir entre si, e a empresa conta com as divisões estratégicas entre suas marcas para impedir a perda de negócios ocasionada pelo caráter demasiadamente destrutivo da concorrência. No entanto, a competição controlada é um aspecto importante do sistema de gerência de marca — um ponto subestimado devido ao fato de que gerentes de marcas competitivas geralmente trabalham com agências de publicidade diferentes.

Os gerentes de marcas foram primeiro introduzidos pela Procter & Gamble (P&G) em 1931:

> O gerente de marca lidera o grupo da marca no desenvolvimento do plano anual de marketing; no desenvolvimento e execução da estratégia de copy de publicidade; no planejamento e seleção dos meios de comunicação; no planejamento das promoções de vendas e na coordenação do design da embalagem; na análise e previsão dos resultados relativos ao negócio.[2]

Neste sistema, cada marca é considerada como sendo auto-suficiente. A P&G de fato nomeou gerentes de marca com o único propósito de tornar seus sabões em pó Ivory e Camay líderes de mercado, mas totalmente independentes um do outro e também indiretamente concorrentes entre si. Ambas as marcas prosperaram, e a gerência de marca foi adotada por toda a P&G e prontamente copiada por outras empresas.

Não há quase nenhuma dúvida de que a gerência de marca foi um dos motores propulsores — talvez o mais importante de todos — do crescimento das marcas durante o meio século entre 1930 e 1980. Nesse período, o sistema foi adotado pela maioria dos anunciantes de produtos de consumo no mundo todo.

O gerente de marca é o principal ponto de contato entre o cliente e o executivo de contas da agência, e portanto ele é de suma importância em termos da cooperação entre o cliente e a agência. As agências reforçam esse relacionamento dando "cobertura" aos que ocupam cargos superiores aos do gerente de marca por meio de ligações com as pessoas com posições mais altas do que o executivo de contas na hierarquia da agência. Isto envolve algum tipo de duplicidade de trabalho, mas as agências consideram que esse procedimento ajuda a detectar eventuais problemas que porventura possam ocorrer entre o gerente de marca e a agência antes que se tornem demasiado sérios.

As vantagens da gerência de marca superam as desvantagens do sistema. No entanto, sempre houve dois problemas com ele:

1. Por fazerem os gerentes parte do "staff" e não da "linha", eles não têm a autoridade de aceitar e implementar recomendações da agência, podendo somente passar tais decisões para níveis superiores na hierarquia. Entretanto, podem tomar decisões em sentido negativo e rejeitar as recomendações da agência com as quais não concordem. Essa capacidade que os gerentes de marca têm de discordar de uma política provoca muita frustração dentro das agências.
2. As recomendações da agência que não são endossadas pelo gerente de marca têm de ser aprovadas por vários níveis hierárquicos — em alguns casos, seis níveis diferentes — dentro da empresa do cliente. Os gerentes de marca geralmente têm de dar sustentação objetiva às propostas, e isto faz com que eles usem a pesquisa de mercado como um procedimento padrão para a avaliação de todas as sugestões publicitárias. Grande parte dessa pesquisa pode ser imperfeita em termos metodológicos e, se a pesquisa for malfeita, pode levar à rejeição de campanhas potencialmente eficazes.

Nas décadas de 1980 e 1990, as marcas depararam-se com problemas evidentes: a estagnação no crescimento das categorias e a alta taxa de fragmentação dentro delas, uma dificuldade exacerbada pelo crescimento das promoções e por uma estagnação relativa da publicidade durante boa parte desse período. Tais problemas fizeram com que muitos fabricantes reavaliassem os sistemas de gerência de suas marcas, e aqui, mais uma vez, a Procter & Gamble liderou o processo. A mudança principal tem sido na direção da gerência de categoria, um sistema que procura controlar todas as marcas da empresa em uma categoria como um todo mais ou menos coeso.

Isso, de alguma forma, representa um retorno ao sistema anterior à gerência de marca. Com o objetivo de se evitar a concorrência aparentemente inútil entre gerentes de marca, a gerência de categoria impõe um sistema arbitrário (e burocrático, também) de estabelecimento de prioridades entre as marcas — marcas que primeiramente passaram por uma fase de confronto para se tornarem independentes umas das outras (freqüentemente com muito sucesso). Portanto, não podemos afirmar com toda a certeza que o novo sistema funcionará tão bem quanto o de gerência de marca quanto à alimentação e ao desenvolvimento de marcas isoladas. Ele estimulará decisões arbitrárias que serão tomadas em favor de algumas marcas e em detrimento de outras. Alguns analistas acreditam que a força da posição de um fabricante em uma categoria depende essencialmente da independência e da autoconfiança de cada marca em seu portfólio, com as forças de mercado impulsionando algumas marcas e impedindo ao mesmo tempo o crescimento de outras. Isto é precisamente o que o sistema de gerência da marca tinha o intuito de atingir.

Notas

1. Suzanne Bidlake, "Ford shuffle in Europe", *Advertising Age*, 20 de julho de 1998, p. 31.
2. Oscar Shisgall, *Eyes on tomorrow: the evolution of Procter & Gamble* (Chicago: J.G. Ferguson, 1981), p. 163. Ver também editores da Advertising Age, *Procter & Gamble. The house that ivory built* (Lincolnwood, IL: NTC Business Books, 1989); e Alecia Swasy, *Soap Opera: The inside story of Procter & Gamble* (Nova York: Random House/Times, 1993).

Parte II

Marcas novas e em crescimento

10

Um modelo de marketing para marcas novas

John Philips Jones

No Capítulo 12 deste livro, Jan S. Slater descreve as possibilidades de insucesso das marcas novas. Entretanto, há maneiras de o fabricante reduzir essas possibilidades, conforme é descrito neste capítulo. Se os clientes e suas agências fizerem uso efetivo de todas as oito partes do que chamo de modelo de marketing para marcas novas, eles aumentarão grandemente suas chances de sucesso. Mas, caso haja falha em qualquer um desses elementos, o fracasso é quase certo.

Lançar uma marca nova é um empreendimento caro. Não somente em termos de pesquisa e desenvolvimento do produto, o que já é bem dispendioso por necessitar de um compromisso gerencial — que tem um considerável custo de oportunidade (quanto custa deixar de fazer algo) — e acima de tudo, deve haver um investimento em distribuição, promoção e publicidade para suprir o custo inicial de entrada no mercado. É muito raro uma marca ser lucrativa nos primeiros três anos, pelo menos. Um dos maiores desafios de se trabalhar com marcas novas é gerar volume de vendas e reduzir investimentos de acordo com um plano bem calculado de despesas, para que as perdas possam ser reduzidas gradualmente e para que a marca se mova na direção do lucro almejado.

As oito partes do modelo incluem quatro fatores endógenos — fatores que descrevem características da própria marca:

- Desempenho funcional
- Posicionamento
- Nome
- Preço

Duas partes estão relacionadas com o comércio de varejo:

- Distribuição
- Promoções no comércio

E duas partes se originam da relação entre a marca e seus eventuais consumidores:

- Promoções para consumidores
- Publicidade para consumidores

Todos esses elementos estão inter-relacionados. Particularmente, as promoções de preço para o comércio e para o consumidor são, basicamente diferentes modos de se olhar para a mesma coisa.

Fatores que caracterizam a marca

Desempenho funcional

No Capítulo 1 deste livro, apresento a idéia de que uma marca vem a este mundo desnuda. Sem um desempenho funcional competitivo de destaque em, pelo menos alguns aspectos, ela tem pouca chance de se dar bem; não irá convencer aquele que comprou a marca para experimentá-la, ou quem a ganhou como amostra grátis, a comprá-la novamente. Um dos papéis do design da embalagem, das primeiras promoções e da publicidade inicial é transmitir este desempenho funcional clara e vigorosamente.

A embalagem (um meio de publicidade extremamente importante) e a própria publicidade deveriam também começar a construir os valores agregados que são vitais para a proteção da marca, freqüentemente meio frágeis, uma vez que os concorrentes tinham dado início à corrida em direção à paridade funcional. Em outras palavras, a nova marca necessita da vantagem dos valores agregados para manter sua posição, ao perder a vantagem de sua liderança funcional inicial, o que geralmente ocorre dentro de alguns meses. Mas leva tempo para se construir valores agregados. Na hora do lançamento, se quisermos que a marca seja comprada mais do que uma vez, não podemos nos esquecer de que as decisões de compra são essencialmente baseadas em suas propriedades funcionais.

A A.C. Nielsen generalizou, a partir da experiência de centenas de exemplos americanos, que a superioridade funcional é o fator mais importante para o sucesso de marcas novas, enquanto falhas ou fraquezas funcionais são a causa mais importante do fracasso das mesmas.[1] As informações da Nielsen em relação à Grã-Bretanha acrescentam uma dimensão temporal para sugerir que a fraqueza funcional como causa de fracasso está se tornando ainda mais importante com o decorrer do tempo.[2]

Uma análise feita por Davidson de 100 marcas novas vendidas em mercados do Reino Unido fornece dados que confirmam e complementam as constatações da Nielsen.[3] Dessas marcas, 50 obtiveram sucesso e 50 fracassaram, um índice de sucesso bem acima da média geral. Das que tiveram sucesso, 37 apresentaram um desempenho melhor do que as concorrentes, e 22 delas apresentaram um desempenho significativo. Das que fracassaram, 40 apresentaram um desempenho funcional igual ou pior se comparado aos seus concorrentes.

O desempenho competitivo funcional não é algo importante somente para as marcas novas; os valores agregados que as marcas vão adquirindo ao longo dos anos não conseguem se impor contra recém-chegados que são superiores em termos funcionais. A grande fabricante britânica de alimentos, Brooke Bond Oxo (uma divisão da Unilever) revelou que a compra repetida de suas marcas tem relação intrínseca com o desempenho do produto, conforme avaliado pelo *blind test* de produto que a empresa realiza repetidas vezes (já por si um procedimento não-usual). A conclusão dos analistas que publicaram isso é que, uma vez que a compra repetida é essencialmente determinada pela satisfação do consumidor com o desempenho funcional de uma marca, a publicidade não exerce grande papel nesse processo e "poderá encontrar seu potencial maior na periferia do grupo de usuários".[4]

As informações agregadas da Nielsen confirmam os dados da Brooke Bond Oxo quanto à importância do desempenho funcional competitivo para as marcas já existentes. Durante o período de quinze anos depois do final da Segunda Guerra Mundial, as marcas líderes em um terço das 34 diferentes categorias de produto nos Estados Unidos perderam sua liderança. Em dois terços desses casos, a causa da perda foram os avanços tecnológicos dos concorrentes. Nos seis anos entre 1965 e 1971, bem mais da metade das marcas perderam a liderança de mercado nas maiores categorias de produtos no Reino Unido pelo mesmo motivo. "É muito importante o fato de que uma fatia de mercado não protegerá a marca de uma inovação técnica bem apresentada pela publicidade de seu concorrente."[5]

Há mais um ponto a ser destacado sobre as propriedades funcionais de uma marca. Elas ajudam a descrever a concorrência, tornando-se desse modo um instrumento para especificar o melhor target para a publicidade: os usuários de marcas concorrentes definidas. O que faz disso um instrumento de planejamento relativamente eficiente é o leque de alternativas (demográficas e psicográficas) e sua incapacidade geral de discernir entre marcas concorrentes.

Paradoxalmente, os usuários de uma marca são definidos pelo próprio fato de fazerem uso do produto. Esta definição não remete tanto a outras definições quanto parece, porque uma vez que a marca passa a fazer parte da lista da dona-de-casa, a inércia e o hábito começam a desempenhar um papel importante; o uso torna-se intrínseco. A compra repetida acontece, pelo menos em parte, porque ela evita problemas para a dona-de-casa, apesar de que certamente uma marca nova com superioridade funcional sempre significará uma ameaça às marcas que já fazem parte da sua lista. Por isso é tão importante para o fabricante de uma nova marca competir com as marcas já existentes com a intenção de incomodá-las ou removê-las de suas posições, de modo que a acomodação irá gradualmente funcionar para o novo produto e não para os outros (a não ser que ele esteja abrindo um novo mercado ou construindo um mercado a partir de um nível baixo preexistente, ambos hoje em dia exceções e não regras nos países desenvolvidos).

A primeira pergunta que o fabricante de uma marca nova deve fazer é "Queremos tomar o lugar de quais marcas?" Uma vez que esta pergunta tenha sido respondida, a empresa pode então envidar seus esforços em termos de pesquisa e desenvolvimento na direção das características funcionais específicas para as quais a empresa precisa garantir um desempenho superior.

Posicionamento

A melhor política para um fabricante que está introduzindo uma nova marca ao lado de outras é lançá-la dentro de um segmento diferente do mercado, supondo-se que tal mercado já está segmentado ou pode ser segmentado, pela publicidade e pela promoção, em partes reconhecidamente diferentes, embora não necessárias e totalmente completas. Isto pode ser feito freqüentemente, e a segmentação de um mercado de mais fácil exploração é aquela baseada nas diferenças funcionais. Isto, por sua vez, leva à segmentação psicográfica e demográfica (por exemplo, pessoas com um estilo de vida dinâmico usam sabonete aromático, e mães de crianças pequenas compram cereais matinais com açúcar), mas o argumento principal que motiva a compra desses produtos ou grupos de marca é o funcional (por exemplo, a característica é a parte aromática do sabonete e o açúcar do cereal).

Aqui estão os detalhes de um exemplo histórico e real do uso da segmentação por parte de um fabricante para criar a oportunidade de uma nova marca importante. O mercado em questão (Categoria X) é para um importante produto de uso pessoal comprado com regularidade. O mercado é grande, estático e maduro. Assim como muitas dessas categorias, há um oligopólio, apesar de o fabricante líder ter uma participação muito maior do que o normal em tais mercados. Em 1975, os quatro maiores fabricantes (tendo nomes conhecidos nacionalmente) tinham as participações expostas na Tabela 10.1.

Tabela 10.1: Categoria X: Market shares, 1975, base de caso equivalente

Market shares	*(%)*
Fabricante A	42
Fabricante B	20
Fabricante C	14
Fabricante D	9
Outros fabricantes	14
Total	100

As marcas do mercado podem ser classificadas em quatro segmentos funcionais; uso os códigos: *vermelho*, *azul*, *verde* e *amarelo* para descrevê-las. Embora esses segmentos não tenham uma abrangência completa, se bastam.

Por exemplo, o verde e o amarelo se sobrepõem um ao outro, com o amarelo se desenvolvendo a partir do verde na década de 1970; o amarelo é o mais novo, e o seu desenvolvimento aconteceu inicialmente na Europa (ver Tabela 10.2).

Tabela 10.2: Categoria X: Market shares e segmentos, 1975, base de caso equivalente

	Market share total (por volume) (%)	*Número de marcas*	*Share médio por marca (%)*	*Segmentos onde o fabricante operava*
Fabricante A	42	4	10,5	vermelho, azul, verde
Fabricante B	20	2	10,0	vermelho, verde
Fabricante C	14	4	3,5	vermelho, verde
Fabricante D	9	2	4,5	azul, verde, amarelo

O fabricante A estava numa posição muito forte em 1975, com a maior fatia do mercado total, a maior participação média por marca e a melhor cobertura dos segmentos de mercado (apesar de não ser completa). Em contrapartida, o fabricante C tinha quatro marcas, cada uma com uma pequena participação de mercado, estando três delas agrupadas desconfortavelmente em um único segmento. O fabricante A encontrava-se em uma posição tão poderosa que em qualquer outra circunstância ele ou qualquer outra empresa com 42% da participação no mercado teria ficado muito satisfeito somente em manter a posição. Mas a percepção de uma oportunidade no setor amarelo deu suporte à agressividade natural da empresa — tal é a natureza da concorrência entre oligopólios. E a estratégia de A, baseada na expansão, foi de fato bem-sucedida, conforme podemos ver a partir das participações de mercado cinco anos mais tarde, apresentadas na Tabela 10.3.

O fabricante A havia ganho 4 pontos percentuais de market share subtraídos diretamente dos concorrentes B e D. A empresa tinha, de fato, conseguido esse resultado com a introdução de uma nova marca voltada para o segmento amarelo. Ela conseguiu ganhar nesse processo 7% para a nova marca, canibalizando assim suas próprias marcas já existentes em 3%. Mas o mais importante é que ela retirou 1% do fabricante D e 3% do fabricante B.

Tabela 10.3: Categoria X: Market shares, 1975 e 1980, base de caso equivalente

	Market share (%)	
	1975	*Meados da década de 1980*
Fabricante A	42	46
Fabricante B	20	17
Fabricante C	14	14
Fabricante D	9	8

Este é um exemplo de posicionamento correto, oportuno e bem-sucedido. Mas para colocar isto em perspectiva, devemos voltar ao ponto em que o segmento amarelo, o novo e atraente segmento de mercado, teve sua origem na Europa. Dos quatro oligopólios, três são multinacionais (a exceção é B, que perdeu mais do que todos para a nova marca do fabricante A). O sucesso originou-se, sem dúvida alguma, da aguda percepção do fabricante A quanto às tendências européias e da capacidade de a empresa entrar rapidamente no mercado americano com uma marca que gozava de um bom conceito, conseguindo capitalização.

Mas não podemos supor que a análise das tendências de mercado e a entrada subseqüente da nova marca do fabricante A formaram um processo seqüencial simples que qualquer empresa poderia ter seguido. Acontece que a crescente importância do quarto segmento de mercado já era conhecida pela experiência européia há mais de dez anos, e durante todo esse período, o fabricante C estava tentando entrar nesse segmento. O fabricante C tinha um total de quatro marcas, com três delas agrupadas em um único segmento de mercado. Ele tinha uma percepção precisa da necessidade de expandir sua base avançando em novos segmentos do mercado. E, mesmo assim, as marcas dirigidas para o segmento amarelo que o fabricante C havia introduzido como teste desde 1968 invariavelmente fracassaram. Embora tivesse um histórico de inovações bem-sucedido implementado na Europa, e embora tivesse despendido recursos consideráveis e grande energia, o fabricante, bem como suas agências de publicidade, não obtiveram sucesso.

Nome

A escolha de um nome para uma marca é um assunto menos imprescindível do que os pontos tratados até agora: assegurar que a marca seja realmente forte em termos funcionais e que ela esteja adequadamente posicionada no mercado. Esta declaração poderá surpreender os leitores. Entretanto, muitas pessoas acreditam que os valores agregados de uma marca estão de alguma maneira representados em seu nome, e que esses valores podem ser transferidos para um outro produto mediante o uso do nome da marca como uma propriedade comum. Esta é a razão fundamental para se usar uma estratégia de nome guarda-chuva para vários produtos diferentes (uma estratégia descrita como *extensão de linha*).

O primeiro e mais óbvio aspecto de todos é que o perigo da canibalização provavelmente seja maior onde os produtos com um nome guarda-chuva estejam em competição entre si (p. ex., o Tide em pó e o Tide líquido) do que quando não estejam competindo diretamente (o sabonete Ivory e o xampu Ivory).

Em um caso publicado pela A. C. Nielsen, um fabricante introduziu uma nova marca contando com um lançamento anterior bem-sucedido. No quinto ano, a nova marca tinha cerca de um terço do tamanho da primeira, a qual tinha até então sido canibalizada em nível significativo, de modo que a participação total das duas marcas juntas era um quinto maior do que no passado, quando a empresa tinha somente uma marca. Este não é um resultado desastroso, mas um segundo caso similar mostra um desempenho muito melhor. Neste, pelo quinto ano, o fabricante da marca nova praticamente dobrou as vendas. A primeira marca tinha permanecido em seu nível anterior, enquanto a segunda marca havia somado vendas adicionais quase tão grandes quanto as primeiras. Como podemos explicar esse desempenho tão melhor?

Não é surpresa alguma afirmar que boa parte dessa diferença deve-se ao desempenho funcional. No caso menos bem-sucedido dos dois, a marca já existente não foi melhorada, ficando desta maneira vulnerável à canibalização, enquanto a nova marca teve um desempenho ligeiramente decepcionante, inibindo assim seu crescimento. No caso mais bem-sucedido, a já existente foi aperfeiçoada, ficando dessa forma protegida, enquanto a nova marca teve o desempenho esperado. Além disso, no caso da marca que obteve menos sucesso, a marca já existente foi manipulada conforme se pode esperar de fabricantes que acreditam na teoria do ciclo de vida — o esforço foi reduzido na expectativa de que o declínio do produto fosse inevitável (desta forma acelerando implacavelmente o declínio). No caso da marca mais bem-sucedida, o esforço foi mantido para a já existente. Esta não é, entretanto, a história toda, pois antes de chegar às causas, uma razão mais óbvia se sobrepõe. Simplesmente, no primeiro caso os nomes das marcas novas e antigas eram similares, atraindo um percentual de consumidores da segunda marca em detrimento da primeira e não da categoria como um todo.[6]

Mas qual será a vantagem mais óbvia de se dar o nome de acordo com a estratégia guarda-chuva? Será porque as pessoas que usam um produto com um nome de uma marca consolidada podem presumivelmente ser convencidas mais facilmente a experimentar uma segunda, e talvez diferente, categoria de produto usando o mesmo nome? Estamos falando aqui de estender a marca para todas as categorias de produtos.

A Nielsen pode oferecer informações importantes e adicionais a esse respeito: a base de dados são 167 marcas novas em diversas categorias de bens de consumo, e mostra seus níveis de market share ao final dos primeiros dois anos. Marcas novas que usam a estratégia guarda-chuva ou marcas já existentes são comparadas a marcas novas que usam nomes totalmente independentes. À primeira vista, há grandes diferenças (ver Tabela 10.4).

Tabela 10.4 Novos nomes *versus* nomes guarda-chuva.

		Market share médio no final do segundo ano (%)	
Mercado	*Número de exemplos*	*Marcas novas com novos nomes*	*Marcas novas com nomes guarda-chuva*
Grupo domiciliar (US)	28	6,7	3,3
Alimentos (US)	36	6,5	1,9
Alimentos (UK)	26	14,0	7,6
Saúde/Higiene (US)	51	2,7	2,6
Saúde/Higiene (UK)	26	8,8	8,2

Com base nos dados mostrados na Tabela 10.4, temos um bom exemplo do uso de novos nomes da marca no lugar dos já existentes, mais enfaticamente nas categorias de produtos domésticos e de alimentos. No entanto, este não é o final da história. Há também fortes indícios de que os fabricantes seguem uma estratégia de guarda-chuva ao dar nomes às marcas, principalmente porque pensam que podem poupar recursos promocionais agindo desta maneira, supostamente por confiar nos valores agregados de outros produtos que levam o nome da marca guarda-chuva. Esta é uma conclusão muito perigosa.

Levando-se em consideração os números da Nielsen em termos de diferentes níveis de investimento em publicidade para cada nova marca, chegamos à conclusão de que o desempenho das novas marcas com nomes guarda-chuva praticamente se iguala ao desempenho das novas marcas com nomes novos. Em outras palavras, o nível geralmente mais baixo de desempenho das marcas novas com nomes guarda-chuva é resultado do nível, geralmente mais baixo, de investimento em publicidade relativo a elas.

> Muitos executivos de marketing que viram esses resultados parecem achar que, em grande medida, é uma questão de marketing psicológico; percebendo que fazer o marketing de uma nova marca com um novo nome é difícil, os fabricantes nivelam seus esforços de marketing proporcionalmente. Por outro lado, ao se partir da premissa comum e errônea de que um nome de marca consolidado é garantia de sucesso, menos recursos financeiros e menos esforços são alocados à marca, e como conseqüência teremos um market share menor.[7]

Os dados relativos a esses exemplos conduzem a uma conclusão clara, mas negativa. As vantagens econômicas de se usar uma estratégia de guarda-chuva não são de maneira alguma óbvias a curto e médio prazos. Marcas de guarda-chuva na maioria dos casos não são nem piores nem melhores do que nomes totalmente novos. Como regra geral, o nível de sucesso de uma marca nova depende muito mais dos níveis de apoio do que do nome propriamente dito. É possível que nomes de guarda-chuva consigam um maior poder de permanência, por tornar possível uma maior adição de valores agregados, o que é essencialmente um processo de longo prazo; os exemplos da Ivory, Palmolive, Cadbury's, Kellogg's e Kraft sustentam essa argumentação. Mas o retorno pode ser adiado e não ser percebido de fato quando se faz a avaliação de um período de dois anos, o que acabamos de ver. A longo prazo, marcas guarda-chuva fazem realmente parte de uma política corporativa do fabricante, especialmente de sua postura perante os clientes do varejo.

Preço

Talvez em dois terços de todos os casos, uma nova marca entra num mercado já aberto a um preço de produto premium. O fabricante, caso sinta a necessidade, justifica esse preço para ele mesmo e (ele espera) para o consumidor com base na inovação e na superioridade funcional da nova marca em relação aos concorrentes. Na realidade, esse preço premium mais alto é necessário para causar experimentação, conforme os gastos acima e abaixo da linha. Estes gastos devem estar num nível alto ou "de investimento" para compensar a posição consolidada das marcas existentes com seus valores agregados, que foram adquiridas ao longo dos anos. E enquanto uma marca nova muito raramente gera lucro durante seus três primeiros anos, o orçamento deficitário estabelece uma pressão automática de elevação de preço para o consumidor. Naturalmente, o efeito negativo do preço premium é freqüentemente dissimulado pelo uso de reduções de preço temporárias e outras estratégias promocionais para incentivar a experimentação.

Há também indícios de que apesar de marcas novas e diferentes normalmente imporem um preço significativamente mais alto, essa estratégia tende a se estreitar durante os primeiros anos de vida de uma marca. William T. Moran, que foi antigamente um alto executivo da Unilever, publicou análises que ilustram essa tendência nos preços de marcas novas de desodorantes, antisépticos bucais, xaropes para tosse e embalagens de sanduíches.[8] Uma simples observação da situação do varejo pode confirmar este ponto.

Também há fatos capazes de sustentar a alegação de que preços premium são razoavelmente bem aceitos como uma justificativa para a melhoria funcional, embora os consumidores sejam céticos a respeito das tentativas dos fabricantes de cobrarem preços mais altos por nenhuma vantagem funcional aparente. Davidson, cuja pesquisa foi citada anteriormente, examinou 50 marcas novas bem-sucedidas e 50 que fracassaram. Dos 50 sucessos, mais da metade era vendida a um preço premium, e em praticamente todos os casos o preço mais alto vinha acompanhado de um desempenho melhor em relação aos concorrentes. Das 50 marcas com fracassos, 35 eram vendidas a um preço premium, mas 25 delas vinham acompanhadas por um desempenho similar ou pior do que as outras marcas oferecidas pelos concorrentes.[9]

Essas análises, bem como seus ensinamentos, são úteis até certo ponto, mas não o suficiente para imprimir uma diretriz operacional a um fabricante que deseja lançar uma marca nova. Stephen King, cujo tratamento baseia-se parcialmente em estudos acadêmicos e parcialmente em experiência prática no Reino Unido, sugere uma abordagem de investigação útil e pragmática à questão de se estabelecer um preço inicial, trabalhando com a suposição de que o melhor preço inicial que o fabricante deve cobrar é aquele que os consumidores irão aceitar. A técnica recomendada é a pesquisa em termos de atitudes dos consumidores baseada em perguntas diretas e indiretas, fornecendo assim diretrizes com referência à viabilidade de se estabelecer preços de "supervalorização" ou de "penetração" (objetivando, respectivamente, retirar a parte mais premium do mercado colocando preços altos, e abrir o mercado colocando preços muito mais baixos).[10]

Também é verdade que técnicas econométricas são úteis ao se estabelecer preços, apesar de serem essencialmente um instrumento de sintonia perfeita para o período após o lançamento de uma marca. A técnica mais útil é o cálculo da elasticidade de preço: o aumento percentual nas vendas que se seguirá à redução de 1% do preço. O problema com esse tipo de análise é que ela é construída a partir de dados históricos, e isso leva algum tempo para ser completado, independentemente da marca. Mas um procedimento útil no estágio inicial do planejamento de uma marca é fazer estimativas aleatórias de elasticidade de preço das marcas concorrentes no mercado; qualquer consistência interna poderia fornecer diretrizes.

Conforme se pode inferir desta discussão, a análise exerce um papel importante na definição de um preço. Uma vez que uma marca é lançada e está se firmando, o fabricante sensato tomará medidas para estimar a elasticidade de preço, tão logo ele tenha uma série de dados à disposição. (Dados de vendas de regiões diferentes e em tipos diferentes de lojas fornecem rapidamente um grande e surpreendente número de informações.) O nível de elasticidade para as marcas é bem amplo — e vai de praticamente 0 a além de –2.0.[11]

Fatores relacionados ao comércio de varejo

Distribuição

Um fator muito importante que influencia o sucesso ou fracasso imediato de uma marca nova é a capacidade da força de vendas do fabricante em ter acesso à distribuição. Um exame superficial dos dados da Nielsen sugere que os fabricantes em geral não têm muitos problemas em distribuir com rapidez.

Isto é conseqüência da eficiência e da concentração do comércio varejista americano, com seus relativamente poucos pontos de venda, tanto em termos regionais quanto nacionais. Essa significativa economia de escala é também um indício do esforço empregado pela força de vendas da média dos grandes fabricantes.

Peckham pesquisou 64 novas marcas e estimou que em média todas elas alcançaram o nível de distribuição satisfatório de 57% a 72%, dependendo do tipo de loja, dentro de oito meses a partir do lançamento.[12] O que sua análise não mostra, entretanto, são os diferentes padrões de crescimento para as marcas bem-sucedidas e para as que fracassaram. King, usando os dados da Nielsen, chama a atenção para esta distinção e mostra diferenças de grau entre os dois países, em particular nos níveis absolutos de distribuição no Reino Unido, que são mais baixos. Por exemplo, as marcas bem-sucedidas alcançaram uma distribuição ponderada de menos de 60% dentro dos primeiros oito meses, e marcas sem sucesso alcançaram bem menos do que isso. As diferenças entre a Grã-Bretanha e os Estados Unidos são difíceis de explicar, mas provavelmente são o resultado de diferenças entre os dois países quanto às atitudes dos fabricantes e dos varejistas com relação às atividades das novas marcas.

King mostra que tanto as marcas bem-sucedidas como as que não alcançam sucesso fazem um avanço notável no que se refere à distribuição durante seus primeiros quatro meses, apesar de mesmo neste período tão curto as marcas de sucesso já se destacarem. Mas é neste ponto que seus caminhos divergem profundamente. A distribuição das marcas de sucesso continua a subir até o nível satisfatório de 60% e além. As marcas sem sucesso permanecem estáticas e por fim começam a cair. Isto é um reflexo das diferenças no esforço da força de vendas? Ou é um resultado da aceitação inicial do produto pelo consumidor — uma questão influenciada principalmente pelo desempenho funcional da marca? Esta última é com certeza a causa mais importante: "A distribuição é um resultado do sucesso. Se a marca for bem nos primeiros tempos, o público exige sua presença, as filiais das lojas de varejo ficam sabendo dela através da matriz, a fama se espalha e mais e mais varejistas querem tê-la no estoque".[13]

Mas o desempenho funcional não é importante somente para o consumidor. Os próprios varejistas e, o que é mais importante, o departamento de vendas dos fabricantes estão conscientes da superioridade funcional e de sua contribuição para o sucesso da marca. A superioridade funcional traz segurança à força de vendas e sela um compromisso com o varejista. Quando os executivos, a quem a Nielsen se referia, realmente se posicionaram como observadores em apresentações de novas marcas para compradores de cadeias de varejo e supermercados independentes, descobriram que uma razão muito importante, talvez a mais importante de todas, para a aceitação de uma nova marca era o índice de capacidade de vendas. Este é um reflexo direto da excelência funcional.[14]

Fatores de distribuição também deveriam influenciar a decisão inicial sobre o tamanho da distribuição para uma nova marca, porque se o tamanho for pequeno demais corre-se o risco imediato de a loja ficar sem estoque antes do final do ciclo de venda do fabricante. Mudar o tamanho na metade do caminho é obviamente mais difícil e complicado. O fabricante deve fazer a lição de casa logo no primeiro estágio, (o que significa fazer uma estimativa cuidadosa de prováveis índices de vendas em diferentes pontos de venda), introduzir o tamanho ideal desde o início, e explicar para o comércio varejista exatamente porque escolheu aquele tamanho específico.[15]

Promoções especiais para o varejo

Infelizmente, as promoções para a rede varejista são muito importantes para o sucesso de vendas de uma nova marca. Digo "infelizmente" devido ao alto custo de todas essas atividades promocionais. O budget promocional e publicitário (A&P — Advertising and Promotion Budget) do fabricante alocará recursos para as promoções para o varejo, promoções para os consumidores e para publicidade. Em média, grandes fabricantes distribuem esse budget nas proporções de 50:26:24, respectivamente entre as três atividades.[16] Tomando o budget A&P da marca e tirando a porcentagem desta sobre os orçamentos A&P agregados de todas as marcas na categoria teremos uma estimativa do share of voice do A&P da marca. A A. C. Nielsen recomenda que este share para uma marca nova seja bem maior do que a participação antecipada de mercado da nova marca: entre 1.1 e 2.5 vezes maior, dependendo da marca específica e de sua categoria.[17] Na prática, um share of voice do A&P é igual a duas vezes o market share previsto.

Apesar de ser muito mais difícil estimar as despesas das marcas concorrentes com promoções para o varejo e para o consumidor do que com publicidade, porque os dois tipos de promoções são reduções dos lucros e não despesas reais, é possível para um fabricante calcular em termos aproximados a enorme soma exigida. Conforme já foi explicado, as promoções para o varejo podem representar metade do budget A&P da marca nova, que por sua vez poderá estar proporcionalmente muito acima da média da categoria.

O budget do fabricante para promoção para o varejo é composto de muitos itens devido ao fato de as promoções serem feitas sob medida para determinados grupos varejistas. Entretanto, todas as promoções para o varejo são variações sobre o tema do corte de preços: reembolso posterior de um percentual do preço cobrado pelo fabricante ao varejista (rebate). Além dos descontos por marca e dos exaustivos reembolsos, tipos específicos de descontos incluem os seguintes:

- Verba para alocações em gôndolas (isto é, alocações especiais para impulsionar marcas novas; esses descontos cresceram rapidamente durante a década de 1980 como resultado do aumento na fragmentação da marca — a introdução de infinitas variedades de marcas ocorrida naquela década).
- Verba para alocações em displays.
- Verbas para publicidade cooperada (isto é, contribuições para o budget de publicidade do varejista anunciando também as marcas do fabricante).
- Demonstrações de produtos dentro das lojas.
- Cupons para os consumidores nas prateleiras dos varejistas.

Os grupos de varejo são extremamente rígidos a respeito do tamanho das promoções no comércio exigidas por eles para comercializar uma nova marca. Negociações com lojas isoladas determinaram o gasto promocional exato dos fabricantes, mas, conforme foi dito, tais promoções devem ser aplicadas somente na medida das exigências dos varejistas. Uma economia de 10% abaixo do custo planejado renderá uma grande soma de dinheiro na maior parte das situações, como também imporá uma disciplina muito importante para o futuro.

Além de ser um custo básico de operação, as promoções no comércio oferecem benefícios específicos às novas marcas? Sim, mas em um nível muito limitado. A experiência da Nielsen sugere que as vantagens individuais podem ser classificadas deste modo:[18]

- *Efeito excelente:* Estimula o interesse da força de vendas.
- *Efeito bom:* Aumenta inventários em termos de varejo, atua em sinergia com a publicidade.

- *Efeito muito limitado ou muito temporário:* Aumenta as compras por parte dos usuários atuais; atrai novos usuários; alcança uma distribuição mais ampla; protege contra choques de aumentos de preço ao consumidor.
- *Praticamente nenhum efeito:* Incursões não-competitivas; assegura espaço de prateleira adequado; obtém maior exposição dentro das lojas.

A lista que acabamos de registrar não é tão impressionante. No entanto, resta-nos o argumento principal de que o varejo exige reembolsos e que o fabricante deve pagar este preço ao negociar.

Um modo proveitoso de se encarar as promoções é o da analogia do oleoduto — o tubo imaginário ligando o fabricante ao usuário final. Na medida em que as promoções para o varejo têm algum efeito no mercado elas impulsionam a mercadoria, empurrando-a pelo tubo na direção do consumidor. Elas operam de uma forma totalmente diferente das promoções ao consumidor e da publicidade, que atraem as mercadorias, sendo o consumidor quem comanda essa ação. Alguns dos benefícios financeiros de promoções para o varejo são repassados para o público na forma de reembolso posterior ao consumidor (p. ex., cupons de compre 1, leve 2). Quando isto acontece, as promoções para o varejo podem ser vistas como tendo alguma influência sobre a demanda do consumidor, mas, mesmo assim, este não é um fator de enorme importância.

Fatores que ligam a marca ao consumidor final

Promoções ao consumidor

Conforme mencionado há pouco, os grandes fabricantes gastam, em média, 26% do orçamento A&P total em promoções ao consumidor. Assim como as promoções para o varejo, as promoções ao consumidor são caras, se comparadas aos benefícios que trazem às marcas, por causa da enorme soma de receita perdida. No entanto, os fabricantes de novas marcas são compelidos a desembolsarem recursos consideráveis em promoções ao consumidor, não somente devido à importância da experimentação do produto — uma atividade cara —, mas também porque o comércio varejista exige as promoções ao consumidor como um meio de injetar adrenalina nas vendas. O entusiasmo por parte dos varejistas é tanto que as promoções ao consumidor realmente funcionam, até certo ponto, para empurrar a mercadoria através do canal de distribuição, como também para realizar sua principal função de atrair e influenciar os compradores.

Os nove principais tipos de promoção ao consumidor são os seguintes:

- Amostras entregues em domicílio (o melhor e mais caro modo de demonstrar a excelência da nova marca).
- Ações de retenção usando brindes nas embalagens.
- Ofertas de liquidação.
- Prêmios e jogos.
- Devolução do dinheiro.
- Prêmios nas embalagens.
- Cupons — com ou sem testes, encartados ou na embalagem.
- Pacote promocional com produtos extras.
- Pacotes com rótulos com descontos.

Em termos da capacidade de construir fidelidade junto ao consumidor, os vários tipos de promoções estão listados aqui de acordo com sua ordem aproximada de eficácia. Entretanto, a capacidade de construir fidelidade não é de maneira alguma a mesma de se ter um efeito imediato nas vendas. Incentivos financeiros diretos — os quatro últimos itens da lista anterior — são os mais eficazes em termos de vendas brutas, mas seu custo é muito alto em termos de lucro perdido. As promoções ao consumidor estimulam as vendas na base "de uma vez por todas", sem ter efeito algum de estímulo à repetição da compra. De fato, elas até mesmo desencorajam a compra repetida pela "hipoteca" de vendas futuras — isto é, elas estimulam os consumidores a estocar o produto por causa do preço promocional, evitando assim compras subseqüentes pelo preço normal.

A pesquisa da A. C. Nielsen sobre a eficácia de diferentes tipos de promoção ao consumidor revelou as circunstâncias em que as promoções são mais eficazes para se construir uma marca, o que deveria ser o objetivo principal do fabricante ao lançar uma marca nova.[19] As promoções aos consumidores são mais eficazes:

1. quando há um importante aperfeiçoamento funcional;
2. quando a marca está em alta em termos de participação de mercado;
3. quando são usadas em conjunto com uma aceleração de vendas para aumentar a distribuição no varejo;

4. quando usadas somente ocasionalmente, e
5. quando correm paralelas em vez de ser um substituto para a publicidade da marca.

A Nielsen também enumerou as maneiras menos eficazes de usar promoções para a construção da marca. Tais promoções não são muito eficazes:

1. quando usadas com as marcas já consolidadas, sem mudança no produto;
2. quando usadas com as marcas já consolidadas e um market share em declínio;
3. quando usadas como substitutas para ações de mídia;
4. quando usadas em categorias em que as promoções ao consumidor já se tornaram rotineiras, e
5. quando usadas em categorias em que a atividade de mercado intensa estimula constantemente a resposta de marcas concorrentes.

Esta lista se aplica tanto a marcas já existentes quanto a novas marcas.

A publicidade ao consumidor

A maioria dos capítulos deste livro tem algo a dizer sobre o papel da publicidade ao consumidor na construção e na defesa das marcas. Tentarei não ser repetitivo e cansativo, destacando apenas dois pontos:

Argumentos de publicidade

Uma marca nova deve certamente anunciar suas inovações funcionais na campanha de lançamento; a palavra *nova* é excessivamente usada, mas ainda carrega um peso grande. Entretanto, uma campanha de lançamento de uma marca deve também dizer algo sobre os valores psicológicos agregados que o fabricante está tentando construir. Há uma razão premente para a campanha assumir tal procedimento.

A condição indispensável de uma marca nova — uma superioridade funcional demonstrável em pelo menos alguns aspectos quando comparada com a concorrência — dá a ela uma boa chance de estabelecer uma fatia inicial de consumidores. Mas o que acontece quando marcas concorrentes melhoram seu desempenho para se adequar às novas marcas — um processo que geralmente ocorre em questão de meses? Essas marcas mais antigas já possuem uma série de valores agregados que tem sido construída ao longo dos anos, mas, certamente, uma condição similar não está disponível para uma nova marca.

Durante o período que vai da introdução até o momento em que a resposta dos concorrentes pode ser sentida, a nova marca deve construir seus próprios valores agregados para acompanhar a concorrência. Isto significa que a publicidade deve rapida e progressivamente focar esses valores e dar menos importância ao anúncio objetivo das novidades do produto. Em outras palavras, a publicidade deve embarcar em uma direção criativa que poderá muito bem ser mantida não por meses, mas por muitos anos no futuro.

Orçamento inicial de publicidade

Conforme indiquei anteriormente, uma nova marca deve dedicar uma grande quantidade de recursos econômicos às promoções para o varejo e para o consumidor, bem como para a publicidade dirigida ao consumidor. Determinar budgets promocionais é um procedimento especial, amplamente determinado pelas negociações detalhadas que o fabricante realiza com seus clientes de varejo. Com relação à publicidade ao consumidor, porém, as decisões são menos pragmáticas. Há princípios objetivos a serem seguidos.

Os budgets de publicidade para marcas novas e também para as já consolidadas devem ser determinados pelo nível de esforço em publicidade no mercado, ajustado à experiência do anunciante quanto à produtividade dos níveis anteriores de investimento para marcas similares.

O melhor modo de calcular esse esforço competitivo do mercado é calcular os budgets de publicidade em termos de share of voice (SOV) medido em pontos percentuais. Isto significa simplesmente o share antecipado do investimento total em publicidade de uma marca em relação ao investimento total da categoria do produto. (Esta categoria deve ser cuidadosamente definida.) Existe uma ampla experiência para auxiliar no estabelecimento do nível apropriado de SOV.

A regressão exibida na Figura 10.1, que é chamada de curva de intensidade da publicidade (AIC),* deriva de 666 marcas em 23 países diferentes. Ela relaciona o share of voice (SOV) ao share (SOM)** para cada marca (em grupos

---

* AIC = Advertising–Intensiveness Curve
** SOM = Share of market

determinados pelo seu tamanho). A linha horizontal na metade de cima do diagrama representa a paridade, em que SOV = SOM. Acima da linha, SOV é maior do que SOM; abaixo dela, SOV é menor do que SOM.[20]

Conforme ficou claro a partir da AIC, em regra as marcas pequenas gastam demais, e as marcas grandes gastam de menos. Para uma marca nova share de mercado antecipado certamente será pequeno, e o investimento necessário em SOV deve ser sempre relativamente alto. Um SOM almejado de 4% pede um SOV de mais ou menos 8% (quatro pontos percentuais acima dos 4% de SOM). Esta relação "dois-para-um" zomba da prática de gastos A&P descritos anteriormente neste capítulo.

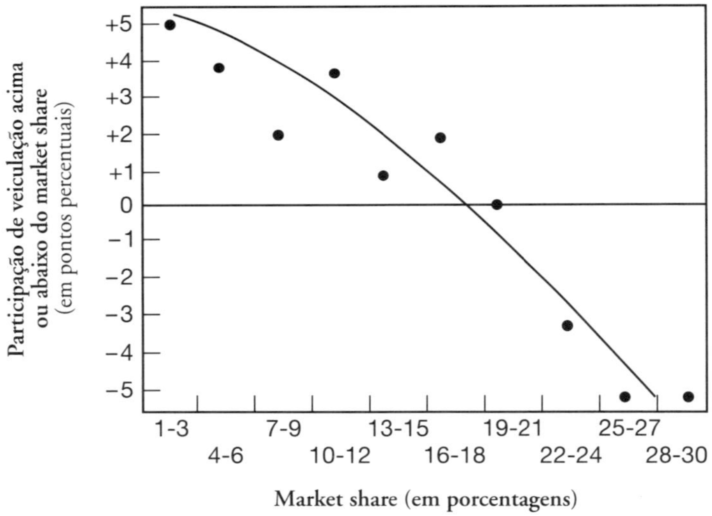

Figura 10.1 – Curva de intensidade da publicidade.

Uma observação final sobre a importância do desempenho funcional da marca

A importância da excelência funcional tem sido enfatizada inúmeras vezes neste capítulo. E este ponto deve ser destacado mais e mais, pois um grande número de profissionais de marketing, publicitários e acadêmicos tende a subestimar sua importância e muitas vezes nem mesmo tem consciência dela.

Isto me faz lembrar uma anedota da década de 1980 sobre a praticamente extinta cerveja Miller High Life. Cinco especialistas diferentes comentaram sobre uma nova campanha publicitária da marca: o diretor de uma grande agência de publicidade, um analista de investimentos, um distribuidor da Miller, um professor de marketing e um barman. Os quatro primeiros se preocuparam exclusivamente com as questões de marketing e de publicidade que estavam na origem dos problemas da Miller e como elas tinham influenciado a nova campanha. Somente o barman referiu-se ao desempenho funcional da cerveja: "Acho que a High Life é muito suave. Não tem força própria. Nem personalidade. E é meio aguada".[21]

Notas

1. James O. Peckham, Sr., *The wheel of marketing*, 2. ed. (publicação privada, 1981; disponível por intermédio de A. C. Nielsen, Nova York).
2. *Nielsen Researcher*, vol.14, nº1, janeiro/fevereiro de 1973, p.10-11.
3. J. Hugh Davidson, "Why most new consumer brands fail", *Harvard Business Review*, março/abril de 1976, p.117-122.
4. Peter Carter e Roz Hatt, "How far does advertising protect the brand franchise?" *Admap*, maio de 1983, p. 280. Recomendo que este artigo seja examinado por inteiro.
5. Peckham, *The wheel of marketing*, p. 73.
6. Ibidem, p. 86.
7. Ibidem, p. 91.
8. William T. Moran, "Why new products fail", *Journal of Advertising Research*, abril de 1973, p. 5-13.
9. Davidson, "Why most new consumer brands fail".
10. Stephen King, *Developing new brands* (Nova York: John Wiley, 1973), p. 161-167.
11. Gerald J. Tellis, "The price elasticity of selective demand: A meta-analysis of econometric models of sale", *Journal of Marketing Research*, novembro de 1988, p. 331-341.

12. Peckham, *The wheel of marketing*, p. 16.
13. Stephen King, *Advertising as a barrier to market entry* (Londres: Advertising Association, 1980), p. 14.
14. Peckham, *The wheel of marketing*, p. 23.
15. *Nielsen Researcher*, vol.13, nº 5, setembro/outubro de 1972, p. 7-9.
16. Cox Direct, *Navigate the promotional universe: Cox Direct 19th Annual Survey of Promotional Practices* (Largo, FL: Cox Direct,1997).
17. Peckham, *The wheel of marketing*, p. 13.
18. Ibidem, p. 51.
19. Ibidem, p. 67.
20. John Philip Jones, *How much is enough? Getting the most from your advertising dollar* (Nova York: Simon & Schuster-Lexington, 1992, cap. 5).
21. Citado no *New York Times*, 3 de março de 1985. Ver também James Rudolph, carta ao editor, *New York Times*, 7 de abril de 1985.

11

O ciclo de crescimento inicial de uma marca nova

John Philips Jones

O primeiro problema com que o fabricante se depara quando lança uma marca nova é como fazer com que o consumidor experimente seu produto. Várias técnicas são usadas para este fim — são empregados, basicamente, diferentes tipos de promoção para o consumidor, apesar de que a publicidade também exerce um papel importante. Como resultado da atividade inicial, constrói-se uma base de consumidores: as pessoas que experimentaram a marca uma vez. O estágio criticamente importante agora é a primeira recompra. Devo enfatizar o fato de que a marca precisa oferecer pelo menos algum aspecto de superioridade funcional para que possa ser comprada novamente; o consumidor conhecerá o desempenho da marca somente depois de ter usado o primeiro pacote. Mas, naturalmente, nem todos os compradores que adquiriram a marca para experimentá-la repetirão a compra.

Em termos de desempenho funcional, uma nova marca não pode representar tudo para todos, pois qualquer marca tem tanto pontos negativos como positivos em termos funcionais. E, como conseqüência, a marca não será comprada novamente pelas pessoas que ficaram mais decepcionadas com seus pontos negativos do que satisfeitas com seus pontos positivos. É também provável que algumas pessoas continuarão ligadas às marcas já existentes que tenham valores agregados que sejam particularmente fortes e pessoalmente relevantes para elas, de modo que a nova marca precisará oferecer considerável superioridade funcional para compensar esse fato.

Os maiores aumentos nas vendas de uma marca nova serão aqueles que acompanham o crescimento de sua distribuição; quando a marca atingir um alto nível de distribuição, o crescimento virá, conseqüentemente, do aumento de vendas em lojas médias, sendo este um reflexo de que o consumidor está comprando a marca repetidas vezes. É, aliás, surpreendente o baixo nível de vendas a que se pode chegar, mesmo se tratando de uma marca importante. Em um supermercado relativamente grande, três quartos de todas as marcas/variedades vendem no máximo doze pacotes por semana.

À medida que uma marca é aceita pelo consumidor, a distribuição começa a crescer a uma velocidade contínua e rápida. A publicidade tem um importante papel no estímulo da distribuição. Ela ajuda a manter a marca presente na mente dos varejistas, bem como na dos consumidores.

Não é incomum uma marca nova atingir 70% do nível de distribuição ponderada após cerca de oito meses (isto é, distribuição em lojas responsáveis por 70% das vendas de todas as marcas na classe relevante do comércio — alimentos, remédios e assim por diante). Mas o crescimento é geralmente menor do que este. Observando o crescimento da distribuição, podemos freqüentemente perceber uma relação entre distribuição e vendas que pode nos auxiliar a prever o nível final de vendas quando a marca tiver atingido sua estabilidade a longo prazo. Este é um procedimento de modelagem, e os cálculos matemáticos não são complicados.[1]

A primeira providência é analisar as vendas, bem como a distribuição ponderada da nova marca em mercados-teste e avaliar a proporção entre eles. Isto mostrará o volume de vendas por ponto percentual de distribuição ponderada. Um caso de uma marca realmente nova, publicado pela A. C. Nielsen, mostra que ela atingiu, num período de dois meses, vendas de 61 mil unidades e distribuição ponderada de 41% — uma proporção de 61.000:41, ou 1.490 unidades por ponto percentual de distribuição ponderada. Isto pode ser expresso mais simplesmente como 1.490 unidades por ponto de distribuição.

À medida que a marca cresce, as vendas e a distribuição também crescem, e podemos calcular esta proporção de vendas com relação à distribuição para cada período. Se a marca estiver obtendo sucesso, veremos imediatamente que esta proporção aumenta regularmente. Em outras palavras, as vendas crescem mais rapidamente do que o número de lojas que mantem a marca em estoque, porque as vendas por loja estão aumentando devido à crescente popularidade da marca, o que resulta na repetição da compra. A progressão real da proporção sobre o curso do primeiro ano no nosso exemplo foi a seguinte: 1,49, 1,51, 1,76, 2,13, 2,27, 2,50. À medida que as proporções são calculadas para os períodos seguintes, a taxa de aumento parece se tornar mais lenta. A Tabela 11.1 mostra os números do segundo ano, com um cálculo do aumento sobre o mesmo período do ano anterior, deixando claro como esse aumento progressivo está sendo reduzido.

Temos agora uma série de números a partir dos quais faremos três previsões específicas:

1. As proporções futuras das vendas em relação à distribuição podem ser previstas com base na velocidade de declínio do crescimento, projetando a tendência de aumento em relação ao ano anteriror (números na coluna do lado direito da Tabela 11.1).
2. O crescimento da distribuição pode ser previsto, ou pelo menos almejado, separadamente. Ele está basicamente subordinado ao controle do próprio fabricante, já que é diretamente influenciado pelas atividades promocionais e pela força de vendas.
3. Tomando as vendas por unidades a partir da proporção projetada (ponto 1) e aplicando-a à distribuição almejada (ponto 2), podemos fazer uma previsão das vendas. Esta ferramenta tem um valor diário para o gerente da marca.

Outro padrão marcante sobre o qual podem ser feitas generalizações é o ciclo de crescimento primário de uma marca. Estamos falando sobre um período de médio prazo (duração média de dois anos ou mais) e um padrão de vendas que mostra um pico de vendas iniciais seguido de um declínio perceptível. Esse declínio pode ser parcialmente explicado pela perda de alguns usuários iniciais — aqueles que não estão suficientemente convencidos da superioridade funcional da marca nova a ponto de comprá-la novamente. Também é em parte o resultado de uma lentidão no crescimento da experimentação de novos usuários seguido da redução normal em gastos promocionais e de publicidade, de um pico inicial para um nível mais normal. Geralmente, esse cenário é também conseqüência da reação da concorrência. O leitor notará que este ciclo de crescimento primário (algo finito, previsível e até certo ponto sob o controle do fabricante) é um conceito totalmente diferente do ciclo de vida de longo prazo supostamente incontrolável (ver Jones, Capítulo 15 deste livro).

TABELA 11.1 Segundo ano, vendas em unidades (em mil) por ponto percentual de distribuição ponderada

Período	*Vendas em unidades*	*% de aumento sobre o ano anterior*
1	2,65	78
2	2,26	50
3	2,48	41
4	2,88	35
5	3,02	33
6	3,28	31

O conceito de ciclo de crescimento primário é relativamente objetivo, e é uma ferramenta útil no planejamento da reorganização que geralmente se faz necessária para manter a força de uma marca a longo prazo, prolongando assim sua vida madura. Os dados a seguir baseiam-se numa pesquisa da Nielsen sobre um grande número de marcas recentemente lançadas em grupos de vinte diferentes categorias de produtos.

A observação que a Nielsen fez dessas marcas sugere que o padrão normal seja o crescimento de uma marca até seu pico de vendas e depois o início de sua queda para um nível relativamente estável de 80% daquele pico. O ciclo de crescimento primário é definido como o período entre o lançamento da marca e o momento em que ela atinge esse nível de declínio de 80%. A primeira coisa a ser examinada é a extensão deste período. O período médio calculado a partir de um exame de 86 casos é de 28 meses, com um desvio de menos de um ano a mais de quatro anos. A marca média leva um tempo um pouco mais longo para alcançar o pico (15 meses) do que para cair até o nível de 80% (13 meses).

Quatro pontos podem ser ressaltados sobre este ciclo, que afeta diferentes tipos de marcas:

1. Há uma relação direta entre o market share de uma marca e a extensão do ciclo. As marcas com ciclos mais longos são aquelas com os market shares mais altos.
2. Marcas nas categorias de saúde e beleza têm ciclos primários mais longos (média de 34 meses) do que as marcas nas categorias de utilidades domésticas e alimentos (médias de 23 e 24 meses, respectivamente).

3. Marcas com ciclos primários longos tendem a ter alto nível de esforço publicitário e de inovação, mas baixos níveis de atividade de marca nova em suas categorias.
4. Marcas com ciclo primário curto tendem a estar presentes em mercados grandes e saturados com um alto grau de atividade de marca nova, mas com um baixo grau de inovação e um esforço publicitário relativamente baixo.

Essas características apontam para a probabilidade de o ciclo se tornar mais curto ao longo do tempo, à medida que os mercados se tornam mais saturados de marcas e à medida que se torna cada vez mais difícil para marcas novas ganhar market shares grandes. Análises adicionais da Nielsen demonstram que isto realmente vem acontecendo, com os ciclos caindo para até 18 meses em muitos casos.

Uma constatação interessante é que em um mercado menos desenvolvido como o do Reino Unido a participação de mercado de uma marca nova é em média duas ou três vezes maior do que nos Estados Unidos. Esse fato sugere que o desenvolvimento econômico (como nos Estados Unidos) pode estar conduzindo a market shares progressivamente mais baixos em média e a ciclos primários mais curtos.

Por causa das características do ciclo de crescimento primário, a lição operacional que se tira dessa análise é a importância da reorganização regular, e que os planos para a primeira reorganização devem ser desenvolvidos no período seguinte ao lançamento inicial da marca. Serão precisos períodos de liderança cada vez mais longos para desenvolver e implementar inovações no produto e modificações na embalagem e na propaganda, fatores que a reorganização sempre pede, ao passo que o próprio ciclo de crescimento inicial pode estar ficando menor.

Uma perspectiva um tanto diferente do ciclo de crescimento primário é dada por uma investigação clássica da experiência com relação ao mercado-teste britânico de John Davis. Davis examinou 44 mercados-teste, tanto sucessos como fracassos. Apesar de não fazer comparações diretas com as análises da Nielsen (que são sobretudo americanas), seu ciclo de crescimento primário observado

1. tem uma duração muito mais curta (8 meses na maioria dos casos);
2. mostra uma queda muito acentuada do pico à estabilidade relativa (em média cerca de 40%), e

3. está associado com níveis geralmente mais baixos de distribuição do que nos Estados Unidos.

As diferenças da experiência basicamente americana da Nielsen não são fáceis de explicar. Algumas dessas diferenças devem se originar do fato de que os exemplos de Davis incluem um grande número de fracassos no mercado-teste, que provavelmente faz com que a extensão e a velocidade da queda sejam exageradas. Os dados americanos da Nielsen parecem excluir os fracassos iniciais, apesar de algumas das análises não deixarem isso absolutamente claro. Também é provavelmente verdade que as diferenças entre as descobertas americanas e britânicas são reflexo das diferenças entre os dois países, com a probabilidade de uma volatilidade muito maior na Grã-Bretanha, conforme fica evidente pelas participações iniciais de mercado, bem maiores naquele país.

O que torna o estudo de Davis tão interessante é uma investigação suplementar quanto aos níveis de queda do pico à estabilidade. A conclusão de Davis ainda não foi testada nos Estados Unidos, mas não há nenhuma razão intrínseca para se acreditar que não funcionaria ali. O que ele sugere é que há uma coerência na extensão da queda do pico até a estabilidade para as marcas individuais, à medida que elas passam da distribuição em mercados-teste à distribuição nacional. Em outras palavras, independentemente de o pico inicial ser diferente entre o teste e o lançamento nacional, o nível contínuo pode ser previsto.

São estas as realizações de um outro modelo simples no qual deveria ser possível (supondo-se que as experiências americanas e britânicas são similares) prever a extensão da queda no nível de vendas nacional. Podemos atingir essa meta de maneira bem simples se iniciarmos o processo a partir do pico do nível de vendas nacional e se aplicarmos o mesmo percentual de queda que ocorreu no mercado-teste.

Notas

1. Ver John Philip Jones, *What's in a name? Advertising and the concept of brands* (Nova York: Simon & Schuster-Lexington, 1986), Capítulo 4 (incluindo uma bibliografia detalhada).

12

Marcas novas

Índice de sucesso e critérios para o sucesso

Jan S. Slater

As empresas são bem-sucedidas não somente porque fabricam produtos, mas porque produzem marcas. A Procter & Gamble (P&G) é lucrativa não porque produz sabonete e detergente em pó; ela tem sucesso porque os consumidores querem Ivory, Tide, Cheer, Cascade e Dawn. A Coca-Cola não apenas fabrica e engarrafa um refrigerante qualquer; as pessoas gostam do sabor refrescante e agradável da Coca. E o McDonald's não se tornou líder de mercado somente porque grelha o hambúrguer de forma diferente; as crianças pedem o Mc Lanche Feliz enquanto seus pais vislumbram seus Big Macs e Quarteirões com Queijo. Essas empresas, e inúmeras outras, têm investido muito tempo e dinheiro no desenvolvimento habilidoso de marcas que fazem promessas ao consumidor que vão além de seus rótulos.

Esta distinção é vital: há uma diferença entre um produto e uma marca — uma diferença que pode ser a força subjacente que decide se um novo produto obterá sucesso ou fracassará no mercado. Dos 25.261 produtos lançados em um ano recente, estima-se que 50% a 80% deles fracassaram ou irão fracassar em um futuro próximo.[1] Não se chegou a um acordo quanto à proporção exata, pois cada empresa costuma medir seu sucesso de diferentes modos. Por exemplo, o sucesso pode significar lucro, market share ou simplesmente sobrevivência.

Independentemente do índice, resta pouca dúvida de que pelo menos metade dos 25.261 produtos não sobreviverá. Por quê? O que faz com que alguns produtos obtenham sucesso enquanto outros rapidamente desaparecem? O que faz com que a Lever 2000, a Healthy Choice, a Snackwell's e a Aleve, bem como outras marcas novas, tenham sucesso? Não há uma fórmula verdadeira nem regras rápidas e rígidas para o sucesso de novas marcas. Mas, talvez, se tentarmos entender os fundamentos da criação da marca e a diferença entre o lançamento de um produto e o lançamento de uma marca, possamos ganhar algum insight.

História das marcas

O *branding* (criação de marca) não é uma prática nova. Os comerciantes colocaram seus nomes em tijolos, sapatos e peças de metal há muito tempo, como assinaturas para identificar a si próprios como fabricantes de mercadorias. No século XVIII, os produtores de uísque gravaram seus nomes nos barris usados para transporte. Mas o branding como conhecemos hoje, e o uso de nomes personalizados da marca, começou no século XIX. A Revolução Industrial levou ao desenvolvimento da publicidade e das técnicas de marketing, o que conduziu à importância dos nomes de marca.

A Revolução Industrial expandiu não somente a população dos Estados Unidos, mas também os sistemas de transporte do país, bem como as oportunidades de produção. O crescimento da população influenciou um vasto crescimento na produção por estimular a demanda por novos produtos. Além disso, as ferrovias tornaram possível o transporte de produtos através de todo o país, eliminando assim o contato pessoal que a maioria dos fabricantes tinha com seus clientes até então. À medida que a variedade e a quantidade de produtos crescia juntamente com a distribuição, os fabricantes precisaram garantir que seus produtos fossem facilmente identificados por seus consumidores, e precisavam também proteger seus produtos contra a imitação por parte dos concorrentes. Dessa forma, os fabricantes começaram a dar nomes aos seus produtos e a empregar marcas registradas ou simplesmente marcas. Isto não somente oferecia proteção legal para os fabricantes como também servia de meio de identificação para os consumidores e uma garantia de homogeneidade e qualidade.[2] Vários fatores influenciaram os nomes iniciais da marca, e até certo ponto, eles são relevantes ainda hoje: o nome deveria ser de fácil memorização, fácil de ser pronunciado e ser original, além de descrever o produto direta ou indiretamente.[3]

No entanto, um outro fator, desta vez puramente econômico, também influenciou o surgimento das marcas. Assim que uma marca nova era lançada, o fabricante desfrutava de um curto período de monopólio que impulsionava os lucros. Os concorrentes, então, infiltravam-se no segmento, e, caso o concorrente fosse capaz de realizar economias de escala competitivas, poderia sobreviver e ter bons lucros. Daí então o surgimento do oligopólio — uma situação na qual poucos fabricantes afetam, mas não controlam o mercado. As marcas, portanto, obtiveram sucesso em diferenciar os produtos em um mercado de oligopólio. O branding foi um artifício que permitiu que os fabricantes controlassem seus mercados por impedir a substituição de produtos concorrentes.[4]

Durante o final do século XIX e o início do século XX, nasceram várias marcas que ainda hoje são populares: a Coca-Cola, o sabonete Ivory, a Camay, a sopa Campbell's, as barras de chocolate da Hershey, a Budweiser, os American Express Traveler's Cheques, a Aveia Quaker e a Kodak. O que fez com que esses produtos se tornassem "marcas"?

Definição de marcas

Todas as marcas são produtos, mas nem todos os produtos são marcas.[5] Um produto é algo feito numa fábrica, uma marca é algo comprado pelo consumidor. Um produto pode ser copiado pelo concorrente, uma marca é única. Um produto pode se tornar ultrapassado rapidamente, uma marca de sucesso é eterna.[6]

O que faz um produto se tornar uma marca? É uma combinação de benefícios tangíveis e intangíveis que tem de atrair o consumidor. Em primeiro lugar, uma marca deve satisfazer às necessidades, à vontade e aos desejos do consumidor. Não há quantidade suficiente de pesquisa e desenvolvimento, publicidade, preço baixo ou distribuição em massa que consiga vender um produto que ninguém quer. Dois elementos estabelecem esse desejo no consumidor: a funcionalidade e os valores agregados.

A *funcionalidade* se refere à diferença demonstrável do desempenho da marca em comparação com seus concorrentes. Pode ser um gosto melhor, um branco mais branco, um bolo mais úmido, um método mais rápido de cozimento ou a retirada da cafeína de certos refrigerantes. Este ponto funcional de diferença entre as marcas deve ser facilmente identificável pelo consumidor e também seu objeto de desejo. A funcionalidade é geralmente demonstrada com blind tests de produtos. Um blind test de produto é conduzido sem que se revele o nome do produto, de tal forma que a atenção esteja concentrada sobre as propriedades funcionais do produto.[7] A funcionalidade então se torna a diferença tangível entre as diversas marcas, uma diferença tangível que não é somente inerente ao produto, mas também óbvia para o consumidor.

Os *valores agregados* formulam os benefícios intangíveis ou discriminatórios que motivam o consumidor a comprar uma marca em detrimento de outra.[8] Eles estão acima dos benefícios funcionais do produto, mas nunca devem ser considerados um substituto para a funcionalidade. Os benefícios não-funcionais estão além da confiabilidade, gosto, nutrição, cheiro ou segurança. Os valores agregados são a razão pela qual as marcas de sucesso são preferidas em testes de produtos com nomes, com uma margem bem maior do que em blind tests de produtos.[9] Os valores agregados consolidam-se por meio dos seguintes elementos:[10]

1. *A experiência do consumidor com a marca:* uma marca é um pacto entre o fabricante e o consumidor. É uma garantia de qualidade, de valor e de satisfação.[11] As marcas tornam-se parte da lealdade da família; muitos consumidores compram as mesmas marcas que suas mães compravam. A familiaridade para com a marca reduz o risco de insatisfação ou decepção por parte dos consumidores. A marca desenvolve uma personalidade baseada na experiência do consumidor e na confiabilidade da marca.

2. *O tipo de pessoa que usa a marca:* muitos consumidores se relacionam com outros que também usam a marca. Esta associação, freqüentemente retratada em comerciais, é um valor agregado. Além do mais, à medida que as pessoas se tornam mais ricas, os valores agregados e as personalidades das marcas provavelmente se tornam mais importantes para elas. Mais e mais elas obtêm suas recompensas ou compensações na vida dos valores não-funcionais.[12] A associação do usuário é um valor comum em moda, programas de perda de peso, automóveis, e itens de luxo, bem como em cervejas e refrigerantes.

3. *A crença de que a marca é eficaz:* obviamente, o consumidor deve acreditar que o produto funciona realmente antes de comprá-lo. Mas há indícios de

que os consumidores acreditam que produtos de marca funcionam melhor do que os sem marca. Isto é especialmente verdadeiro com medicamentos que não precisam de receita médica para serem vendidos em farmácias. Esta crença também exerce papel importante em marcas de cosméticos, com os quais o usuário se sente mais bonito por estar usando o produto.[13]

4. *A aparência da marca:* a embalagem aqui exerce papel fundamental. É o modo como o produto é apresentado. A embalagem deve ser atraente e reconhecível, e deve chamar a atenção do consumidor. A aparência da marca não é somente importante na prateleira do comerciante, mas é também um elemento-chave na publicidade, especialmente no caso de produtos de consumo.

Os valores agregados são construídos ao longo do tempo. Eles são desenvolvidos mediante a satisfação do consumidor com a marca e reforçados por meio da publicidade da marca. Este é o poder da Coca-Cola, da Kodak, do McDonald's e de outras milhares de marcas. O poder das marcas e o custo de consolidá-las e mantê-las são indicativos do valor das próprias marcas. A Kraft foi comprada por cerca de US$ 13 bilhões, e a coleção de marcas sob o guarda-chuva da RJR Nabisco foi vendida por mais de US$ 25 bilhões.[14] Então, como é que uma marca nova chega a ter esse valor?

Critérios para marcas novas

Hoje em dia existe no mercado uma proliferação exagerada de produtos. Supermercados e lojas de desconto estão transbordando de tanta mercadoria estocada e há poucos indícios de que os consumidores querem as 25 mil ou mais opções enquanto fazem sua compra semanal. Além disso, nem todos os produtos novos são realmente novos. Muitos deles são simplesmente extensões de marcas já existentes com um novo sabor, cor ou outras variações, tais como a Coca sem cafeína, a Canada Dry Raspberry Ginger Ale, cremes com sabor de café-mate, o Tide com alvejante, e Cheerios de nozes e mel. Também há marcas novas como a cerveja Red Dog da Miller, a bebida de chocolate da Hershey, a barra de doce Lion King da Nestlé, a barra de nozes da Hershey, o Snackwell da Nabisco, os lanchinhos de fruta Bugs Bunny e X-Men da General Mills, e o analgésico Aleve da Procter & Gamble (agora da Bayer). Dos mais de 20 mil produtos lançados recentemente, 75% eram alimentos.[15] E quais são os ingredientes secretos que proporcionam o sucesso de algumas dessas marcas? Não há resposta mágica, nem fórmula científica a ser seguida para o lançamento de uma marca de sucesso. Mas algumas empresas como a Philip Morris, Nestlé, Procter & Gamble, Campbell's e Hershey foram capazes de obter sucesso. Com base na discussão anterior dos fundamentos da marca, algumas verificações de critérios são sugeridas.

1. *Uma marca nova deve ter superioridade funcional sobre seus concorrentes e ser avaliada em blind tests de produto.*[16] Em muitos casos, uma marca nova não tem diferença alguma — é simplesmente a réplica de uma marca já existente. O consumidor já está satisfeito com a marca que existe e ela não oferece nenhuma diferenciação ou incentivo para que ele mude de marca.[17] Além do mais, o ponto de diferença, caso exista, deve ser reconhecível pelo consumidor. Isto pode parecer simples, mas geralmente os produtos são desenvolvidos com diferenças técnicas que podem ser medidas em um laboratório, mas não são evidentes para o consumidor. Por exemplo, quando a Procter & Gamble lançou a mistura para bolos Duncan Hines Moist & Easy, ela tecnicamente era mais úmida e macia do que a do concorrente Betty Crocker's Snacking' Cake. Entretanto, quando os consumidores testaram o bolo em um blind test, a umidade não compensou as deficiências do produto quanto ao gosto. Apesar de a P&G ter lançado a marca, sete anos depois ela foi retirada do mercado americano.[18] A A. C. Nielsen recomenda sempre que uma marca nova não seja lançada sem um mínimo de preferência em blind tests de produtos de cerca de 60:40 sobre o concorrente direto.[19]

O estudo da Nielsen examinou 53 novas marcas bem-sucedidas lançadas ao longo de um período de dois anos e descobriu que a razão principal para o sucesso das mesmas foi seu desempenho funcional.[20] Um estudo de cem marcas novas no Reino Unido confirmou que 74% das que fizeram sucesso ofereceram ao consumidor um melhor desempenho por um preço igual ou mesmo maior do que o do concorrente.[21]

Um outro aspecto relativo à funcionalidade é que ela ajuda a descrever a concorrência e auxilia a determinar o target da publicidade: os usuários de determinadas marcas concorrentes. Uma nova marca com superioridade funcional deve visar sempre os usuários do concorrente.[22]

2. *Uma marca nova deve ter valores agregados.* Conforme discutido anteriormente, as marcas dependem dos valores agregados. Portanto, eles tornam-se fundamentais para o sucesso de uma marca nova. A marca deve ter uma totalidade coerente, a totalidade dos desejos e necessidades dos consumidores

em termos funcionais e não-funcionais, pois estas características estão inter-relacionadas. Os valores agregados não são simplesmente pregados na marca depois que as características funcionais estão determinadas. Juntos, eles são parte integral da personalidade e do apelo da marca.[23] Portanto, as características funcionais da marca nova não são as únicas a serem testadas em pesquisas preliminares.

Além disso, muitos acreditam que os valores agregados da marca estejam personificados em seu nome.[24] É muito mais comum que uma marca nova seja introduzida sob um nome já consolidado (p.ex., Dial Hand Sanitizer, Ultra Downy e Honey Nut Cheerios). A crença é que o nome já consolidado sustentará a marca nova por causa dos valores agregados consolidados aos quais o nome remete. Isto pode ser verdadeiro, e há dados que indicam que esta prática pode ser bem-sucedida. No entanto, a marca nova tem de estar à altura das expectativas do consumidor quanto ao nome já consolidado para obter sucesso, e — um ponto importante — usar um nome consolidado não deve significar redução de investimento financeiro na marca nova.[25]

3. *Uma marca nova requer posicionamento eficaz.* Isto diz respeito à posição da marca dentro do segmento de produto que a marca está entrando. Os fabricantes freqüentemente lançam marcas novas para acompanhar seus concorrentes. O que eles precisam determinar é se as marcas novas prejudicarão ou canibalizarão suas próprias marcas já existentes no segmento. Por exemplo, muitas pessoas compram flocos de milho da Kellogg's e também farelo de trigo da Nabisco. Se a Kellogg's lançasse uma marca nova para atrair os consumidores de farelo de trigo, sem dúvida alguma, ela iria canibalizar seus flocos de milho por tirar consumidores de sua própria marca também. Uma estratégia menos destrutiva é lançar uma marca nova em uma subdivisão da categoria, supondo que a segmentação já existe ou que pode ser criada pela propaganda e pela promoção. O mais importante, entretanto, é que esta segmentação deve ser baseada em diferenças funcionais da marca.[26]

4. *Uma marca nova requer uma estratégia de preço eficaz.* Obviamente, os fabricantes podem usar diversas estratégias para fixar preços. Mas, na maioria das vezes, uma marca nova é introduzida a um preço premium. Se a marca tiver superioridade funcional sobre os concorrentes, não há nenhum problema. O estudo de Davidson de 1976 descobriu que dos 50 lançamentos de marcas bem-sucedidos mais da metade foi lançada a um preço premium, e em todos os casos o preço refletiu-se em desempenho superior. Dos 50 fracassos,

35 foram vendidos a um preço premium, mas 25 eram similares ou piores em desempenho do que as concorrentes.[27]

O investimento no lançamento de uma marca nova é enorme, e ela raramente gera lucro nos três primeiros anos de vida. Então, a decisão de cobrar um preço premium reflete freqüentemente o investimento necessário na marca por parte do fabricante, não a funcionalidade da marca. Este modo de estabelecer preços oferece uma estimativa de se e quando os custos de lançamento serão recuperados, mas não dá indicação alguma quanto à possibilidade de essa marca ser comprada a um preço premium pelo consumidor. O modo mais efetivo e eficiente de definir um preço inicial é determinar o que os consumidores aceitarão. Testar estratégias de preço com consumidores é tão importante quanto conduzir blind tests.[28]

5. *Uma marca nova precisa conquistar distribuição.* Este fator é fundamental para o sucesso ou insucesso dela. No mercado de hoje, o varejo está concentrado, e um grande número de fabricantes tem vantagens significativas por causa de sua poderosa e experiente força de vendas. Durante os primeiros quatro meses de lançamento, ambas as marcas, as bem-sucedidas e as fracassadas, fazem algum avanço na cadeia de distribuição. Depois disso, são as marcas bem-sucedidas que continuam a crescer enquanto as fracassadas permanecem estáticas e finalmente declinam. O que realmente provoca essa diferença? Seria ela um resultado das diferenças nas forças de venda ou um resultado da aceitação do produto pelo consumidor baseada na funcionalidade da marca?

Conforme tenho escrito ao longo deste capítulo, o desempenho funcional é a base para o sucesso de uma marca nova. O consumidor está suficientemente interessado para poder experimentar a marca nos seus meses iniciais, e, se satisfeito, apoiará a marca. À medida que mais consumidores exigirem a marca, cada vez mais os varejistas vão querer tê-la no estoque. Entretanto, o desempenho funcional não é exclusivamente uma questão de satisfação do consumidor. Os varejistas, juntamente com as forças de venda, estão conscientes da funcionalidade, e se a marca fizer sucesso todos ganham com isso. A superioridade funcional é um grande impulsionador das forças de venda, fornecendo a elas uma marca vendável para seus clientes, os varejistas. E a funcionalidade de uma marca superior efetiva compromissos por parte dos varejistas em estocá-la devido à sua capacidade (salability) de venda.[29]

Conclusões

Não há dúvida que os fabricantes continuarão a ver os lançamentos de marcas novas como oportunidades de aumentarem seus negócios. E o ritmo da atividade da marca nova está um tanto quanto aquecido. Poderia estar muito mais aquecido se os fabricantes em mercados de oligopólios não tivessem tanto medo da apropriação indevida por parte dos concorrentes. Marcas novas são arriscadas; há mais chance de fracasso do que de sucesso. O lançamento delas invariavelmente retira recursos das marcas já existentes; portanto, as marcas já existentes podem sofrer ao mesmo tempo que as aventuras com marcas novas podem ter um alto grau de insucesso.[30]

Para reduzir seus riscos, os fabricantes devem preparar as bases para assegurar que suas marcas tenham um crescimento de longo prazo. Isto indica que não se deve começar com um livro-caixa e uma fórmula, mas sim com o consumidor. Sem entender o consumidor, uma empresa não pode definir qual a necessidade a ser satisfeita nem uma superioridade funcional demonstrável. Este tem sido o tema dominante deste capítulo e a razão principal para o sucesso no lançamento de marcas novas.

Por fim, é importante aprender com os fracassos e sucessos delas. Não há consenso absoluto quanto ao índice de fracasso das marcas novas, mas a maioria das estimativas estabelece como sendo de mais de 50%. Também não sabemos o que faz uma marca nova ter sucesso, porque nem os fabricantes nem suas agências tornaram esta informação pública e disponível para estudos. Os riscos envolvidos justificam a pesquisa *post hoc* dos sucessos e fracassos por profissionais independentes e qualificados.[31] Este seria o melhor modo de desvendar os padrões que influenciam o sucesso ou o fracasso das marcas novas, reduzindo assim alguns dos riscos que o fabricante enfrenta nesse processo.

Notas

1. Nancy Ten Kate, "New and improved", *American Demoghaphics*, março de 1998, p. 32.
2. John Philip Jones, *What's in a name? Advertising and the concept of brands* (Nova York: Simon & Schuster-Lexington, 1986).
3. Adrian Room, "Developing new brands," em John Murphy (org.), *Branding: A key marketing tool* (Nova York: McGraw-Hill, 1987).
4. Jones, *What's in a name?*
5. Ibidem.
6. Stephen King, *Developing new brands* (Nova York: John Wiley, 1973).
7. Jones, *What's in a name?*
8. Ibidem.
9. Ibidem.
10. Ibidem.
11. John M. Murphy, *Brand strategy* (Englewood Cliffs, NJ: Prentice Hall, 1990).
12. King, *Developing new brands.*
13. Jones, *What's in a name?*
14. David A. Aaker, *Managing brand equity: capitalizing on the value of a brand name* (Nova York: Free Press, 1991).
15. "Product categories", *New Product News,* 10 de novembro de 1994, p.11.
16. John Philip Jones, *How much is enough? Getting the most from your advertising Dollar* (Nova York: Simon & Schuster-Lexington, 1992).
17. Murphy, *Brand Strategy.*
18. Tom Blackett e Graham Denton, "Developing new brands", em John M. Murphy (org.) *Branding: A key marketing tool* (Nova York: McGraw-Hill, 1987).
19. Jones, *How much is enough?*
20. Jones, *What's in a name?*
21. J. Hugh Davidson, "Why most new consumer brands fail", *Harvard Business Review*, março/abril de 1976, p. 117-122; Laurie Freeman, "Aleve promises relief", *Advertising Age*, 27 de fevereiro de 1995, p. 22.
22. Jones, *What's in a name?*
23. King, *Developing new brands.*
24. Jones, *What's in a name?*
25. Ibidem.
26. Ibidem.
27. Davidson, "Why most new consumer brands fail".
28. Jones, *What's in a name?*
29. Ibidem.
30. Ibidem.
31. Jones, *How much is enough?*

13

Explorando a magia da marca

Alexander L. Biel

O patrimônio financeiro mais valioso que uma empresa tem é indiscutivelmente sua marca. Este capítulo explora um impulsionador-chave do valor financeiro que chamarei de magia da marca. A excelência funcional está se tornando rapidamente um atributo necessário, mas não suficiente, das marcas fortes. Entretanto, penso que a força da marca depende muito mais do desenvolvimento de uma única, nítida e significativa identidade de marca.

Valores financeiros da marca

Um estudo feito pela firma de consultoria da Swander Pace mostrou que, apesar de as taxas de crescimento das vendas de empresas fabricantes de produtos com marca e sem marca serem nitidamente idênticos entre 1990 e 1995, o retorno nas vendas para os produtos com marca foi duas vezes maior.[1] Além disso, os profissionais de marketing desses produtos desfrutaram de um retorno mais alto sobre o lucro total dos ativos e dos acionistas. Os ganhos de capital aumentaram 50% mais rapidamente para profissionais de marketing ligados a produtos com marca durante esse período de cinco anos (ver Tabela 13.1).

TABELA 13.1 A marca compensa? Empresas alimentícias, 1990-1995

	Com marca (%)	Sem marca (%)
Taxa de crescimento das vendas	5,2	4,9
Retorno sobre as vendas	9,2	4,4
Taxa de crescimento do lucro operacional	4,8	3,2
Retorno sobre os ativos totais	12,0	8,7
Retorno do acionista	11,1	9,2

Um outro modo de se descobrir a importância financeira das marcas é examinar o valor da marca como uma proporção do valor substituto da empresa. Os economistas Simon e Sullivan, escorados pelo Marketing Science Institute, desenvolveram um modo de separar o valor da marca dos outros ativos de uma empresa.[2] Eles começam por computar o valor da empresa com base no seu valor de participação capitalizado (share), menos seus débitos. Após deduzir o valor substituto dos ativos tangíveis, eles criaram uma maneira de separar o valor da marca de outros atributos intangíveis (ver Figura 13.1). Usando esta abordagem ímpar, eles calcularam o valor dos portfólios de marca de vários profissionais de marketing famosos. Quando da análise, as marcas Seagram, por exemplo, eram avaliadas em cerca de 75% do valor substituto da empresa, as da Quaker valiam 60% e as da Campbell's por volta de 35%. De fato, os investidores estão dizendo que as marcas têm um valor acima e além da capacidade de fazer ou fornecer o produto ou serviço subjacente. (Ver também Haigh, no Capítulo 7 deste livro.)

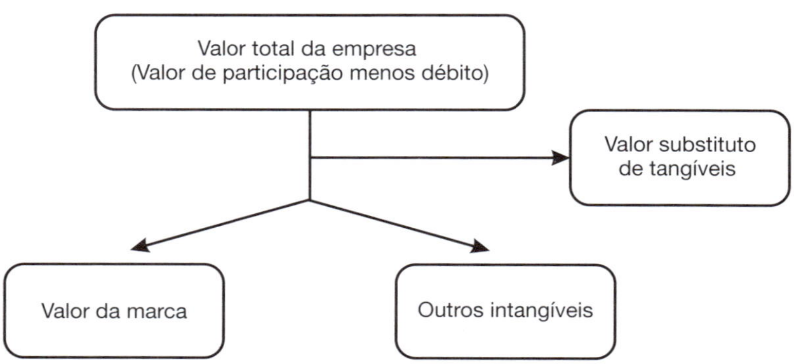

Figura 13.1 – O valor de uma empresa.

Definindo o brand equity

Apesar de haver muitas definições de brand equity, a maioria delas cai na armadilha de ser mais apropriada à imagem da marca. Sugiro que uma definição significativa de brand equity deva relacionar o valor financeiro ao comportamento do consumidor. Penso que o valor da marca consiste em dois elementos: um expresso em termos financeiros e o outro descrito em termos da resposta do consumidor.

O brand equity é o fluxo de caixa futuro descontado agregado alcançado pela associação da marca com um produto ou serviço subjacente (ver Figura 13.2).

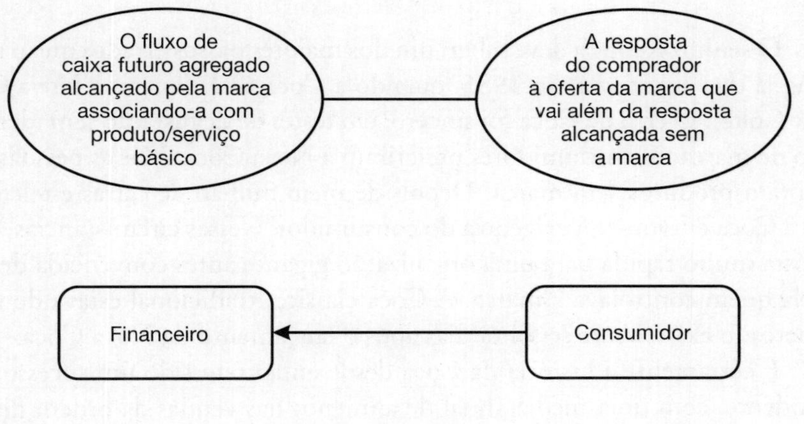

Figura 13.2 – Brand equity.

O fluxo de caixa futuro agregado é, no final do dia, atestado com uma resposta do comprador à oferta da marca excedendo a resposta que poderia ser alcançada pela mesma oferta, porém, sem identidade da marca.

De fato, foi a exploração que a Philip Morris fez, exatamente dessa resposta, que levou a empresa a impor aumentos de preço de dois dígitos por mais de uma década durante o final da década de 1980 e início da de 1990. A queda do preço da empresa, em 1993, o que é hoje lembrado como

"Marlboro Friday", baseou-se na percepção de que apesar de ter sido, e ainda ser hoje, uma das mais fortes marcas do mundo, mesmo assim era possível aumentar o preço além do ponto sustentável pelo valor percebido da marca. A experiência do Marlboro naturalmente levanta uma questão: para onde irá o valor da marca amanhã?

Há indícios de que as marcas se tornarão cada vez mais importantes, e não menos, por uma boa razão: elas são importantes para os consumidores. Na realidade, se as marcas não fossem importantes para os consumidores, poucos profissionais de marketing se interessariam por elas. Considere a observação de Donald Keough, antigo presidente da Coca-Cola, depois do lançamento não muito bem-sucedido da Nova Coca:

> A mais importante fonte do sucesso contínuo da Coca-Cola não são os engarrafadores, o sistema Coca-Cola, a própria corporação, os comitês executivos, os empregados, o conselho de diretores, os presidentes da empresa ou os executivos chefes.
> Esse sucesso vem do consumidor.[3]

O senhor Keough deve saber; um dos maiores passos errados que o marketing já deu aconteceu em 1985, quando a Coca-Cola lançou a Nova Coca (New Coke). O erro da Coca foi sincero; em testes de degustação sem identificação de marca, os consumidores preferiram a Nova Coca. Mas as pessoas não compram produtos sem marca. Depois de meio milhão de cartas e telefonemas, a Coca curvou-se à exigência do consumidor. Nessas circunstâncias, uma resposta muito rápida para uma organização gigante antes convencida de que era ela quem controlava a marca. A Coca clássica, tradicional estava de volta ao mercado exatamente sessenta dias após o lançamento da Nova Coca.

E certamente a história da Coca desde então tem sido um sucesso surpreendente, com uma média anual de aumento nas vendas da ordem de 7% e de um aumento de 26% no share. A capa de um relatório anual recente da Coca-Cola mostra a silhueta da garrafa famosa com as palavras "Rápido. Diga o nome de um refrigerante". O nome da empresa estava ausente. Como o *New York Times* escreveu, essa foi "uma maneira brilhante de lembrar os investidores do valor da marca Coca". A Coca-Cola é meramente um exemplo extremo e entusiasmado do relacionamento que as pessoas têm com muitas das marcas, o que o antropólogo John Sherry chamou de "visões pessoais da marca".[4]

Ao longo das últimas duas décadas, o conceito de brand equity tem movimentado as marcas do mundo todo, dos departamentos de marketing às salas do conselho de administração. Mas em nossa fascinação para com o valor econômico das marcas, conforme demonstrado pela capacidade de fazer com que o valor de uma empresa atinja alturas estratosféricas, às vezes nos esquecemos simplesmente de como as marcas fortes lançam sua magia ou encantam os consumidores. As marcas não nascem nas salas dos conselhos de administração. E, certamente, elas também não são produzidas em departamentos de marketing, apesar de estes poderem facilitar ou impedir seu desenvolvimento. As marcas fortes são criadas nas mentes dos consumidores.

Os consumidores usam as informações que são apresentadas a eles pelos profissionais de marketing para ajudá-los a desenvolver as imagens das marcas. Mas os consumidores — ou clientes ou mesmo futuros clientes, se preferirmos, também usam outras informações, as quais eles processam para desenvolver sua própria imagem de uma marca.

Jeremy Bullmore, antigo presidente da J. W. Thompson de Londres, definiu bem quando disse: "Nós, consumidores, construímos imagens da mesma forma que os pássaros constroem seus ninhos; dos restos, das migalhas e das palhas que por acaso encontramos". Uma outra figura brilhante da publicidade, David Ogilvy, foi um dos primeiros a usar o termo *brand image*. "A imagem de uma marca," disse ele em uma palestra para a American Marketing Association em 1955, "é o retrato ou imagem de uma marca que as pessoas carregam em suas mentes. É a soma intangível dos atributos de um produto, seu nome, sua embalagem e seu preço, sua história e reputação e o modo como ela é apresentada ao público". Duas décadas mais tarde, a brand image transformou-se na corrente principal, pelo menos para as pessoas envolvidas com publicidade. A noção de que marcas por si só tinham equity foi introduzida para explicar a lógica fundamental subjacente à frenética atividade de fusões e de aquisições da década de 1980.

O brand equity, é claro, é o *resultado* do processo de construção da marca. A brand image, por outro lado, é amplamente aceita como sendo a principal impulsionadora do equity.

O valor das marcas para os consumidores

As marcas são importantes para os consumidores porque elas tornam a escolha mais fácil.[5] As marcas servem de atalho para uma porção de atributos, tanto funcionais quanto emocionais. De fato, elas solucionam problemas.

No nível pessoal, as marcas reduzem o risco de desempenho. No nível social, as marcas que um indivíduo escolhe e as que ele rejeita, expressam sua personalidade. Dirigir um Jipe Grand Cherokee dá de mim uma definição diferente daquela que eu teria se dirigisse um Buick Riviera. Possuir um Macintosh me diferencia daqueles que possuem outros computadores pessoais.

As marcas mais fortes são aquelas que desenvolveram imagens significativas e distintas que as diferenciam nas mentes dos consumidores. Esses fatores discriminatórios podem ser funcionais, emocionais ou uma combinação de ambos. No passado, as diferenças funcionais freqüentemente distinguiam as marcas fortes. Entretanto, no mundo de hoje em que vivemos uma explosão tecnológica, as diferenças funcionais e físicas entre marcas concorrentes têm diminuído, e a vantagem de tempo que um inovador funcional desfrutava desapareceu quase que por completo.

- Quando o remédio para resfriado Contact foi lançado, era o primeiro remédio para resfriado de efeito prolongado. Essa vantagem foi sustentada por mais de uma década e usada como o argumento de venda central da marca. Hoje em dia, há pelo menos uma dúzia de concorrentes que apresentam esta característica.
- A American Airlines introduziu o primeiro programa de passageiros freqüentes no início da década de 1980, e foi seguida, literalmente depois de alguns dias, pela United, que veio com um programa idêntico.
- Quando a Macintosh introduziu a Interface Gráfica do Usuário em 1984, ela era um diferencial funcional único e relevante. Mas esta distinção diminuiu quando a Microsoft lançou o Windows.
- Nos Estados Unidos, a unidade Chesebrough-Pond's da Unilever lançou seu creme dental Mentadent com sucesso. Ele continha bicarbonato de sódio e peróxido, dois ingredientes associados à higiene bucal que nunca tinham sido combinados anteriormente em termos comerciais. Um concorrente, Church & Dwight, lançou o PeroxiCare com os mesmos ingredientes, menos de dois anos depois do lançamento do Mentadent.

Além disso, diferenças funcionais têm se tornado progressivamente mais marginais. Testes de produtos indicam que quando os consumidores são cegos aos testes das marcas eles não são capazes de distinguir entre marcas líderes em muitas categorias de produtos. Quando a marca é introduzida, entretanto, emergem diferenças percebidas. Não estou aqui sugerindo que a excelência funcional seja irrelevante, mas ela tem se tornado uma "estaca de mesa" mais do que um diferencial obrigatório.

O "lado mais brando" do branding?

Ironicamente, o lado mais brando do branding — a identidade da marca — é cada vez mais reconhecido como sendo o objetivo mais difícil de diferenciação da marca. A identidade da marca é refletida na imagem e na personalidade da marca e na qualidade do seu relacionamento com o consumidor. Mais freqüentemente do que se pensa, a identidade de uma marca está profundamente enraizada na cultura corporativa do profissional de marketing. Elizabeth Nelson, eminente pesquisadora e fundadora da Taylor Nelson, afirmou: "É como se uma marca fosse uma porta de vidro através da qual o consumidor pode perceber os valores verdadeiros [da corporação]".[6]

Refiro-me a esses valores únicos como sendo a magia da marca. Benefícios funcionais convidam à imitação, mas a magia da marca, inteligente e nitidamente retratada, apesar de difícil construção, é mais fácil de se possuir. Exemplos deste fenômeno não são difíceis de encontrar:

- Muitas companhias de seguro prometem indenizar os segurados quando alguma coisa não acontece de acordo com as expectativas, mas somente com a Allstate é que o segurado tem sua proteção de "estar em boas mãos" assegurada.
- Em cada par de tênis Nike, o comprador também ganha uma participação na paixão por excelência, estímulo para "fazer do seu jeito," e também se gaba de seus direitos a uma marca com "atitude." A vanguarda da concorrência está inexoravelmente ligada à marca.
- No Reino Unido, o papel higiênico Andrex, usando o filhote de cachorro Andrex, claramente prometia um tipo especial de maciez, bem como uma personalidade que transpirava calor e afetividade que nenhuma outra marca poderia facilmente copiar.

Embora praticamente todos os profissionais de marketing discursem com eloqüência sobre as propriedades funcionais de suas marcas, bem poucos são realmente capazes de articular a magia delas com confiança. Para construir marcas fortes e mantê-las fortes, é importante que os profissionais de marketing entendam as maneiras pelas quais os consumidores têm insights sobre a marca e formam relacionamentos com ela. A partir de tal entendimento, os profissionais de marketing podem conduzir suas ações baseados no modo como os consumidores interpretam a reputação das marcas.

Entendendo a magia da marca

Muitas marcas, certamente, passam pela vida com pouquíssima magia. Comuns, mas não necessariamente não-lucrativas, elas são tipicamente as marcas de terceira ou quarta posição em uma categoria. Embora em alguns casos sua magia esteja realmente ausente, em muitos outros ela está simplesmente sendo mal alimentada. As marcas mais fortes descobrem, alimentam e realçam sua magia, desenvolvendo-a como um ativo crítico da marca.

Nesse contexto, precisamos de uma estrutura para analisar a magia de uma marca — aquelas propriedades que ao mesmo tempo diferenciam as marcas mais fortes das concorrentes e criam o desejo eminente. Se começarmos pelos consumidores, precisaremos saber o que eles pensam sobre elas (ver Figura 13.3). Não nos causa espanto o fato de o consumidor querer saber o que a marca faz em termos funcionais muito básicos. Que habilidades ou capacidades tem uma marca a oferecer? Habilidades são aqueles atributos emocionais e funcionais familiares que se relacionam ao desempenho da marca. Para um banco, os exemplos poderão incluir confiabilidade, conveniência e utilidade; para um detergente, poder de limpeza e maciez. O valor de tais habilidades é inegável.

Entretanto, quando marcas concorrentes oferecem conjuntos de habilidades similares e difíceis de serem diferenciados, os consumidores necessitam de informações adicionais para tomar uma decisão. Eles precisam saber mais sobre uma marca do que simplesmente o que ela faz; eles também querem saber como ela é e como ela se relaciona com eles. Mesmo uma análise apressada das marcas fortes — tais como Nike, Mercedes-Benz, Marlboro, Coca-Cola, Microsoft, Jack Daniels e Harley-Davidson — leva à conclusão irrefutável de que essas marcas desenvolveram excelentes personalidades que as destaca das concorrentes.

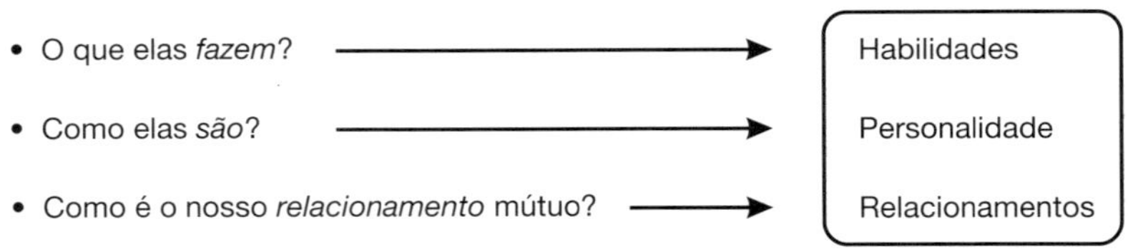

Figura 13.3 – O que as pessoas pensam das marcas.

A idéia de que a personalidade exerce um papel no comércio não é nova. Antes do crescimento do varejo e do surgimento das marcas, o comércio funcionava de um modo estritamente pessoal: uma transação particular entre o comprador e o vendedor, que na maior parte dos casos eram vizinhos. Apesar de a qualidade ser certamente importante, a personalidade do vendedor também era muito importante. De fato, mantidas inalteradas as demais condições, as pessoas sempre preferiram comprar de pessoas conhecidas, ou pelo menos de pessoas que elas sentiam que conheciam.

À medida que o comércio floresceu, a transação direta do varejo entre o comprador e o produtor tornou-se claramente ineficiente. Sob tais condições, não surpreende o fato de a personalidade da marca ter se desenvolvido como um substituto da personalidade do vendedor. Esta transição muito natural explica por que os consumidores se preocupam em dar personalidade às marcas mesmo quando elas não se preocuparam de forma consciente em desenvolver e gerenciar suas personalidades. A personalidade da marca serve hoje como um substituto vital para a intimidade pessoal no comércio.

Mas a intimidade é um fenômeno *interativo*. Inclui a noção de relacionamento. Esta foi a estrutura que Blackston desenvolveu pela primeira vez em 1992.[7] Suas pesquisas sugerem que, para entender a natureza interativa do relacionamento da marca, os profissionais de marketing devem não somente descobrir o que os consumidores pensam de uma marca como também questionar os consumidores a respeito do que eles acreditam que a *marca* pensa *deles*. Mais tarde, Fournier expandiu este conceito desenvolvendo uma escala que mede a qualidade dos relacionamentos de marca, a escala BRQ.[8] Ela relatou que a qualidade dos relacionamentos de marca pode ser descrita nas dimensões da intimidade, comprometimento, qualidade de parceria, ligação, interdependência e amor. Fournier sugere que esses relacionamentos são formados com base nas ações da marca que podem construir ou diluir a qualidade do relacionamento, e deste modo afetar o valor da marca.

Um modo de unir essas estruturas emprega um modelo de lente no qual as habilidades e a personalidade são mediadas pelos relacionamentos de marca (ver Figura 13.4). Tradicionalmente, os profissionais de marketing têm se concentrado no gerenciamento das habilidades de suas marcas e negligenciado a personalidade e os relacionamentos de marca. Hoje em dia, a maioria — apesar de não certamente todos — dos profissionais de marketing aceita a existência da personalidade da marca. Obviamente, qualquer um que tenha passado muito tempo atrás dos espelhos unilaterais das salas de discussão em grupo rapidamente percebe que tanto os consumidores quanto os clientes atribuem, de modo fácil e natural, traços de personalidade às marcas que ilustram suas visões pessoais da marca.

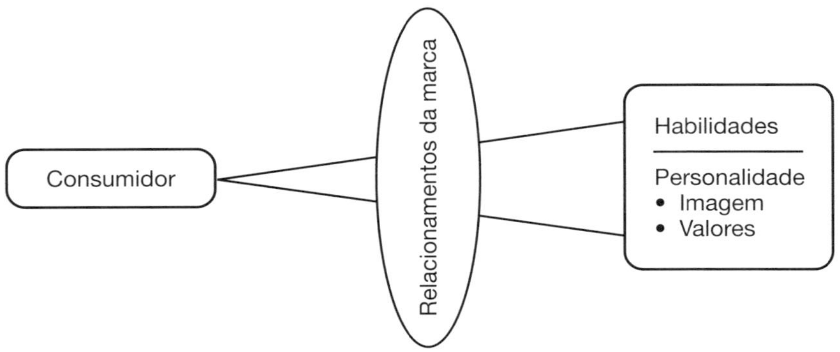

Figura 13.4 – Modelo-lente de percepção da marca.

Embora uma proporção pequena dos profissionais de marketing tenha tentado medir as personalidades de suas marcas, praticamente todas aquelas medidas utilizaram o agrupamento casual de uns poucos itens que pareciam ter a obrigação de medir alguma coisa relacionada à personalidade humana. Portanto, não causa surpresa alguma o fato de os resultados serem pouco esclarecedores.

Recentemente, entretanto, tem havido muito progresso em relação à pesquisa de personalidade da marca. Ao invés de tentar adequar as marcas às estruturas da personalidade humana, uma investigadora, Jennifer Aaker, desenvolveu uma medida de personalidade da marca com muito empenho. Ela tem relação com a personalidade humana, mas de modo algum é idêntica a ela. Aaker descobriu cinco fatores dominantes que explicam a personalidade das marcas: sinceridade, excitação, competência, sofisticação e severidade. Sua escala discrimina entre marcas tanto dentro como também ao longo de todas as categorias de produto.

Aaker relatou recentemente que uma resposta ao seu trabalho americano no Japão revelou algumas diferenças potencialmente importantes quanto às dimensões da personalidade da marca entre as culturas. Quatro dos cinco fatores dominantes que Aaker descobriu nos Estados Unidos também apareceram no Japão; entretanto, a dimensão de severidade simplesmente não existe no cenário de marcas japonesas. Além disso, um fator rotulado como *tranqüilidade* foi revelado no Japão, mas não nos Estados Unidos.

As diferenças culturais na organização da personalidade da marca têm implicações importantes para a construção internacional das marcas, bem como para a medição da personalidade da marca. O método convencional de simplesmente traduzir traços de personalidade em um questionário desenvolvido em, digamos, Nova York e usá-lo em todo o mundo pode significar uma perda importante quanto às dimensões da personalidade em diferentes culturas.

A personalidade, as habilidades e os relacionamentos da marca constituem, em conjunto, a magia da marca. Conforme já observei, muitos gerentes têm dificuldades em pensar a respeito dessas áreas. Elas não são a matéria principal de cursos de administração. Mas, de fato, entender a personificação das marcas pelos consumidores e os relacionamentos que eles têm com as marcas é um passo fundamental no caminho para a compreensão da magia da marca.

A magia da marca é bem real. É a fonte dos valores agregados. É por causa dela que a Coca marca muito mais pontos em testes de produtos identificados comparados ao seu desempenho em blind tests. A elaboração da magia de uma marca, por outro lado, é vital para o desenvolvimento de uma forte identidade da marca.

Dicas de personalidade

Como os consumidores em todo o mundo aprendem sobre a personalidade de uma marca? A publicidade via mídia, é claro, ainda exerce um papel dominante no desenvolvimento das personalidades de algumas marcas. Mas hoje há muitas outras fontes a partir das quais os consumidores e clientes extraem suas percepções sobre a personalidade da marca. A Figura 13.5, que ilustra algumas dessas fontes, é um tanto quanto confusa, tal como a vida. Nas décadas de 1960 e 1970, quando os produtos de consumo dominavam o mundo do marketing, para aquelas marcas afortunadas em que a publicidade em mídia era uma fonte de influência muito mais controladora, os publicitários pelo menos tinham o poder de desenvolver personalidades consistentes e coerentes para suas marcas. Atualmente, a participação da publicidade em mídia no mix é muito menor. As fontes de informações da marca são múltiplas, complexas, e provavelmente se tornarão cada vez mais múltiplas e complexas. Freqüentemente, as fontes de informações não são consistentes, e portanto, o consumidor deve lidar com essas ambigüidades.

Figura 13.5 – Fontes de inferência da personalidade da marca.

Considerem apenas o caso da United Airlines. Por anos, os passageiros eram convidados a voar os "simpáticos céus da United". Atualmente, também fazem-nos crer pela propaganda da United que ela tem empatia para com os passageiros e é simpática para com eles: a United, diz a peça publicitária, está "subindo". Mas quando um passageiro telefona para fazer uma reserva e ouve a mensagem do outro lado da linha "sua chamada é muito importante para nós, por favor permaneça na linha", à medida que é forçado a aguardar minutos intermináveis, ele pode perceber então um certo paradoxo. Quando ele busca o site da United na internet, e encontra o site "desorganizado", um refúgio para as reclamações dos passageiros, ele se depara com um outro lado da United.

Mais tarde, quando embarca em um avião da United, os comissários de bordo recitam todas as regras que os passageiros têm de acatar, de tal modo que parece que a companhia aérea espera que eles tentem fumar nos lavatórios ou liguem seus computadores na hora errada. Racionalmente, o passageiro entende que o atendente está meramente cumprindo o seu dever. Emocionalmente, entretanto, ele continua a construir o mosaico da personalidade da marca United, bem como seu relacionamento com a marca. Embora o consumidor não tenha dúvidas de que as características da United são competitivas, não é improvável que ele comece a questionar a franqueza e a sinceridade da companhia.

Quando contatei a IBM pelo telefone, apesar de não ser possível ver a outra pessoa do outro lado da linha, provavelmente imaginei que ela fosse um profissional e que estivesse usando terno e gravata. Eu inconscientemente busco por dicas através de seus modos ao telefone. A voz dessa pessoa é a de um conhecedor? Existem registros subliminares de precisão? Ele me chama de "Sr. Biel?"

Mas, se eu ligar para a Apple ou a Dell, minhas expectativas são bem diferentes; imagino que a pessoa não esteja usando gravata — talvez ela nem mesmo tenha gravata! Posso não gostar se ela me chamar de "Alex," ou mesmo "Al,", mas não vou me surpreender.

Uma maior sensibilidade às dicas referentes à personalidade da marca e aos relacionamentos da marca é um primeiro passo essencial para os profissionais de marketing que desejem desenvolver identidades da marca mais coerentes. Um modo de se fazer isto é começar com uma avaliação do input da marca (brand input assessment).

A avaliação do input da marca

A avaliação do input da marca é simplesmente um inventário e uma análise dos objetivos, políticas e interações que a marca tem com seus consumidores. Apesar de os aspectos específicos do processo da avaliação do input da marca diferirem por categoria de produto, esta avaliação consiste em uma revisão da publicidade que a marca, bem como seus concorrentes diretos estão fazendo atualmente, além da publicidade desenvolvida por eles nos últimos anos. Isto envolve um exame da embalagem da marca e das promoções (e comparação com as da concorrência), juntamente com uma revisão da cobertura de mídia da marca. Uma avaliação do input da marca completa e detalhada também revisa políticas e comportamentos na interface consumidor-marca. Dependendo da natureza do negócio, isto pode incluir protocolos de vendas por telefone, o SAC (Serviço de Atendimento ao Consumidor) da companhia, sistemas de reserva, contatos de serviço e programas de telemarketing. De fato, uma avaliação do input da marca é uma análise dos elementos que levam à imagem e à personalidade da marca, bem como dos relacionamentos que ela tem com seus consumidores.

Claramente, a publicidade é uma fonte importante da imagem e da personalidade da marca. A campanha de longa duração da Michelin que conta com a participação de bebês, com o tema "Porque tanta coisa acontece em cima dos seus pneus", é um exemplo disso. Mas como já falei anteriormente, a publicidade quase nunca é a única fonte. Os consumidores interpretam as ações, a linguagem, a localização e a "vestimenta" de uma marca, interpretando desse modo suas intenções:

- Uma marca como a Celestial Seasonings, que dá aos compradores um número de telefone de discagem gratuita e os convida a usá-lo com perguntas e comentários, pode parecer mais aberta e abordável do que uma outra que não ofereça os mesmos serviços.
- A maneira irônica e bem-humorada da publicidade do Macintosh da Apple dá a impressão de que a marca é calorosa e amigável, e não arrogante. O manual do computador escrito de forma jovial realça esta percepção. Quando o comprador de um produto da Apple abre sua embalagem simples e reciclável, isto sinaliza que a Apple é uma marca que se preocupa com o meio ambiente.
- A maneira folclórica do L. L. Bean, a localização rural no meio do Maine, a oferta de repor a sola das botas que vende, e a garantia objetiva e cuidadosa, todas juntas dizem ao consumidor que ela é uma marca com a qual ele pode ter um relacionamento duradouro e mutuamente satisfatório.

Mas muitas marcas não falam com uma voz firme. Por exemplo, os contribuintes da Humane Society, certamente "uma marca" do setor sem fins lucrativos, ocasionalmente incluem os nomes de seus cães como doadores. Os objetivos dessa sociedade são louváveis, mas quando um cartão de crédito pré-aprovado chega à sua casa no nome de seu cachorro, indicando que a instituição vendeu o nome do doador para outras instituições com fins lucrativos, este doador pode, e com razão, se sentir traído pela organização de caridade.

Muitos executivos admiram o *Wall Street Journal*. Gostam da cobertura de suas notícias e do fato de o editor tornar fácil para os assinantes suspender os serviços quando viajam. Mas quando o jornal faz os operadores de telemarketing ligar para os assinantes na hora do jantar — em geral a hora de maior probabilidade de encontrar os assinantes em casa — para oferecer a renovação da assinatura, eles jogam fora o prestígio que a publicação havia criado. Os assinantes vêem o lado do jornal que pressiona e invade.

De fato, é possível que a maioria das operações de telemarketing ativas — e também a mala direta — sejam mais prejudiciais do que os profissionais de marketing imaginam. Os procedimentos contábeis que demonstram o sucesso financeiro a taxas de retorno de um único dígito podem muito bem ser ilusórios no sentido de que não refletem a reação dos mais de nove entre dez que, ao ser interrompidos, precisam ter o trabalho de se livrar do operador ou da correspondência indesejados.

Realizar a avaliação de uma marca é um exercício interessante e quase invariavelmente leva a alguns insights úteis. Embora soe extremamente trivial, e alguns gerentes inicialmente questionem a utilidade da avaliação do input da marca, descobri que essa mesma atividade elementar quase nunca ocorre como uma atividade de revisão periódica de praxe em qualquer empresa. Entretanto, para a maioria das marcas, esses inputs são eventos não-coordenados que simplesmente "cresceram" baseados em necessidades imediatas. Com freqüência, diferentes unidades organizacionais da empresa os executam. Ao vê-los como elementos de criação da marca, jogam sobre eles uma luz inteiramente nova. Entretanto, como sugere o nome, a avaliação do input da marca é "input", e não reação do consumidor. E a reação do consumidor ao input da marca é a chave do processo de compreensão da mágica da marca.

Novas e promissoras abordagens de compreensão

Têm ocorrido importantes avanços na metodologia de pesquisa que apóia a investigação da mágica da marca. Além do trabalho de Aaker, Blackston e Fournier, já mencionados, outros pesquisadores têm investigado essa área. Olsen e Allen sugeriram o uso de histórias narrativas extraídas dos consumidores como um meio poderoso de obter insights sobre a personalidade da marca.[10] Por exemplo, eles podem pedir a um pesquisado para imaginar a marca como uma pessoa e fazer o papel de um detetive particular que a segue durante um dia. Eles descobriram que esse tipo de técnica de personificação não apresenta dificuldade para os pesquisados, e que um consenso surge entre eles. Essas duas descobertas sugerem que as técnicas de personificação são mais significativas para os consumidores do que meros artifícios impostos pelos pesquisadores.

A Técnica de Elicitação Metafórica de Zaltman é outra abordagem nova e empolgante para entender a mágica da marca.[11] Argumentando que a maior parte da comunicação humana é não-verbal, Zaltman começa com fotos. Ele dá aos consumidores tesouras e câmeras e pede-lhes que tragam de volta fotos da experiência com a marca. Com base nesses estímulos intermediários gerados pelos consumidores, ele conduz uma entrevista completa que inclui a grade de Kelly e técnicas mais complexas nas quais ele suscita a interpretação dos próprios consumidores com relação às fotos produzidas.

Importantes avanços têm ocorrido na pesquisa quanto à medição quantitativa da imagem de marca também. Os pesquisadores têm descrito tais imagens há mais de trinta anos, mas embora as descrições fossem ou reconfortantes ou perturbadoras, elas não levavam a nenhuma atitude. Hoje é possível através de técnicas de pesquisa baseadas em micromodelos, realmente projetar a imagem de uma marca para dar-lhe ótimo posicionamento no mercado.

Um exemplo desse tipo de modelo é o Locator℠, desenvolvido por Morgan da Research International.[12] Escalas Likert comuns são usadas para permitir ao consumidor descrever marcas importantes que competem em um mercado com base em suas personalidades e habilidades. Uma tarefa preferencial de soma constante dá a medida de dependência. O Locator℠ molda a resposta de cada consumidor individualmente. Portanto, é possível prever o impacto das mudanças de percepção mediante a escolha da marca. Se a marca fosse posicionada, por exemplo, como mais frugal, isso aumentaria ou diminuiria a preferência por ela?

Este exercício não diz ao profissional de marketing *como* tornar uma marca mais frugal — essa é, propriamente, uma tarefa criativa. Mas o micromodelo trata do que aconteceria à preferência se a marca tivesse sucesso ao mudar para uma direção específica.

Mais uma abordagem promissora que combina o conhecimento qualitativo com o rigor da quantificação é o trabalho que Sterenberg vem fazendo com estímulos não-verbais para explorar as marcas.[13] Sterenberg desenvolveu um conjunto de fotografias cujos significados foram intensamente explorados e validados em várias culturas. As imagens formam a base de uma seleção de fotografias que depois é usada para explorar os valores da marca.

Tomadas em conjunto, as ferramentas descritas anteriormente oferecem aos profissionais de marketing novos e importantes recursos para descobrir e desenvolver a magia da marca.

Características das marcas fortes

Recentemente, tive a oportunidade de examinar as características que distinguem marcas fortes de suas irmãs mais fracas.[14] O conjunto de dados consistia em 137 marcas em 49 categorias de produtos. Esse tipo de análise destaca a importância da magia de uma marca para pô-la em evidência.

Dois conjuntos de atributos distinguiram as fortes das fracas. Algumas características que vinham "de fora" (output), eram itens de reação. Elas refletiam a reação do consumidor a marcas fortes *versus* fracas e incluíam características como qualidade relativa percebida. Outro conjunto considerava o que podemos chamar de itens "de dentro" (input). Essas são características como tempo no ramo (ver Figura 13.6). Entre os itens de dentro, as marcas mais fortes tinham maior probabilidade de ser vistas como únicas. Elas desfrutavam de maior qualidade percebida relativamente a suas concorrentes. E tinham maior probabilidade de evocar imagens ricas e vívidas entre os consumidores.

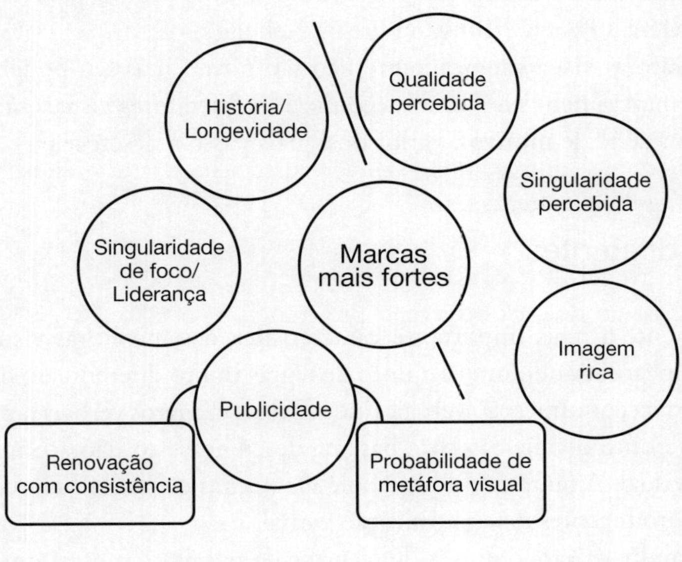

Figura 13.6 – Características das marcas mais fortes.

Os fatores de fora que diferenciaram as marcas fortes incluíram um sentido de passado: as marcas mais fortes tinham maior probabilidade de ter passado no teste do tempo. Marcas fortes também tinham maior probabilidade de exibir uma singularidade de foco, fator que rotulei de *liderança na categoria*.

O gasto com publicidade teve um papel dominante no mix de marketing de algumas marcas. Uma dimensão que eu chamei de *renovação com firmeza* foi encontrada nos temas da comunicação das marcas mais fortes. Essas marcas provavelmente exibiam a mesma campanha por períodos prolongados, modificando a execução com freqüência, mas não os temas da campanha.

Metáforas visuais

Uma maior probabilidade da presença de metáforas visuais também foi encontrada nas marcas mais fortes. Metáfora, é claro, é o uso de um objeto para descrever outro. Metáforas visuais levam esse princípio ao mundo do não-verbal. Exemplos de metáforas visuais incluem o fazendeiro Mr. Peanut, as uvas californianas dançantes, o guarda-chuva do seguro para viajantes, o touro da Merrill Lynch e Tony, o tigre da Kellogg's.

Metáforas visuais logicamente não são novas, mas seu poder na construção de marcas nem sempre foi reconhecido. Metáforas visuais são poderosas por uma série de motivos, vários dos quais passo a descrever.

Regras diferentes

Provavelmente a mais importante característica das metáforas visuais é que elas comunicam usando um conjunto de regras muito diferente do que aquele empregado na comunicação verbal. Enquanto os exageros verbais rapidamente atingem o ponto de rejeição com base na descrença, isto não acontece com a metáfora visual. A fantasia e a hipérbole são aceitas em metáfora, mas podem ser contraproducentes na comunicação verbal.

Quando a Exxon, através de recursos da televisão, mostra um carro em movimento transformando-se em um tigre, e depois tornando-se um carro novamente, ninguém literalmente acredita que o carro se transformou em um animal poderoso. Mas a associação é clara, inequívoca e carregada de significado.

No mundo do visual, o uso de exagero e de distorção simplesmente representa jogar de acordo com um conjunto de regras entendido e aceito pelos espectadores. No mundo todo, o caubói da Marlboro representa masculinidade e independência. Fora dos Estados Unidos, ele é americano também.

Processo cognitivo

As metáforas visuais evocam o processo mental por parte dos consumidores, que devem interpretá-las para conseguir extrair seus significados. Há indícios abundantes de que esse processo ativo fortalece a formação da atitude e retarda a deterioração das atitudes assim formadas.

Baixa susceptibilidade ao desgaste

As "boas mãos" têm sido parte da magia da Allstate por mais de trinta anos, mas elas têm sido usadas de maneiras diferentes. Algumas vezes as mãos eram fotos de mãos reais que se dissolviam em mãos de trabalhos artísticos; outras vezes, elas eram um desenho. Às vezes elas continham pessoas animadas. Outras, elas seguravam casas e carros. Como as "boas mãos," as metáforas visuais podem ser renovadas e usadas de diferentes modos sem que seu significado se altere substancialmente.

Capacidade de transmitir mensagens complexas

O Banco Wells Fargo na Califórnia usa eficazmente uma carroça para simbolizar a idéia de que o banco estará sempre lá para você. Também passa a idéia de que o Wells Fargo existe há muito tempo — uma associação importante para uma instituição à qual as pessoas confiam seu dinheiro. A identificação com o Oeste também projeta uma imagem de amizade e de conversa franca. E, finalmente, pessoas que conquistaram o Oeste são vistas como heróis, como pessoas que venceram as adversidades com grande luta e esforço.

A carroça funciona muito bem na televisão, e o Wells Fargo faz também um excelente trabalho ao usá-la de modo consistente em todas as formas de comunicação. De fato, porque a companhia construiu a metáfora visual com tanta consistência ao longo de muitos anos, ela também dá bons resultados no rádio. O efeito sonoro dos cascos dos cavalos puxando a carroça e o sotaque exagerado dos cocheiros criam imagens visuais nas mentes dos ouvintes.

Propriedade

Por serem concebidas para serem únicas, as metáforas visuais fornecem características distintas às marcas que não podem ser oferecidas pela palavra. Devido ao fato de que as características distintas comunicam significados, elas contribuem com uma mensagem poderosa que não está sujeita ao ceticismo encontrado pelo argumento verbal.

Possíveis pontos negativos

Há um lado negativo nas metáforas visuais? Certamente. Um risco é que o consumidor não interprete a metáfora do modo adequado. Os requisitos do processo podem ser muito exigentes. Um outro risco é que uma metáfora pode ser mal interpretada e, por conseqüência, resultar em uma mensagem indesejada. Um outro problema em potencial, ainda, é que a metáfora possa se tornar restritiva já que a natureza do negócio evolui e muda com o tempo. Entretanto, esses riscos podem ser identificados e gerenciados. As vantagens da criação da marca através de uma metáfora visual bem desenvolvida valem a pena de ser consideradas.

O maior risco, ironicamente, está mais perto de casa — é o profissional de marketing que não reconhece o valor de sua propriedade. Possivelmente, o melhor exemplo disso seja o abandono do filhote de cachorro da Andrex no Reino Unido pela Kimberly-Clark na aquisição da Bowater-Scott, dona da metáfora. A capacidade de o cachorrinho transmitir maciez, força e quantidade do produto foi uma das mais surpreendentes e mais bem documentadas histórias de sucesso de marketing na Inglaterra.

A Andrex não está sozinha. As camisas Hathaway recentemente abandonaram sua metáfora de um homem com um tapa-olho baseando-se no argumento questionável de que não são mais contemporâneas. E o cavalo vermelho voador da Mobil, embora ainda presente na placa da firma, é claramente deixado de lado pelo profissional de marketing em favor do *O* estilizado na palavra *Mobil*.

Resumo

Neste capítulo argumentei que as marcas ganharão sua importância para o consumidor e, portanto, para os profissionais de marketing. Essa novidade é muito boa para os fabricantes que estão compromissados com a construção da marca. A má notícia para os fabricantes é que os varejistas reconhecem isto, e os melhores dentre eles estão aprendendo a construir suas próprias marcas fortes.

Também sugeri que o que muitos enxergam como o lado mais fácil na criação de uma marca pode ser no entanto, muito difícil. Os aspectos emocionais, pessoais e relacionais da criação da marca (branding) têm maior probabilidade de fornecer uma vantagem econômica duradoura do que os aspectos baseados na funcionalidade. Os profissionais de marketing que se preocupam em entender e gerenciar as identidades de suas marcas aumentarão a probabilidade de vencer em mercados ainda mais competitivos.

Notas

1. Swander Pace & Company, *State of food industry report* (São Francisco: Swander Pace & Company, 1997).
2. Carol Simon e Mary Sullivan, *A financial approach to estimating firm-level brand equity and measuring the impact of marketing events,* Working Paper p. 92-116 (Cambridge, MA: Marketing Science Institute, 1992).
3. Donald Keough, "The importance of brand power," em Paul Stobart (org.), *Brand power* (Nova York: Macmillan, 1994), p. 78.
4. John Sherry, trabalho apresentado na 14ª Reunião Anual da Associação para Pesquisa do Consumidor, conforme citado em Alexander L. Biel, "Converting image into equity," em David A. Aaker e Alexander L. Biel (orgs.), *Brand equity and advertising* (Hillsdale, NJ: Lawrence Erlbaum, 1993).
5. Biel, "Converting Image Into Equity".
6. Elizabeth Nelson, presidente, Taylor Nelson, apresentação pessoal, maio de 1992.
7. Max Blackston, "Beyond brand personality: building brand relationships", em David A. Aaker e Alexander L. Biel (orgs.), *Brand equity and advertising* (Hillsdale, NJ: Lawrence Erlbaum, 1993).

8. Susan Fournier, "A Consumer-brand relationship perspective on brand equity", trabalho apresentado em Marketing Science Institute Conference sobre Brand equity e o marketing mix, Tucson, AZ, 2 e 3 de março de 1995.
9. Jennifer Aaker, "Dimensions of brand personality", *Journal of Marketing Research,* agosto de 1997.
10. Jerry Olsen e Doug Allen, "Building bonds between the brand and the customer by creating and managing brand personality", trabalho apresentado em Marketing Science Institute Conference sobre Brand equity e o marketing mix, Tucson, AZ, 2 e 3 de março de 1995.
11. Gerald Zaltman e Robin Higie, *Seeing the voice of the customer: the Zaltman metaphor elicitation technique*, Working Paper, p. 93-114 (Cambridge, MA: Marketing Science Institute, 1993).
12. Biel, "Converting Image Into Equity".
13. Greet Sterenberg, "BrandSight: a non-verbal method to measure brand personality", trabalho apresentado no Seminário RIQ sobre Pesquisa Qualitativa, Cingapura, novembro de 1997.
14. Alexander L. Biel, "Discovering brand magic: the hardness of the softer side of branding", *International Journal of Advertising,* vol.16, nº 3, 1997. Ver também Alexander L. Biel e Judie Lannon, "Steel bullet in a velvet glove? The use of metaphor in advertising", *Admap,* abril de 1993.

14

Como a publicidade constrói o brand equity

Andy Farr

Este capítulo trata de duas questões-chave que preocupam as mentes de publicitários e profissionais de marketing do mundo todo. Primeiro, como podemos avaliar o brand equity entre os consumidores? E segundo, como podemos determinar quais campanhas publicitárias têm probabilidade de agregar valor para a marca no longo prazo? A estrutura conceitual para responder a essas perguntas está baseada na experiência de Millward Brown ao longo de mais de quinze anos, associando dados de rastreamento ao modelo de vendas, e nos resultados iniciais de um projeto de pesquisa que enfoca as medidas de pesquisa de consumidor que são comuns entre todas as marcas de sucesso.

Por que precisamos medir o equity que a marca tem para o consumidor? Com dados de venda do varejo detalhados, deveríamos ser capazes de descobrir uma resposta imediata de venda de curto prazo à maior parte de publicidade de produtos de consumo de alta rotatividade. O problema é que isso provavelmente mostrará que grande parte da publicidade não se justifica com base nos retornos de curto prazo. Entretanto, minha experiência, bem como a análise do Institute of Practitioners in Advertising (IPA) que divulga os ganhadores de prêmios de eficiência e a análise-piloto da Nielsen sobre 45 importantes marcas do Reino Unido nos últimos três anos, indica que a publicidade realmente tem uma função na construção de uma marca no longo prazo.

Todavia, há um senão. Nem toda publicidade e nem todas as inovações têm sucesso — algumas estratégias são mais poderosas que outras, e algumas execuções mais eficazes que outras para pôr em prática essas estratégias. Os profissionais de marketing precisam de provas de que o investimento na publicidade de hoje será recompensado no longo prazo.

Isto significa que devemos procurar mudanças nas vendas principais da marca no longo prazo e outras medidas de capital de vendas. Mas já que, por sua natureza, um efeito de longo prazo ocorre apenas ao longo de um período de um a cinco anos, precisamos saber que medidas de curto prazo são precursoras da construção da marca no longo prazo. O papel do pesquisador de mercado é identificar as medidas que são as melhores indicadoras dos efeitos da publicidade sobre a marca, bem como as estratégias e execuções que estão levando a marca na direção certa — mas precocemente.

Medidas de pesquisa de brand equity para o consumidor e sua ligação com a publicidade

A pesquisa de campo mede apenas uma parte do brand equity, mas uma parte importante. As idéias, associações e imagens que as pessoas têm de uma marca determinam o fator de demanda da equação do brand equity. Elas definem o brand equity para o consumidor — o que torna um cliente disposto a pagar o preço pedido e um não-cliente disposto a considerar a compra da marca. Se a posição da marca é forte o suficiente na mente dos consumidores a ponto de garantir que eles paguem o preço pedido por ela, então ela terá conquistado seu valor perante o consumidor e transformado o preço em brand equity. Este brand equity para o consumidor pode ser resumido mediante cinco elementos mostrados na Figura 14.1.

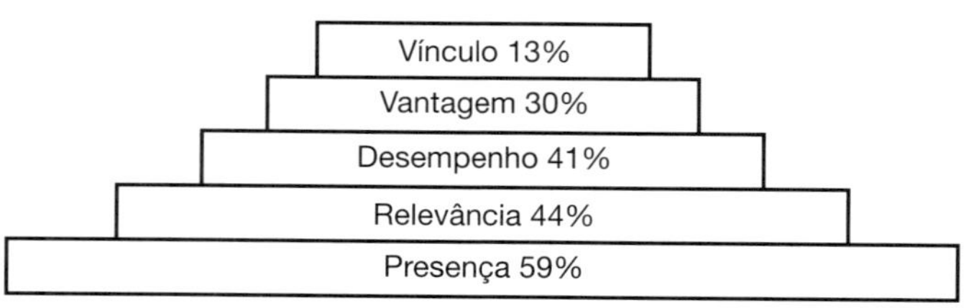

Figura 14.1 – A construção da pirâmide.

Presença da marca

As marcas existentes em um mercado podem ser dispostas em um contínuo, de nenhum awareness a um conhecimento passivo do nome, a marcas que os consumidores conhecem em certo grau ou soam familiares, a marcas que eles conhecem muito bem por uma experiência real ou pela atividade de marketing, e finalmente àquelas marcas que são consideradas como dinâmicas ou que crescem em popularidade. Utilizando medidas-padrão de pesquisa de awareness, destaque e familiaridade, e de dinamismo da marca, é possível alocar as marcas em um quadro que mostra o nível de awareness e até que ponto ele é ativo ou passivo (ver Figura 14.2). As marcas no quadrante superior direito desta grade são aquelas com ativa presença de marca.

O conceito e a importância da presença da marca tornam-se claros quando observamos exemplos dessa dinâmica.

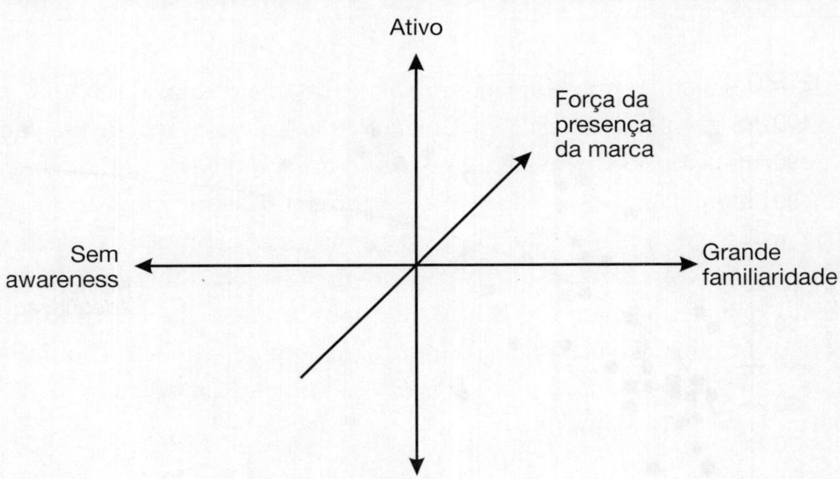

Figura 14.2 – Grade de percepção da marca.

Lançamentos de marcas

A publicidade tem papel primordial na colocação de uma nova marca no mapa, e o sucesso em criar o awareness é um dos primeiros passos na direção de um lançamento bem-sucedido. A Figura 14.3 mostra o nível de awareness sugerido de 51 lançamentos de bens de consumo de alta rotatividade. Todos os dados mostrados foram obtidos seis meses após o lançamento. Na parte inferior da figura estão os níveis de GRP durante os primeiros seis meses. Existe uma ampla variação no awareness, mas uma tendência geral positiva. Após 400 GRPs, espera-se tipicamente um awareness de cerca de 40%; após 600 GRPs, cerca de 50%; e após 1.000 GRPs, 60% ou mais.

Para um produto novo, a presença da marca pode ser considerada a porta dos consumidores para a marca — é improvável que eles comprem uma marca da qual nada sabem —, exceto na mais baixa das categorias de risco. Uma análise do awareness do lançamento comparado à "experimentação" do produto mostra forte correlação. O awareness não garante experimentação, mas é um fator importante.

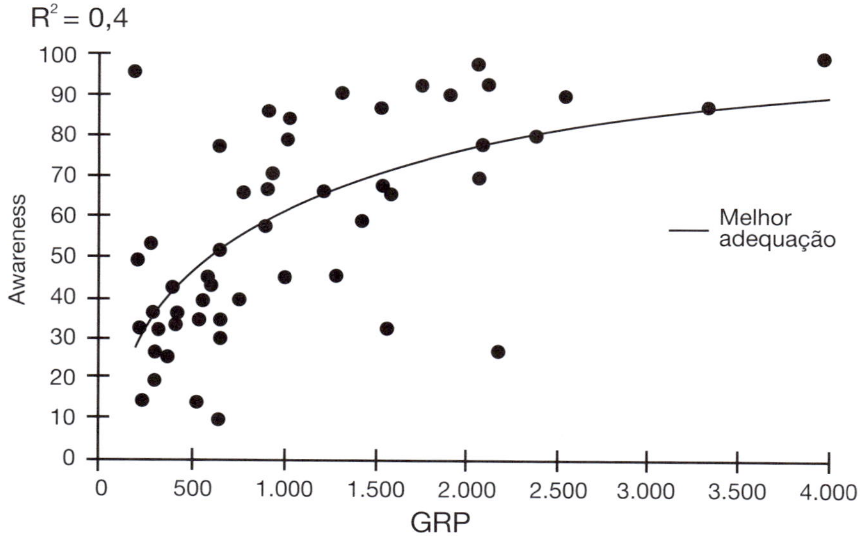

Figura 14.3 – Awareness sugerido após seis meses *versus* GRP.

Marcas consolidadas

Criar um "frenesi" ou um clima de empolgação em torno de uma marca é uma das formas de gerar aumento na tendência de vendas subjacente. O exemplo do bem-sucedido *snack* britânico Pepperami, sobre o qual seguem detalhes, demonstra esse ponto com perfeição. Entretanto, é apenas uma das inúmeras campanhas altamente eficientes que tiveram sucesso em elevar a presença da marca a novos níveis, entre elas o famoso trabalho com o Wonderbra e com o refrigerante de laranja Tango. O Pepperami, antes da campanha premiada de 1992, já tinha awareness de 90%, mas as vendas haviam estagnado depois de um crescimento no final dos anos de 1980. O lançamento da campanha de alto impacto "bit of an animal" teve o efeito de elevar o recall da propaganda de 11% para 67%, colocando a marca acima de importantes marcas de confeitos, como a Mars, com uma das menores verbas do setor de petiscos. E dobrou a popularidade percebida da marca entre crianças e jovens adultos, como mostra a Figura 14.4. A marca deixou de ter uma presença passiva para assumir uma presença altamente ativa no mercado de petiscos. O impacto resultante sobre as vendas teve um aumento médio de 35%.

Para marcas consolidadas, a crescente presença da marca é um grande indicador do crescimento das vendas — aumentos sustentados no destaque da marca ou a sensação de que ela está crescendo em popularidade precedem, com freqüência, mudanças nas vendas.

Figura 14.4 – Percepção de marca do Pepperami.

Prova de que a publicidade aumenta a presença da marca

Os dados do novo lançamento apresentados na Figura 14.3 mostram uma resposta em geral positiva do awareness ao esforço crescente. Mas alguns lançamentos, apesar de investir pesadamente em mídia, não conseguem colocar seus produtos no mercado. Isso pode-se dever a inúmeros fatores, dos quais o mais importante é a falta de distribuição. Entretanto, a eficácia da execução em penetrar e deixar uma imagem da marca é também um fator crucial. A Figura 14.5 mostra que a grandeza de variação explicada apenas pelo peso de GRP aumenta em um terço (de 41% para 55%) quando os GRPs são relacionados com o índice de awareness para criar uma medida de "peso efetivo". (O índice de awareness é o índice de eficiência de publicidade de Millward Brown calculado ao relacionar o aumento de awareness ao crescente esforço de mídia.)

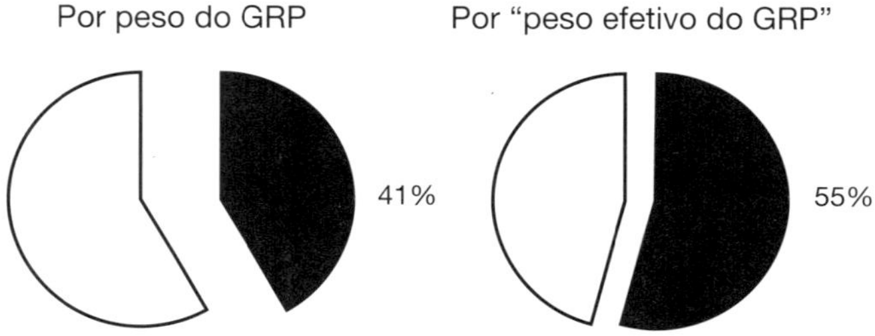

Figura 14.5 – Explicação da variação.

No caso de marcas consolidadas, também não surpreende que mudanças dramáticas na presença da marca tenham resultado de publicidade que gera índices de awareness que estão entre os menores de todas as propagandas analisadas. Um dos indicadores mais precoces de que uma campanha tem potencial para gerar aumento no valor percebido pelo consumidor é o aumento no nível de awareness da publicidade entre o target.

Assim, a presença da marca pode ser estimulada por todos os estilos de publicidade, do mais simples anúncio de um novo produto e seus benefícios funcionais básicos até a abordagem mais criativa. Entretanto, a visibilidade da marca na publicidade é um componente essencial para seu sucesso.

Relevância da marca

Se a presença da marca é a porta de entrada para o consumidor, então a relevância da capacidade da marca para atender às necessidades e aspirações do consumidor irá determinar o tamanho do mercado potencial disponível para a marca. Por exemplo, no mercado de pastas de dente, podemos ver na Tabela 14.1 que uma marca segmentada como a Sensodyne pode ter um posicionamento bem claro. Ela é vista como a mais eficiente marca para dentes sensíveis por três quartos do mercado, mas como a relevância disso é limitada para a maioria dos consumidores, sua participação no mercado é de apenas 4% em volume.

Tabela 14.1: Posição de duas marcas de pasta de dente.

	Sensodyne (%)	*Colgate (%)*
Melhor para dentes sensíveis	75	11
Relevante para as necessidades minhas ou de minha família	14	51
Market share (volume)	4	30

Prova de que a propaganda está criando relevância

Nigel Hollis mostrou que a publicidade é imediatamente motivadora na medida em que está orientada por uma combinação de conteúdo informativo, relevância, prazer e criação da marca.[1] A relevância sozinha foi responsável por quase metade da variação que Hollis encontrou nos valores de persuasão. Isso foi particularmente verdadeiro com relação aos "low users" e aos não-usuários.

A maioria das inovações há de motivar imediatamente certas pessoas; já a publicidade tem o poder de potencializar isso. Por exemplo, no Reino Unido, havia necessidade de saquinhos de chá redondos antes de a Tetley lançá-los e depois anunciá-los? Será que o desinfetante Toilet Duck teria sido tão bem-sucedido sem o simples e criativo artifício da mulher virando de cabeça para baixo? E a Radion, teria gerado vendas no lançamento sem a propaganda que transformava a remoção de odor em um problema? Em cada um desses casos, é altamente improvável.

O papel da relevância é ainda mais óbvio para marcas consolidadas. A publicidade pode ser usada para alavancar vantagens existentes tornando-as relevantes para uma nova necessidade ou grupo de consumidores. O mais famoso exemplo disso é o Lucozade da SmithKline Beecham, que passou de bebida para convalescentes a bebida da moda para quem pratica esportes.

Em tais casos, a avaliação/prova da eficicácia da publicidade não está apenas na medida do aumento da experimentação e das compras posteriores, mas também na demonstração de que a oportunidade foi maximizada. Terá a publicidade transmitido a mensagem de modo efetivo para o target? Ela foi clara? E despertou confiança e foi relevante, como deveria ser?

Desempenho do produto

O desempenho real do produto é uma medida muito subjetiva, mas, em última análise, se o produto decepciona ou não consegue acompanhar a concorrência, então no longo prazo suas vendas irão cair. Conforme observam Paul Feldwick e Françoise Bonnal: "Se você analisar marcas que estão realmente com problemas hoje, é muito provável que ache produtos que perderam a vantagem competitiva porque perderam valor ou apenas deixaram de inovar, e ainda assim esperam praticar uma diferença de preço cada vez maior em relação a concorrentes similares".[2] Em outras palavras, a publicidade pode ter um efeito profundo sobre a percepção do desempenho dos produtos, mas não pode tornar forte um produto fraco. Contudo, ela pode conferir uma vantagem a um produto com desempenho semelhante ao das marcas concorrentes. Entender com clareza o que o produto realmente está oferecendo é um dos elementos importantes na compreensão do valor da marca para o consumidor e sua capacidade de garantir um retorno.

Vantagens do produto e da marca

A vantagem de uma marca pode ser uma extensão direta de alguns aspectos singulares que o produto oferece. Entretanto, nos mercados saturados da década de 1990, muitas marcas tinham, na verdade, pouca diferenciação significativa. As marcas mais bem-sucedidas conseguiram tomar algum aspecto do desempenho do produto e transformá-lo em vantagem percebida, ou conseguiram desenvolver características e posicionamentos característicos dessas marcas que lhes dão uma vantagem percebida pelo consumidor no mercado. O resultado disso é que elas podem praticar um preço mais alto (price premium) que não se justifica unicamente com base nos "ingredientes".

A propaganda provavelmente influenciará o desempenho percebido do produto de duas formas: primeiro, influenciando as expectativas quanto à experiência com o produto (processo que eu chamo de *otimização do produto*); e segundo, criando uma auréola de superioridade em torno da marca (através de um mecanismo que eu chamo de *status de interesse*).

Criação de vantagens de produtos através da otimização de produtos

O estudo de caso do café Red Mountain, no final da década de 1980 (sobre a eficácia da publicidade, publicado em um ensaio da IPA, em 1988), é um belo exemplo do processo de otimização em ação. A publicidade criou com sucesso a expectativa pelo sabor do café Red Mountain como sendo o café que tinha "o sabor de café em grãos". Antes disso, os consumidores tinham a tendência de achar o sabor ligeiramente amargo do café como negativo — em parte devido às imagens das propagandas mostrando caubóis bebendo Red Mountain em volta de uma fogueira. Entretanto, à luz da nova propaganda, o amargor foi encarado positivamente como sabor de café em grão. Essa mudança ficou clara no aumento da conversão da experimentação para a compra freqüente. Mas os efeitos plenos dessa propaganda não ficaram tão claros até que a segunda compra fosse estimulada por uma embalagem de baixo preço em tamanho adequado para uma experimentação. A publicidade em si não foi suficientemente motivadora para gerar a recompra, mas a mensagem foi capaz de influenciar as percepções na experimentação.

Prova de que a publicidade está criando vantagem para o produto

Uma experiência conduzida por Millward Brown, em 1993, confirmou a magnitude do efeito da otimização e mostrou que a publicidade aumentava a conversão de "experimentação" para "intenção definitiva de compra" de 19% para 30%.[3] Entretanto, em condições reais de mercado, a prova de que a publicidade está surtindo um efeito de otimização positivo não é clara, pois boa parte da influência age no momento da experimentação, e não quando a publicidade foi vista. Por exemplo, a eficácia de um exercício de degustação após a publicidade com um elemento de otimização tende a ser muito maior, mas poderia ser atribuída às atividades below the line e não ao efeito multiplicador da publicidade com o intuito de levar à experimentação. Se não houver nenhuma atividade específica para levar à experimentação, então o efeito de otimização da publicidade nas percepções do produto somente pode tornar-se claro gradualmente ao longo do tempo.

Esse padrão é mostrado de forma bastante clara na Figura 14.6. A campanha aqui gerou considerável presença da publicidade, mas o efeito nas percepções do produto e nas vendas foi se tornando claro apenas ao longo de vários anos. Se a publicidade está agindo de forma eficaz com o produto, então ao longo do tempo espera-se observar aumentos na freqüência em que a marca é associada com as vantagens específicas do produto, conforme mostra a figura. Todavia, em razão da interação com a experiência do produto, precisamos compreender claramente a força do produto para poder avaliar isto de forma abrangente.

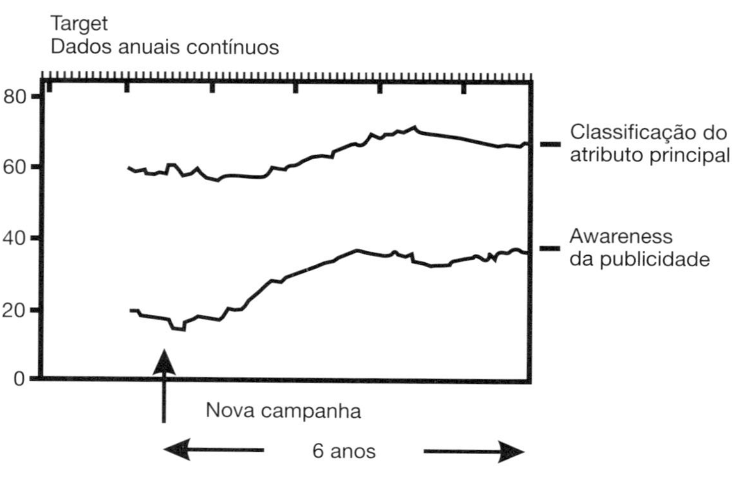

Figura 14.6 – Efeito do awareness da publicidade conduzindo o efeito sobre as percepções dos atributos do produto.

Ligando o desempenho real do produto ao percebido

Por conta dos efeitos do produto e da otimização da percepção do que o produto oferece, um importante auxílio à tomada de decisões de marketing é considerar onde o desempenho real e o percebido do produto coincidem, como ilustra a Figura 14.7. As marcas no quadrante superior direito da figura, onde tanto o desempenho real como o percebido são *fortes*, podem ter uma posição premium. As marcas no quadrante inferior direito são *vulneráveis*; o branding está proporcionando proteção à marca, mas em última análise isso não consegue se sustentar. A marca não é capaz de justificar sua posição premium no longo prazo. As marcas no quadrante superior esquerdo têm *potencial* e merecem reforço, em especial na forma de uma combinação de publicidade que enfoque os pontos fortes do produto e uma atividade "below the line" que leve à experimentação. E a viabilidade das marcas no quadrante inferior esquerdo deve ser questionada. A menos que esforços consideráveis sejam feitos na melhoria do produto, seguidos de investimentos above e below the line, a marca desaparecerá.

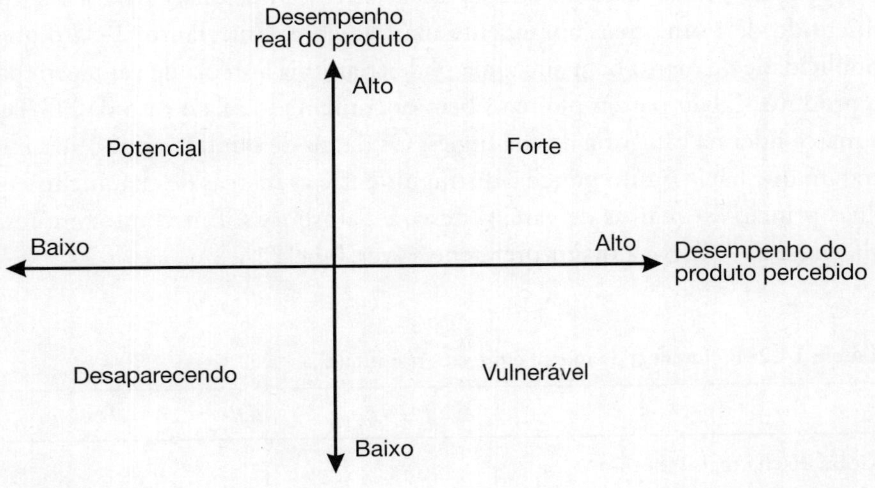

Figura 14.7 – Desempenho real e percebido do produto.

Principais indicadores do efeito da publicidade sobre a vantagem do produto

Como o efeito de otimização é retardado até o momento da experiência com o produto, precisamos ser capazes de antecipar se a publicidade tem a capacidade de agir sobre esse mecanismo no curto prazo. Existem dois fatores-chave relacionados à publicidade: primeiro, ela precisa ser lembrada — isso é importante porque sua maior influência é no momento da experimentação; e segundo, a mensagem deve estar relacionada de alguma forma à experiência de "usar" o produto — será que ela cria expectativas sobre qual seria "a sensação de comer" o produto? E está de acordo com o que o produto realmente pode oferecer? Portanto, há um forte argumento a favor de executar o teste do produto paralelamente ao trabalho de desenvolvimento da propaganda para entender como as sinergias entre os dois podem ser maximizadas.

O papel da publicidade neste contexto é tomar algum aspecto do desempenho do produto e atrair os consumidores para aquele benefício.

Criação de vantagem de produto através de status de interesse ou publicidade de marca

O papel da publicidade na criação de atrativos emocionais para a marca é discutido de forma mais abrangente mais adiante. Entretanto, é claro que a publicidade de marca bem-sucedida pode criar uma auréola de vantagem para o produto. Talvez o exemplo mais bem documentado seja o caso da PG Tips, a marca líder na categoria de chá inglês. Os dados de blind tests de 1983 mostraram que havia muito pouco a distinguir entre as marcas de chá, inclusive as duas principais "marcas de varejo" Tesco e Sainsbury's. Entretanto, em testes abertos a PG obteve a maior preferência (ver Tabela 14.2).

Tabela 14.2: Preferência de marca em testes nominais.

	PG Tips	*Tetley*	*Typhoo*
Xícara de chá mais saborosa (classificada em comparação à PG)	100	85	40

Fonte: Dados de estudos do IPA e de Millward Brown, março de 1990.

Em outras palavras, a marca foi capaz de criar um nível de vantagem de produto reconhecido que não é totalmente respaldado no que o produto de fato oferece. Se isso coloca a PG Tips em uma posição vulnerável no longo prazo, então isso seria duplamente verdadeiro para qualquer marca que fracassasse na manutenção de suas vantagens percebidas. A PG Tips continuou a ser apoiada pela popular campanha de publicidade que mostrava chimpanzés, e isso proporcionou certa proteção contra a ameaça de marcas próprias dos varejistas, o que não se deu no mercado como um todo. No momento do blind test o market share das marcas próprias das lojas de varejo era de cerca de 20%; hoje ele se aproxima dos 40%. Embora a força das marcas de varejo em geral tenha aumentado ao longo dos últimos vinte anos, a falta de uma autêntica diferenciação entre os produtos nesse mercado provavelmente acelerou o processo. A tendência está representada na Figura 14.8.

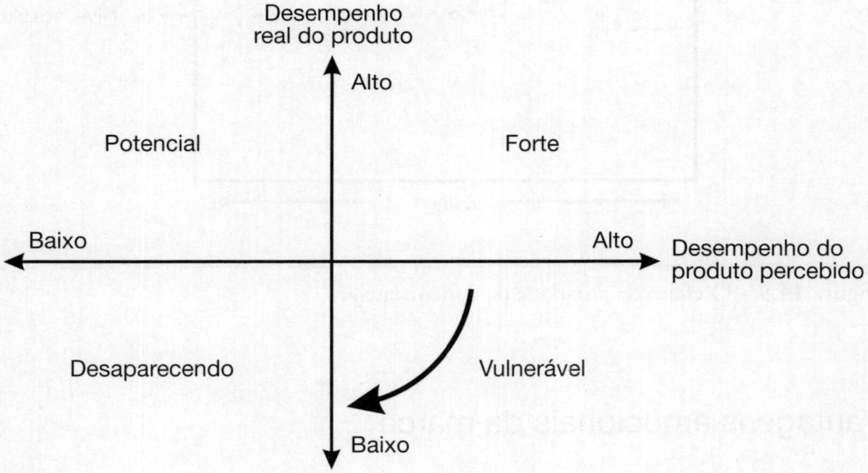

Figura 14.8 – Desempenho real e percebido do produto: Tendência de longo prazo.

No mercado de chás como um todo, a falta de diferenciação é tal que para dois dos três principais segmentos de consumidores — os compradores por classe de produtos e os não-discriminadores — as marcas dos próprios varejistas atendem às necessidades do consumidor tanto quanto as marcas industriais.

Perda de vantagem pela pressão da concorrência

Uma marca também pode perder a vantagem de mercado pelo lançamento de produtos concorrentes. A Figura 14.9 mostra o efeito que o lançamento de um novo concorrente teve sobre uma marca de analgésico americana. Os endossos sobre a característica essencial da eficácia não declinaram, mas a freqüência em que essa percepção era vista como uma propriedade exclusiva caiu consideravelmente, seguida pelo market share.

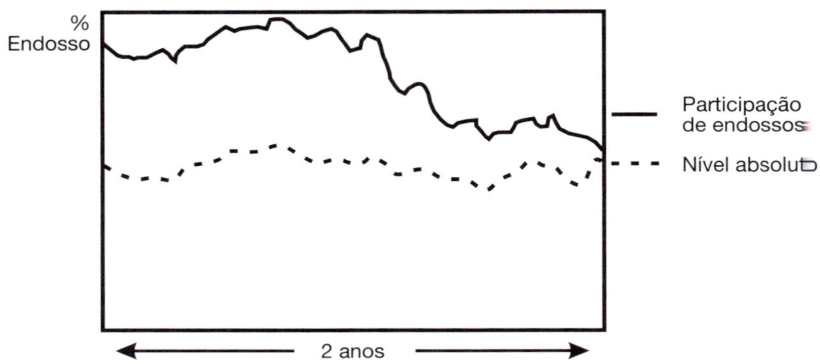

Figura 14.9 – O efeito da atividade da concorrência.

Vantagens emocionais da marca

As marcas podem ter vantagens percebidas não relacionadas com os aspectos físico ou sensorial que o produto oferece, e mais relacionadas com o apelo emocional da marca e com a sensação de familiariedade que desperta no comprador daquela marca. Em muitos aspectos isso é uma extensão da presença da marca, só que essa presença é convertida em uma vantagem relevante somente se ela se encaixar nas necessidades emocionais do consumidor. As calças Levi's seriam apenas mais um tipo de calças bem-feitas não fossem as imagens americanas de publicidade que lhe deram estatura e identidade. É isso que oferece àqueles que usam as calças Levi's o valor adicional que torna a marca merecedora do preço cobrado.

Swindells e Branthwaite argumentam que a publicidade cria uma auréola na mente do espectador — uma auréola de empolgação, singularidade e supremacia. Essa publicidade cria interesse pela marca e lhe confere status.[4] Entretanto, um ponto vital é que não é a marca que é interessante, mas a publicidade "consumível". Se for este o caso, e eu creio que há fortes provas nesse sentido, então, para antecipar os efeitos de tais campanhas, deveríamos estar analisando o target para avaliar seu nível de envolvimento com a campanha. Por exemplo, com a extremamente bem-sucedida campanha britânica do refrigerante de laranja Tango, pessoas entre 16 e 34 anos acharam a propaganda muito mais envolvente do que a maioria das propagandas (ver Figura 14.10).

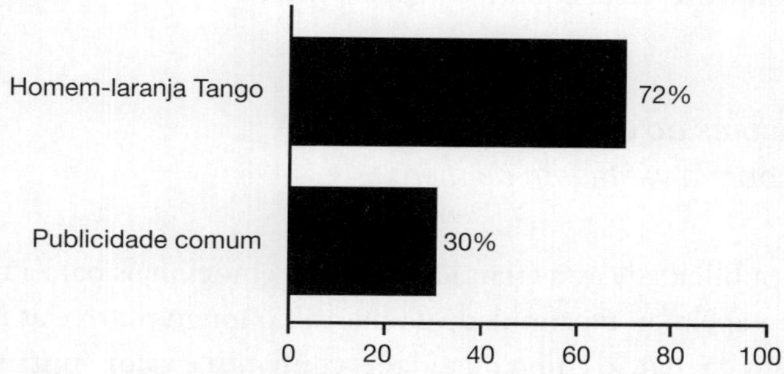

Figura 14.10 – Envolvimento ativo com a publicidade.
Fonte: Millward Brown, 1995 *calibration data.*

Swindells e Branthwaite também argumentam que esse tipo de publicidade não se processa ativamente no momento em que é visto, mas é armazenado em uma memória audiovisual. Esta então é assimilada à marca por associação e repetição. Portanto, é imperativo que as propagandas que funcionam dessa forma devam estar associadas à marca unicamente em termos criativos, porque não há um benefício ou uma característica únicos do produto para fazer a conexão. E mais uma vez, como exemplo, foi o que aconteceu com a campanha do Tango, com 95% do público entre 16 e 34 anos dizendo que "não dava para deixar de notar que era uma propaganda do Tango".

Não é surpreendente que a publicidade que é eficiente por meio deste mecanismo quase sempre possui uma capacidade de penetração e geração de associações da propaganda com a marca acima da média, tanto no curto como no longo prazos. Uma análise dos trabalhos premiados na campanha da IPA dedicados a efeitos mais amplos e longos revela que, em todos os casos em que se publicaram pesquisas sobre awareness, os níveis obtidos foram acima da média.

Pode haver uma relação direta entre os dois processos, com as associações da publicidade agindo como um meio para armazenar e decodificar a mensagem. Porém, a relação não precisa ser direta. A correlação pode existir porque os fatores que geram alto nível de memorização e penetração da propaganda são os mesmos que garantem que a publicidade é capaz de criar uma auréola de empolgação, singularidade e supremacia em torno da marca na mente do espectador. A publicidade é ativamente envolvente, marcante, com freqüência agradável (mas não exclusivamente — a publicidade pode ser eficiente ao ser altamente desafiadora), e ligada à marca.

Principais indicadores do efeito da publicidade sobre a vantagem da marca

A prova de que a publicidade está criando vantagens emocionais para a marca será o aumento no apelo ou na afinidade da marca no longo prazo e as medidas de alto conceito da marca, como qualidade, confiança e valor, juntamente com o crescimento nas associações da marca no longo prazo. Entretanto, no curto prazo podemos antecipar os efeitos de tal publicidade entendendo a relação entre o target e a publicidade. Medidas de penetração de publicidade como o índice de awareness podem funcionar como um barômetro do poder criativo da publicidade, e, portanto, como seu potencial de eficiência no longo prazo.

Criação de vínculo

Em última análise, a confiança e a afinidade derivadas das vantagens da marca podem resultar em tal nível de vínculo de alguns consumidores que eles não consideram concretamente a compra de nenhuma outra marca. Essa situação não exclui a possibilidade de o consumidor experimentar um novo produto, mas é provável que sua marca ofereça proteção contra a atividade dos concorrentes. Por exemplo, uma análise das marcas líderes nos mercados de chá, café, pasta de dente e margarinas demonstra que, em média, mais de um terço dos consumidores consideraria somente essas marcas para comprar. Em contraste, para a segunda marca e para as restantes do mercado, o número cai para um quinto ou menos (ver Tabela 14.3).

Tabela 14.3: Escolha do consumidor por marcas líderes *versus* outras.

	Marca líder	*Segunda marca*	*Outras marcas*
Porcentagem que considera comprar exclusivamente a marca	36	22	17

Os que seguem o modelo Dirichlet alegariam que esta é puramente uma função do tamanho da marca. Embora eu não discorde de que marcas grandes têm mais consumidores vinculados ou leais, isso desconsidera o fato de que muitos consumidores realmente têm um vínculo emocional autêntico com a marca que compram. Esses consumidores leais representam o lucro futuro da marca. Trabalhos realizados nos Estados Unidos pela Coalition for Brand Equity demonstraram que, em certos casos, todos os lucros de uma marca são derivados dos 10% dos consumidores que são mais leais — e, portanto, menos inclinados a mudar por causa de promoções de preço.[5]

Prova de que a publicidade está levando o consumidor a se vincular à marca

Como medida da eficácia da publicidade, deveríamos tentar verificar as tendências em afinidade da marca e comprometimento do consumidor — o grau em que a marca obteve o status na classe de produtos do consumidor, sendo que nenhuma outra marca é considerada como objeto de compra. Entretanto, em mercados consolidados é possível que esses movimentos mostrem tendências lentas no lugar de aumentos rápidos, e assim é provável que sigam a criação da presença e das vantagens da marca — ou a introdução de uma inovação exclusiva de um produto.

Conclusões

Neste capítulo tentei estabelecer uma estrutura básica dentro da qual podemos avaliar os prováveis efeitos de curto e longo prazos da publicidade que sejam capazes de construir a marca no longo prazo. Embora tal estrutura não seja definitiva, o fato é que aumentos e declínios nas dimensões relativas à presença da marca, sua importância para o mercado, o produto reconhecido e suas vantagens emocionais, e, finalmente, a preferência, o status e o comprometimento com a marca é que serão indicativos da força ou fraqueza de uma marca.

Entretanto, dado que por sua natureza um efeito de longo prazo ocorre ao longo de um período de um a cinco anos, precisamos considerar que medidas de curto prazo são precursoras do branding no longo prazo. Elas se encaixam em duas categorias. Primeiro, sobre uma marca há os efeitos do imediato efeito-desafio da inovação, que devem produzir mudanças imediatas no awareness, na experimentação ou na consideração da experimentação e nas vendas, ou na intenção definitiva de compra em mercados com ciclos de compra mais longos. E, segundo, há efeitos da publicidade que funcionam através da mecânica de otimização ou status de interesse do produto. Assim, compreender a resposta à publicidade é fundamental.

No caso da otimização, é importante que a publicidade seja exata no que se refere ao que o produto/marca pode oferecer, e que as imagens, mensagens e afirmações da publicidade sejam lembradas e associadas à marca. No caso de publicidade da marca para criar interesse e status, como o efeito é motivado por publicidade "consumível", devemos observar o target para avaliar o nível de envolvimento com a criatividade, e, como a publicidade é o elemento que cria a diferenciação da marca, é imperativo que ela esteja associada à marca de forma única. Em ambas as circunstâncias já mencionadas, o papel da criatividade envolvente na publicidade é crucial para os efeitos de longo prazo. Todavia, ela precisa ser atrelada à marca para surtir efeito.

Notas

1. Nigel Hollis, *Persuasion: The millward brown perspective* (Londres: Millward Brown International, 1995).
2. Paul Feldwick e Françoise Bonnal, "Reports of the death of brands have been greatly exaggerated", ensaio apresentado na Conferência Esomar, novembro de 1993.
3. Andy Farr e Gordon Brown, "Persuasion or enhancement? an experiment", em *Market research society conference proceedings* (Birmingham, UK: Market Research Society, 1994), p. 69-77.
4. Alan Swindells e Alan Branthwaite, "Capturing the complexity of advertising perceptions", ensaio apresentado na Conferência Esomar, Paris, dezembro de 1995.
5. Larry Light e Richard Morgan, *Brand loyalty marketing* (Nova York: Coalition for Brand Equity, 1994).

Parte III

Marcas maduras

15

Teoria do ciclo de vida

John Philip Jones

Um dos ensinamentos de marketing amplamente difundidos e no qual muito se acredita é o do ciclo de vida, às vezes descrito como *ciclo de vida do produto* ou *ciclo de vida da marca*. O segundo deles é a descrição mais perigosa.

O princípio central da teoria do ciclo de vida é que as marcas lembram aquelas coisas estudadas por zoólogos e botânicos; inevitavelmente elas passam pelos estágios de nascimento, crescimento, maturidade e declínio. Estamos falando aqui sobre o irreversível declínio de longo prazo, não dos movimentos cíclicos controláveis de curto prazo que descrevo no Capítulo 11 deste livro. Não faltam exemplos de marcas que passaram por esses vários estágios do nascimento ao declínio e à extinção, embora a verdadeira curva ascendente e descendente formada tenha variado bastante em casos particulares.[1] A prova empírica dos ciclos de vida é, entretanto, perigosa e enganosa, e por duas razões intimamente relacionadas.

Para começar, há também muitas provas que apontam para o lado oposto: marcas que alcançaram a maturidade e mantiveram níveis de market share relativamente constantes e permanentes diante da concorrência. O grande número de exemplos que eu posso citar, inclui as marcas líderes em dezenove mercados de bens de consumo americanos, marcas que mantiveram a liderança durante cinquenta anos.[2] Mas, na verdade, este não é o ponto central, pois a questão não pode ser decidida pesando os exemplos dos dois lados, com tantos provando a existência de um ciclo de vida e tantos outros não, pela simples razão de que qualquer fabricante pode provocar o declínio de uma marca pela mera falta de ação. O declínio é bem controlável pelo fabricante; ele não é, de modo algum, inteiramente determinado por influências externas. As marcas são administradas.

Isso leva ao segundo e crucial ponto: o ciclo de vida é um conceito auto-realizável, e por isso é tão perigoso.

> Não faz muito tempo, um fabricante promovia uma marca de cera para pisos. Após um firme período de crescimento, as vendas do produto atingiram um certo patamar. Pesquisas de marketing sugeriram que um aumento na publicidade em TV, reforçado por uma mudança na estratégia de comunicação, ajudaria a marca a recuperar seu impulso. Entendendo que as verbas poderiam ser gastas no lançamento de um novo produto, a administração vetou a proposta. Mas o novo produto fracassou em vendas, apesar do pesado apoio de marketing. Ao mesmo tempo, a marca antiga, desprovida de seus suportes, entrou em um declínio de vendas do qual jamais se recuperou. A empresa ficou com dois fracassos nas mãos.[3]

Neste exemplo, o fabricante estava nitidamente dividido por um claro conflito de prioridades. Há também um medo às vezes obsessivo da concorrência. Quando, no final dos anos de 1960, a Warner-Lambert teve de enfrentar novos e agressivos concorrentes no Canadá (inclusive a Procter & Gamble) cujas atividades reduziram o market share de seu anti-séptico bucal Listerine, a empresa pensou seriamente em remover o apoio publicitário da marca e explorá-la somente para gerar lucro, embora o Listerine ainda fosse o líder de mercado, fosse ainda o produto usado mais recentemente por um terço de todos os usuários de anti-séptico bucal, e mantivesse ainda uma clara liderança sobre todos os seus concorrentes em quase todos os atributos de imagem quando as várias marcas concorrentes eram classificadas pelos consumidores. A atitude da Warner-Lambert em relação à marca oferece uma notável percepção das pressões psicológicas da concorrência de oligopólio, embora aqui tenha prevalecido a decisão mais sábia. O apoio à marca foi aumentado, e não reduzido, com resultados benéficos gerais.[4]

Boa parte da dificuldade relativa aos ciclos de vida provém do insucesso em distinguir entre um produto e uma marca. Os produtos podem tornar-se obsoletos, mas as marcas não vão necessariamente tornar-se obsoletas se se modernizarem funcionalmente para permanecer competitivas. Isso sempre requer o contínuo aprimoramento do produto, e em geral também o lançamento de novas variedades (Tide, o detergente em pó líder de mercado, vem em oito versões diferentes).

Entretanto, é muito comum encontrar exemplos contrários — marcas antes consolidadas que depois desapareceram. Isso deveria levar imediatamente à pergunta: quantas reduções no market share de marcas existentes após o lançamento de novas marcas são provocadas pela transferência consciente de recursos da antiga para a nova marca? Freqüentemente isso significa um engano trágico, pois o aumento do valor agregado em uma marca antiga representa investimento real e fonte de economia de escala mensurável, quase sempre sacrificados por conta da errônea crença de que o declínio da marca é inevitável. Para piorar ainda mais, o novo investimento, em virtude do qual tanta coisa é sacrificada, produz, em muitos casos, uma nova marca sem sucesso ou apenas medíocre. Lembre-se de que a maioria das marcas novas não alcança o sucesso.

Uma das tentações de "tirar leite" de uma marca (de transformá-la numa "vaca leiteira") é o fato de que a retirada de suporte significa um aumento imediato no lucro. Mas isso é temporário, pois invariavelmente as vendas irão declinar até que, passado um período, a marca produzirá não só um lucro bem menor, mas também uma margem de contribuição drasticamente menor para as despesas gerais.

A observação dos mercados oligopolizados demonstra sem ambigüidade o ritmo acelerado da inovação. Mas para que os oligopólios sobrevivam, as qualidades de equilíbrio e discernimento que deveriam levá-los a cultivar o antigo e extrair o máximo retorno de investimentos passados só perdem em importância para a urgência em participar do impulso da inovação que a natureza competitiva do mercado exige. Por volta de 20% a 30% das marcas dos fabricantes mais consolidados não estavam no mercado cinco anos antes.[5] Mas o fabricante inteligente que planeja para o longo prazo invariavelmente acompanha essa mudança interna com seu market share em ascendência, de forma a não pagar por novos sucessos com o corte no suporte de marcas consolidadas e quase certamente mais lucrativas. Com base no comportamento da empresa observado no mercado, a Procter & Gamble é nitidamente uma organização que aceita esta filosofia. Um ex-gerente de marca da P&G disse: "A primeira coisa que eles lhe dizem é: 'Esqueça o ciclo de vida de produtos e as vacas leiteiras!' Um dos sabões teve sua fórmula alterada mais de oito vezes e é um sucesso".[6]

O principal concorrente da Procter & Gamble, a Unilever, compartilha dessa opinião. Sir David Orr, que presidiu a Unilever durante oito anos, afirmou:

> Da mesma forma que grandes marcas mostraram coletivamente que podem sobreviver e prosperar, marcas isoladas rejeitaram o conceito de ciclo de vida de produtos. O declínio, ou a fase de "ordenha" do ciclo de vida existe apenas como uma profecia auto-realizadora. A marca é um ativo que se deprecia, portanto, ele deve ser substituído e rejuvenescido se quiser progredir. Desde que seja mantida sempre atualizada como produto, com inovações técnológicas e modernizações, e que continue transmitindo algo relevante, a marca pode se sustentar durante décadas.[7]

Notas

1. R. Polli e V. J. Cook, "Validity of the product life cycle", *Journal of Business*, outubro de 1969, p. 385-400; R. Polli, *A Test of the classical product life cycle by means of actual sales histories* (edição particular, Filadélfia, 1968).
2. Estimativas baseadas nas afirmações de Murray Lubliner, presidente da Lubliner/Saltz, no artigo "Old standbys' hold their own", *Advertising Age*, 19 de setembro de 1983, p. 32.
3. Nariman K. Dhalla e Sonia Yuspeh, "Forget the product life cycle concept", *Harvard Business Review*, janeiro/fevereiro de 1976, p. 102.
4. Stephen A. Greyser e Robert J. Kopp, *Cases in advertising and communications management*, 3ª ed. (Englewood Cliffs, NJ: Prentice Hall, 1992), p. 85-86.
5. James O. Peckham, Sr., *The wheel of marketing*, 2. ed. (edição particular, 1981; disponível na A. C. Nielsen, Nova York), p. 80. A empresa 3M exige que cada uma de suas quarenta divisões de operação gere 25% das vendas em qualquer ano com marcas introduzidas durante os cinco anos anteriores. Ver Thomas J. Peters e Robert H. Waterman, Jr., *In search of excellence: lessons from America's best-run companies* (Nova York: Harper & Row, 1982), p. 233.
6. Citado em *In search of excellence,* de Peters e Waterman, p. 233.
7. Sir David Orr, "Foreword" em *Does it pay to advertise? Cases illustrating successful brand advertising*, de John Philip Jones (Nova York: Simon & Schuster-Lexington, 1989), xx.

16

O papel defensivo da publicidade

Paul Feldwick

A publicidade pode se pagar com o aumento das vendas?

Em 1983, uma nova campanha de televisão da cerveja lager da Hofmeister, produziu resultados de vendas impressionantes no Reino Unido.[1] As análises mostraram de forma bastante conclusiva que um investimento publicitário de 1,7 milhão de libras esterlinas havia sido responsável, no mesmo ano, por um lucro adicional para o cliente de 1,9 milhão de libras esterlinas.

Esse caso se encaixa na expectativa popular de uma campanha publicitária de sucesso. O cliente gastou uma libra e recebeu de volta mais de uma libra. Claude Hopkins escreveu: "O único objetivo da publicidade é realizar vendas. Ela é lucrativa ou não de acordo com as vendas reais. Trate-a como a um vendedor. Obrigue-a a justificar seu custo".[2] A campanha da Hofmeister representou um vendedor que mereceu seu salário.

O problema é que casos como o da Hofmeister são muito raros. Em parte isso acontece, naturalmente, porque nem toda publicidade consegue atingir seus objetivos — um aspecto que é quase sempre esquecido. Mas esse tipo de retorno de curto prazo é incomum mesmo entre as campanhas de sucesso. A Hofmeister já era uma marca muito grande, dada sua distribuição exclusiva na maioria dos pubs Courage; ela valia mais de 100 milhões de libras esterlinas. E a nova campanha — não sua primeira propaganda, mas a primeira propaganda eficaz, de certa forma ainda uma campanha de lançamento — de repente elevou o índice de venda em 13%. Uma grande marca e um movimento impressionante nas vendas — a combinação desses dois elementos é muito incomum.

Considere o seguinte cálculo. Um anunciante pode investir um milhão de libras esterlinas em publicidade. Se a margem de lucro bruto nas vendas é de 33%, a empresa vai precisar de um aumento de cerca de 3 milhões de libras esterlinas na receita líquida antes mesmo de recuperar o dinheiro. Com uma marca de 15 milhões de libras esterlinas, são 20% a mais, e não apenas por um ou dois meses, mas durante um ano inteiro. Isso pode ocorrer num mercado em crescimento, e esse crescimento não poderia ser totalmente atribuído à publicidade. Em um mercado maduro isso significa que o crescimento deve ser atribuído às despesas de um concorrente. Para sustentar uma modesta verba de um milhão de libras por ano, essa taxa de crescimento teria de ocorrer todo ano.

Se os anunciantes estão empregando seu dinheiro na expectativa de um aumento de vendas no curto prazo suficiente para recuperar o investimento com juros, a enorme maioria estará fadada à decepção. Análises exaustivas das elasticidades da publicidade mostram que em média elas são de 0,2; isto é, um aumento de 1% em publicidade irá criar um aumento de receita de 0,2%.[3] Para a maioria das marcas com verbas estabelecidas, esse cálculo irá mostrar que elas seriam mais lucrativas se reduzissem seus investimentos com publicidade.

Grandes anunciantes como a Mars Pedigree e a Unilever infelizmente estão enganados ou há alguma outra razão para continuar a anunciar marcas consolidadas com o nível que eles o fazem. Uma maneira de explicar os benefícios que eles obtêm é falar dos "efeitos de longo prazo". Em outras palavras, o custo da publicidade que não é coberto por aumentos imediatos na receita será coberto pelos aumentos na receita nos anos seguintes. Isto é quase correto, mas não totalmente convincente, porque a expectativa é que verbas publicitárias similares também serão gastas nos anos seguintes, com efeitos nas vendas igualmente modestos — de forma que mesmo se os possíveis efeitos de longo prazo se materializarem, jamais resultarão em retorno por aumento da receita.

Contudo, é preciso deixar claro o significado da palavra *incremento*. Qualquer avaliação financeira do custo de um negócio deve começar não com uma projeção em linha reta, e sim com o realismo do pior cenário sobre *o que aconteceria se o investimento não fosse feito*. A suposição feita no parágrafo anterior é que o pior cenário (de vendas sem publicidade) seria uma linha reta. Alguns irão questionar, muitos outros irão apenas presumir que isso é mais ou menos correto — que uma vez que a publicidade criou uma marca, suas vendas seguirão no mesmo ritmo indefinidamente. Fosse esse o caso, o contínuo investimento em publicidade jamais teria retorno. Isso só faz sentido financeiro se pudermos presumir que, sem a publicidade, mais cedo ou mais tarde a receita sofreria.

Um papel defensivo para a propaganda

Portanto, faz sentido dizer que a defesa é a maior justificativa para a publicidade de produtos consolidados. Embora a publicidade possa continuar a aumentar o volume e a receita ao longo do tempo, e embora, em circunstâncias especiais, ela possa alcançar resultados surpreendentes e espetaculares, a maior parte do dinheiro está sendo gasta, como disse Tom Corlett há muito tempo, para proteger os 90% das vendas que a marca já tem, em vez de ganhar talvez 10% a mais.[4]

Em qualquer caso que se estude, a hipótese de que a receita declinaria sem a publicidade é sabidamente difícil de provar. Um ou dois anos sem publicidade tem poucos efeitos claros sobre as vendas, e entusiasma aqueles que pensam ser ela desnecessária. É possível que durante esse tempo a marca esteja se mantendo à custa de uma reserva de boa vontade construída com a ajuda da publicidade ao longo dos anos anteriores, que será difícil de repor quando se esvaziar. A única forma de testar essa hipótese é interromper a publicidade até a marca sofrer visivelmente, quando quase sempre é tarde demais. Mesmo quando observamos que a retirada da publicidade por um período de tempo acompanha o declínio ou a morte de uma marca, geralmente há espaço para discutir o que foi causa e o que foi efeito.

Há um bom número de provas de que a hipótese defensiva com freqüência se manterá verdadeira. Análises publicadas pela PIMS mostram correlações entre publicidade/percentuais de vendas, qualidade reconhecida e lucratividade.[5] A série *Advertising Works*, publicada pelo British Institute of

Practitioners in Advertising (IPA), incluiu alguns exemplos detalhados dos efeitos "mais longos e mais amplos" da publicidade, especialmente os casos da PG Tips e da Andrex.[6] O que tem sido menos discutido, entretanto, é o processo pelo qual passam esses chamados efeitos de longo prazo.

As agências de publicidade não têm sido seus melhores defensores nessa questão. Fala-se dos "efeitos de longo prazo" ou dos "efeitos da marca" como se eles agissem por meios misteriosos que pouco têm a ver com os efeitos nas vendas de curto prazo. Na pior das hipóteses, as agências podem usar a retórica dos "efeitos de longo prazo" ou do "imaginário da marca" como tentativa de justificar qualquer peça publicitária que não esteja conseguindo mostrar resultados no mercado. Para que os anunciantes aceitem o papel defensivo da publicidade, eles merecem uma explicação bem mais razoável sobre esse mecanismo.

A partir de experimentos feitos anos atrás por Colin McDonald, sabemos que a publicidade tem efeitos imediatos na probabilidade de um indivíduo comprar a marca anunciada na próxima ocasião de compra.[7] Os efeitos imediatos, porque pequenos, com freqüência são ignorados pelas agências, considerados irrelevantes. Parece bastante provável, entretanto, que essas pequenas influências sobre o comportamento têm um efeito cumulativo poderoso ao longo do tempo, e que as atitudes e o comportamento do consumidor (ambos modificados pela publicidade) se fortalecem mutuamente. O comportamento consolidado e as atitudes que o acompanham persistirão por um tempo considerável na ausência de publicidade, mas cedo ou tarde sofrerão desgaste por outras influências — sendo a publicidade da concorrência uma das maiores. Embora seja possível encontrar exemplos genuínos de "efeitos de longo prazo" — no sentido de lembranças de publicidade que persistem ao longo de vários meses ou anos e continuam a afetar o comportamento —, sabemos também que a maior parte do recall de uma publicidade diminui de forma mais ou menos previsível. A grande maioria dos efeitos da publicidade sobre o consumidor individual devem, portanto, aparecer relativamente logo após a exposição, e esses efeitos de curto prazo constituem provavelmente a base da construção dos efeitos de longo prazo sobre o desempenho da marca. Para que isso faça sentido, porém, temos de ir além da noção comumente aceita de que a publicidade age através da "persuasão".

O modelo histórico de como a publicidade age é algo parecido com isto:

O prospect vê/ouve a propaganda → o prospect compra o produto.

Essa seqüência de eventos é elaborada em conhecidos modelos "lineares-seqüenciais" tais como "Awareness-interesse-desejo-ação" (AIDA) e "Definir objetivos da publicidade para resultados medidos da publicidade" (Defining advertising goals for measured advertising results = DAGMAR). Parece óbvio; de fato, Russell Colley (o autor do DAGMAR) achou que precisava justificar seu modelo hierárquico dizendo apenas que ele é "o bom senso aplicado".[8]

E é isso que o público, em geral, pensa que a publicidade deve fazer. Todavia, o interessante é que ninguém do público pensa que ela faz isso para ele. As pessoas dizem: "A publicidade não me faz comprar o produto".

Este modo de ver é altamente difundido, mas provavelmente remonta à influência de Claude Hopkins, na década de 1920. Mas o que nós facilmente esquecemos é que toda a experiência que Hopkins teve foi em publicidade de resposta direta, e este é um modelo adequado para isso. A resposta direta pode ser vista como se fosse um vendedor. A publicidade deve conduzir o prospect da ignorância à convicção, e depois à venda. A venda como o fim da seqüência.

Isso é muito diferente do que esperamos que a publicidade em televisão, digamos, faça por uma marca consolidada de bens de consumo. No caso de publicidade em televisão, há pouco desconhecimento. Quase todos os nossos clientes potenciais já compraram nossa marca muitas vezes antes. Eles já formaram a própria opinião sobre ela a partir da experiência, e nada do que dissermos que contraste com essa experiência tem muita chance de ser levado a sério por eles. E a venda, tanto para eles como para nós, está longe de ser o fim do processo. Nós queremos que eles sigam comprando a marca, repetidas vezes.

Na situação de compras freqüentes, é muito mais difícil mudar a opinião das pessoas a respeito das coisas. Porém, nós temos provas de que a publicidade ainda pode influenciar o comportamento delas de várias formas através:

- De lembranças e associações alcançáveis durante a decisão de compra.
- Do reforço do comportamento existente.
- Da transformação ou do realce da experiência do produto em si.

Memórias e associações atingíveis durante a decisão de compra

Antes de tudo, é importante lembrar que a maioria das pessoas não é fiel à marca em nenhum sentido absoluto; elas compram dentro de uma classe de produtos de marca, e a decisão sobre o que escolher dentre os produtos em ocasiões específicas tem, em geral, motivação bem comum: hábito, desejo de mudar, ou uma diferença de um ou dois centavos no preço (ou, é claro, disponibilidade, uma necessidade específica, e assim por diante). Dada a trivialidade essencial da escolha, as lembranças e associações criadas pela publicidade, talvez até a própria publicidade, podem ser suficientes para levar o comprador na direção de uma marca ou outra. É importante notar que idéias ou imagens criadas dessa forma não precisam resultar em convicção por parte do consumidor para afetar seu comportamento, ao contrário de modelos como o DAGMAR, que coloca a convicção como um estágio necessário antes da compra.

Reforço do comportamento existente

É difícil (embora de forma alguma impossível) mudar a opinião das pessoas com a publicidade. O que ela faz muito bem, entretanto, é reforçar crenças e padrões de comportamento existentes. Um consumidor não estará apenas inclinado a acreditar na publicidade de um produto que ele já comprou e achou satisfatório, ele se sentirá reincentivado positivamente por ter tomado a decisão correta e porque seu discernimento está sendo endossado. E tudo isso leva a uma probabilidade maior de que ele o compre novamente no futuro. Essa noção de reforço já foi muito discutida em relação à chamada teoria fraca da publicidade — dando origem, talvez, à crença de que o reforço em si é uma força fraca. Mas, como sabe qualquer um que tenha tido contato com mudança comportamental (treinar cães para obedecer a comandos, ou crianças para tirar as roupas do chão), o reforço positivo constante do comportamento desejado é muito mais eficaz que ameaças ou punições. O reforço é, de fato, uma maneira poderosa de afetar e efetivamente modificar o comportamento.

Transformação ou otimização da experiência do produto em si

Existe, no entanto, um terceiro mecanismo pelo qual a publicidade tem um efeito no comportamento do consumidor. Esse mecanismo foi chamado por Wells de *transformação*, e foi demonstrado mais recentemente em uma valiosa experiência conduzida em 1994 pela empresa de pesquisa Millward Brown, que o chama de *otimização*.[9] A experiência da Millward Brown mostrou que a exposição à publicidade não teve efeito positivo sobre a intenção das pessoas de comprar um produto novo, mas que entre aqueles que haviam experimentado o produto aumentou substancialmente sua satisfação e a intenção de comprá-lo novamente. Em outras palavras, as pessoas são muito sugestionáveis: a experiência delas com o produto em si será otimizada ou transformada, por imagens ou mensagens recebidas via publicidade. E isso tudo não será surpresa para aqueles que viram os resultados usuais de blind tests de produtos *versus* teste de produtos com marca, ou a experiência de Alan Branthwaite e Peter Cooper com analgésicos (publicada no *British Medical Journal*), que demonstrou que uma marca preferida de analgésico era 25% mais eficaz do que um produto sem marca quimicamente idêntico.[10] Pode-se, portanto, argumentar que a publicidade realmente cria uma parte da satisfação que o usuário obtém da marca.

No lugar do tradicional modelo da "persuasão", que retrata a publicidade como a criadora de uma convicção que leva a uma venda, o consumidor deve ser visto como alguém que compra repetidas vezes a partir de um repertório de marcas. Em vários estágios desse processo contínuo — enquanto compra, depois da compra e enquanto usa o produto —, a publicidade tem a capacidade de aumentar a probabilidade de o consumidor escolher a marca anunciada naquele momento ou numa ocasião futura. Repetidos ao longo do tempo, esses processos irão construir um padrão de comportamento de compra fortemente reforçado que resistirá à atividade da concorrência e a barganhas de preço, e assim criará o fenômeno a que nos referimos como "marca forte".

As implicações do papel defensivo da publicidade devem ser levadas a sério. Embora muita coisa neste capítulo esteja longe de ser novidade, na vida real muitos clientes, agências e pesquisadores ainda continuam a falar e a agir como se a publicidade se resumisse apenas a uma conquista. Para começar, a política empresarial estimula os gerentes de marca a definir metas de crescimento todo ano, por mais irreais que possam ser, e por maior que seja a freqüência com que eles fracassam em alcançá-las. Isso em si pode ser uma maneira inofensiva de se auto-iludir. Mas supor que a publicidade só visa o crescimento pode levar a inúmeras escolhas inadequadas na hora de planejar, testar e avaliar a campanha.

Na fase do planejamento, quanta ênfase é dada para entender as atitudes dos usuários em relação à marca ou a seus concorrentes, em comparação com usuários secundários ou não-usuários?

Embora os profissionais de marketing sempre levem em conta, corretamente, as barreiras à compra e às oportunidades de crescimento, pode ser fácil incluir um número desproporcional de não-usuários em amostras de pesquisas, tanto no trabalho qualitativo quanto no quantitativo. Talvez o pior exemplo disso seja o uso contínuo do teste de persuasão para marcas consolidadas — designado explicitamente para determinar a capacidade da publicidade de "converter" não-usuários e que não nos diz nada sobre as reações dos já usuários.

E a avaliação de vendas, na ausência de objetivos claramente especificados, ainda parte de um pressuposto não-declarado de que a prova de uma campanha de sucesso será o aumento nas vendas.

Assim, algumas implicações para os anunciantes podem ser as seguintes:

- As verbas devem ser planejadas em bases estratégicas e não táticas. Ou a publicidade é um fator-chave para o sucesso da marca ou não é. Ela não pode ser um luxo ao qual nos entregamos, quando há dinheiro sobrando ou uma reserva que pode ser usada para criar objetivos de lucro.
- Ao planejar uma estratégia criativa, o foco principal deve ser os usuários existentes e o entendimento dos valores intrínsecos à marca.
- Na pesquisa de avaliação, a ênfase deve ser dada às medidas de envolvimento com a publicidade e à proximidade com a marca, não à persuasão. A econometria pode ser usada para observar não apenas os efeitos de curto prazo, mas a força relativa da marca, como mostra a flexibilidade de preço. No todo, o sucesso de longo prazo da publicidade deve ser avaliado fazendo uma abordagem de auditoria da marca.

Conclusão

Vale a pena fazer publicidade? Depende do objetivo da empresa. Se o objetivo for maximizar o lucro do ano, pode ser difícil justificá-la. Mas se a empresa quiser dar um salto em dez anos, a publicidade pode ser um investimento valioso e até mesmo necessário.

A maior parte dos gerentes reclama que a pressão para que tudo aconteça no curto prazo é imposta a eles pelo mercado de ações e pela exigência de freqüentes relatórios que apresentem lucros. No entanto, o preço das ações, teoricamente pelo menos, baseia-se na perspectiva de ganhos de longo prazo. Os analistas devem ser astutos o bastante para enxergar onde as empresas estão maquiando artificialmente os lucros através de cortes em publicidade, e essa falta de investimento em vista do futuro, em marketing, em pesquisa, bem como em desenvolvimento, deveria disparar os sinais de alerta.

Notas

1. C. Channon, "Hofmeister Lager", em C. Channon (org.) *Advertising Works 3* (Londres: Holt, Rinehart & Winston, 1985), p. 70-83.
2. Claude Hopkins, *Scientific advertising* (Chicago: Crain, 1966), p. 220.
3. Ver John Philip Jones, *How much is enough? Getting the most from your advertising dollar* (Nova York: Simon & Schuster-Lexington, 1992), p. 110, para referências.
4. Tom Corlett, "How we should measure the longer-term effects of advertising on purchasing", *Admap*, setembro de 1976, p. 422-433.
5. Alexander L. Biel, "Strong brand, high spend: tracking relationships between the marketing mix and brand values", *Admap*, novembro de 1990, p. 35-40.
6. Ver Paul Feldwick (org.) *Advertising Works 6* (Henley-on-Thames, UK: NTC, 1991, p. 3-24; e C. Baker (org.) *Advertising Works 7* (Henley-on-Thames, UK: NTC, 1993), p. 53-74.
7. Colin McDonald, "What is the short-term effect of advertising?" Ensaio apresentado na Conferência ESOMAR, Barcelona, 1970; Reimpresso em Simon Broadbent (org.), *Market researchers look at advertising* (Amsterdã: Sigmatext for the European Society for Opinion and Marketing Research, 1980), p. 39-50.
8. Russell Colley, "*Defining advertising goals for measured advertising results* (Nova York: Association of National Advertisers, 1961), p. 53.
9. Ver William D. Wells, John Burnett e Sandra Moriarty, *Advertising: principles and practice* (Englewood Cliffs, NJ: Prentice Hall, 1992), p. 258; e Andy Farr e Gordon Brown, "Persuasion or enhancement? An experiment", em *Market research society conference proceedings* (Birmingham, UK: Market Research Society, 1994), p. 69-77.
10. Alan Branthwaite e Peter Cooper, "Analgesic effects of branding in treatment of headaches", *British Medical Journal*, nº 2.821.

17

Todos os consumidores são iguais?

Segmentação: A lei da limitação

Mark Stockdale

Era uma vez um cliente de artigos de higiene pessoal e cosméticos. Um dia, durante uma reunião sobre o lançamento de uma marca nova de um produto para cabelo, ele defendeu apaixonadamente que o target deveria ser "qualquer um que tenha cabelo". A equipe da agência achou melhor expor a ele algumas de suas preocupações. Seria difícil organizar um plano de mídia convincente com um target tão amplo e de definição tão vaga? Poderiam eles encontrar alguma dificuldade em definir uma proposta coerente para tal diversidade de pessoas?

Quanto mais todos falavam, mais inflexível se tornava o cliente. A agência passou a temer que ele pudesse até acrescentar: "Qualquer um que não tenha cabelo", de forma a não excluir ninguém do target.

Mais tarde a marca foi lançada (por outra agência) e, apesar do significativo investimento em publicidade, nunca mais se ouviu falar dela. A verba de mídia se dissipou em um leque tão grande de consumidores que poucas pessoas puderam ver mais vezes a publicidade da marca, e, mesmo que tivessem visto, sendo tão insipidamente genérica, ela pouco tinha de interessante para dizer a qualquer um.

Um conto de fadas? Infelizmente, não. Uma história real. Este pode ser um exemplo extremo, mas não é um caso isolado.

O ex-cliente desta história representa uma escola de pensamento que acredita que segmentar é limitar. E, naturalmente, é. A questão é se esses limites na definição do target são desejáveis. Aqueles que não se sentem à vontade com a segmentação vêem qualquer limitação como desnecessária e indesejável.

Somando a essa dúvida o sofrimento que pode acompanhar a implementação de estudos de segmentação, não é à toa que esse seja com freqüência um tópico contencioso. Há três "Ps" sofridos na implementação: política, princípios e práticas:

- A política pode ser confusa, para dizer o mínimo. A segmentação, pela própria natureza, permeia a maioria das áreas funcionais de uma empresa, e podem surgir desentendimentos por território. Funções individuais podem até ser forçadas a descer a planos de ação não ideais na medida em que targets adotados pela empresa toda lhes são "impostos".
- Concordar com os princípios de como conduzir uma segmentação muitas vezes é difícil. Devemos usar sistemas derivados do perfil demográfico dos clientes (como o SAGACITY), dos valores (como o VALS), da união de necessidade/benefício, de estilos de vida, de atitudes, de comportamento ou de uma outra coisa? (Uma edição recente do *Journal of Marketing Management* até incluiu um artigo que discutia o uso de signos astrológicos como base para segmentação.) Há tantas abordagens e tantos conselhos conflitantes que não deveria admirar que tantos estudos tenham dificuldade até para chegar a uma proposta inicial comum.
- Os estudos de segmentação geralmente enfrentam uma série de problemas práticos. Em particular, eles podem ser bastante caros (a coleta de dados pode necessitar de muito estudo exploratório) e envolvem análises altamente complexas (extrair segmentos que façam sentido a partir de uma mescla de dados multivariados nunca é fácil).

E não é só aqui no mundo real, entre nós profissionais, que a segmentação enfrenta alguma resistência. Ela também tem detratores nas mais rarefeitas altitudes do mundo acadêmico. Em um artigo recente, Ned Anscheutz conclui que segmentar não é melhor para o crescimento da marca: "O mantra para segmentar... ironicamente leva na direção *oposta* do que realmente é necessário... [O que é necessário] é o *oposto* da segmentação". Esse argumento baseia-se amplamente na análise de Ehrenberg sobre a compra freqüente. Ehrenberg demonstrou que o perfil de consumidores assíduos/médios/esporádicos de qualquer marca pode ser estimado utilizando uma função de distribuição comum, que ele chama de distribuição binomial negativa (*negative binomial distribution:* NBD). Se você conhece a penetração de uma marca, tíquete médio de compra e intervalo entre compras, consegue prever a forma de seu NBD e conhecer assim seu perfil de consumidores esporádico, médio, assíduo.

Para Anscheutz, isso implica que o principal objetivo de toda atividade de marketing deve ser — acima de tudo — estimular a penetração. Se o perfil dos consumidores assíduos, médios, esporádicos sempre se encaixa em uma distribuição predeterminada, certamente, sugere ele, a única coisa que podemos controlar é a penetração. Em outras palavras, a segmentação é errada porque ela nos impede de expandir nosso target e incluir o máximo de pessoas possível, limitando assim de forma indesejável os potenciais ganhos de penetração. Anscheutz segue argumentando que "a publicidade é um dos poucos elementos do mix de marketing que pode construir um apelo popular amplo para uma marca".

Para expressar isso de outra forma, na década de 1970, Paul Stevens — na época um copywriter um tanto desiludido com uma agência de publicidade de Nova York, escreveu um livro intitulado *I Can Sell You Anything*. Stevens afirmava nele, que o principal problema ético da publicidade é que ela é capaz de vender qualquer coisa a qualquer pessoa, independentemente de ser uma coisa boa ou ruim. Stevens pode não ter se dado conta na época, mas suas opiniões têm muito em comum com as de Anscheutz. Para que a publicidade faça o que Anscheutz descreveu — gerar amplo apelo popular para qualquer marca — ela deve ser por natureza capaz de alcançar (e em última instância, para ter sucesso, vender para) uma diversidade de pessoas o mais próximo possível de uma representação universal.

Eu discordo tanto de Stevens como de Anscheutz. Acredito que a segmentação é importante porque ter um target é importante, e que a boa definição do target aumenta a eficiência da publicidade. Pode não ser sempre fácil na prática, mas entender a segmentação do mercado é pré-requisito para o sucesso — assim como focar "qualquer um que tenha cabelo" é pré-requisito para o fracasso.

Como a boa escolha do target aumenta a eficácia da publicidade

Permita-me começar com a questão mais fácil de todas: a boa escolha do target pela segmentação aumenta a eficácia da publicidade. Isso é fácil abordar, principalmente porque há disponível um tesouro publicado sobre estudos de caso, que mostram como a publicidade contribuiu para o sucesso das empresas. Uma das fontes mais valiosas é o banco de dados "Advertising effectiveness" mantido pelo Institute of Practitioners in Advertising (IPA) do Reino Unido.

O prêmio de *Efectiveness* do IPA é outorgado a cada dois anos desde 1980. Os trabalhos escritos são julgados e os prêmios são dados não apenas por profissionais de publicidade e marketing, como também por acadêmicos da universidade, consultores de gestão, profissionais de finanças e de contabilidade, além de outros. Resumindo, a concorrência é acirrada, e os trabalhos submetidos a análise precisam apresentar provas rigorosas que usem resultados concretos e dados quantitativos da contribuição dada pela publicidade para o sucesso das empresas. Atualmente, o banco de dados do IPA compreende perto de mil estudos de casos abrangendo mais de vinte categorias de produtos. Os casos vencedores descrevem em detalhes como a publicidade funciona — aliás, o IPA já publicou vários guias para chegar à melhor prática da publicidade.

O banco de dados do IPA não deixa dúvidas de que a publicidade eficiente começa com uma compreensão clara de quem se quer alcançar. Algumas marcas, geralmente em virtude apenas de seu tamanho, precisam se comunicar com targets muito amplos, mas — e isso é essencial — nenhuma delas procura comunicar-se com absolutamente todas as pessoas; todas as marcas deliberadamente limitam em certa medida seu target. Além do mais, a imensa maioria das marcas visa a segmentos de consumidores muito específicos, em geral, determinados por fatores específicos da categoria do produto ou marca, ou em razão de atributos relevantes dos consumidores.

Eu poderia apresentar uma série de casos para ilustrar como a segmentação do target ajuda a maximizar a eficiência da publicidade, mas só isso preencheria um livro. Prefiro descrever um caso em particular, simplesmente por ser a mais pura demonstração do poder de uma segmentação adequadamente definida.

O Security Pacific Bank realizava empréstimos para clientes da classe alta britânica com renda disponível razoável e ativos líquidos substanciais. Em palavras mais simples, o banco visava a clientes seguros e lucrativos. Então, durante o enorme crescimento de despesas e créditos da metade dos anos de 1980, os chamados Quatro Grandes Bancos do Reino Unido decidiram atuar no negócio de empréstimos com mais agressividade. Assim, o Security Pacific viu seu negócio principal seriamente ameaçado pelo maior de seus concorrentes em publicidade. O fato de que havia pouca ou nenhuma diferença entre os produtos só piorava as coisas.

O Security Pacific usava a publicidade para venda direta e media o desempenho pela "proporção de eficiência" — a proporção entre a importância de dinheiro emprestada e a despesa com publicidade. De um pico de 200:1 no início dos anos de 1980, ela caiu para 20:1. O ponto de equilíbrio era 100:1.

O banco estava em maus lençóis, e avaliou as opções com cautela. Descartou a possibilidade de enfrentar os Quatro Grandes, porque era difícil vislumbrar uma possibilidade de ganhar. Então o banco resolveu pensar em segmentação.

Após cuidadosas pesquisas, ficou decidido que o Security teria como target um segmento muito específico: "os entusiastas", ou seja, pessoas com interesses pessoais muito fortes, tais como colecionadores de carros clássicos, iatistas, praticantes de asa-delta. A pesquisa revelou ao Security Pacific que as pessoas nesse segmento se sentiam inseguras na hora de se dirigir ao gerente do seu banco para pedir empréstimo para financiar seus passatempos.

Os ingleses sempre tiveram uma relação desconfortável com o dinheiro em geral e com as financeiras em particular, e muitas pessoas aficionadas acreditavam que os grandes bancos considerariam que o desejo de comprar um carro esporte Bentley 1930, por exemplo, seria uma justificativa fraca demais para tomar um empréstimo pessoal de 60 mil libras.

Assim, o Security Pacific usou a imprensa especializada para atingir os vários tipos de aficionados e falar com eles de forma agradável sobre seus hobbies, suas necessidades de financiamento e suas inseguranças quanto aos grandes bancos. Como resultado, a proporção de eficiência do banco cresceu para 450:1 — a maior de sua história. E isso foi obtido com menos investimento em mídia, já que os segmentos eram muito fáceis de identificar e alcançar, com um produto que não exigiu qualquer mudança e num contexto de intensa e crescente atividade competitiva dos Quatro Grandes concorrentes.

O uso da segmentação foi a única coisa que melhorou acentuadamente a eficiência da publicidade do Security Pacific.

Por que a segmentação ajuda a maximizar a eficácia da publicidade?

Ned Anscheutz ficaria particularmente espantado com a forma de a Leo Burnett abordar a segmentação: além de a agência acreditar na segmentação, ela pensa em termos de duas camadas de segmentação. Por um lado, precisamos entender para quem a marca é dirigida — quem tem ou poderia ter necessidade dela. Isto se chama *segmentação do target*, e geralmente surge do processo de desenvolvimento da estratégia geral da marca. Por outro lado, dentro desse target geral é provável que haja uma série de possíveis subsegmentos — talvez de pessoas que tenham relacionamentos muito diferentes com a marca, ou diferentes padrões de uso. Ao entender os subtargets, podemos construir planos de comunicação mais eficientes que, na medida do possível, direcionem as mensagens certas para cada tipo de pessoa que compõe o target geral da marca.

A experiência da agência mostra que o segredo da (sub)segmentação eficiente do target reside na compreensão dos padrões de comportamento do consumidor — não de suas atitudes ou valores, mas de seu comportamento. Talvez os dados de atitude e os agrupamentos de valores acrescentem cor à nossa descrição dos vários segmentos do target, mas, acima de tudo, eles são definidos em termos de comportamento.

Pense no McDonald's, por exemplo. O target geral é extremamente amplo, pela natureza abrangente dos papéis funcionais da marca para as diferentes pessoas. Mas dentro desse target, a publicidade foi produzida para atingir subtargets específicos, de acordo com a hora do dia/motivo da refeição, estágio da vida/faixa etária e vantagens do produto/serviço. Cada uma dessas faixas de subsegmentação recebe publicidade feita sob medida para garantir que ela tenha acesso à mensagem mais relevante.

O gim Gordon's enfrenta um problema de target ligeiramente mais complexo. A marca, embora líder de mercado, tem estado em declínio há muito tempo no Reino Unido. Seus clientes hoje são mais velhos (e mais ou menos ricos), e a marca precisa recrutar uma nova geração de clientes mais jovens se quiser sobreviver neste século. À primeira vista, é perdoável pensar que um target tão distinto seja irreconciliável — que a marca deve visar a todos os adultos, jovens e velhos. Talvez, então, este seja um caso que reforce a tese de Anscheutz.

Mas não. Na Leo Burnett nós desenvolvemos uma gama de ferramentas de segmentação, uma das quais segmenta as pessoas de acordo com os relacionamentos que elas têm com as marcas — comportamental e emocionalmente.

Existe uma crença comum de que todos os consumidores de uma marca sentem-se positivamente predispostos a ela, e que os não-consumidores, não — situação ilustrada na Figura 17.1. A realidade é menos óbvia, como terá observado qualquer um que tenha familiaridade com dados de atitudes e de uso ou rastreamento.

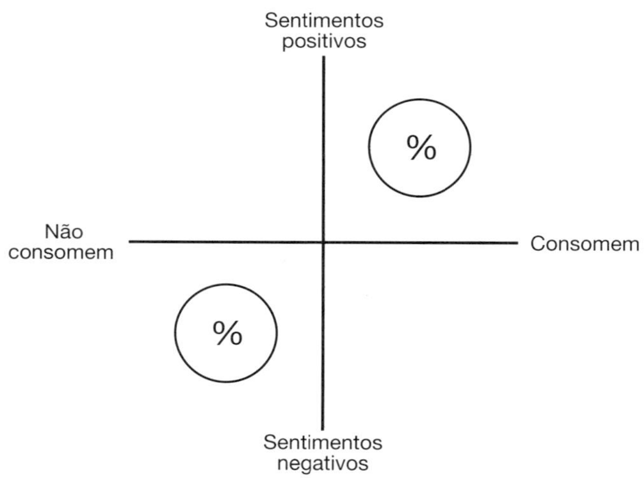

Figura 17.1 – Quadrantes de consumidores por atitude e comportamento: 1.

Toda marca tem uma parcela de consumidores que não se sente inteiramente bem em relação a ela — alguns podem se sentir simplesmente distantes, mas há os que se sentem realmente mal. Em contrapartida, há pessoas que se sentem relativamente bem em relação a uma marca mas não a consomem — embora consumam outras marcas da mesma categoria. Isso significa que podemos identificar quatro tipos principais de consumidores de acordo com o comportamento e o sentimento em relação a uma marca (ver Figura 17.2).

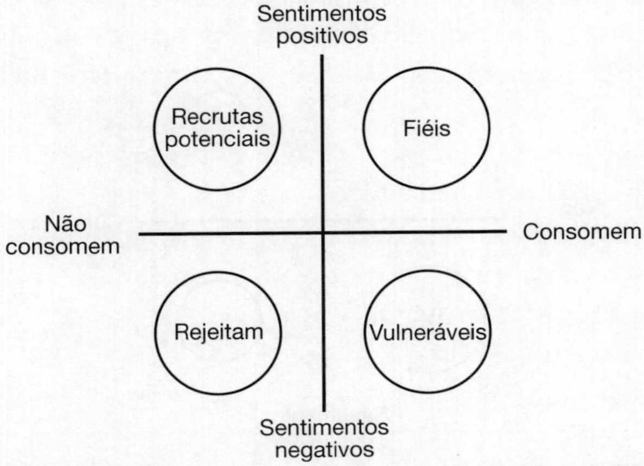

Figura 17.2 – Quadrantes de consumidores por atitude e comportamento: 2.

É importante ver que diferentes marcas dentro da mesma categoria exibem diferentes perfis. Obviamente, uma marca está em uma posição saudável se a maioria dos consumidores da categoria tiver sentimentos positivos em relação a ela (ver Figura 17.3). E, ao contrário, ela estará em uma posição não-saudável se a maioria dos consumidores de uma categoria tiver sentimentos negativos em relação a ela (Figura 17.4).

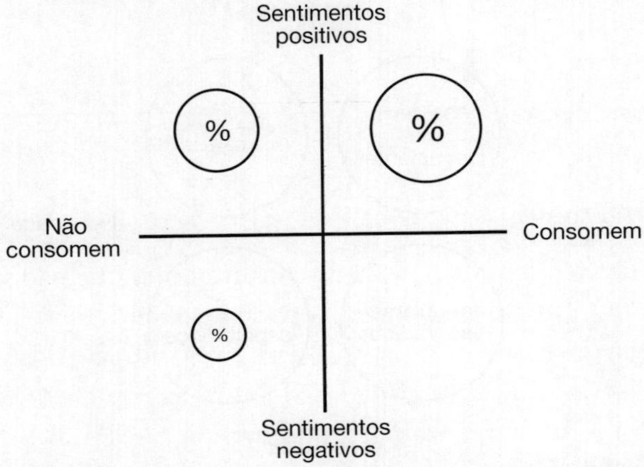

Figura 17.3 – Quadrantes de consumidores por atitude e comportamento: 3.

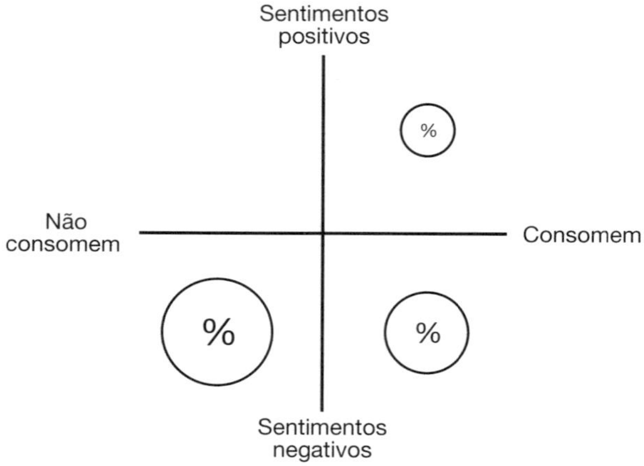

Figura 17.4 – Quadrantes de consumidores por atitude e comportamento: 4.

Podemos aprofundar nossa compreensão do comportamento do consumidor se analisarmos a lealdade de cada consumidor e o peso do consumo da categoria. Esse é um método amplamente utilizado para segmentar bancos de dados, por exemplo, e ele nos permite identificar diferentes padrões de comportamento do consumidor (ver Figura 17.5).

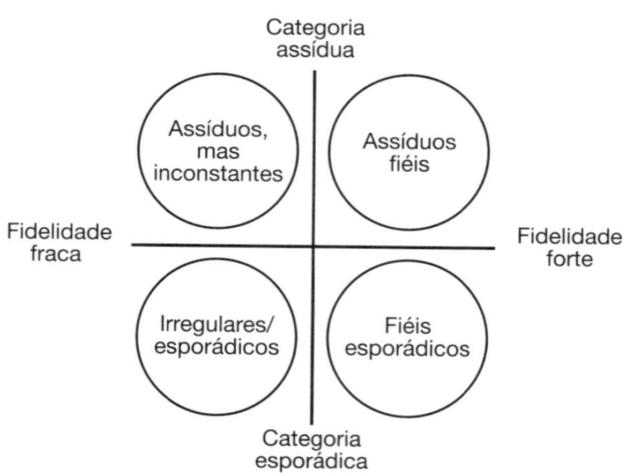

Figura 17.5 – Quadrantes de consumidores por comportamento: 1.

De novo, diferentes marcas tendem a exibir perfis muito diferentes. Naturalmente, uma marca saudável terá muitos consumidores fiéis assíduos (ver Figura 17.6), e uma marca não-saudável terá consumidores com fidelidade fraca e/ou alto percentual de consumidores esporádicos (ver Figura 17.7).

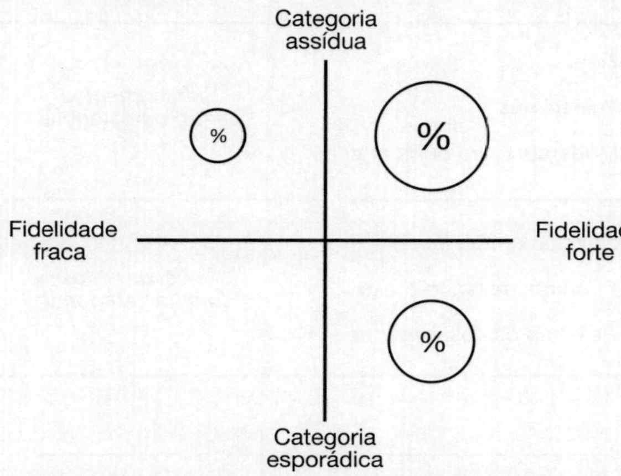

Figura 17.6 – Quadrantes de consumidores por comportamento: 2.

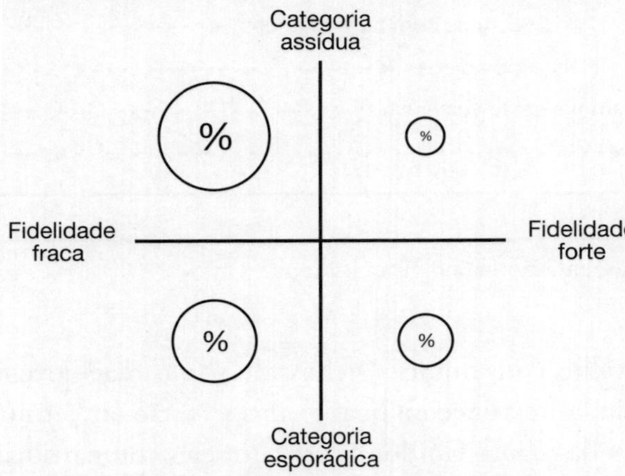

Figura 17.7 – Quadrantes de consumidores por comportamento: 3.

Nós combinamos essas várias relações comportamentais e emocionais para analisar a familiaridade das pessoas com a marca — segmentação via "proximidade com a marca" (ver Figura 17.8). No caso do Gordon's, nós identificamos uma série de tais subsegmentos (ver Figura 17.9).

Fiéis Vulneráveis Mudaram (para outra marca)	*Subsegmentos dentro da categoria*
Novos recrutas fáceis Recrutas de longo prazo Rejeitam ostensivamente	*Subsegmentos fora da categoria*

Figura 17.8 – Segmentação via "proximidade com a marca".

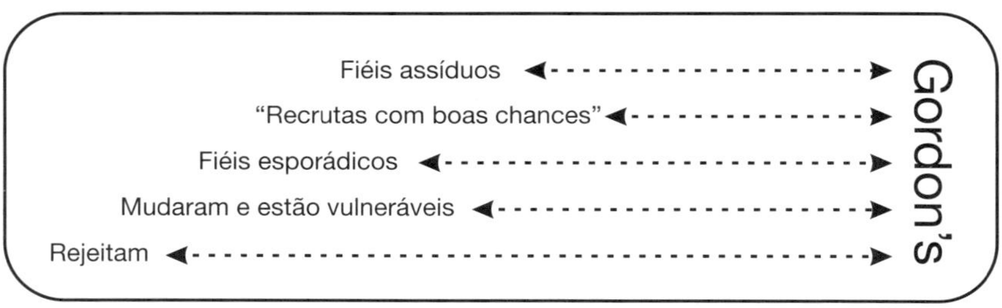

Figura 17.9 – Segmentação para o gim Gordon's.

O mais velho consumidor "fiel assíduo" e o mais jovem consumidor em potencial, ainda "recruta com boas chances", estão em termos psicológicos muito próximos da marca Gordon's. De fato, eles compartilham percepções surpreendentemente similares, e isso nos permite usar uma abordagem criativa comum para falar com ambos.

Portanto, no lugar de focar a todos os adultos, jovens e velhos, nós focamos as pessoas com base em sua proximidade com a marca.

Acima de tudo, entender as relações que diferentes tipos de pessoas têm com o Gordon's nos permite identificar papéis apropriados para as mensagens — tais como reforçar percepções da qualidade do produto para consumidores que "mudaram e estão vulneráveis", dramatizar os benefícios da marca para "fiéis esporádicos", ou explicar como fazer um perfeito Gordon's com tônica para os "recrutas com boas chances". E já que, no caso de cada um desses papéis, nós sabemos exatamente quem queremos atingir, sabemos também com precisão que meio usar.

Nos Estados Unidos, a Leo Burnett foi uma das patrocinadoras do *estudo single source* da Information Resources Inc. (IRI) que foi originalmente publicado em 1992. Como parte do envolvimento da Burnett, a agência assumiu vários importantes projetos de análise sob a orientação de Josh McQueen, presidente mundial de planejamento. Em especial, a agência estava interessada em examinar as marcas que haviam mostrado crescimento consistente.

Uma forma pela qual analisamos essas marcas foi pelo uso de outra ferramenta de segmentação da Leo Burnett: detecção da estratégia do consumidor. Essa técnica classifica os consumidores de acordo com seus padrões de compra. Identificamos cinco tipos de comportamento de compra:

1. "Fiéis" de longo prazo.
2. "Seletores de barganhas", que procuram ofertas promocionais mas geralmente compram as marcas líderes e não as marcas com desconto/mais baratas da prateleira.
3. "Rotativos", que são genuinamente consumidores assíduos, mas que diversificam suas compras (geralmente comprando as marcas líderes e não as marcas com desconto/mais baratas da prateleira).
4. Os "movidos pelo preço", que, de forma alternada, compram as marcas baratas e qualquer coisa em oferta.
5. "Usuários esporádicos" da categoria (cujas compras são poucas demais para mostrar qualquer fidelidade).

Marcas diferentes têm mixes dos vários tipos de consumidores. É por isso que, na análise de "proximidade" descrita na Figura 17.8, encontramos tantas variações nos sentimentos positivos *versus* negativos entre os consumidores de uma marca, e padrões tão diferentes de comportamento de compra.

Com efeito, a diferença entre marcas que podemos considerar saudáveis e não-saudáveis quase sempre pode ser explicada por perfis de estratégia do consumidor.

No estudo do IRI, o tipo dominante de estratégia do consumidor foi identificado para cada uma das marcas que haviam mostrado crescimento de longo prazo, e o tempo de compra da marca revelou se esse crescimento veio de novos consumidores (quer dizer, crescimento de penetração) ou dos mesmos consumidores (isto é, freqüência de compra crescente). A razão do crescimento da marca foi então comparada com o tipo de consumidor (ver Figura 17.10).

TIPOS DE CONSUMIDORES	CONTRIBUIÇÃO PARA O CRESCIMENTO		% DE MARCAS
	Penetração	Freqüência de compra	
Fiéis	15%	85%	15%
Seletores de barganhas	50%	50%	17%
Rotativos	68%	32%	20%
Movidos pelo preço	75%	25%	29%
Usuários esporádicos	100%	0%	19%

Figura 17.10 – Desmembramento do crescimento da marca.

O que fica claro é que marcas com muitos consumidores fiéis, como se poderia esperar, tendem a obter a maior parte do crescimento da freqüência de compra (essas também tendem a ser as maiores marcas). E, no outro extremo, marcas com muitos usuários esporádicos tendem a obter a maior parte do crescimento de ganhos de penetração. Isso também confirma a expectativa, pois as compras dos usuários esporádicos são tão escassas que eles mostram pouca ou nenhuma fidelidade a qualquer marca; portanto, quando a marca começa a crescer, por definição, cada incremento de compra parece ter vindo de um novo usuário.

As marcas se desenvolvem de formas diferentes

O que Ned Anscheutz parece não ter deixado claro é que nem todas as marcas crescem da mesma forma. Cada marca tem um padrão ligeiramente diferente de comportamento de compra, e os tipos de consumidores que compram uma marca vão determinar a melhor forma de fazê-la crescer.

Isso invalida o trabalho de Ehrenberg? Não — a distribuição binomial negativa é calculada usando penetração, tíquete médio de compra e intervalo entre compras. A NBD não é uma espécie de lei de marketing curiosa, predeterminada, quase metafísica. Ela simplesmente deriva de uma relação aritmética entre três variáveis relacionadas (por exemplo, se a penetração sobe porque usuários esporádicos foram recrutados o tíquete médio de compra obviamente cairá; aplique os novos números ao modelo e ele irá gerar uma curva diferente de distribuição).

A afirmação de Paul Stevens de que "Eu posso lhe vender qualquer coisa" é uma inverdade patente. O gim Gordon's jamais atrairá absolutamente todos os adultos dos Estados Unidos — alguns não irão gostar de seu sabor, outros irão rejeitar sua imagem, e um vasto número de pessoas irá se abster das delícias do gim. Na prática, temos de entender tudo isso, e ao fazer isso, somos levados a pensar em como limitar da melhor forma nosso target àquelas pessoas que têm maior probabilidade de comprar. Em outras palavras, nossa única opção é segmentar.

E quando desenvolvemos estratégias de crescimento detalhadas, precisamos de todo o conhecimento possível das "alavancas" que podemos usar para fazer a marca crescer. A Gordon's enfrenta problemas diferentes e tem diferentes oportunidades em relação à marca de gim número 2. Da mesma forma, nem todo mundo está interessado em um café da manhã no McDonald's. De que formas diferentes o consumidor se relaciona com a marca — o sentimento que ela desperta, como ele a usa agora ou poderia usá-la no futuro —, essa é a fonte do nosso conhecimento. As pessoas são diferentes, portanto há oportunidades de fazer a marca crescer abordando as características específicas de cada tipo de pessoa. A segmentação nos permite fazer isso porque nos dá os insights que precisamos ter do mercado da marca, o real e o potencial.

Assim, a segmentação leva à melhor prática. Ela facilita a identificação do target, e isso é fundamental para implementar o plano de comunicação mais adequado. Maximiza a eficiência da publicidade porque é pela segmentação que as marcas crescem. A eficiência da publicidade é maximizada porque a segmentação conecta atividades individuais de comunicação ao target certo, e o plano de comunicação geral à dinâmica de compra da marca — dinâmica que, em última instância, levará ao crescimento de longo prazo da marca.

18

Marketing de relacionamento

John Dalla Costa

Os profissionais de marketing de marcas nacionais, nos Estados Unidos, ultimamente, têm se desdobrado para atender à crescente demanda por valor da parte dos consumidores, quando enfrentam as objeções de varejistas cada vez mais exigentes. Alguns empresários questionam a própria viabilidade das marcas, cortam investimento em publicidade e vendem sem grande lucro. Isso, naturalmente, só faz acelerar o fim de certas marcas. Como a fidelidade do consumidor declinou, parece que muitos empresários, erroneamente, atribuíram a culpa ao conceito de criação da marca em vez de atribuí-la à prática de marketing.

Se o marketing fosse um produto, retrataríamos a trajetória de seu ciclo de vida como madura. No linguajar profissional do Boston Consulting Group, marketing seria mais uma "vaca leiteira" do que uma "estrela". Daí a atitude de tantos empresários, que consideram o marketing uma atividade da qual se há de "colher" e não na qual se há de "investir".

O consumidor sábio

O declínio e a crescente irrelevância do marketing convencional são compreensíveis. De muitas formas, os consumidores para os quais a atividade de marketing é direcionada não são mais consumidores, na verdade. Os efeitos hostis e duradouros da contínua reestruturação da economia, agora global, minaram a confiança e a segurança no emprego sobre as quais se baseiam as atitudes de consumo. As pessoas, em geral, estão mais exigentes, têm mais discernimento — não são apenas espertas, mas são também cada vez mais sábias. Faz parte dessa sabedoria a compreensão de que o valor de um produto vai além da função e do preço. Ele inclui questões mais amplas como valor compartilhado, responsabilidade ambiental, criação de empregos e apoio a causas comunitárias.

O fato de a interação entre um indivíduo e um produto hoje conter uma expectativa tão grande fez diminuir o papel da função tradicional do marketing em muitas empresas. Durante a década de 1980, os administradores aprenderam que a única forma de alcançar o progresso contínuo era fazer da qualidade uma preocupação em cada disciplina dentro de uma organização. Este capítulo vai se preocupar com relacionamentos. Administrá-los é a nova prioridade para a diferenciação competitiva. Muitas empresas estão usando o mesmo princípio para difundir a compreensão das necessidades do cliente por todas as suas estruturas. A compreensão dos relacionamentos, antes domínio exclusivo dos profissionais de marketing, hoje é a moeda comum no projeto, na engenharia, na pesquisa e no desenvolvimento, na fabricação, na distribuição, nas vendas e na prestação de serviços.

Revitalização do varejo

Se os profissionais de marketing americanos precisam de provas palpáveis do declínio de sua autoridade, basta olhar para o ressurgimento dos varejistas. Marcas próprias, antes as primas pobres e de baixa qualidade das marcas nacionais, em muitas categorias de produtos se transformaram no novo emblema do consumidor inteligente. Varejistas do ramo de alimentos, como a Loblaws no Canadá e a Sainsbury's no Reino Unido, viraram de ponta-cabeça a relação de valor. Ao oferecer mais daquilo que o consumidor valoriza, os varejistas não só aumentaram a própria importância perante seus clientes como puseram em marcha um reposicionamento fundamental das marcas nacionais.

Grant McCracken, pesquisador de mercado e antropólogo do Royal Ontario Museum, em Toronto, observou que as novas marcas próprias do varejo "admitiram com sucesso o ceticismo" dos consumidores em relação aos profissionais de marketing tradicionais.[1] O fato de poder comprar um produto melhor por um preço menor confirmou a impressão dos consumidores de que marcas nacionais — com suas melhorias e descontos progressivos pouco significativos — não eram na verdade tudo o que diziam ser. Muitos profissionais de marketing atribuem o novo poder dos modernos varejistas ao rastreamento instantâneo proporcionado pelo scanner. Tais informações certamente possibilitam maior conhecimento e compreensão. O sucesso dos varejistas, porém, não veio dos dados, mas de suas ações. Enquanto muitos profissionais de marketing planejam e se dirigem ao "menor denominador comum", a Loblaws pressupõe que seus clientes são curiosos, gostam de experimentar, são inteligentes e têm fome de variedade. O varejo não acredita na sabedoria convencional de que o alimento é um item de baixo envolvimento que precisa apenas da comunicação superficial sobre os "benefícios de seu sabor". Ao contrário, a Loblaws oferece detalhes em profusão através de folhetos, vídeos, infocomerciais e uma revista quinzenal chamada *Insider's Report*. A Loblaws tornou-se especialista em vender conhecimento, capacidade e confiança, como também alimentos.

Enquanto muitos profissionais de marketing se afastaram da prática da construção de imagem em deferência ao pragmatismo da década de 1990, a Loblaws simplesmente construiu uma imagem mais importante. As muitas pessoas que estocam em suas cozinhas os produtos da varejista chamados "A escolha do presidente" estão gostando de seu valor maior, mas estão também enviando uma mensagem importante. Elas estão dizendo: "Veja como eu sou inteligente e seguro, estou comprando antimarcas".

Marcas próprias de varejo sempre foram vistas como um fenômeno cíclico. Agora que a economia norte-americana não é tão cíclica quanto é continuamente caótica, o valor das marcas próprias de varejo parece estar firmado. Com essa aceitação duradoura da maioria, as marcas próprias estão redefinindo as expectativas dos consumidores em relação a todos os profissionais de marketing. As pessoas querem mais variedade, mais flexibilidade, mais conhecimento, mais inovação e mais interação. O planejamento convencional de produtos, o marketing convencional e a publicidade convencional são limitados demais para carregar toda a amplitude das expectativas desse novo consumidor.

Marketing de relacionamento

Para se conectar com um mercado mais insatisfeito, e para estar à altura de varejistas mais agressivos, muitos gerentes de marca passaram a rezar no novo altar do marketing de relacionamento. O desenvolvimento de uma conexão multidimensional com consumidores é considerado uma forma de revitalizar marcas desgastadas; assim, virtualmente em todas as categorias de produtos tem havido novos programas para ouvir, prestar serviço, responder e fazer o acompanhamento pós-venda. Essas são iniciativas importantes. Entretanto, na maioria dos casos, a base essencial do marketing ainda é direcionada para uma transação. Planos e objetivos continuam a enfocar quase que exclusivamente o produto. Apesar do crescente uso de telefones gratuitos para informações e vendas, parece que a linguagem e a sensatez dos relacionamentos foram cooptadas por muitos profissionais de marketing apenas como o mais recente artifício a ser usado contra um target cada vez mais sofisticado e calejado pelo marketing.

A construção de um relacionamento humano não pode funcionar como um adorno tático às estratégias existentes; os próprios princípios, obrigações e processos do marketing devem mudar. Como iniciadores desse relacionamento, os profissionais de marketing procuram envolver os clientes ao longo de toda a vida, oferecendo por suas marcas uma combinação de atributos centrais e periféricos que abrangem desempenho, valores agregados, serviço e maior afinidade com valores e interesses. Fazer uma interconexão com os consumidores nesse plano mais elevado significa criar laços de confiança cada vez mais fortes, através do que o pesquisador Max Blackston chama de "intimidade".[2] Os profissionais de marketing devem apurar os ouvidos, responder de forma mais pessoal, dar mais de si, e entender o indivíduo além do seu comportamento de compra e dos seus critérios de preferência.

Ampliar o pensamento de marketing para essa esfera da intimidade aumenta a oportunidade de troca entre uma marca e um consumidor. Entretanto, isso também aumenta consideravelmente a responsabilidade do profissional de marketing. Um produto que decepciona corre o risco de perder uma venda — uma relação de confiança que decepciona corre o risco de cometer um desrespeito ao consumidor muito mais profundo e danoso.

Alguns consumidores já estão aplicando padrões de relacionamento aos produtos e serviços que compram, quer as empresas administrem ou não os relacionamentos. Um dos motivos pelos quais a Intel errou na reação ao defeito de seu chip Pentium foi que ela subestimou totalmente a intimidade que seus usuários já haviam estendido a seus produtos. Computadores não são apenas processadores — para muitas pessoas. Eles são extensões da capacidade e da criatividade pessoais. O fato de o defeito não afetar as operações, como a Intel afirmou de início, era irrelevante, já que os usuários não julgavam seus computadores pela precisão matemática. O problema para muitos usuários não era o do desempenho do produto, mas de integridade do relacionamento.

Os padrões de relacionamento estão sendo aplicados pelos consumidores a praticamente todas as marcas, em todas as faixas de preço, em todas as categorias. E até mesmo o profissional de marketing mais sofisticado pode tropeçar. A Coca, a requintada multinacional, ofendeu muitos muçulmanos ao exibir a bandeira saudita em uma promoção da Copa do Mundo, sem perceber que tal emblema nacional tem inscrições do texto sagrado do Alcorão. A arqui-rival Pepsi caiu vítima da própria insensibilidade religiosa quando fez uma publicidade de um show de rock apontando o raio laser para a torre de uma igreja medieval na Inglaterra. Em nenhum dos casos houve má intenção. Pedidos de desculpas e atos de contrição logo apareceram. Mas permanece a pergunta: como é que empresas que dispõem de tantas pesquisas, e com tantos recursos internacionais a apoiá-las, puderam cometer transgressões tão desrespeitosas?

A resposta, em parte, está em uma limitação do muito usado conceito de posicionamento. Os profissionais de marketing usam o posicionamento desde meados da década de 1970 para obter lugares distintos e únicos para suas marcas dentro das percepções, crenças e compreensão quase sempre confusas dos consumidores. O foco do posicionamento tem sido a diferenciação competitiva, criando as circunstâncias para que marcas como Coca e Pepsi dediquem tanta atenção uma a outra que, por vezes, elas se esquecem de se relacionar com o consumidor. A orientação do posicionamento como uma estratégia fixa e precisa é ilustrada por uma marca hipotética na Figura 18.1.

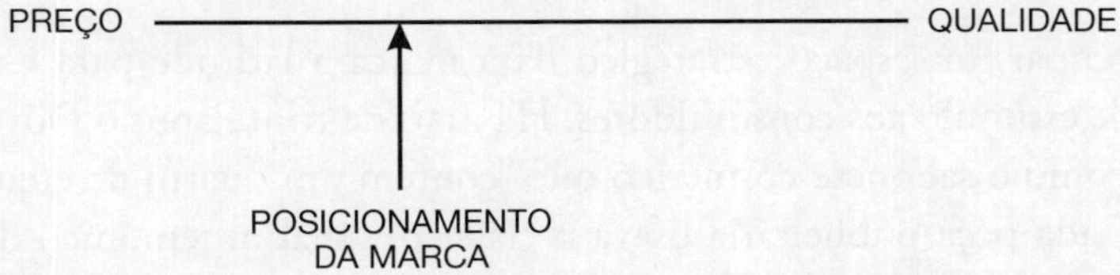

Figura 18.1 – Espectro do posicionamento.

À medida que a concorrência se intensificou e os consumidores se tornaram mais sagazes, a rigidez de uma posição fixa tornou-se mais um risco que um trunfo. Henry Mintzberg, professor de administração da Universidade McGill, argumenta que uma perspectiva estratégica é mais relevante que um posicionamento estratégico.[3] A perspectiva é ativa, maleável e adaptável; o posicionamento é estático e inflexível. A perspectiva leva em conta o consumidor, enquanto o posicionamento curva-se perante a concorrência.

Em um mundo de relacionamentos, as marcas precisam ser mais dinâmicas para crescer e evoluir com as mudanças do consumidor. Além de oferecer as variáveis essenciais de desempenho e valor, as marcas precisam ter grandeza de caráter, responsabilidade, flexibilidade, percepção e interesse para garantir a intimidade com os consumidores. Como mostra a Figura 18.2, isso exige que os profissionais de marketing criem antes um espaço estratégico que uma posição estratégica.

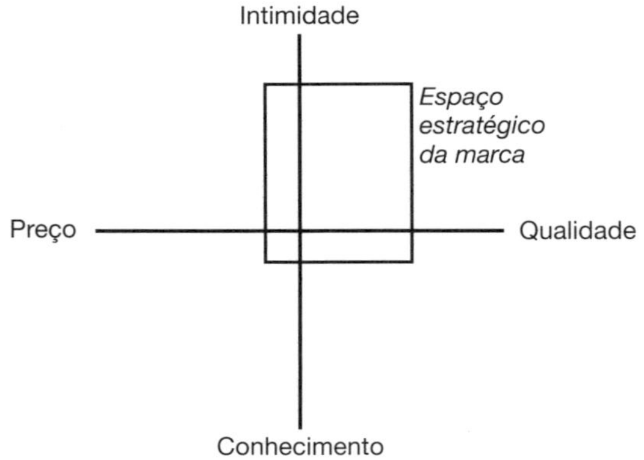

Figura 18.2 – Espectro do relacionamento.

Ocupar um espaço estratégico dá à marca a latitude para expandir o escopo de estímulo aos consumidores. Há mais de trinta anos o Dove se posicionou como o sabonete cosmético que "contém um quarto de creme hidratante". Cada peça publicitária usava o clássico visual mnemônico do creme, hoje tão conhecido, sendo derramado dentro do sabonete Dove. Vários anos atrás, o grupo de marketing da Lever no Canadá experimentou uma nova abordagem publicitária — idéia que o presidente da empresa no Canadá, Peter Ellwood, admitiu ser "tecnicamente fora da estratégia".[4] Usando uma demonstração com papel de heliotrópio, a marca comparou sua suavidade com a de outros produtos do segmento. Numa mudança ousada, a publicidade do Dove não fez referência a seu diferencial funcional de um quarto de creme hidratante nem recorreu a nenhuma das imagens tradicionais de creme hidratante sendo despejado no sabonete.

Os consumidores reagiram imediatamente. O market share do Dove, que estava estagnado, cresceu rapidamente vários pontos. Como bônus, a demonstração com o heliotrópio, além de reforçar a suavidade do Dove, reposicionou negativamente marcas como Ivory e Neutrogena. O Dove começou a operar dentro de um espaço estratégico mais amplo do que antes. Muitos profissionais de marketing que resistem a essa flexibilidade estratégica freqüentemente confundem determinação com simplicidade. A experiência com o Dove mostra que os consumidores, longe de estarem desorientados, são inteligentes o bastante para manipular mais de um item de informação a respeito de uma marca. As únicas exigências para esse passo renovador são relevância e respeito.

Uma abordagem "nova e aprimorada"

O interesse em marketing de relacionamento reflete uma crescente valorização de dois fundamentos empresariais do presente. Primeiro, as empresas vêem hoje os clientes como ativos que representam não transações individuais, mas valores para a vida toda. Isto aceita que é mais fácil e mais eficaz, em termos de custo, crescer com um cliente existente do que atrair um novo. Segundo, as empresas agora reconhecem que somente o consumidor atribui valor a uma marca. Pesquisadores como Alexander Biel explicam que os profissionais de marketing podem construir algum valor para uma marca, mas seu valor só é percebido na interação com um cliente satisfeito.[5] Como o valor reside fora da marca e depende da interação com os consumidores, a construção de um relacionamento não é uma gentileza opcional, mas um imperativo financeiro.

Para viabilizar uma abordagem estruturada ao desenvolvimento desse marketing mais expansivo, podemos comparar as disciplinas amplamente usadas para os produtos com aquelas necessárias ao relacionamento:

Modelo do marketing de produto	*Modelo do marketing de relacionamento*
Enfoca o produto	Enfoca o processo de atender ao cliente
Define o target	Alimenta e cuida do relacionamento
Define objetivos da marca	Estende respeito e valor ao cliente
Ganha oportunidade pela análise	Ganha oportunidade pela sinergia
Enfoca o benefício da marca	Desenvolve e reaviva a relevância
Faz publicidade estratégica	Abre as portas ao diálogo
Opera de acordo com o plano da marca	Improvisa para manter o relacionamento
Opera guiado por um grupo de marketing	Opera guiado por forte atitude interdisciplinar

O propósito de sugerir mudança tão radical nas disciplinas e linguagem fundamentais do marketing é superar o foco no produto existente dentro da maioria das empresas. As estratégias de produto continuam valiosas, mas elas não são completas. A seguir, alguns exemplos de empresas que começaram a evoluir do marketing centrado na marca para enfocar mais a interação e a troca que os relacionamentos exigem.

O marketing como serviço

A Ikea, maior varejista mundial de móveis, vende um produto que não é o menos caro, nem o mais conveniente, nem o de mais alta qualidade. Ela exige que os clientes se dirijam a um único local para projetar e escolher os próprios conjuntos de móveis, depois carreguem caixas do depósito próximo e levem o material para casa para eles mesmos montarem. No contexto da prática do marketing tradicional, essa abordagem seria uma receita para o fracasso. Na verdade, o processo todo envolve interação e respeita o consumidor, e portanto cria o próprio valor. O marketing dá a informação, a fita métrica e uma área de recreação para as crianças. Trata-se não tanto de ferramentas de vendas, mas de serviços que permitem ao cliente usar a própria imaginação e criatividade.

Ampliação do relacionamento

Durante as décadas de 1980 e 1990, a Chrysler executou uma notável reviravolta na América do Norte e exibe agora uma das linhas de modelos de mais estilo e de mais atratividade da indústria automobilística. Em uma recente campanha publicitária, a Chrysler escolheu enfocar não os carros, mas os empregos que estava criando nas comunidades locais com seus investimentos. Na época, a América do Norte estava no terceiro ano de uma recuperação econômica com muito desemprego, portanto, a mensagem da Chrysler teve significado para seus relacionamentos e também para sua imagem.

Respeito pelo consumidor

A Gillette tem desfrutado de considerável lucratividade desde que sua marca Sensor se adiantou a todos os outros sistemas de barbear manuais e apresentou uma tecnologia superior de lâmina flexível. Em 1994, a Gillette introduziu mais uma inovação: tiras de borracha em cada lâmina que oferecem um barbear ainda mais suave. Analistas da Wall Street questionaram por que a empresa havia lançado mais uma melhoria quando os consumidores já estavam tão satisfeitos e a concorrência tão na lanterna. Os executivos da Gillette responderam que era função deles "encantar os consumidores". Tanto respeito pelo usuário resulta em impulso para a marca.

Oportunidades por meio da sinergia

A Molson, maior cervejaria do Canadá, começou a patrocinar pequenos esforços locais para arrecadar fundos para pesquisas sobre a aids. Nos últimos cinco anos, esse engajamento cresceu e ela ajudou a levantar mais de 5,5 milhões de dólares canadenses apenas em Toronto. Esse programa tático teve, no final, implicações estratégicas. Através da pesquisa de mercado que realizou, a Molson descobriu que a maior parte de seu "núcleo de mercado" apoiava seu envolvimento em tais iniciativas comunitárias, preferindo-o até aos patrocínios esportivos que eram tradicionais veículos para o marketing de cerveja. Esse envolvimento comunitário, quase sempre considerado tangencial ao negócio, tornou-se essencial.

A renovação do que é importante

A Taster's Choice da Nestlé desenvolveu uma série mundial para sua campanha publicitária que apresentava um romance entre pessoas maduras e sofisticadas. A maioria dos profissionais de marketing acredita que para se destacar em meio a um aglomerado de publicidade é preciso fazer uso da repetição, mas o oposto é que é verdadeiro. Em meio a tanta publicidade, as pessoas têm várias opções, portanto, não vão assistir a uma que seja tediosa e repetitiva. A saga usada pela Taster's Choice revitalizou a mensagem, envolveu o público e deu a ele um motivo para ficar sintonizado.

Improvisação estratégica

A IBM descobriu que estava sendo ultrapassada pelos concorrentes em grande parte, devido às restrições de um sistema de planejamento estratégico excessivamente desenvolvido e altamente rígido. Bill Etherington, chefe de operações na América do Norte, comparou a velha abordagem de planejamento da IBM a um jogo de xadrez bastante calculado e pensado. Enquanto a IBM planejava o passo seguinte no tabuleiro de xadrez da estratégia, o mercado sofria uma verdadeira mutação, transformando-se em um videogame em tempo real no qual a concorrência disparava munição de verdade. Na premente luta para sobreviver havia pouco tempo para o modelo estratégico. A empresa e seus empregados foram obrigados a improvisar e fazer o que fosse necessário para manter os clientes e recuperar sua confiança. O sucesso dessa improvisação em muito ajudou a restaurar a já abatida confiança dos empregados e a reconstruir a reputação e as vendas da marca IBM.

Confiança interdisciplinar

A Canadian Airlines International (CAI) ficou às portas da falência durante a recessão do início da década de 1990. Para reconfortar os passageiros que assistiam às reportagens de sua batalha de vida ou morte na imprensa especializada, a CAI desenvolveu uma campanha testemunhal que exibia entrevistas com passageiros e empregados na televisão, horas depois de terem sido gravadas. As pessoas falavam do problema com honestidade, e a pontualidade dos diálogos impressionou os passageiros ao revelar que a CAI, além de ainda estar operando, era bastante inteligente e habilidosa. Conseguir tal façanha exigiu que cliente e agência ignorassem totalmente modelos e procedimentos tradicionais. Empregados e clientes atuaram como "diretores criativos", o produtor da agência atuou como "o cliente", a estação de TV que fez a edição atuou como "produtora", e, dentro dos limites de tempo do exercício, o cliente ficou tão impotente quanto um "executivo de contas júnior". Essa confiança interdisciplinar na criação do programa de marketing ajudou a restabelecer a confiança da empresa junto a seus clientes já sem paciência.

Mudanças de processos

As mudanças de processos exigidas pelos relacionamentos desafiam algumas das crenças mais reverenciadas pelos profissionais de marketing. Por exemplo, a maioria de nós, que ganhou experiência no marketing de bens de consumo, foi influenciada pela doutrina da singularidade: encontre um único benefício, e depois repita-o com insistência. A literatura sobre posicionamento enfatiza a importância de representar um único valor nas mentes e corações dos consumidores. Conselheiros em estratégia ensinam processos para chegar a uma instância única e básica. E os criativos, depois de digerir as palavras que circulam nos documentos sobre estratégia, geralmente perguntam: "Bom, e qual é o gancho?" A disciplina de tal enfoque é importante, mas o caos competitivo da maioria dos mercados não se presta a soluções únicas.

Os tradicionalistas irão argumentar que é exatamente a complexidade de um meio empresarial altamente confuso que torna a determinação ainda mais importante. Entretanto, consumidores e clientes têm muito mais conhecimento sobre marketing do que acreditamos. Eles conseguem acompanhar mais de uma mensagem. Eles conseguem acompanhar as novidades, a persuasão e os desdobramentos da marca. O segredo não é a complexidade, mas a relevância. Se fizer algum sentido para eles, se demonstrar compreensão e respeito, os consumidores conseguem e de fato acompanham a marca.

O mercado pouco definido e a natureza imprecisa dos relacionamentos exigem que os profissionais de marketing procurem mais que um único benefício para a venda de suas marcas e criem uma variedade de persuasões relevantes e sinérgicas. No lugar de um gancho, os anunciantes modernos precisam de uma abordagem do tipo velcro.

Gancho	*Velcro*
Benefício único	Múltiplos benefícios
Objetivo único	Vários objetivos
Repete firmemente	Surpreende firmemente
Fixo para o longo prazo	Flexível para o curto prazo
Diferencia-se do concorrente	Envolve o consumidor
Apresenta um posicionamento	Envolve com persuasões
Enfoca a transação	Busca o relacionamento
Simples para memorizar	Idéia fixa quanto ao envolvimento

Conclusões

Em uma economia baseada na informação, a criação de valor depende mais do conhecimento do que de "coisas". O marketing envolve acondicionamento de conhecimento — junção de "significados" — de forma que sua importância para empresas e marcas só faça crescer. Contudo, a prática e as disciplinas do marketing, que foram criadas para vender coisas, devem mudar para refletir a importância do conhecimento e da compreensão na nova equação de valor.

Estruturas empresariais já passaram por infinitas ondas de reengenharia. A pressão para realizar tal renovação de processos agora está afetando os departamentos de marketing também. Em vez de fazer reengenharia de sistemas, é muito mais importante para os profissionais de marketing voltar a humanizar suas práticas. Os relacionamentos com clientes e consumidores são ardilosos e confusos. Eles forçam os profissionais de marketing a abandonar os princípios de controle para conquistar reciprocidade e interação contínuas. O planejamento estratégico e a pesquisa de marketing têm um lugar nesse mundo de interação, não como fontes de doutrinas definitivas, mas como ferramentas para propiciar perspectiva e aprendizado, e para criar o espaço no qual os relacionamentos entre marcas e consumidores floresçam.

Notas

1. Observações feitas durante uma apresentação realizada em junho de 1995.
2. Max Blackston, "Beyond Brand Personality: Building Brand Relationships", em *Brand equity and advertising*, de David A. Aaker e Alexander L. Biel (orgs.) (Hillsdale, NJ: Lawrence Erlbaum, 1993), p. 121.
3. Ver Henry Mintzberg, *The rise and fall of strategic planning* (Toronto: Maxwell Macmillan, 1994).
4. Citação de uma entrevista dada por mim em *Working wisdom: the ultimate value in the new economy*, de John Dalla Costa (Toronto: Stoddart, 1995), p. 230.
5. Alexander L. Biel, "Converting image into equity", em *Brand equity and advertising*, de David A. Aaker e Alexander L. Biel (orgs.) (Hillsdale, NJ: Lawrence Erlbaum, 1993).

19

O retrato de uma marca

A sopa Campbell

Carla V. Lloyd

A empresa Campbell Soup de Camden, Nova Jersey, é uma clássica fabricante de bens de consumo de alta rotatividade. O negócio da empresa concentra-se no comércio de alimentos. Seu carro-chefe, e a categoria na qual ela mantém uma posição de liderança, é a sopa em lata. Outros ramos do negócio da empresa comercializam seus produtos sob nomes de marcas diferentes, tais como a Pepperidge Farm para bolachas (e sopas para um mercado de maior poder aquisitivo), Godiva para chocolates e Prego para molho de macarrão. Essa política evita a diluição do "core franchise" da Campbell.

A posição forte da Campbell na categoria de sopas é garantida por uma série de políticas bem-sucedidas e bem definidas:

1. *Enfocar a sopa na linha de produtos*: Os únicos outros produtos que também levam o nome Campbell são um pequeno número de linhas relacionadas (p.ex., feijão cozido e sucos de vegetais).
2. *Manter a alta qualidade do produto*: Os padrões de qualidade da empresa são baseados em receitas testadas e excelentes ingredientes naturais.
3. *Oferecer ampla variedade*: Um supermercado comum disponibiliza nas

prateleiras pelo menos cinqüenta sabores da sopa concentrada Campbell (padrão).

4. *Segmentação controlada*: As sopas concentradas Campbell são responsáveis por dois terços das vendas totais da marca, mas o nome da marca engloba linhas especiais de sopas, além da variedade padrão, e também meia dúzia de linhas distintas de sopas "força total", cada uma diferindo das outras em termos funcionais. A posição geral da Campbell é tão forte que a concorrência está confinada a um número limitado de sopas enlatadas (principalmente especiais), além do segmento "seco" de pacotes e cubos, no qual a Campbell não tem representação.
5. *Publicidade forte e consistente*: Não menos importante é a poderosa bateria de valor agregado que a Campbell construiu ao longo dos anos mediante publicidade forte e consistente. Este é o principal tema deste capítulo.

Quando se pede a um consumidor para descrever a personalidade da marca Campbell como se ela fosse um ser humano, a descrição dá provas de atitudes extremamente favoráveis, que são a soma cumulativa da longa experiência do consumidor no uso da marca, mais a assimilação do valor agregado, criado e alimentado pela publicidade:

> A sra. Campbell é como uma vovó, sabe na casa de quem se vai almoçar no domingo. Há sempre muitas crianças em volta dela. A mesa está sempre pronta, e há sempre muita comida na geladeira.
>
> Ah, eu não acho que ela tem muito tempo para o lazer. Acho que não sobra um minuto do dia para todas as coisas que talvez ela queira fazer; ela é tão ocupada.
>
> Todo mundo vai quando é convidado à casa da sra. Campbell.[1]

A Campbell é de fato uma marca poderosa. Marcas poderosas são os verdadeiros gigantes do mercado. O nome delas é tão familiar quanto um membro da família — a Coca-Cola, os sucrilhos Kellogg's. Muitas estão no mercado há mais de cem anos e, no entanto, estão tão fortes hoje como há dez, vinte ou até cinqüenta anos. Elas expandiram seu alcance e conquistaram legiões de fãs em países distantes da terra natal. Triunfaram sobre a concorrência e se transformaram nos verdadeiros heróis do setor. E, como heróis, essas marcas são reverenciadas. "Marcas poderosas estabeleceram um forte 'pacto' com os consumidores", diz Paul Stobart, diretor do Interbrand Group.[2] Os consumidores são dedicados e fiéis a marcas poderosas. Elas se empenham muito para manter os laços que as ligam a seus consumidores. A sopa com rótulo vermelho e branco da Campbell é uma marca poderosa.

Onipresença

As sopas Campbell lotam as despensas americanas. Elas podem ser encontradas em 93% dos lares americanos, porcentagem mais alta que a de cereais, café ou papel higiênico, de acordo com recente estudo da Campbell.[3] A casa americana média tem de oito a dez latas de sopa Campbell guardadas na despensa.[4] A Campbell Soup Company considera as sopas Noodle Galinha, Tomate e Creme de Cogumelo suas "sopas ícones". Essas três sopas estão entre as dez mais vendidas em mercearias.[5] Essa é a situação em uma época em que o estoque é mais diversificado do que nunca, com 30 mil itens diferentes abarrotando as prateleiras de um supermercado médio,[6] e com a concorrência alcançando um pico frenético. Em 1997, por exemplo, houve um recorde de 25.261 lançamentos de bens de consumo para os clientes.[7]

Os consumidores compram sopa enlatada em média a cada 29 dias,[8] e quando o fazem procuram a sopa Campbell. A sopa número 1 no mundo todo. Os americanos compram mais de 70 latas de sopa Campbell a cada segundo, e no mundo são 100 latas compradas por segundo.[9] Nos Estados Unidos, as sopas Campbell controlam dois terços do mercado multibilionário das sopas enlatadas.[10] Isso corresponde a 38% de todas as porções de sopa servidas nos Estados Unidos — inclusive caseiras. Marcas poderosas tendem a ser líderes de mercado. O rótulo vermelho e branco e sua forte combinação de penetração e freqüência de compra transformaram a marca em líder de mercado, nacional e internacionalmente.

O que significa ser uma marca poderosa

Além de um forte pacto com o consumidor e uma posição de alta liderança, há outras características que separam marcas poderosas de marcas comuns. De acordo com Paul Stobart, as marcas poderosas:

1. Estão consolidadas há muito tempo.
2. Sentem-se à vontade em qualquer país do mundo.
3. Atraem todo tipo de consumidor, independentemente de idade, cor ou formação.
4. Demonstraram poder influenciar todos os mercados em que estejam presentes.

5. São muito valiosas.
6. São particularmente bem adaptadas ao meio em que operam.
7. Têm identidade forte, visualmente distinguível.
8. Em geral têm apoio forte e consistente de publicidade e iniciativas promocionais.[11]

Usando esta lista de características, vamos examinar agora por que podemos chamar a sopa Campbell de marca poderosa — e, mais importante, como a sopa Campbell evoluiu para chegar à marca poderosa que é hoje.

Marcas poderosas têm poder de permanência

As marcas poderosas têm vida longa. A Campbell Soup Company tem 130 anos e emprega 41 mil pessoas no mundo todo em cem estabelecimentos espalhados por 22 países em seis continentes. A sopa do rótulo vermelho e branco tem mais de cem anos. Se uma das qualidades que distinguem as marcas poderosas é a longevidade, então a Campbell Soup Company e sua famosa sopa do rótulo vermelho e branco passaram no teste do tempo.

Marcas poderosas são bem-vindas em qualquer lugar

As marcas poderosas prosperam em qualquer país do mundo, segundo Stobart. Além da sopa do rótulo vermelho e branco, a Campbell tem outras doze marcas. Esses produtos são vendidos em 120 países no mundo todo; no entanto, a sopa é o produto mais importante que a Campbell fabrica. "A sopa é nosso carro-chefe, e é o produto mais importante de nosso portfólio de marcas", afirma o Relatório Anual da Campbell de 1997. A empresa se concentra nas sopas e molhos porque "têm o maior potencial de crescimento e oferecem o retorno de investimento mais atraente". A sopa também cruza fronteiras com facilidade — é um dos alimentos preferidos no mundo. E se um sinal verdadeiro de marca poderosa é a capacidade de sentir-se à vontade no próprio país como no exterior, então a sopa Campbell se sobressai nisso. O CEO da Campbell, Dale F. Morrison, diz que "a sopa é o elemento central da dieta da maioria das pessoas do planeta... A sopa é o alimento perfeito porque é conveniente, tem valor, variedade e é saudável".[12] As pessoas dos quatro cantos do mundo concordam. Em todo o mundo, consomem-se mais porções de sopa do que de Coca-Cola — um fenômeno motivado por níveis de consumo particularmente altos em certos países (por exemplo, os alemães consomem seis vezes mais sopa per capita do que os americanos).

Marcas poderosas têm preferência maciça dos consumidores

As marcas poderosas também atraem a todos. Pessoas de todas as idades, cores e origens gostam das marcas poderosas. A sopa Campbell tem esse apelo de massa. De acordo com Morrison, "Nossa oportunidade é vender a sopa Campbell em mais lugares e em mais formas para consumidores de todas as idades".[13] Em Hong Kong e na China a Campbell faz variedades especiais de sopa chinesa, tais como de figo, tâmara e pato. Na Austrália, a Campbell produz uma sopa de abóbora que é uma das mais vendidas no país.

As marcas poderosas também têm uma capacidade comprovada de influenciar os mercados em que atuam. Isso atualmente está ocorrendo no Japão, onde a Campbell está tentando ganhar espaço no ramo de sopa concentrada. O objetivo da empresa no Japão é "transformar um ícone americano em um símbolo internacional de qualidade, conveniência e valor". A Campbell espera conquistar esse objetivo preparando sopas atraentes ao paladar local, como a Sopa de Milho e a Tappuri Yasai (um creme de vegetais).

Para começar a mudar a percepção dos consumidores japoneses em relação à sopa concentrada, a Campbell criou "uma campanha inovadora apresentando um personagem animado chamado sr. Campbell". O comercial é educativo, com o sr. Campbell ensinando aos telespectadores "as maneiras simples e deliciosas de saborear a sopa Campbell".

Marcas poderosas são valiosas. A Campbell Soup Company, com sua carteira de marcas meticulosamente administrada, realizou vendas, em 1997, no valor de U$ 6,7 bilhões.

O que separa as marcas comuns das marcas poderosas é que estas últimas são particularmente habilidosas em se adaptar aos mercados em que operam. As marcas poderosas existem há muito tempo e continuam a sobreviver e prosperar porque os administradores dessas empresas são determinados e capacitados. O que distingue as marcas líderes mundiais, tanto no cenário nacional como internacional, é o "cuidado e a atenção com que seus proprietários tratam essas marcas... O bom gerenciamento da marca requer determinação, até um traço de fanatismo".[14] Todas as grandes marcas poderosas "dão uma atenção ao detalhe que as destaca das (marcas) normais".[15]

Isto requer uma administração firme, e os gerentes da Campbell habitualmente são reconhecidos pela notável liderança. Em 1997, a revista *Fortune* apontou a Campbell como a "Mais Admirada Empresa Alimentícia", no primeiro ano em que ela se tornou elegível. Na carta do Relatório Anual de 1997, o presidente da Campbell, David W. Johnson, referiu-se a esta honra como "um testemunho do poder de nossa marca e do poder de nosso povo". Pessoas de talento vêm ajudando a adaptar a sopa Campbell de rótulo vermelho e branco há mais de cem anos para atender às constantes mudanças nas necessidades dos consumidores.

Marcas poderosas se sustentam com marketing forte

As três características decisivas das marcas poderosas envolvem marketing. Marcas poderosas se adaptam a mudanças de mercado, e por causa disso são particularmente adequadas aos mercados em que atuam. Elas têm identidade visual forte e marcante. E geralmente elas também são apoiadas de forma consistente e poderosa por publicidade e promoção. Vamos agora examinar alguns detalhes.

Uma perspectiva histórica

Antes de a Campbell Soup Company começar a enlatar sopa em Camden, Nova Jersey, em 1869, fazer compras na mercearia era muito diferente do que é hoje. Não havia produtos de marca nas prateleiras. Tudo era embarcado, armazenado e vendido a granel. Os clientes pegavam biscoito direto de barris, retiravam manteiga de amendoim de grandes potes, escolhiam picles de dentro de jarros enormes e pegavam feijão direto dos sacos. Os compradores pediam aos comerciantes para cortarem pedaços de bacon. Era essencialmente um serviço manual feito pelo dono da mercearia. Tudo isso mudou quando a pré-embalagem e as marcas registradas entraram em cena. A maneira como os americanos comiam e compravam mudou radicalmente com a invenção do abridor de lata em 1858.[16]

As latas de alumínio foram inventadas na verdade em 1815, a primeira solicitação de patente americana tendo ocorrido em 1825. Milho, tomate e frutos do mar foram os primeiros enlatados a encontrar mercados restritos no nordeste dos EUA. Em seguida veio a corrida do ouro na Califórnia, a invenção do abridor de latas e depois a Guerra Civil. Com esses eventos históricos, a indústria dos enlatados começou a decolar e a lata de alumínio passou a ser uma peça familiar no dia-a-dia americano. Mas a aceitação em larga escala de alimentos enlatados foi vagarosa. Somente quando grandes empresas entraram no cenário dos enlatados por volta de 1890 trazendo consigo inovações tecnológicas e industriais como o recipiente sulcado com abertura por cima foi que o enlatado tornou-se um item básico nos armários das pessoas e nas prateleiras das mercearias.

Na virada do século, inovações industriais e outras melhorias trouxeram grandes avanços para a indústria de enlatados. Surgiram novos e mais eficientes maquinários agrícolas, sistemas de transporte mais sofisticados, a invenção dos vagões refrigerados, métodos de embalagem seguros e atraentes, o desenvolvimento da publicidade moderna e da marca registrada, bem como mudanças no comportamento familiar.

A princípio, a indústria de enlatados era um negócio sazonal que enlatava o que estivesse disponível no momento.[17] As indústrias do ramo produziam lotes de itens enlatados e se concentravam em vender cada um desses lotes. Thomas Hine relembra como esses pioneiros abordavam a criação da marca:

> Durante muito tempo, os enlatadores de alimentos não usaram as embalagens nem a publicidade para firmar suas marcas. A multiplicidade de interessantes nomes comerciais nos rótulos das latas, com suas ilustrações de frutas e legumes, cenários campestres e fábricas de latas tinham inegável apelo nostálgico. E sobretudo os nomes e os rótulos eram em geral mais atraentes do que as linhas já com marcas que os seguiram. Mas a maioria dos enlatadores se concentrava em vender cada lote, ao invés de estabelecer uma identidade clara e constante para seus produtos.[18]

Os primeiros rótulos, embora artísticos, não seguiam um critério único. Até a Campbell tinha um rótulo confuso e vários nomes de marcas. De 1869 a 1899 ela foi uma enlatadora regional que comprava produtos de fazendas no sul de Nova Jersey para enlatar e vender na área da Filadélfia. Em 1889 a Campbell descobriu a possibilidade de extrair a água da sopa e chamá-la de sopa concentrada.[19] Pouco mais de um ano depois a empresa decidiu comercializar a sopa concentrada no país todo. As razões eram que a sopa concentrada diminuiria custos em transporte, pouparia espaço nas prateleiras das mercearias e também nos armários das donas-de-casa.

Os negócios não mais teriam de ser sazonais. Os consumidores agora poderiam comprar produtos o ano todo — coisa que jamais puderam fazer antes. O objetivo passou a ser convencer as pessoas a comprar todos os novos produtos enlatados. A Campbell teria de ensinar as pessoas não só a comprar sopa, mas a comprar a sopa Campbell.

Um novo visual em vermelho e branco

É difícil falar da sopa e da criação da marca Campbell sem explorar seu famoso rótulo. Muitos especialistas em embalagens acreditam que a sopa Campbell é "provavelmente o uso mais bem-sucedido de uma embalagem para estabelecer a identidade de uma marca para um produto enlatado".[20]

Para ajudar a firmar uma nova e marcante identidade para a nova sopa concentrada, a Campbell transformou a embalagem decorada em um desenho muito mais simples. O desenho se destacaria dos rótulos pitorescos e cheios de ornamentos usados pelos concorrentes da empresa. "Da mesma forma que a sopa... a imagem da lata também se tornou concentrada".[21]

A combinação das cores vermelha e branca foi recomendada por alguém da empresa que havia assistido a um jogo de futebol entre a Universidade de Cornell e a Universidade da Pensilvânia. A pessoa ficou tão empolgada com o chamativo uniforme vermelho e branco da equipe de Cornell que ele passou a ser a inspiração para a hoje clássica lata.[22] Em 1900, a sopa Campbell ganhou a Medalha de Ouro na Exposição de Paris. Uma reprodução dessa medalha foi colocada no centro do novo rótulo. Todas as imagens foram retiradas e o nome da marca recebeu destaque. A lata vermelha e branca, simples, ganhou forte contraste em relação aos rótulos mais elaborados usados pelos concorrentes da Campbell.

O início da publicidade

Com uma embalagem forte e marcante, a Campbell Soup Company, como muitas empresas americanas da época, começou a utilizar publicidade contínua. Em 1900, nos Estados Unidos, "já era rotina para qualquer produto ser apresentado por uma seqüência de anúncios".[23]

Já em 1899 a Campbell Soup Company gastava US$ 10.000 em publicidade. Dois anos depois, a verba publicitária cresceu para US$ 50.000. Uma década mais tarde, em 1911, a Campbell aumentou oito vezes a verba publicitária, para US$ 400.000. Em 1920, os investimentos da Campbell com publicidade atingiram a marca de US$ 1 milhão, representando 5% do total de vendas da empresa. Hoje a Campbell gasta US$ 130 milhões por ano em publicidade somente para as sopas.

A sopa Campbell fez com que se tornasse prática comum de mercado testar e, com o tempo, adotar cada novo tipo de meio disponível. Assim, a publicidade da marca saiu das páginas impressas para as ondas do rádio, e mais recentemente para as telas dos computadores.

Em 1905, o conselho de publicidade da Campbell, um grupo de administração interno, decidiu experimentar um tipo de publicidade relativamente novo: cartazes em bondes. Depois de analisar todas as opções de mídia da época, os membros do conselho de publicidade da empresa decidiram colocar cartazes nos bondes mostrando, pela primeira vez, as "Crianças Campbell" juntamente com uma recém-criada ilustração da lata vermelha e branca. Na parte inferior do cartaz havia slogans como "6 pratos por 10 centavos" e "Basta adicionar água e servir". O primeiro contrato previa o uso dos anúncios em um terço de todos os bondes da cidade de Nova York. A campanha inicial nos bondes aumentou as vendas em 100%, e, no final de 1905, a Campbell havia renegociado o contrato para incluir os anúncios em todos os bondes da cidade de Nova York. Os anúncios nos bondes tiveram tanto sucesso que o conselho de publicidade da Campbell expandiu a campanha dos anúncios para 372 cidades espalhadas por todos os Estados Unidos. Isso exigiu a confecção de 35 mil anúncios para expor em todos os bondes dessas regiões.

As "Crianças da Sopa" Campbell

As rosadas e rechonchudas "Crianças da Sopa" Campbell fizeram sua primeira aparição na publicidade da sopa Campbell em 1904. A Campbell estava entre as primeiras fabricantes a usar gente em sua publicidade e também foi uma das primeiras a entender que "produtos de marca embalados tinham de estabelecer um relacionamento com o consumidor".[25] Antes dos alimentos embalados e enlatados, os clientes desfrutavam de um relacionamento estreito com os donos de mercearia, que os ajudavam a retirar as quantidades de produto desejadas de barris e jarros. O relacionamento que a Campbell forjou com os consumidores com suas "Crianças da Sopa" ajudou a "substituir ou suplementar qualquer relacionamento que os clientes pudessem ter com o dono da mercearia".[26]

E o relacionamento entre as "Crianças da Sopa" Campbell e as crianças de verdade era forte: "Nos tempos em que não se assistia à televisão nas manhãs de sábado, "recortar as Crianças da Campbell" e montar álbuns de figuras era uma das diversões preferidas das crianças em seu tempo livre e quando se encontravam acamadas".[27]

Os verdadeiros consumidores-alvo

As mulheres americanas, que preparavam a maior parte das refeições, no início demoraram a preencher as cestas de compra com produtos enlatados. Essa resistência persistiu até boa parte da década de 1920. Depender de produtos enlatados para preparar o jantar da família — a mais importante e elaborada refeição do dia — era inconcebível. Mas já em 1907, a Campbell publicou livros e menus destinados a mostrar às donas-de-casa como usar as sopas enlatadas. Tais livros e menus foram obra de John Dorrance, e causaram importante mudança nos hábitos alimentares dos americanos. A Campbell ofereceu incentivos extras para o consumo de sua sopa através de promoções de vendas que tinham como prêmio as populares bonecas das "Crianças da Sopa". Em 1916, a Campbell introduziu a idéia de cozinhar com sopa concentrada ao publicar seu primeiro livro de culinária, *Helps for the hostess*.

O primeiro anúncio da sopa Campbell em revista de circulação nacional foi feito em 1905, na *Good Housekeeping*. Em 1914, a Campbell eliminou completamente os jornais de sua programação de mídia e canalizou o grosso de sua verba publicitária para revistas de massa, como a *Saturday Evening Post* e a *Ladies' Home Journal*. A primeira publicidade colorida apareceu em 1926. Com isso, abriu-se uma nova dimensão para o apelo ao paladar. Enquanto a impressão em todas as cores não estava disponível, os primeiros anunciantes de alimentos operavam sob a "compreensão generalizada de que a venda de alimentos parece depender do paladar tanto quanto da cor... comenta-se que a própria Campbell fornecia às gráficas a tinta vermelho-tomate".[28] A Campbell também descobriu que, com as revistas, havia pouco desperdício em gastos com publicidade; as mulheres que liam as revistas eram as mesmas que compravam a sopa. A Campbell também colaborou com artigos para revistas nas quais cozinheiros especialistas davam às donas-de-casa conselhos úteis sobre como usar a sopa como parte das refeições principais.

Mídia audiovisual

A Campbell usou o rádio como meio pela primeira vez em 1931, quando patrocinou um programa matinal de jazz. Entretanto, isso resultou em vendas frustrantes, e o rádio foi colocado em compasso de espera por dois anos. Mas em 1934 a Campbell voltou ao ar, desta vez patrocinando dois dos programas de rádio mais populares da época: *The George Burns and Gracie Allen Show* e *Amos 'n' Andy*. A publicidade neste último programa teve papel importante no sucesso de uma das mais populares sopas da Campbell.

Em 1934 a Campbell lançou uma nova sopa: galinha com macarrão. Apesar da alta qualidade do produto, as vendas não deslancharam. Depois de muita análise, a empresa decidiu que a sopa — galinha com macarrão — seria anunciada com mais destaque no popular programa *Amos 'n' Andy*. O comercial foi escrito e entregue a Freeman Gosden, que interpretava Amos, para que lesse ao vivo. Ele se atrapalhou, e o que foi ao ar para milhões de ouvintes foi: "sopa de macarrão de galinha" e não "galinha com macarrão". A gafe de Amos foi providencial, e em poucos dias provaria ser a chave do sucesso desta variedade muito especial de sopa.

Em meados da década de 1950, a Campbell replanejou as despesas publicitárias e deu à televisão uma fatia maior da verba total. Em 1954 a empresa gastou US$ 11,5 milhões em publicidade, dos quais a TV recebeu US$ 4,5 milhões (39% do total). Os primeiros aparelhos de TV tinham telas de no máximo 12 a 14 polegadas. As famílias tinham de se amontoar em volta deles para conseguir enxergar um pouco das imagens em branco e preto, embaçadas e instáveis, de seus programas favoritos. Elas precisavam de uma refeição rápida e fácil de preparar, conveniente e — talvez acima de tudo — compacta, de forma que pudesse ser ingerida na frente da TV, no colo ou em uma bandeja pequena. "A televisão realmente transformou o centro de gravidade das casas americanas, levando-o da cozinha para a sala de estar".[29] Descobrindo a necessidade de uma refeição que fosse feita enquanto se assistia à TV, a Campbell comprou a Swanson Company of Omaha, em Nebraska, fabricante de pratos prontos e outros itens de alimentos congelados. Mas, com a chegada dos aparelhos de televisão com tela grande, os pratos prontos congelados começaram a perder relevância e a Campbell vendeu a linha Swanson.

Mudança dos estilos de vida

Os americanos ainda se aglomeram em torno dos aparelhos de televisão, mas também passam tempo na frente de seus computadores, surfando pela internet e jogando *games* em CD-ROM. Quando assistem à televisão, é cada vez mais uma experiência individual e não um evento familiar. Hoje os americanos assistem à TV por assinatura, falam em seus telefones celulares portáteis e sentem-se estressados por trabalhar demais. A Campbell está adaptando sua sopa e sua publicidade para atender às necessidades das pessoas que trabalham e que atualmente vivem em um universo de mídia mais complexo.

O verdadeiro desafio da Campbell é convencer os apressados trabalhadores a reservar um tempo para cozinhar. Cada vez menos americanos cozinham em casa. É mais fácil comprar lanches rápidos, comprar refeições em restaurantes para comer em casa ou levar um prato pronto do supermercado. E quando efetivamente se põem a cozinhar, eles querem facilidades. "Em 2005, muitos americanos jamais terão preparado uma refeição a partir do zero", diz um estudo de McKinsey & Company.[30] A Campbell está precisando convencer as pessoas a reverter essa tendência e está transmitindo essa mensagem aos consumidores através das prateleiras dos supermercados. Em meados da década de 1990, a Campbell mudou tanto a frente quanto o verso de seu famoso rótulo. A frente do rótulo promove o consumo de sopa ao incluir uma imagem apetitosa de um prato de sopa. O verso do rótulo destaca como a sopa Campbell pode ser usada para preparar refeições rápidas e fáceis mediante uma receita e uma foto em quatro cores ilustrando o prato final.

Uma das outras formas pelas quais a sopa Campbell está se adaptando para ajudar seus consumidores inclui uma linha telefônica direta: 1-888-MM-MM-GOOD. Ao ligar para esse número, as pessoas que estão perdidas em relação ao que fazer para o jantar podem falar com um representante, que providenciará idéias de receitas. A sopa Campbell foi uma das primeiras grandes empresas de bens de consumo a tirar vantagem da internet. Parte dos abrangentes sites da Campbell na rede inclui um atraente serviço de receitas on-line. A empresa também está incluindo receitas em "stands" independentes montadas nos supermercados.

A Campbell também está adaptando sua sopa para atrair consumidores mais jovens, e recentemente criou uma nova sopa de tomate pronta que vem em uma garrafa de plástico transparente de 1,5 litro. A garrafa é fácil de manusear e as crianças não precisam adicionar água à sopa. Basta despejar e colocar no microondas. A Campbell foi a primeira vendedora de produtos embalados a cooperar com a Disney Interactive para criar uma promoção conjunta. Ao comprar oito latas da sopa Campbell as crianças poderiam receber uma amostra grátis de três títulos educacionais em CD-ROM do ursinho Pooh. A promoção foi anunciada na embalagem da sopa e através de uma inserção nacional em jornal. Segundo Kevin Lowery, diretor de informações ao público da Campbell, "a promoção já produziu resultados incríveis".[31]

As sopas Campbell também estão sendo modificadas com o propósito de atrair alunos do colegial e da faculdade. A empresa criou uma nova linha de sopas em porção única para aquecer no microondas, chamada "Soup to go" ("Sopa para levar"). Elas parecem especialmente adequadas para estudantes do colegial e universitários que têm acesso aos fornos de microondas.

Talvez o verdadeiro poder por trás da sopa Campbell seja sua capacidade de mudar e se adaptar e ainda assim se manter a mesma. Há mais de cem anos sua imagem de qualidade se mantém constante, porém a sopa evoluiu para se adequar aos novos estilos de vida e às novas preferências dos consumidores. A Campbell adaptou sua sopa cuidadosamente, tornou-a mais prática, relevante e fácil de usar. E é isso que faz com que as pessoas continuem comprando setenta latas com o rótulo vermelho e branco a cada segundo.

Notas

1. Todas as citações foram extraídas do livro de John Philip Jones, *How much is enough? Getting the most from your advertising dollar* (Nova York: Simon & Schuster-Lexington, 1992), p. 164.
2. Paul Stobart, "Introdução", em *Brand power*, de Paul Stobart (orgs.) (Nova York, Macmillan, 1994), p. 5.
3. Campbell's Community Center — Around the World, 1997 (on-line: http://www.campbellsoup.com/center/around_world/index). Esta é a fonte de boa parte das informações deste capítulo.

4. Marcia Mogelonsky, "Soup is good food", *American Demographics*, março de 1998, p. 34.
5. Campbell"s Soup 1997 Annual Report (on-line: http://www.campbellsoup.com/financialcenter/1997AR/pages/soup_sauces).
6. Thomas Hine, *The total package: the evolution and secret meanings of boxes, bottles, cans and tubes* (Toronto: Little, Brown, 1995), segunda capa.
7. Nancy Tem Kate, "New and improved", *American Demographics*, março de 1998, p. 32.
8. Mogelonsky, "Soup is good food", p. 34.
9. Campbell's Community Center, 1997.
10. Constance L. Hays, "Campbell soup hopes a new campaign aimed at children will help bolster sagging sales", *New York Times*, 20 de maio de 1998.
11. Stobart, "Introduction", p. 5-7.
12. Dale F. Morrison, Carta do CEO, em Campbell's Soup Annual Report, 1997 (on-line: http://www.campbellsoup.com/financialcenter/1997AR/pages/letter_ceo/html).
13. Ibid. As citações dos dois parágrafos seguintes também são desta fonte.
14. Stobart, "Introduction", p. 12.
15. Ibidem.
16. Robert Atwan, Donald McQuade e John W. Wright, "The american diet", em *Edsels, Luckies and Frigidaires: Advertising The American Way* (Nova York: Dell, 1979), p. 186.
17. Hine, *The total package*, p. 86.
18. Ibidem.
19. Charles Goodrum e Helen Dalrymple, *Advertising in America* (Nova York: Harry N. Abrams, 1990), p. 23.
20. Hine, *The total package*, p. 86.
21. Ibidem.
22. Ibidem.
23. Stephen Fox, *The mirror makers: a history of american advertising and its creators* (Nova York: Vintage, 1984), p. 38.
24. Douglas Collins, *America's favorite food: the story of Campbell Soup Company*, (Nova York: Harry N. Abrams, 1999), p. 44.
25. Hine, *The total package*, 86.
26. Ibidem.
27. Goodrum e Dalrymple, *Advertising in America*, p. 88.
28. Atwan et al., "The american diet", p. 188.
29. Robert Thompson, diretor do Centro de Estudos da Televisão Popular, Universidade de Syracuse, comunicação pessoal, 1998.
30. Relatório McKinsey, conforme citado em Kate, "*New and improved*".
31. Citado em "See the CD-ROMs", *Advertising Age*, de Kate Fitzgerald, 29 de setembro de 1997, p. 50.

20

O *case* das marcas colecionáveis

Jan S. Slater

Os americanos adoram colecionar coisas — desde selos, moedas, garrafas de Coca-Cola, carros, livros e brinquedos até Beanie Babies e tênis. Assim, não deveria ser surpresa que um em cada três americanos coleciona alguma coisa — ou seja, 33% da população gostam de se denominar "colecionadores" e estão dispostos a participar da busca contínua de objetos em geral considerados "não-essenciais".

A indústria das coleções está explodindo. Em razão da paixão do público por coisas de que não precisa, a indústria dos colecionáveis realizou US$ 9,2 bilhões em vendas no ano de 1997. Incluía-se aí todo tipo de objetos, desde os colecionáveis de *plush* (como os Beanie Babies) a miniaturas (como os Cherished Teddies e os Hummels), a enfeites de Natal (fabricados pela Hallmark, Christopher Radko e Kurt Adler, para citar alguns), a uma série de placas de Elvis e da princesa Diana feita pela maior vendedora de colecionáveis por marketing direto, a Franklin Mint.

Por que colecionar — uma atividade que existe há séculos — de repente virou um fenômeno tão grande na América do Norte no século XX? Parte do crescimento é atribuída a uma redefinição do que é colecionável. Historicamente, colecionar tem sido uma atividade dos ricos, que utilizavam a renda disponível para investir em arte sofisticada, porcelana, livros, moedas e mobília. Esses eram itens considerados antiguidades (já tinham mais de cem anos) cujo valor aumentava com o tempo. Hoje, muitos itens colecionáveis são aqueles que foram produzidos em série no século XX e na maioria das vezes custavam menos de US$ 200.00 na época da produção. Esses itens são geralmente considerados "trivialidades antigas" e foram produzidos nos últimos quinze a vinte anos. Eles incluem as bonecas Barbie®, os brinquedos do McLanche Feliz, figurinhas de beisebol, Beanie Babies e lembranças de programas de televisão.

A alteração na concepção do que é colecionável abriu caminho para os Beanie Babies e outros similares. E também levou ao merchandising de produtos associados a marcas especiais como Coca-Cola, Mattel, a sopa Campbell, Hershey, Hallmark e McDonald's. Esse merchandising tornou-se conhecido como *colecionáveis de marca*. Em razão dessa mudança, um número cada vez maior de marcas está entrando no negócio dos colecionáveis, desenvolvendo itens colecionáveis com o nome de marcas gravados em copos e travessas de vidro, roupas, brinquedos, enfeites de Natal, bonecas, relógios e miniaturas. A atividade de colecionar foi pré-embalada, com fabricação, marketing e distribuição controlados por algumas das mais preeminentes empresas da *Fortune* 500, bem como por algumas das mais reconhecidas marcas dos Estados Unidos.

Marcas colecionáveis

Itens colecionáveis de marcas são um grande negócio. A Mattel produz atualmente uma linha colecionável das bonecas Barbie, algumas usando vestidos de famosos designers (como Donna Karan) e outras usando roupas de personagens de filmes (como Scarlett O'Hara), além de marcas como a Barbie Got Milk?, a Barbie Harley-Davidson, a Barbie Coca-Cola e a Barbie The Gap. A Hallmark produz enfeites de Natal colecionáveis, a linha Ornament Keepsake. O McDonald's está vendendo potes de biscoito de Ronald McDonald em QVC e bolsas de grife bordadas à mão com contas, na forma de hambúrgueres e fritas, por US$ 2.000 na Rodeo Drive. A Franklin Mint, maior fabricante de colecionáveis produzidos em série, já formou parcerias com inúmeros profissionais de marketing das empresas para criar produtos colecionáveis para algumas das maiores marcas comerciais. Coca-Cola, Walt

Disney, Planters, Pillsbury, LifeSavers, Ralston Purina, McDonald's, Harley-Davidson e Campbell são apenas algumas das empresas que assinaram contratos para associar suas marcas a bonecas, placas, esculturas e enfeites de Natal colecionáveis.[1] Esses esforços de merchandising de massa ampliaram as marcas individualmente ao torná-las colecionáveis, e as empresas estão usando estratégias de marketing para atrair novos colecionadores e aumentar a freqüência de compra entre os que já colecionam — duas estratégias clássicas para construir o negócio de uma marca.[2]

É freqüente considerar as marcas como produtos que são consumidos ou usados. A definição tradicional típica de marca é "um nome e/ou símbolo característico (como logotipo, marca registrada ou design externo) criado para identificar os bens ou serviços de um vendedor ou grupo de vendedores e diferenciar esses bens ou serviços daqueles dos concorrentes".[3] Mas essa explicação técnica não abrange o elemento emocional das marcas. De acordo com John Philip Jones, da Universidade de Syracuse, embora todas as marcas sejam produtos, nem todos os produtos são marcas. Uma marca é impregnada de características de personalidade; uma marca é única; uma marca é atemporal. Os consumidores compram uma marca não apenas por sua função ou pelo sabor que ela tem, mas devido à sensação que a marca desperta neles, à satisfação emocional ou psicológica que eles ganham ao usá-la. Uma marca, então, abrange tanto benefícios tangíveis quanto intangíveis, uma combinação de "benefícios funcionais mais valores agregados que alguns consumidores valorizam o suficiente para comprar".[4]

A maioria dos consumidores compra uma marca por conta de alguma funcionalidade superior — roupa mais branca, bolo mais úmido, menos calorias, menos gordura, entrega mais rápida, maior autonomia de combustível. Além desses benefícios tangíveis e possíveis, os consumidores também compram uma marca por conta dos sentimentos, apegos emocionais ou satisfações psicológicas que recebem ao usá-la — a sensação de satisfação, de atender melhor à família ou de simplesmente se divertir. Esses "valores agregados" definidos por Jones são importantes quanto à maneira de os consumidores se sentirem em relação às marcas.[5] Portanto, criar uma marca (*branding*) refere-se à percepção dos consumidores e sua forma de comprar.[6] O que é que torna então uma marca colecionável, e por que há tantas marcas líderes de mercado entrando no mercado de colecionáveis?

Ao rever as marcas colecionáveis listadas anteriormente, que foram identificadas no *Advertising Age* como marcas que estão entrando no mercado de colecionáveis, três semelhanças vêm imediatamente à tona:

1. Todas são marcas relativamente antigas, variando entre quarenta e cem anos de produção.
2. Cada marca é líder em sua categoria de produto (por exemplo, refrigerantes, sopas, entretenimento, refeições rápidas, cartões de saudações).
3. Cada marca pertence a uma categoria de produto já consolidada, isto é, há pouca oportunidade para amplo crescimento natural.

A Coca-Cola e a Pepsi-Cola controlam a categoria de refrigerantes com mais de 70% do mercado. A Campbell controla aproximadamente 70% da categoria de sopa enlatada. Não há grandes grupos de novos consumidores entrando nessas categorias; a maioria das pessoas já usa essas marcas consolidadas. Portanto, a única oportunidade de fazer crescer essas categorias, assim como as marcas, é aumentar a freqüência de compra entre os atuais usuários. Categorias de produto já consolidadas como essa têm uma possibilidade de crescimento relativamente pequena.

É provável que essas marcas e muitas outras tenham atingido a máxima penetração de mercado; isto é, os consumidores já estão utilizando os produtos e a freqüência de compra do consumidor está saturada. Por exemplo, o consumo per capita de Coca-Cola é de 297 embalagens de 236 ml nos Estados Unidos.[7] Quando é esse o caso, a única maneira de a marca crescer é através de uma "estratégia de defesa" que prega a manutenção dos usuários existentes e o ligeiro aumento de sua freqüência de compra.[8] O marketing de colecionáveis pode ser visto como uma ampliação da marca que capitaliza os valores agregados dessas marcas e fortalece os relacionamentos com os consumidores ao tornar as marcas colecionáveis. Ampliar uma marca, usar o nome da marca em novos produtos para entrar em novas categorias de produtos, tais como a categoria de colecionáveis, é um elemento-chave para maximizar o valor da marca em termos de lucro e de fidelidade à marca.[9]

Manter os clientes existentes e mantê-los fiéis à marca, hoje, é mais difícil por inúmeras razões. A proliferação de produtos é a principal preocupação. Não é raro que os supermercados de hoje estoquem mais de 20 mil linhas de produtos. Além disso, mais de três mil marcas (excluindo as extensões de marca*) são introduzidas todo ano para distribuição nos supermercados.[10] De acordo com dados da Mediamark Research, Inc., existem 93 marcas de ração

---

* Extensões de marca: novas opções para uma mesma marca. Exemplo: Omo, Omo Progress, Omo Multi-ação. (N.R.T.)

para gatos, oitenta marcas diferentes de refrigerantes, 76 marcas de cerveja, 73 marcas de ração para cães, 23 marcas de papel higiênico, trinta marcas de margarina e 119 marcas de cereais prontos para comer entupindo as prateleiras dos supermercados dos Estados Unidos.[11] Além dessas marcas distribuídas nacionalmente, os supermercados decidiram acirrar a disputa desenvolvendo marcas próprias de refrigerantes, margarina, papel higiênico e cereais para competir com as marcas nacionais nas prateleiras. Isso é que é proliferação. Essa saturação apenas oferece mais escolhas aos consumidores, e, em alguns casos, mais confusão. Diante desse exagero de marcas, somado ao crescimento lento das categorias de produto já maduras, os colecionáveis podem ser uma estratégia por meio da qual as marcas podem manter os usuários existentes e um meio de reforçar a fidelidade. Nos itens seguintes eu apresento o perfil de duas preeminentes marcas colecionáveis.

Colecionar Coca-Cola: "Isso é que é"*

Considerada por muitos como a quinta essência das marcas internacionais, a Coca-Cola transcende etnia, sexo, idade, grau de educação e classe social. Conforme o atual slogan de sua publicidade, parece que a Coca-Cola "sempre" existiu. Quase nenhuma pessoa hoje consegue se lembrar de uma época em que o famoso refrigerante não estivesse disponível em um restaurante, supermercado, loja de conveniência ou máquina automática. Além de ser o refrigerante mais vendido no mundo, a Coca-Cola é a marca número 1 do mundo.[12]

A história deste ícone americano é um caso exemplar de construção gerenciamento e manutenção de marca. Desde o começo, em 1886, a Coca-Cola construiu uma imagem de marca poderosa. A marca está impregnada de valores agregados: os benefícios característicos que vão além da funcionalidade de uma bebida refrescante.[13] A Coca é vista como tradicional, patriótica, simpática e americana. A marca tornou-se parte dos rituais de vida de muitos consumidores americanos em jogos, churrascos, reuniões familiares e assim por diante. Na verdade, internacionalmente e na terra natal, a Coca-Cola é a América.[14]

* "Isso é que é": versão brasileira para o slogan "It's the Real Thing" (fonte: Mc Cann). (N.R.T.)

Embora a marca remonte ao final da década de 1880, a proposta básica da marca — Coca-Cola satisfaz; Coca-Cola é uma bebida deliciosa e refrescante — permaneceu virtualmente a mesma, assim como o nome da marca e seu logotipo inconfundível. Logo no início, a empresa desenvolveu um forte sistema de apoio à marca mediante a formação de parcerias duradouras com suas franquias de distribuição e da criação de uma personalidade própria que atraiu emocionalmente os consumidores. Além disso, a empresa apoiou firmemente a marca e sua identidade com mensagens publicitárias poderosas e investimentos substanciais, juntamente com atraentes designs de embalagens. E, mesmo assim, o tempo todo a Coca-Cola esteve na vanguarda das mudanças — adaptando-se para atender a novos gostos e condições. Novas formas de embalagem e versões especiais do logotipo foram produzidas para se adaptar a um amplo leque de idiomas, e sabores diferentes foram introduzidos para se adequar a uma variedade de gostos e estilos de vida.

Quando o slogan "Sempre Coca-Cola" ("Always Coca-Cola") foi lançado em 1993, Don Keough, ex-presidente e ex-diretor-chefe de operações da Coca-Cola Company decretou: "A Coca-Cola deve ser reinterpretada para cada nova geração. A promessa essencial deve se manter renovada e contemporânea, porque a própria Coca-Cola deve se manter atemporal e ao mesmo tempo nova".[15] De fato, dentro do setor de refrigerantes, e entre as empresas, consumidores e colecionadores de objetos publicitários do mundo todo, não há substituto para a Coca-Cola. A história por trás da Coca-Cola, produto que é 99% água e açúcar, e de sua ascensão a um negócio de US$ 18 bilhões cujo produto é comercializado em 195 países, é um fenômeno americano. Quase tão notável é o Clube de Colecionadores de Coca-Cola, cujos 7.300 membros no mundo todo colecionam objetos, de garrafas e latas a uniformes de entrega, antigos anúncios, máquinas de venda automática e geladeiras de isopor. A Coca-Cola não é apenas a maior marca do mundo, é também a maior marca de itens colecionáveis do mundo. Desde que a fórmula secreta da Coca-Cola resultou em um produto comercializável, no final de 1880, a Coca-Cola Company vem produzindo uma larga variedade de materiais promocionais para estimular o consumo da bebida. A própria empresa admite que um dos motivos de seu sucesso tem sido o forte compromisso com o investimento consistente e de longo prazo em propaganda.[16] Desde a primeira verba para publicidade, em 1901, no valor de US$ 100.000, até a atual campanha "Sempre Coca-Cola", de US$ 100 milhões, a empresa tem feito forte publicidade utilizando virtualmente todos os canais de mídia possíveis.[17] Muito antes da mídia de massa dos dias de hoje, a Coca-Cola Company usava milhões de itens promocionais para anunciar e vender seu produto para as massas. Esses itens variavam de objetos úteis de merchandising, como garrafas e geladeiras de isopor, até itens de propaganda tradicionais e familiares como cartazes e anúncios impressos; de itens distribuídos no ponto de venda como bandejas e calendários a brindes de cortesia como brinquedos e marcadores de livros.[18] Hoje esses itens são considerados relíquias, e muitos deles são raros e extremamente valiosos. Por exemplo, os calendários da Coca-Cola de 1891 e 1892 estão avaliados em US$ 10.000 ou mais,[19] e uma placa de metal da Coca-Cola de 1903 foi recentemente vendida em leilão por US$ 12.000.

Esses itens formam a base das atuais coleções de lembranças da Coca-Cola. Parte do charme desses itens para os colecionadores é que seu propósito original era promover a venda da Coca-Cola e não serem colecionados. Diferentemente de outros itens colecionáveis que são essencialmente tradicionais (por exemplo, enfeites natalinos da Hallmark, saleiros e pimenteiras, selos), os colecionáveis da Coca-Cola abrangeram literalmente toda a gama de artefatos manufaturados para fazer merchandising e anunciar bens de consumo desde a década de 1880. Eles incluem, entre outros itens, leques, gomas de mascar, espelhos de bolso, canivetes, carteiras, abotoaduras, dedais, broches, relógios, cinzeiros, canetas, álbuns de figurinhas e até cofres.

Hoje a Coca-Cola está desenvolvendo uma nova linha de colecionáveis com a Franklin Mint, a Hamilton Collection e a Cavanaugh Productions, todas elas fabricantes de objetos colecionáveis. Por exemplo, a Franklin Mint é conhecida por fabricar e promover moedas e placas colecionáveis. O onipresente logo da Coca-Cola agora está surgindo em réplicas de placas, calendários e bandejas, em roupas, copos, garrafas comemorativas e enfeites de Natal. O considerável interesse em colecionar antigos objetos da Coca-Cola criou um nível secundário de novos itens colecionáveis fabricados estritamente para serem colecionados. Esta nova linha de produtos, que inclui enfeites com o urso polar, copos, bandejas, pôsteres e utilidades domésticas, foi desenvolvida para saciar o apetite dos colecionadores de artefatos da Coca-Cola.

A Coca-Cola Company passou a se interessar pela febre das lembranças quando a nação foi engolida por uma onda de nostalgia durante a década de 1970. Antes disso, ela dava pouca atenção aos itens que eram fabricados com o logo da empresa mas sem sua autorização. Mas o movimento de nostalgia da década de 1970 mudou tudo isso. As pessoas disputavam qualquer peça de merchandising da Coca-Cola que as fizesse lembrar da infância ou de tempos mais simples, e a empresa estava decidida a não desapontar aqueles fiéis consumidores. Acredita-se que o interesse gerado durante esse período foi responsável pelo crescimento no número de colecionadores de lembranças, e que continua até hoje.[20]

A partir de 1970, a empresa passou a oferecer réplicas das primeiras bandejas, calendários, copos e outros objetos a esse crescente número de novos entusiastas dos itens colecionáveis da Coca-Cola. Esses produtos eram vendidos principalmente em lojas especializadas e de presentes, embora alguns estivessem disponíveis em lojas de produtos de consumo de massa. Em meio a essa atividade, muitos produtos foram confeccionados sem a aprovação da Coca-Cola, e também surgiram grandes quantidades de "falsos colecionáveis" nesse período. Até hoje é difícil convencer alguns colecionadores que esses itens ilegais não são peças originais da Coca-Cola.[21]

Basicamente, há três tipos de novos itens colecionáveis da Coca-Cola: réplicas, produtos fantasia e produtos licenciados.[22] Uma réplica é uma cópia de um item original da Coca-Cola — em muitos casos uma cópia exata. Para muitos novos colecionadores, as diferenças entre essas peças e as originais são imperceptíveis. Mas o olho treinado de um sofisticado colecionador de itens da Coca-Cola consegue em geral identificar uma réplica.

Um produto fantasia é aquele que parece ser velho mas não é. Nesse caso, o item parece uma peça antiga da Coca-Cola, mas na realidade tal peça jamais foi produzida antes. Ao contrário de uma réplica, da qual existe uma versão original, um item fantasia não tem a contrapartida original.[23] Por exemplo, uma bandeja fantasia pode retratar uma senhora de aparência vitoriana bebendo Coca-Cola, e pode lembrar as bandejas verdadeiras fabricadas no início da década de 1900. Entretanto, a empresa jamais usou tal retrato nas bandejas. Produtos fantasia são facilmente vendidos para colecionadores novatos, mas enfurecem e frustram os colecionadores experientes. Como aponta com clareza Allan Petretti, distribuidor de colecionáveis Coca-Cola: "O prazer de colecionar Coca-Cola está em colecionar lembranças da Coca-Cola Company".[24] Itens fantasia não são peças da Coca-Cola Company. Desde meados da década de 1980, a Coca-Cola Company tem um programa de licenciamento que colocou o conhecido logo em enfeites de Natal, relógios, roupas, garrafas comemorativas, quebra-cabeças, toalhas, bonecas — e a lista não pára. Até então, a empresa não mantinha controle sobre o uso de seu logotipo em produtos. Hoje, mais de 250 empresas no mundo todo receberam licenças para fabricar mais de 10 mil produtos diferentes com a marca registrada da Coca-Cola. Mais de 50 milhões de itens Coca-Cola foram vendidos em 1997 em várias lojas de varejo de merchandising de massa, bem como por meio do catálogo da Coca-Cola e das lojas de varejo da própria Coca-Cola em Atlanta, na cidade de Nova York e em Las Vegas. A Coca-Cola Company recebe taxas de licenciamento anuais dos fabricantes de colecionáveis, além de aproximadamente 8 a 10% do valor das vendas brutas dos fabricantes.[25] Portanto, embora o principal negócio da Coca-Cola continue sendo refrigerantes, a renda gerada pelos itens colecionáveis e o valor agregado que eles proporcionam incrementam os lucros da Coca-Cola ao mesmo tempo que aumentam o patrimônio da marca.

Colecionar cartões da Hallmark: quando você gosta muito, muito

De acordo com uma pesquisa independente fornecida à Hallmark, "Quando você gosta muito, muito para enviar o melhor do melhor" é um dos slogans publicitários em que mais se confia e acredita nos Estados Unidos, porque ele associa o produto à experiência da Hallmark. Além de estar em uso há mais de cinqüenta anos, o slogan é também a filosofia da empresa Hallmark. Seu fundador, Joyce C. Hall, escreveu: "Embora pensássemos ter criado apenas um bom slogan publicitário, logo descobrimos que havíamos estabelecido um compromisso interno. O slogan nos pressiona constantemente a fazer dos cartões Hallmark o melhor do melhor".[26]

A Hallmark Cards, Inc. afirma ser "a maior fabricante mundial de cartões de saudações e outros produtos de manifestação pessoal".[27] A linha de produtos de "manifestação pessoal" inclui cartões, ornamentos, canecas, camisetas, papel de presente e itens de papelaria. Os produtos são fabricados sob os nomes de marca Hallmark, Ambassador, Crayola, Hallmark Connections, Heartline, Keepsake Ornaments, Liquitex, Magic Marker, Party Express, Revell-Monogram, Shoebox Greetings, Springbok e Verkerke.[28] Os cartões e os ornamentos são, respectivamente, as duas linhas de produto campeãs de vendas e de produção, e a Hallmark é considerada líder no mercado interno nas duas categorias. A Hallmark é uma de três empresas que dividem 85% do mercado de cartões de saudações: a Hallmark tem a maior fatia, com 42%, a American Greetings tem 35% e a Gibson fica em um distante 3º lugar, com apenas 8%.[29] Os restantes 15% estão divididos entre inúmeras pequenas empresas, a maioria com menos de 1% do mercado.

Em 1973, a Hallmark introduziu a linha Keepsake de enfeites de Natal. A empresa buscava um meio de expandir a linha de produtos sem fugir do escopo de fabricação do que ela faz melhor: itens de "expressão pessoal".[30] Foi o presente anual do funcionário da Hallmark ao fundador Joyce C. Hall que marcou a entrada da empresa na linha de ornamentos. A tradição de elaborar uma saudação especial para Hall começou em 1938. Os artistas da Hallmark criavam um cartão que era assinado por todos os funcionários da empresa. A cada ano ele se tornava mais sofisticado, até 1996, quando o cartão transformou-se em uma árvore de Natal. Essa tradição continuou até a morte de Hall, em 1982. E foi dessas árvores imensas e ornamentadas com decoração temática que surgiram a idéia e alguns dos designs para a linha de produtos de ornamentos de Natal da Hallmark. A primeira oferta tinha seis bolas decoradas e doze figuras feitas em fio de lã para enfeitar a árvore de Natal. Hoje a Hallmark fabrica mais de 250 ornamentos por ano com a marca Hallmark Keepsake Ornament.

Segundo especialistas do setor, o hábito de colecionar ornamentos cresceu rapidamente desde que a Hallmark entrou no mercado.[31] O volume total de vendas anuais da indústria de ornamentos foi de US$ 2,4 bilhões em 1996, um aumento de 25% em relação a 1995. Hoje, mais de 22 milhões de domicílios americanos colecionam enfeites de Natal, e estima-se que 75% deles colecionem enfeites da Hallmark Keepsake Ornaments.[32]

Em virtude desse crescente interesse em colecionar, a empresa lançou em 1987, o Clube de Colecionadores de enfeites da Hallmark Keepsake, hoje o maior clube de colecionadores do país, senão o único, totalmente gerenciado e mantido por uma empresa fabricante. A maioria dos clubes de colecionadores é de organizações voluntárias sem ligação com as empresas (por exemplo, o Clube de Colecionadores da Coca-Cola, o Clube de Colecionadores da Sopa Campbell e o Clube de Colecionadores do McDonald's). Além disso, há cerca de trezentos clubes espalhados por todos os Estados Unidos patrocinados por varejistas locais da Hallmark. De acordo com pesquisa da Hallmark, o primeiro passo é entrar para o clube nacional. Estudo recente sobre compradores conduzido pela Hallmark mostrou que um não-colecionador compra de um a três enfeites por ano. Uma pessoa passa a se autodenominar "colecionadora" quando as compras crescem para treze enfeites por ano. As compras sobem para uma média de quarenta ornamentos por ano quando o colecionador se junta ao clube nacional e dobra para oitenta quando ele então entra para um clube local. Portanto, ser membro de um clube de colecionadores realmente aumenta o volume de compras. Com base em estimativas nacionais de taxas de adesão, taxas de eventos, compras de eventos e compras anuais de colecionadores, o Clube de Colecionadores da Hallmark gera

US$ 128 milhões por ano.[33] Diferentemente da Coca-Cola, a Hallmark controla o ambiente das coleções — cria, na verdade, o ambiente na medida em que fabrica os itens colecionáveis. A única forma de obter os enfeites recém-lançados (isto é, a nova linha de ornamentos lançada todo ano) é comprá-los em uma loja da Hallmark local ou em varejistas que vendem a linha da Hallmark, ou ainda em eventos especiais para colecionadores. Entre as 40 mil lojas de varejo que vendem produtos da Hallmark, apenas 8.360 são lojas especializadas ou lojas que levam o nome Hallmark. Essas lojas são independentes, não são de propriedade da Hallmark nem são suas franquias. Esses varejistas têm acordos de licenciamento que basicamente lhes permitem usar "Hallmark" no nome das lojas e vender produtos da marca Hallmark e produtos aprovados por ela. Somente as lojas Hallmark vendem a linha completa de ornamentos, e somente elas oferecem planos para compradores freqüentes. Assim, a Hallmark incentiva os colecionadores a comprar ornamentos em suas lojas.

Além disso, os eventos para colecionadores são escolhidos todos os anos com base em quais áreas têm maior atividade de colecionadores e quais clubes locais têm maior número de membros. A Hallmark monitora as vendas e realiza pesquisas por intermédio dos clubes locais para avaliar a atividade dos colecionadores. Eles classificaram, por estado, os dez maiores mercados na coleção de ornamentos Hallmark; em ordem, do primeiro ao décimo, são eles: Califórnia, Nova York, Illinois, Pensilvânia, Flórida, Texas, Michigan, Nova Jersey, Ohio e Missouri.

A estratégia de marketing da Hallmark, incluindo produtos, eventos e comunicados aos colecionadores, serve para aumentar a forte associação da marca com esse grupo especial de consumidores. Isso se traduz na retenção do consumidor/colecionador durante um longo período de tempo, e esse relacionamento faz com que a Hallmark tenha uma vantagem competitiva no mercado.

Há muito tempo que a fidelidade à marca (brand loyalty) é um conceito central no marketing. Ela é definida como "uma mensuração do apego que o consumidor tem à marca".[34] Basicamente, a fidelidade à marca é uma medida do grau de facilidade com que um consumidor muda para outra marca. Sempre se considerou a fidelidade uma barreira para a substituição — se um consumidor é fiel, ele comprará a marca mais de 50% das vezes. Mas no mercado de hoje é difícil criar e manter a fidelidade à marca, por motivos discutidos anteriormente quando fizemos a descrição da proliferação de produtos e concorrência em ambiente de varejo. A maioria dos consumidores não é fiel a apenas uma marca, mas com freqüência tem um repertório de marcas, geralmente três em qualquer categoria de produtos. A fidelidade à marca ainda é o maior desejo do anunciante, já que ela reflete as vendas futuras. Entretanto, o processo de construir a fidelidade à marca é difícil e exige tempo.

Para criar e manter a fidelidade à marca, a Hallmark e a Coca-Cola devem construir uma associação entre a marca e o consumidor, e nesse processo permanecer ao lado do consumidor. Essa associação passa a ser o vínculo com a atitude do consumidor em relação à marca. E o vínculo é fortalecido quando se baseia em experiências positivas e/ou estimulantes com a marca.[35] Tanto na Coca-Cola como na Hallmark, o ato de colecionar essas marcas é visto como uma experiência muito positiva e muito forte com a marca.

A construção da fidelidade à marca

Dois elementos são essenciais para o crescimento da marca: penetração e freqüência de compra.[36] *Penetração* diz respeito ao número de pessoas que compram a marca, e *freqüência de compra* diz respeito a quantas vezes essas pessoas a compram. A penetração deve vir em primeiro lugar. Uma vez que o consumidor experimentou a marca, o passo seguinte é fazer com que ele recompre, e, com o passar do tempo, compre mais.

Esta mesma estratégia é evidente no mercado dos colecionáveis — primeiro, fazer a pessoa comprar um item colecionável, depois fazê-la se habituar comprando mais. As pessoas começam a colecionar por inúmeras razões. A primeira compra é motivada por alguma coisa interna: um desejo, uma falta, uma necessidade. Mas as compras seguintes podem ser motivadas não só por alguma coisa interna, mas também por um fator externo.

A motivação interna é o que Muensterberger chama de *reabastecimento*.[37] Não há necessidade racional para qualquer pessoa ter 200 mil ornamentos de Natal quando uma árvore de Natal em geral comporta talvez cem; tampouco alguém precisa ter sessenta bandejas de metal da Coca-Cola que jamais são usadas para servir qualquer coisa. É uma necessidade emocional que faz o colecionador "estar no modo reabastecimento constante". Segundo Muensterberger e Belk et al., a necessidade pode ser de empolgação ou de aprovação, aceitação, segurança, controle, poder, consolo ou fuga.[38] Tais necessidades emocionais são satisfeitas pelo ato de colecionar ornamentos da Hallmark ou bandejas da Coca-Cola. À medida que essas necessidades afloram, é necessário reabastecê-las. Muensterberger associa isso à sensação recorrente de fome:

"Independentemente da freqüência ou da quantidade de alimento que uma pessoa ingere, em poucas horas a fome retorna e é necessário comer outra vez".[39] Assim se dá com os colecionadores. De acordo com muitos colecionadores que entrevistei, isso se chama "mentalidade de colecionador". Conforme um deles admitiu: "É como uma amante, ou um vício como a droga. De vez em quando você precisa recorrer a eles".[40] A Hallmark e a Coca-Cola capitalizam essa "mentalidade de colecionador" para construir a fidelidade à marca. Conforme definido por Aaker, as extensões da marca usam o nome da marca para introduzir novas classes de produtos.[41] Naturalmente, um elemento crucial para desenvolver uma extensão de marca bem-sucedida é uma marca forte. Tanto a Hallmark quanto a Coca-Cola capitalizaram essa força para entrar na categoria de produtos colecionáveis. A Hallmark fez isso intencionalmente. Lembrem-se que a Hallmark queria expandir sua linha de produtos no início da década de 1970 e decidiu que os ornamentos seriam uma boa opção. Mais ou menos na mesma época, a Coca-Cola percebeu que o mercado estava abarrotado de itens de merchandising da Coca-Cola não-licenciados e que as pessoas os compravam alucinadamente. A empresa capitalizou essa situação e desenvolveu um programa de licenciamento que lhe permitiu controlar e se beneficiar dos itens colecionáveis. Seja por acaso ou intencionalmente, não há dúvida de que os itens colecionáveis expandem as marcas Hallmark e Coca-Cola, e não há dúvida de que essas expansões são lucrativas.

Embora a Hallmark não divulgue os números das vendas de ornamentos, estima-se que a adesão e o poder de compra do clube de colecionadores acrescentem mais de US$ 128 milhões à receita da empresa. Essa renda é só dos membros do clube. Como já foi dito, uma pesquisa da Hallmark revelou que não-colecionadores compram de um a três ornamentos por ano, e que colecionadores que ainda não se afiliaram ao clube compram treze ornamentos por ano. Usando os dados da Hallmark referentes ao número de domicílios que colecionam ornamentos da Hallmark, esse poder de compra estimado gera aproximadamente US$ 1,4 bilhão em vendas de ornamentos somente dos colecionadores que ainda não são membros do clube.[42] Se isso for verdade, a venda de ornamentos responderia por mais de 40% dos US$ 3,6 bilhões de vendas totais da Hallmark.

A Coca-Cola tem acordo de licenciamento com mais de 250 empresas somente nos Estados Unidos. As taxas de licenciamento geram mais de US$ 50 milhões. Além disso, ela recebe royalties sobre as vendas de cada item licenciado, que, estima-se, estão entre 8 e 10% do preço de venda de cada item. Por exemplo, quando a Coca-Cola se uniu à Mattel para criar uma

Barbie clássica Coca-Cola, a Mattel pagou a taxa de licenciamento e também repassou para a Coca-Cola 8% das vendas da boneca. Cerca de 10 mil bonecas foram vendidas por US$ 130 cada, rendendo à Coca-Cola mais de US$ 104.000. Estima-se que as outras três bonecas da série gerem vendas ainda maiores, fazendo a boneca Barbie Coca-Cola valer meio milhão de dólares. E isso é apenas um produto licenciado; ela licencia milhares.

Um aspecto interessante da fidelidade à marca é que, com a Coca-Cola e a Hallmark, o nome do produto e da marca é o mesmo. Isto é raro, especialmente entre os produtos de consumo. Por exemplo, a Procter & Gamble fabrica Pert, Folgers, Tide, Crest, Cheer, Cascade e muitas outras marcas. Mas o nome da empresa não aparece como um produto de marca. Larry Light, um especialista em criação de marcas, acredita que o potencial para criar e sustentar a fidelidade à marca aumenta quando o nome do produto e o nome da empresa são o mesmo. Isso dá ao consumidor, ou ao colecionador, conforme o caso, a oportunidade de fazer associações positivas com o produto e com a empresa. A imagem da marca é criada pela totalidade dessas associações positivas. A força dessas associações vincula o colecionador à marca, construindo um relacionamento de confiança, prazer e fidelidade.

Gostar do produto e da empresa é especialmente importante no caso dessas marcas colecionáveis. Tanto a Hallmark quanto a Coca-Cola ampliam o contato com seus colecionadores para além das prateleiras das lojas de varejo. A Hallmark e a Coca-Cola devem proporcionar associações positivas para os colecionadores em muitos níveis: no ambiente de varejo, durante os eventos só para colecionadores, nos produtos que fabricam ou licenciam, em comunicados somente para colecionadores e também nas comunicações em meios de comunicação de massa. Segundo Light, esse ambiente de mercado de múltiplos contatos posiciona a marca como "marca de confiança" ao invés de "marca registrada", e esse se torna o ponto de diferenciação da marca no mercado.[43] Portanto, a Coca-Cola não é apenas uma grande empresa que fabrica refrigerantes. Ela se transforma em um amigo confiável, de quem se pode gostar e que é bem-vindo em sua casa. O ornamento da Hallmark Keepsake não é apenas uma decoração de resina para a árvore de Natal; ele é uma lembrança, uma tradição, uma parte da família, e faz parte da celebração das festas.

Light afirma que marcas como a Hallmark e a Coca-Cola estão passando de uma "mentalidade de transação" (vender o produto na prateleira) com uma "mentalidade de relacionamento" (construir uma afinidade com a marca que seja positiva e duradoura). A fidelidade à marca, conforme definida por Light, é "um relacionamento positivo, adequado e mutuamente benéfico baseado em fatos" entre o consumidor e a marca.[44] No caso dos itens colecionáveis da Hallmark e da Coca-Cola, o relacionamento se estende para além da marca.

Conclusões

Não há dúvida de que as marcas estão cercadas. Os supermercados abrigam mais de 20 mil produtos; os hipermercados estocam mais de 30 mil. Marcas de lojas continuam a atrair o consumidor preocupado com preço, e mercearias tais como a Wegmans and Kroger têm marcas próprias em mais de quarenta categorias de produtos. Além disso, centenas de novos produtos são introduzidos todo ano, dos quais 90% podem fracassar. A proliferação e a paridade de produtos, os consumidores atentos ao preço, categorias de produtos já consolidados e os mercados saturados tornam muito difícil a sobrevivência de marcas antigas, bem como de marcas novas no mercado. Os consumidores do milênio têm tantas opções e tantos incentivos para trocar de marca que a fidelidade à marca está diminuindo. Marcas já consolidadas como Coca-Cola, McDonald's, Hallmark e Campbell adotam uma estratégia de defesa como meio de reter os atuais consumidores. Os itens colecionáveis da marca atuam como mecanismo de retenção não apenas para manter o cliente, mas também para aumentar a fidelidade à marca. O consumidor acaba se tornando um colecionador, e o apego à marca não é intensificado apenas psicologicamente, mas fortalecido em termos comportamentais.

Notas

1. Laura Loro, "Nostalgia for sale at Franklin Mint", *Advertising Age*, 15 de maio de 1995, p. 33.
2. John Philip Jones, *How much is enough? Getting the most from your advertising dollar* (Nova York: Simon & Schuster-Lexington, 1992).
3. David A. Aaker, *Managing brand equity: Capitalizing on the value of a brand name* (Nova York: Free Press, 1991), p. 7.
4. Jones, *How much is enough?* p. 29.

5. Ibidem.
6. David Arnold, *The Handbook of brand management* (Reading, MA: Addison-Wesley, 1992).
7. "Coca-Cola: Into the 21st century", *Beverage World*, vol. 112, 1993, p. 6-207.
8. Jones, *How much is enough?*
9. Aaker, *Managing brand equity*.
10. Ibidem.
11. Mediamark Research, Inc., dados comunicados na primavera de 1995.
12. Frederick Allen, *Secret formula: how brilliant marketing and relentless salesmanship made Coca-Cola the best-known product in the world* (Nova York: HarperCollins, 1994).
13. John Philip Jones, *What's in a name? Advertising and the concept of brands* (Nova York: Simon & Schuster-Lexington, 1986).
14. Allen, *Secret formula*.
15. "Coca-Cola", p. 32.
16. Phil Mooney, arquivista da Coca-Cola, entrevista de 13 de abril de 1997.
17. Mark Gleason, "Sprite leads the pack in soft drink growth", *Advertising Age*, 12 de fevereiro de 1996, p. 14.
18. Randy Schaeffer e Bill Bateman, *Coca-Cola: a collector's guide* (Londres: Quintet, 1995).
19. Allan Petretti, *Coca-Cola collectibles price guide*, 9ª ed. (Hackensack, NJ: Nostalgia, 1994).
20. Schaeffer e Bateman, *Coca-Cola*.
21. Ibidem.
22. Ibidem.
23. Ibidem.
24. Petretti, *Coca-Cola collectibles price guide*, p. 10.
25. Mooney, entrevista.
26. Joyce C. Hall, *When you care enough* (Kansas City, MO: Hallmark Cards, Inc., 1979), p. 211.
27. Comunicado à imprensa da Hallmark, 1º de julho de 1995.
28. Lista de realizações da Hallmark, 1996.
29. Ibidem.
30. Linda Fewell, especialista em marketing da Hallmark, comunicação pessoal, 16 de setembro de 1995.
31. Unity Marketing, *Annual Collectible Industry Research* (Steven, PA: Unity Marketing, 1997).
32. Ibidem.

33. Esse número baseia-se em taxas de adesão de US$ 20,00 para 300 mil membros, 10 eventos especiais para 2.000 colecionadores vendidos a US$ 10,00 por pessoa, a compra de 2.000 ornamentos em todos os 10 eventos especiais por US$ 60,00 cada, e a média de gasto por colecionador de US$ 400,00 por ano.
34. Aaker, *Managing brand equity*, 39.
35. Ibidem.
36. Jones, *How much is enough?*
37. Werner Muensterberger, *Collecting, an unruly passion: psychological perspectives* (Orlando, FL: Harcourt Brace, 1994).
38. Ibidem; e Russell W. Belk, Melanie Wallendorf, John Sherry e Morris B. Holbrook, "Collecting in a Consumer Culture", em *Highways and Buyways: Naturalistic Research From the Consumer Behavior Odyssey,* de Russell W. Belk (org.) (Provo, UT: Association for Consumer Research, 1991), p. 178-215.
39. Muensterberger, *Collecting*, p. 16.
40. Jan S. Slater, "Trash to treasures: a qualitative study of the relationship between collectors and collectible brands", tese de doutorado não-publicada, Universidade de Syracuse, 1997, p. 113.
41. Aaker, *Managing brand equity.*
42. A Hallmark estima que dos 22 milhões de domicílios americanos que colecionam ornamentos, a metade coleciona ornamentos da Hallmark. Deduzindo desse número os membros do clube, estima-se que os colecionadores não-membros compram, em média, treze ornamentos por ano. O ornamento da Hallmark custa em média US$ 10,00, portanto o gasto seria de aproximadamente US$ 130,00 anualmente. Multiplicados pelos 10,7 milhões de domicílios, os colecionadores não-membros geram US$ 1,4 bilhão em vendas de ornamentos. Ver lista de realizações da Hallmark, 1996.
43. Larry Light, *The fourth wave: brand loyalty* (Nova York: American Association of Advertising Agencies, 1996).
44. Citado em "Branding the store", de Ryan Matthews, *Progressive grocer*, vol. 74, novembro de 1995, B4.

Parte IV

Conceitos da marca em novas áreas

21

Conceitos da marca em novas áreas

John Philip Jones

Na introdução deste livro foi lançada a idéia de extensões do conceito da marca em categorias de serviço e de produtos nada tradicionais. Inicialmente, tivemos as extensões mais óbvias além do campo de produtos de consumo freqüente (listados na Tabela I.1), mas o assunto desta parte do livro também foi então discutido brevemente. Examinamos o uso do branding em áreas não previstas. Os campos descritos nos capítulos seguintes estão nas fronteiras mais abertas do branding.

Essas fronteiras não serão totalmente cobertas aqui, apesar de os próximos cinco capítulos descreverem uma seleção representativa dos novos campos. Os capítulos 22 (políticos como marcas), 23 (canais de televisão por assinatura como marcas), e 26 (organizações culturais como marcas) estão voltados a serviços de vários tipos. Os capítulos 24 (marcas verdes) e 25 (marcas voltadas para consumidores idosos) relacionam-se com tipos especiais de mercadorias de consumo. Os autores desses capítulos discutem intensamente as técnicas de branding e de marketing nas suas áreas, mas essas devem ser vistas em um contexto mais amplo. Há sinalizadores de branding exemplificados por cada um dos cinco casos.

O primeiro sinalizador é o fato básico de que todas as marcas, se quiserem fazer sucesso, devem oferecer o que de maneira geral pode ser descrito como desempenho funcional efetivo em um mercado competitivo. Para um político, ele apresenta medidas ou políticas que o eleitorado considera eficazes em termos de interesse público e de custo-benefício? O canal de televisão por assinatura transmite programas que os telespectadores estão ansiosos por assistir? As marcas endereçadas ao mercado ambiental protegem genuinamente o meio ambiente e realizam suas funções principais para a satisfação dos consumidores? As marcas voltadas para os idosos realmente respondem às necessidades específicas desse grupo de pessoas? E as organizações artísticas produzem shows que têm um apelo forte para os espectadores?

A questão da funcionalidade é bem explanada por Palda e Palda no Capítulo 22, em sua discussão sobre propaganda política: "Há aqui um paralelo com a publicidade de marcas de mercadorias de consumo. Efetivando toda campanha de marca bem-sucedida está o desempenho eficiente do produto, caso contrário a recompra torna-se impossível".

O segundo ponto é que todas as marcas — novamente, se quiserem ter sucesso — serão enriquecidas com valores agregados. Quão atraente é, literalmente, a personalidade do político? (Entretanto, em que medida sua aparência física e sua personalidade estão sendo conscientemente manipuladas para realçar o apelo televisivo?)[1] O canal de televisão por assinatura reflete os gostos e atitudes de seus usuários mais assíduos? As marcas direcionadas ao mercado ambiental e aos consumidores idosos falam a esses grupos com uma tonalidade apropriada de voz — no primeiro caso com honestidade e preocupação e no segundo caso com lucidez, mas sem compaixão ou condescendência extrema? A organização artística tem uma qualidade de "gravata"? Seu público está unido por laços invisíveis, do mesmo modo que membros de um clube privado usam gravatas que trazem o emblema desse mesmo clube?

Mary Baumgartner Jones trata desse assunto com esmero no Capítulo 23, quando descreve como um canal de televisão por assinatura constrói um relacionamento com seus consumidores: "A revista de sucesso *Biography* da A&E dedica realmente um grande espaço à promoção de eventos e shows da A&E que ainda ocorrerão... as decisões editoriais da revista ajudam a reforçar a personalidade 'sofisticada, elegante e inteligente que o canal criou de si próprio'".

Uma síntese criativa e profunda da funcionalidade e dos valores agregados impulsiona a compra repetida, e isto é simplesmente tão importante para os campos descritos nos próximos cinco capítulos quanto para cereais matinais, sabonete, carros ou cartões de crédito.

A eficácia do marketing em todos os campos de marcas, tradicionais e não-tradicionais, discutidos nestes capítulos depende exclusivamente da precisão de se atingir o target. Nunca podemos nos esquecer da importância de a marca se dirigir ao usuário para repetir e repetir a compra (p. ex., organizações culturais), objetivando consumidores definidos por critérios psicológicos e geográficos (p. ex., marcas voltadas aos consumidores ambientalistas), e, obviamente, marcas que se voltam para consumidores com bases demográficas (p. ex., marcas dirigidas a consumidores idosos).

Em todas as circunstâncias, uma criação forte da marca é resultado de reforço: trabalhando dentro do escopo dos hábitos e atitudes dos consumidores, um processo no qual a satisfação do consumidor com a marca é gradualmente evidenciada pelos valores agregados construídos pela publicidade. Conforme a descrição que Palda e Palda faz no Capítulo 23 em relação ao marketing político de alguns candidatos: "O que a propaganda faz é fortalecer as tendências e crenças que as pessoas já possuem e esclarecer a respeito de quais candidatos compartilham dessas crenças". Esses propósitos da publicidade são também totalmente apropriados a tais praticantes de marketing como à Procter & Gamble e ao American Express. De fato, as organizações comerciais foram as pioneiras em usar a publicidade assim.

Nota

1. Um exemplo dessa manipulação encontra-se no célebre caso da candidatura presidencial de Richard Nixon. Ver Joe McGinniss, *The Selling of the President, 1968* (Nova York: Trident, 1969).

22

Propaganda política

Como funciona e quem se beneficia

Filip Palda
Kristian Palda

Em 1972, políticos em todos os níveis de governo dos Estados Unidos gastaram US$ 425 milhões em suas campanhas eleitorais. Até 1988 esta soma chegou a US$ 2,7 bilhões. A década de 1990 testemunhou uma explosão semelhante de gastos com campanhas para o Congresso. Estas tendências causaram uma reação muito forte por parte da mídia e dos reformadores eleitorais. Eles lamentam a explosão dos custos de campanha e o desperdício que eles vêem na pródiga propaganda política. A quantidade de dinheiro gasta em campanhas eleitorais é vista como um diabo que corrompe os políticos e deturpa a mente dos eleitores.

A pesquisa acadêmica que vem sendo desenvolvida sobre este tópico desde o início da década de 1970 apresenta uma imagem mais cautelosa e otimista. A propaganda política é uma importante fonte de informação para os eleitores. Os cidadãos preferem candidatos que falam sobre os problemas. O dinheiro sozinho não consegue comprar uma eleição. O gasto com a campanha somente tem força ou valor se as idéias do candidato refletem as crenças e princípios básicos dos membros da comunidade. Os gastos com a campanha permitem que o candidato conheça o que seus constituintes querem e desenvolvam suas plataformas de maneira clara para os eleitores. As somas cada vez mais altas gastas em campanhas refletem a crescente importância dos assuntos em discussão. A propaganda política é um custo que devemos pagar para resolver incertezas sobre assuntos que importam a grande parte da população.

A idéia de publicidade como um canal de informação é bem conhecida e aceita nos mercados comerciais. Muitos dos mesmos princípios são adaptados à política. Nosso intuito neste capítulo é explicar como a propaganda política em uma democracia informa os eleitores sobre assuntos eleitorais e como a informação ajuda os eleitores a escolher entre os candidatos que estão competindo. Nosso entendimento desses assuntos vem de duas ramificações da pesquisa empírica em política. Uma ala usa pesquisas e experimentos em laboratório para medir quão bem os eleitores retêm informações a partir das propagandas políticas. A outra utiliza dados sobre gastos de campanha e total dos votos para isolar e medir quantos votos extras um candidato pode ganhar para cada dólar extra que investir em propaganda. Pesquisamos as duas ramificações a seguir e mostramos que elas apontam para um papel da propaganda política mais rico e menos unilateral do que o que estamos acostumados a testemunhar em debates públicos.

Tamanho e natureza da propaganda eleitoral

Há duas impressões populares a respeito do tamanho do gasto de campanha. Uma é exemplificada por esta declaração feita pelo congressista Charles Rose (Democrata da Carolina do Norte):

> Ninguém pode negar que seus constituintes estão fartos de campanhas milionárias. Essas campanhas... envolvem somas suficientes para alimentar os habitantes de alguns países pequenos do mundo durante um ano.

O outro ponto de vista foi expresso pelo senador Robert Packwood (Republicano do Oregon):

> [Os Estados Unidos não gastam] nada comparado aos gastos de outros países democráticos com suas eleições. Não chegamos nem perto dos gastos feitos neste país com campanhas publicitárias de alimentos para animais de

> estimação. Então, em termos de prioridade e importância, não podemos deixar as coisas ficarem fora de proporção. Gostaria de pensar que o valor de uma eleição para o Congresso ou para o Senado é o mesmo de uma lata de alimento para gatos ou cães.[1]

A verdade está em algum ponto entre esses dois extremos. De acordo com a Tabela 22.1, a soma total dos gastos de campanha parece grande e tem crescido rapidamente.

Tabela 22.1: Gasto político total no âmbito federal, estadual e local, 1952-1988

Ano	*Gasto (US$)*	*Aumento percentual*
1952	140 milhões	NA
1956	155 milhões	10,7
1960	175 milhões	12,9
1964	200 milhões	14,2
1968	300 milhões	50,0
1972	425 milhões	41,6
1976	540 milhões	36,4
1980	1,2 bilhão	122,0
1984	1,8 bilhão	50,0
1988	2,7 bilhões	50,0

Fontes: Dados de Herbert A. Alexander, *Financing the 1972 Election* (Lexington, MA: Lexington 1976); Herbert A. Alexander, *Financing the 1980 Election* (Lexington, MA: Lexington, 1983); Herbert A. Alexander e Brian A. Haggerty, *Financing the 1984 Election* (Lexington, MA: Lexington, 1987) NOTA: NA = não disponível. Os valores foram arredondados.

Entretanto, como Robert Packwood aconselhou, devemos analisar as coisas em perspectiva. Os US$ 2,7 bilhões gastos nas eleições de 1988 significam praticamente a mesma quantia que os dois anunciantes comerciais — Procter & Gamble e Philip Morris — líderes nos Estados Unidos gastaram em 1987 para promover seus produtos. Conforme a Tabela 22.2 mostra, o gasto das campanhas para o Congresso, representando uma fração da população com idade para votar, não mostra nenhuma tendência clara até o início da década de 1990, quando começa a crescer. Talvez o mais revelador ainda é que o gasto enquanto porcentagem do Produto Interno Bruto foi tão alto em alguns períodos do final da década de 1970 e início da década de 1980 quanto no início da década de 1990, um período de gastos de campanha supostamente sem precedente.

Valores simples como estes podem nos dar idéias rudimentares quanto à influência que a propaganda veio a exercer sobre os resultados eleitorais. Esses valores nada dizem a respeito das modificações tecnológicas que a cada ano fazem com que o dólar gasto em propaganda atinja mais eleitores com mensagens muito mais impactantes e poderosas. Para se ter uma idéia de como a propaganda política influencia os eleitores, devemos desviar nossa atenção desses números brutos e perguntar o que é precisamente a propaganda e como ela é usada em campanhas eleitorais.

Tabela 22.2: Gasto real e nominal de campanha para o Congresso e sua relação com a população em idade de votar, e o Produto Interno Bruto (PIB), 1972-1996

Ano	*Gastos de campanha em milhares de US$ correntes*	*Gastos de campanha em milhares de US$ de 1991*	*Gastos em US$ de 1991 por adulto em idade de votar*	*Gastos em US$ correntes enquanto % do PIB*
1972	77.300	252.074	1,79	0,00652
1974	88.200	243.847	1,73	0,00615
1976	115.500	276.672	1,89	0,00672
1978	194.800	407.228	2,67	0,00900
1980	239.000	395.336	2,52	0,00875
1982	342.400	483.618	2,92	0,01090
1984	374.100	491.232	2.87	0,00992
1986	450.900	560.234	3,24	0,01060
1988	457.700	526.896	2,96	0,00038
1990	445.200	464.275	2,56	0,00806
1992	679.700	700.161	3,66	0,01090
1994	726.000	789.964	3,81	0,01050
1996	765.300	881.612	3,95	0,01010

Fontes: Compilado a partir dos comunicados de imprensa do FEC, *Statistical Abstract of the United States 1997*, U.S. Survey of Current Business.

Propaganda eleitoral é um termo muito amplo. Ele cobre os esforços altamente visíveis que os candidatos fazem para se apresentar ao público através da mídia paga, mas inclui também fixação de cartazes, bater de porta em porta e recrutar voluntários para conseguir simpatizantes em potencial. Os candidatos a cargos de menor importância fazem menos propaganda na mídia do que aqueles que almejam cargos principais. Às vezes esses candidatos, nos Estados

Unidos, nem mesmo fazem propaganda. Em vez disso, contam com a propaganda boca-a-boca, com as reuniões com os eleitores e com a reputação de seu partido. É por essa razão que a maior parte da pesquisa baseou-se em campanhas para cargos mais importantes como, por exemplo, para o Congresso e para a Presidência. Em tais disputas, a propaganda nos meios é um dos principais fatores determinantes dos resultados das eleições, e seus efeitos são mais óbvios para o pesquisador. Forças que não podem ser medidas, como a propaganda boca-a-boca têm menos influência nos resultados, e dessa forma não obscurecem o significado dos resultados como acontece com campanhas menores, nas quais variáveis não-controladas podem desempenhar um papel maior.

Mesmo em campanhas para cargos mais importantes, a propaganda raramente representa a parte principal do orçamento. Nas disputas para o Senado em 1990, os candidatos gastaram 35% de seus orçamentos em propaganda. Custos fixos compõem a maior parte de suas despesas. Antes de qualquer informação fluir entre o candidato e o público, ele tem de pagar o escritório, os funcionários e a produção das peças de propaganda. Salários e comissões pagos às empresas de pesquisa de opinião pública respondem por grande parte das despesas porque o candidato precisa da ajuda de especialistas para descobrir o que os eleitores desejam e o que fazer para responder a tais anseios. Em outras palavras, todo o conjunto de despesas inclui mais do que a propaganda apenas.

As informações nas campanhas trafegam em muitas direções. Antes de poder informar seus eleitores a respeito de suas plataformas, os candidatos precisam tê-las. Os candidatos têm crenças, mas para vender suas crenças eles precisam saber o que interessa ao público e como alcançá-lo. Segundo Kotler, "A própria essência da interface de um candidato com seu eleitor é basicamente a de marketing... A estrutura do marketing comercial e do marketing político é basicamente a mesma".[2]

Esta interface tem muitas facetas. As pesquisas de opinião são um importante medidor do sentimento do público, bem como as técnicas de mala direta em que os candidatos enviam cartas para seus possíveis eleitores indagando-os a respeito dos assuntos que lhes interessam ou a respeito dos problemas que os afligem. Os candidatos também buscam saber quais os assuntos de particular interesse de grupos especiais e valem-se desses grupos para levantar fundos. Os candidatos que representam um partido não podem tomar nenhuma posição simplesmente para assegurar sua maioria. Eles precisam usar suas informações de mercado para destacar os assuntos em que suas opiniões despertaram interesse na maioria dos eleitores. Uma vez que o candidato conhece seu mercado, ele poderá montar uma campanha de propaganda que se dirija àqueles eleitores que têm mais probabilidade de serem influenciados pela plataforma do candidato.

Se um intercâmbio de informações vai ajudar o candidato a vencer as eleições dependerá das seguintes forças fundamentais:

1. Características dos eleitores como idade, renda, educação e sexo.
2. Características pessoais do candidato (sexo, partido, status do cargo).
3. Variáveis que são de difícil controle, como PIB e taxa de desemprego, pelas quais o eleitor pode culpar o político.
4. Outras fontes de informações, como cobertura da mídia e propaganda por grupos com interesses independentes.

Como a propaganda eleitoral funciona

Determinar as forças que são relevantes não é a mesma coisa que entender como elas funcionam. Os cientistas sociais diferem em suas idéias de como a informação se propaga e quais as regras que os consumidores e os eleitores usam para avaliar essa informação. Uma visão que até recentemente não era contestada é a de que o eleitor é um recipiente de informação passivo e que isto o torna vulnerável à propaganda da campanha. Candidatos e grupos de interesse com orçamentos polpudos podem exercer influência no jogo eleitoral para impor seus programas. Como prova de que os eleitores são facilmente influenciados, devemos assistir às muitas e sensacionais inserções políticas de 30 segundos que enaltecem as imagens e se esquecem dos assuntos de interesse; os eleitores parecem responder à propaganda superficial que mantém as idéias e a plataforma do candidato na penumbra, de sorte que mediante as propagandas os candidatos conseguem aumentar a procura dos eleitores pela oferta dos seus serviços.

Para o surpreendentemente expressivo número de repórteres e próceres políticos que acreditam no argumento anteriormente exposto, a publicidade é um instrumento para manipular o público ou, na melhor das hipóteses, uma despesa que transmite pouca informação útil. Muitos políticos que já têm a vantagem do cargo também falam da propaganda como sendo um mal necessário, com pouco resultado prático. O senador Ernest Hollings ridicularizou as eleições para o Congresso chamando-as de "corridas de cavalos bilionárias".

Propaganda eleitoral informativa

Essas opiniões, todavia, precisam ser confrontadas com um volume crescente de pesquisas que mostra que a propaganda eleitoral é um bem público que atinge os eleitores que mais precisam dela, ajudando-os a fazer suas escolhas de uma forma inteligente. Em campanhas eleitorais que têm pouca cobertura de imprensa, como as para as Câmaras de Vereadores dos Estados Unidos, a propaganda é a principal fonte de informação para os eleitores. Muitos estudos corroboram a idéia de que os eleitores obtêm informações úteis dessas propagandas. Durante a campanha eleitoral de 1972, Patterson e McClure coletaram dados em quatro vertentes a partir de um painel de 620 entrevistados na cidade de Nova York.[3] Concluíram que a propaganda eleitoral aumentou o conhecimento dos eleitores em relação aos assuntos de interesse e aos candidatos. Resultados similares foram encontrados nas campanhas para o Congresso. Nas eleições federais canadenses de 1988, 70% das pessoas que não tinham sido expostas à mídia ou à propaganda política não foram capazes de citar o nome de um candidato sequer do seu bairro, enquanto somente 24% dos altamente expostos a ambas as fontes de informações não foram capazes de citar o nome de um único candidato. Nelson mostrou que o marketing político direciona as informações para aqueles que mais precisam delas. Sua descoberta principal é que "a propaganda para um candidato será distribuída mais fortemente entre aqueles que provavelmente votariam no candidato se conhecessem sua posição".[4]

Ignorância ideal

Embora a propaganda eleitoral seja útil, ela não pode informar os eleitores a respeito de todos os assuntos. Os eleitores devem permanecer seletivamente ignorantes. Isto define as regras que os eleitores usam para processar as informações e os efeitos que a propaganda política terá sobre eles. Saber qual a ignorância certa ou "ideal" depende do tipo de eleição e dos custos e benefícios dos diferentes resultados para cada eleitor. Os referendos são principalmente sobre assuntos disputados por diferentes grupos de interesse. Em questões de grande importância, como a privatização das escolas ou mesmo a reforma do sistema tributário, os eleitores conversam com seus amigos e dependem da informação de muitas fontes. Tais disputas não são vencidas por líderes carismáticos que dependem somente da propaganda de imagens. A propaganda tende em tais casos a informar os eleitores a respeito de detalhes técnicos ou de onde eles podem obter mais informações. Há um paralelo entre este tipo de propaganda e a publicidade de marcas de bens de consumo. Por trás de toda campanha de marca bem-sucedida está o desempenho eficiente do produto, caso contrário novas compras tornam-se impossíveis.

Eleições para cargos públicos dependem fortemente da propaganda de imagens. Essa propaganda é uma resposta inteligente por parte dos candidatos à questão da comunicação com as pessoas que não têm tempo suficiente para explorar todos os detalhes. Os eleitores necessitam da imagem para escolher um candidato de capacidade e integridade. Um candidato com essas qualidades nem sempre precisa ser controlado ou interrogado. Isto ameniza a obrigação de o eleitor ter de explorar o que o candidato pensa sobre cada assunto. Encontrar um candidato capaz é importante porque freqüentemente ninguém sabe quais são ou quais serão todas as questões de interesse. É muito difícil para cada candidato externar todas as possíveis escolhas que faria quando empossado, e é também muito difícil para os eleitores formarem opiniões sobre cada questão.

O anseio por um candidato que em média fará as escolhas certas à medida que as situações se apresentam é a procura por um candidato capaz. Em última instância, os eleitores deveriam se preocupar somente com as questões de interesse. Mas eles podem ser incapazes de acreditar em um candidato, cujo caráter é desconhecido. Depoimentos de pessoas importantes e sucessivos desempenhos cheios de entusiasmo são as credenciais de um candidato. Sem boas credenciais um candidato não pode fazer promessas verossímeis. É por essa razão, e pela necessidade de se ter uma pessoa competente no cargo, que tanta propaganda política é uma mescla de imagem (credenciais) e questões abordadas. Os eleitores formam sua opinião sobre um candidato combinando o que eles sabem sobre a imagem do candidato com o que eles conhecem a respeito das posições do candidato, pois estas não podem ser separadas das questões de integridade e capacidade — isto é, aquilo que forma a imagem do candidato.

Podemos esperar que à medida que os eleitores se tornam mais conscientes eles dependem menos de indicativos simples como imagens e endossos e mais da sua própria pesquisa a respeito do candidato. A influência e a força dos partidos americanos decaíram nos últimos trinta anos, em parte porque os eleitores dependem menos de endossos oficiais como, por exemplo, aprovação do partido. A tecnologia das comunicações está avançando e fazendo com que as diversas opiniões discordantes dos candidatos e os grupos independentes alcancem os eleitores. Isto está forçando os candidatos a pôr mais ênfase nos temas e a tomar posições explícitas sobre os mesmos. Por exemplo, Joslyn descobriu que os temas vinham à tona em 77% da propaganda política televisiva que ele analisou.[5] Patterson e McClure encontraram assuntos de interesse em 70% da propaganda televisiva na campanha presidencial de 1972.[6] Faber e Storey descobriram que na disputa para governador do Texas de 1984 era mais provável que os eleitores se lembrassem das questões em pauta do que das imagens.[7]

Falar sobre os assuntos de interesse vale a pena

Falar sobre os assuntos de interesse não é a mesma coisa que tomar uma posição a respeito dos mesmos. Existe uma visão, que se baseia em algumas pesquisas, que ao mandarem mensagens vagas os candidatos podem evitar a alienação de certos eleitores, sendo que, ao mesmo tempo, projetam uma imagem de seriedade e sinceridade. Entretanto, há provas cada vez mais evidentes de que tomar uma posição a respeito de qualquer assunto pode ser uma estratégia de campanha melhor do que manter-se vago. Comparando-se candidatos que não tomaram posição com aqueles que tomaram partido concluímos que aqueles que não expressaram sua opinião verdadeira não foram muito bem classificados pelos eleitores. Há também evidência de que os eleitores consideram os candidatos que não assumem uma posição clara menos honestos, menos comprometidos e menos bem informados do que seus opositores que tomam uma posição. Experimentos com voluntários mostram que os eleitores classificam melhor os candidatos que assumem posições precisas sobre assuntos de interesses.

Informação e escolha

O fato de o eleitor ter mais informação não necessariamente muda sua escolha quanto ao candidato. Para estudar o efeito da informação sobre a escolha, Rothschild reuniu algumas pessoas em um shopping center e pediu-lhes que olhassem a propaganda política dos candidatos à presidência e dos candidatos a deputado estadual.[8] Ele descobriu que a propaganda poderia influenciar a escolha de deputados estaduais, mas que tinha bem pouco efeito sobre a escolha do candidato presidencial. Concluiu que, em disputas de "baixo envolvimento" como nas eleições estaduais, os eleitores poderiam mais facilmente ser influenciados pela propaganda do que em disputas de "alto envolvimento", em que os eleitores tinham uma grande parcela de capital intelectual já investida em quem pudesse representá-los da melhor forma.

As descobertas de Rothschild fizeram com que os pesquisadores se questionassem a respeito da influência da propaganda sobre os eleitores de "baixo envolvimento" — aqueles que acham que as eleições não são importantes ou que têm bem pouca participação no resultado final. Tais eleitores não pensam muito a respeito dos assuntos ou sobre os problemas debatidos e podem ser facilmente convencidos. As evidências até agora sobre essa questão sugerem que a propaganda muda o pensamento de muito mais pessoas do que somente dos eleitores de baixo envolvimento. Depois do cargo e da identificação do partido, a propaganda eleitoral é o terceiro sinal que pode prever se um eleitor mudará de opinião. Há ampla evidência de que tanto os eleitores de baixo envolvimento quanto os de alto envolvimento são especialmente receptivos às mensagens de candidatos desafiadores. Pouco se sabe sobre os novos candidatos, portanto, os eleitores têm muito a aprender sobre eles.

Nada disso sugere que o dinheiro pode comprar as eleições. Candidatos pobres rotineiramente vencem políticos ricos e os milionários nunca têm facilidade para vencer. O que a propaganda faz é fortalecer as tendências e crenças que as pessoas já possuem e esclarecer a respeito de qual candidato compartilha essas crenças. A informação muda a opinião de alguns e incentiva outros a votar. Quanto o dinheiro passa informações e influencia os eleitores depende da pessoa que o está gastando e do contexto. A pessoa que está se candidatando é do sexo feminino, tem cargo político, é pessoa que fala bem? Sua circunscrição eleitoral é rica, conscientizada, religiosa? Uma candidata poderá gastar fortunas em uma circunscrição tradicional e mesmo assim não chegar a lugar algum, ou poderá gastar pouco em uma circunscrição liberal e obter sucesso. Em outras palavras, o dinheiro por si só não define os resultados de uma eleição; há muitas outras forças que de uma maneira sutil interagem com o gasto. Mais adiante, descreveremos os esforços de pesquisadores em identificar esses efeitos sutis, bem como em responder à pergunta: Quantos votos um dólar é capaz de comprar?

O efeito do dinheiro nos resultados das eleições

As pesquisas podem desvendar como os leitores usam as informações das campanhas, mas não conseguem afirmar com precisão que efeito o dinheiro tem sobre os resultados das eleições. Medir esse efeito é fundamental para os estudos empíricos a respeito das eleições porque ele se encontra no âmago do debate sobre os limites de gastos do candidato. Os dados necessários para essa empreitada somente se tornaram disponíveis no início da década de 1970, uma época de reformas intensas de campanhas em todo o Ocidente. Por causa dessas reformas, a Federal Election Commission (FEC) — Comissão Eleitoral Federal — dos Estados Unidos, juntamente com organizações similares no Canadá e na Europa, publica atualmente informações detalhadas sobre a quantidade de propaganda comprada pelos candidatos.

Os pesquisadores procuram relacionar esses dados sobre publicidade com os votos que o candidato recebe, utilizando-se do procedimento estatístico conhecido por regressão. Se você acredita que uma variável como os votos depende de muitas forças tais como o cargo e os detalhes demográficos de um bairro e o total de dinheiro que o político e o candidato desafiante gastam, a regressão torna possível a medição dos impactos separados dessas variáveis independentes sobre os votos. Jacobson estimou a seguinte equação de regressão dos postulantes ao Congresso em 1972:[9]

Parcela de votos do candidato desafiante = 20,7
+0,112 (Gastos do candidato desafiante em milhares de dólares)
(9,42)
– 0,002 (Gastos do candidato à reeleição em milhares de dólares)
(– 0,14)
– 0,47 (Variável do representante do partido)
(– 0,61)
+0,299 (Percentual de voto do desafiante nas últimas eleições)
(6,49)
Número de candidatos = 296; R^2 = 49%

Os números acrescidos a cada variável são os coeficientes estimados, que mostram em que grau um aumento na variável modificará a parcela de votos do candidato desafiante. Os números entre parênteses são estatísticas *t*, o que nos dá uma idéia do significado estatístico dos coeficientes estimados. O valor R^2 diz que variáveis explicativas podem representar 49% da variação na variável dependente. Os 51% restantes de variação na porcentagem de votos são uma mera casualidade ou conseqüência de algumas variáveis que deveriam ter sido incluídas na regressão mas não foram. A variável do representante do partido assume o valor de 1, caso o candidato seja um democrata, e o valor de 0 se for um republicano.

O coeficiente relacionado aos gastos do desafiante diz que ele poderá esperar 1,12% de participação de voto popular para cada US$ 10 mil que ele gastar a mais. A estatística *t* indica que o gasto do candidato que tem o benefício do cargo nem mesmo tem um resultado estatisticamente distinguível de participação de voto de candidatos à reeleição (tampouco tem esse resultado a afiliação do partido do novo candidato). Isto confirma os resultados da pesquisa mencionados anteriormente, que mostram que os eleitores aprendem mais com a propaganda do candidato desafiante do que com a propaganda do candidato à reeleição.

As regressões também mostraram que os candidatos à reeleição começam a disputa com uma vantagem em votos pelo simples fato de já contarem com o benefício do cargo. Isto é bem diferente de se dizer que os candidatos à reeleição ganham mais votos. Se analisarmos o total de votos deles em comparação com o dos desafiantes, chegaremos à conclusão de que em média os candidatos à reeleição têm um melhor resultado. Esta descoberta desperta um interesse limitado, pois diversos fatores podem ser responsáveis pela diferença. Eles podem fazer mais propaganda, ou bons candidatos podem preferir concorrer em distritos em que não haja nenhum candidato à reeleição. Para isolar o efeito real que um candidato com o benefício do cargo tem sobre os votos, podemos analisar candidatos desafiantes e candidatos à reeleição que sejam idênticos sob todos os aspectos — quanto aos gastos de campanha, quanto aos distritos em que competem, e assim por diante — e comparar sua diferença de voto. Desta maneira teremos um "controle" maior das diversas variáveis que explicam o porquê dos diferentes desempenhos nas pesquisas de opinião. A regressão é um outro modo de controlarmos essas outras influências. Ela nos permite isolar o efeito do status de possuir o benefício do cargo sobre os resultados eleitorais.

Nas circunscrições eleitorais federais do Canadá descobriu-se que o benefício de já estar no cargo dava aos candidatos à reeleição uma vantagem de 6% a 19% do voto popular.[10] Essa vantagem vem provavelmente da correspondência paga pelo governo a que os candidatos à reeleição têm direito e da exposição à mídia de que eles usufruem. É o capital dos bens intangíveis que o candidato à reeleição possui junto aos eleitores. Em termos comerciais referimo-nos a esses bens como sendo o efeito cumulativo da publicidade ou o reconhecimento do nome da marca. As empresas consideram o capital dos bens intangíveis como sendo uma parte da produção da mercadoria final tão importante quanto o capital físico em suas fábricas. A situação não é diferente na política.

Os candidatos à reeleição podem proteger o capital de seus nomes de vários modos. Um deles é gastar dinheiro durante as eleições para reforçar o que os eleitores aprenderam sobre eles durante sua permanência no cargo público. Tais gastos podem não trazer mais votos, porém garantem a preservação de sua vantagem inicial. Talvez seja por esta razão que acreditamos ser o produto marginal do gasto do candidato à reeleição mais baixo do que o dos candidatos desafiantes. Poucas pessoas, no entanto, conhecem os candidatos desafiantes. Isto pode explicar o seu altíssimo produto marginal de gasto.

Os candidatos à reeleição também podem proteger seu capital com regulamentos. Limites de gastos com a campanha, limites de contribuições, eleições curtas, requerimentos de registro de candidato complicados e caros — tudo isto impede que os candidatos desafiantes sejam reconhecidos pelos eleitores. Essas leis se assemelham a regulamentos contra a propaganda dentro de associações profissionais de médicos, bem como a outras na maioria das democracias. Os candidatos à reeleição aprovaram variações nessas leis. A tendência mais recente em termos da regulamentação do financiamento de campanha tem sido a restrição da propaganda eleitoral, vindo da parte de grupos de interesse público. Os avanços na tecnologia da comunicação, os sistemas de editoração eletrônica baratos e as listas de mala eletrônica bem menos dispendiosas tornam possível agora que grupos pequenos e independentes de cidadãos critiquem os que exercem cargos públicos. Esta mudança tecnológica talvez explique a urgência, bem como a surpreendente unanimidade, com que os candidatos à reeleição aprovam leis que buscam silenciar os críticos de fora do ambiente político.

Em um estudo fascinante sobre a autoproteção do candidato que já possui o benefício do cargo, Bender mediu a produtividade marginal dos gastos de campanha pelos membros do Congresso.[11] Ele descobriu que os membros do Congresso com o mais baixo gasto de produtividade eram os mais favoráveis a votar nas 1.974 emendas ao Ato sobre as Campanhas Eleitorais Federais. Essas emendas incluíam limites de gasto de campanha para os candidatos ao Congresso. O estudo de Bender é somente um exemplo dos usos para os quais medidas do poder da propaganda eleitoral estão sendo estabelecidas. Tais medições apareceram de maneira clara em um relatório-chave do governo do Canadá sobre reformas eleitorais publicado em 1991. Essas estimativas também foram usadas em disputas judiciais que desafiavam a validade constitucional dos limites de gastos de campanha.

Tirando conclusões exageradas dos resultados

A compreensão deste campo tem avançado muito, mas ao se fazer qualquer declaração sobre os regulamentos eleitorais devemos tomar muito cuidado para não exagerarmos na leitura de um simples número como, por exemplo, o produto marginal do gasto de campanha (isto é, os votos a mais gerados por um aumento declarado de gastos). Três exemplos ilustram os problemas de interpretação e o uso dos produtos marginais estimados.

1. Conforme Filip Palda havia sugerido, os pesquisadores ainda não sabem quanto talento ou habilidade os candidatos à reeleição têm para afetar seus próprios produtos marginais.[12] Se um candidato à reeleição optar por mudar significativamente sua plataforma a fim de dar resposta a uma ameaça de um desafiante popular, isto pode convencer os eleitores de que ele é um candidato transformado, digno de uma segunda chance. O produto marginal de gasto do renovado candidato à reeleição é, de repente, mais alto devido à mudança de plataforma. Se muitos candidatos à reeleição adotassem essa estratégia, as estimativas mostrariam então que os produtos marginais deles não seriam baixos. Este dado pode levar os pesquisadores a concluir que os limites dos gastos de campanhas prejudicam tanto os candidatos à reeleição quanto os novos candidatos exatamente da mesma forma. Entretanto, esta inferência está errada. Os produtos do candidato à reeleição, neste exemplo, são altos porque eles modificam suas posturas para eliminarem seus desafiantes populares. Se os limites de gasto fossem efetivamente colocados em prática, os novos candidatos criativos, prejudicados pela restrição de gastos, não poderiam fazer os candidatos à reeleição atuarem desta forma. Descobriríamos, portanto, que os mesmos têm produtos marginais muito baixos.

2. Produtos marginais altos de candidatos desafiantes não significam necessariamente que os eleitores preferem o novo candidato ao candidato que já está no cargo. Muitos candidatos desafiantes que chegaram perto de vencer

dizem que uns poucos milhares de dólares a mais os teriam levado ao topo. Se verificarmos o quão produtivo seus pequenos fundos de campanha são, então este argumento será difícil de ser refutado. Mas a produtividade dos fundos é apenas metade do cenário, pois a produtividade nos dá apenas uma idéia "pontual" da força do candidato. Mesmo candidatos sem talento e sem apelo poderão realizar uma grande "corrida" a partir dos primeiros poucos milhares de dólares gastos. Uma vez que tenham conquistado o pequeno número dos que estão dispostos a apoiá-los, um aumento nos gastos não garantirá que cheguem muito longe. Não está claro o quanto as eleições poderiam ser mais competitivas caso os novos candidatos recebessem subsídios, ou mesmo se a maioria dos eleitores se beneficiaria de tais promoções artificiais.

3. De acordo com o que já foi mostrado em trabalhos anteriores, o meio em que os candidatos fazem a propaganda determina quão produtiva esta mesma propaganda será.[13] Não podemos simplesmente estimar o produto marginal do gasto e então fazer uma previsão de quantos votos extras um dólar comprará. O poder do gasto de campanha para ganhar votos depende em parte de onde os candidatos levantam seu dinheiro. Mil dólares gastos em propaganda terão um grande efeito se o dinheiro foi levantado de muitos contribuintes pequenos que são representantes da circunscrição eleitoral, ao invés de ter sido levantado de um único contribuinte excêntrico. Um candidato que depende de um único contribuinte excêntrico para angariar fundos tem uma probabilidade menor de refletir a vontade do eleitorado. Pela mesma razão, os candidatos que dependem somente de subsídios podem descobrir que esse dinheiro é menos produtivo do que o dinheiro angariado junto aos eleitores partidários. Apesar de o ditado do imperador Vespasiano segundo o qual o dinheiro não tem cheiro ser verdadeiro na publicidade comercial, pode não sê-lo em termos políticos.

Beneficiários da propaganda pública

A publicidade comercial reduz o custo do consumidor na procura por mercadorias. Ela pode ser também uma parte do produto. Comerciais de produtos de moda prometem aos consumidores desses produtos sua inserção em um estilo de vida compartilhado apenas por pessoas especiais. A propaganda política tem uma função similar para os eleitores. Entretanto, a diferença entre a política e o comércio é que os eleitores não podem comprar diretamente a "mercadoria" oferecida no mercado político. Esse fato torna difícil de se ver o benefício direto que um eleitor pode obter com a propaganda política. Tendo tomado conhecimento de que um candidato é melhor do que o outro, o eleitor não pode simplesmente decidir qual candidato tomará posse. Ele fica na dependência da opinião de todos os outros eleitores. Mesmo um candidato favorecido pelo eleitor pode não chegar perto de satisfazer suas exigências.

A diferença principal entre mercados políticos e mercados comerciais é que a maioria das trocas em política é igual a zero ou soma negativa, enquanto a maioria das trocas no comércio aumenta o bem-estar de todos os participantes. Nas democracias ocidentais, quase 70% do gasto governamental são a transferência de recursos de um grupo de cidadãos para assegurar recursos para um outro grupo. A propaganda política pode ser usada por um grupo de cidadãos para assegurar recursos para um outro grupo. Essa propaganda não acrescenta valor à economia ou aumenta a soma das riquezas dos eleitores. É simplesmente um custo para redistribuir os recursos que a economia já produziu. Esse custo é conhecido por *rent seeking*, uma expressão erudita para desperdício.[14]

Podemos ter uma idéia melhor de como a propaganda política aumenta o bem-estar de todos os eleitores ao ter uma perspectiva mais ampla da política. Como distribuir recursos não é o único problema nas eleições. A eficiência do governo é importante. Todos nós podemos nos beneficiar da propaganda que força os detentores de cargos oficiais a seguirem políticas macroeconômicas consistentes e a observarem com atenção a burocracia governamental. A propaganda política pode impedir o governo de crescer. Há provas de que em nível estadual os eleitores preservam o fisco. Eles punem candidatos a governador que aumentam os gastos do governo precisamente antes das eleições. Tais aumentos vêm à tona com o auxílio da propaganda da campanha.

Conclusão

Descrevemos neste capítulo como funciona a propaganda política em uma democracia para informar os eleitores a respeito das questões relevantes, e como tal informação ajuda os eleitores a escolher entre os diversos candidatos. Os fatos indicam que a propaganda política informa os eleitores de um modo que os meios modernos não conseguem. Os candidatos se comportam muito como as empresas. Eles pesquisam o mercado político para conhecer os anseios de seus eleitores, transmitindo suas mensagens àqueles que mais provavelmente concordarão com eles. Desse modo, a informação atinge aqueles que mais a valorizam. A propaganda política, portanto, serve para realçar o processo político em uma democracia pelo aumento da eficácia da tomada de decisão por parte do eleitor, mesmo que esteja longe de ter influência decisiva no resultado eleitoral.

Notas

1. As citações de Ross e Packwood são ambas do *Congressional Record*, 3 de junho de 1987, p. 7548.
2. Philip Kotler, "Overview of political candidate marketing," *Advances in Consumer Research*, vol. 2, 1975, p. 762.
3. Thomas E. Patterson e Robert D. McClure, *The unseeing eye* (Nova York: G. P. Putnam's Sons, 1976).
4. Philip Nelson, "Political Information," *Journal of law and economics*, vol. 19, 1976, p. 330.
5. Richard A. Joslyn, "The content of political spot ads," *Journalism Quarterly*, vol. 57, primavera de 1980, p. 92-98.
6. Patterson e McClure, *The unseeing eye.*
7. Ronald J. Faber e M. Claire Storey, "Recall of information from political advertising, vol. 13, 1984, p. 39-44.
8. Michael L. Rothschild, "Political advertising: a neglected policy issue in marketing," *Journal of Marketing Research,* vol.15, 1978, p. 58-71.
9. Gary C. Jacobson, "The effects of electoral campaign spending in congressional elections," *American Political Science Review,* vol. 72, 1978, p. 474.
10. Filip Palda e Kristian S. Palda, "The impact of campaign expenditures on political competition in the french legislative elections of 1993", *Public Choice,* vol. 94, 1998, p. 157-174. Ver também Filip Palda, "The economics of election campaign spending limits," *Economia delle scelte pubblische,* vol. 2, 1996, p. 113-137; Filip Palda, "Desirability and effects on campaign spending limits", *Crime, law and social change,* vol. 21, 1994, p. 295-317; Filip Palda, *How much is your vote worth? The unfairness of campaign spending limits* (São Francisco: ICS, 1994); Kristian S. Palda, "The effect of expenditure on political sucess", *Journal of law and economics*, vol. 18, 1975, p. 745-771; Filip Palda e Kristian S. Palda, "Campaign spending and campaign finance

issues: an economic view", *Journal des economistes et des etudes humaines*, vol. 3, 1992, p. 291-314.

11. Bruce Bender, "An analysis of congressional voting on legislation limiting congressional campaign expenditures", *Journal of Political Economy*, vol. 96, 1988, p. 1.005-1.021.
12. Palda, "The economics of election campaign spending limits".
13. Palda e Palda, "The impact of campaign expenditures".
14. Gordon Tullock, "Efficient rent-seeking", em James B. Buchanan, Robert D. Tollison e Gordon Tullock (orgs.), *Toward a theory of rent-seeking society* (College Station: Texas A&M University Press, 1980), p. 97-112.

23

Os canais de televisão por assinatura como marcas

Mary Baumgartner Jones

Em 1974 foi inaugurado o primeiro canal por assinatura via satélite, a Home Box Office (HBO). Em seu primeiro ano de programação, a HBO estava disponível somente durante o horário nobre da televisão, e mesmo assim os consumidores aprovaram em massa a primeira alternativa real às redes de TV. A idéia de assistir a filmes sem cortes ou interrupções e livres de comerciais em sua própria casa era irresistível.

No final da década de 1990 os consumidores tinham cerca de 500 canais por assinatura nos Estados Unidos que produziam vídeos, videogames, serviços on-line e muitas outras opções de entretenimento em casa. Essa concorrência acirrada pelo tempo de lazer do consumidor fez com que toda a indústria de televisão por assinatura olhasse seus objetivos de marketing, suas estratégias e seu posicionamento de uma nova maneira para assegurar que estivesse pronta para satisfazer os desafios competitivos do futuro. Acima de tudo, a diferenciação dos vários canais por assinatura entre si é um fenômeno de branding.

Quais são os desafios do setor?

Escolhas demais, tempo de menos. Uma pesquisa recente da Nielsen analisou o número de canais de televisão assistidos em domicílios com uma média de 7 a 70 canais disponíveis. A má notícia para os canais por assinatura é que o número de canais assistidos não aumentou muito, mesmo com o crescimento do número de canais disponíveis. De fato, em qualquer domicílio considerado a média do número de canais realmente assistidos parece ficar entre 12 e 14.[1]

Nenhuma notícia de nova programação. Nos velhos tempos de canais por assinatura a personalidade de um canal era simplesmente a soma das partes de sua programação — a HBO era um canal de filmes, a CNN transmitia notícias e a ESPN era um canal de esportes. Essa estratégia era bem-sucedida desde que houvesse clara diferenciação entre os canais. Agora, com múltiplos canais de "filmes clássicos", aulas de culinária em trinta canais e cobertura das últimas notícias por praticamente todos eles fica difícil para um canal por assinatura ter um único produto de programação.

Fim dos monopólios afiliados às TVs por assinatura. Os consumidores agora têm escolhas sobre a maneira como a programação por assinatura chega até suas casas. O mercado da antena parabólica da banda C permanece estável, e a introdução de uma antena parabólica de 18 polegadas aumentou consideravelmente o número de assinantes. Além disso, em alguns casos, as comunidades estão permitindo que mais de um canal por assinatura ofereçam serviços aos consumidores. Apesar de essa mudança ser ótima para eles, isto significa que as afiliadas aos canais por assinatura estão gastando muito mais tempo para convencer os consumidores sobre seus próprios atributos e muito menos tempo falando sobre os canais por assinatura de onde é feita a transmissão.

Outras complicações. Operadoras de TV por assinatura têm restrições de capacidade de canais (muitas delas são dependentes de canais mandatários), o que significa que se um canal não atrair uma audiência suficientemente grande ele será deixado de lado ou será mudado para uma banda digital. Além disso, as afiliadas aos canais por assinatura continuam a lutar corpo a corpo com os novos regulamentos federais do setor, e isto as desconcentra em suas atividades de marketing.

Como tudo isto nos afeta?

A atual situação faz com que os profissionais de marketing de TV por assinatura recorram a outras empresas maduras para aprender algumas lições de marketing. As lições comprovadas e verdadeiras de gerenciamento da marca estão se tornando cada vez mais apropriadas, e o setor encontra-se no meio de uma grande virada em termos de marketing.

A primeira coisa que o setor de TV por assinatura deve fazer é preparar o terreno em termos de competição. A indústria do entretenimento gasta muitos dólares da mídia do mercado, do qual o sistema por assinatura é uma parte muito pequena.[2] As despesas dos anunciantes em termos de TV por assinatura são mostradas na Tabela 23.1. Os dez melhores representam 68% do gasto total gerado por todos os anunciantes de TV por assinatura, e a HBO representa sozinha 28% do gasto da categoria. Até o presente momento, a maioria dos profissionais de marketing de TV por assinatura não despenderam tempo ou energia suficientes para tentar criar uma marca nem para os canais por assinatura propriamente ditos, nem para o método de distribuição.

Tabela 23.1: Os dez maiores anunciantes de TV por assinatura de acordo com o tamanho de seus orçamentos de marketing

Canal por assinatura	*Gastos (em milhares de US$)*	*Share of voice (%)**
Total da categoria	384.569	100
HBO	109.578	28
Starz!	28.918	8
USA	23.977	6
TNT	17.729	5
A&E	15.859	4
Fox Family Channel	15.068	4
Discovery Channel	14.657	4
Showtime	14.180	4
Lifetime	13.055	3
ESPN	10.132	3
Subtotal	263.153	68
Outros	121.416	32

* *Share of voice*: Participação no volume total de propaganda veiculada. (N. da T.)

Pode parecer que canais por assinatura não precisem vender a si próprios como marcas — eles simplesmente precisam transmitir sua linha de programação aos consumidores interessados. Afinal de contas, os consumidores não assistem a um espetáculo somente porque ele está passando na CBS; eles o assistem porque gostam do programa. Isto não deveria se aplicar ao canal por assinatura também?

Infelizmente, não é isto que acontece. Os consumidores têm sido treinados pelas redes para checar regularmente as grades de programação, e a maioria dos consumidores sabe muito mais sobre os programas dos canais abertos do que sobre os programas dos canais por assinatura. Com o intuito de atrair os consumidores para que eles pelo menos considerem a grade de programação de um canal a cabo (que está geralmente na segunda ou terceira parte da grade de programação diária no guia de TV dos jornais), o canal deve fazer o consumidor sentir que esse canal em particular oferece o tipo de programação que ele gosta.

Um exemplo específico de uma casa cujos moradores têm nível universitário pode ser o modo mais efetivo para explicar o que quero dizer. A programação da A&E é essencialmente uma combinação do tipo de programação encontrada nas televisões públicas e em algumas redes com programações de antigas reprises. Em qualquer noite os membros da casa sempre verificam o guia da A&E porque a família está convencida de que certamente haverá algum programa no canal ao qual elas gostariam de assistir.

Do outro lado da equação, há mais ou menos vinte canais cujas programações são desconhecidas dessa mesma família. Partindo-se do fato de que boa parte da programação de que as pessoas daquela família gostam está na A&E, mas certamente também está disponível em alguns dos outros vinte canais, é simplesmente a percepção da marca e de sua programação que mantém essas pessoas fiéis à A&E.

Há algumas iniciativas muito claras que esses canais por assinatura devem tomar para acabar com essa confusão e transmitir suas mensagens de forma mais efetiva ao público certo. Discutiremos a seguir, esses passos.

Personalidades da marca. Os canais por assinatura precisam definir quais são suas identidades de marca. Apesar de alguns canais terem feito isto de uma forma notavelmente boa (a MTV e a Nick at Nite são bons exemplos), e apesar de os profissionais de marketing poderem recorrer a eles para terem idéias, a arena dos produtos de consumo freqüente é provavelmente um lugar melhor para se começar. Um exemplo clássico de produtos competitivos com personalidades de marca muito diferentes é o do papel higiênico — O Scott tem mil folhas em cada rolo, ao passo que o Charmin é "macio no toque" A American Movie Classics (AMC) e a Turner Classic Movies (que oferece programação quase idêntica) precisam achar posicionamentos para si mesmas a fim de estabelecer a clara diferenciação da marca.

Veículos de mídia. Hoje os canais por assinatura gastam a maior parte dos seus dólares de marketing criando publicidade de interstício para seus próprios serviços e veículos de sintonia (ver Tabela 23.2 e o breve glossário no final deste capítulo). Apesar de o tempo de interstício ser muito valioso na construção da personalidade de uma marca, na maioria dos casos as graduações baixas significam que bem poucas pessoas vêem esse canal. A MTV e a Nick at Nite são exceções a essa regra. Elas usaram o interstício para destacar seus canais de um modo muito forte, mas conseguiram isso em um ambiente menos competitivo. No caso da MTV, o canal tinha um único produto quando foi lançado, e no caso da Nick at Nite parece que mais da metade dos intervalos comerciais do canal trata de serviços — ambos, um período de tempo preenchido pela imagem e um período de tempo preenchido pela promoção dos programas.

Tabela 23.2: Porcentagens de orçamentos de marketing gastos em seis categorias, 1997

Rede (a)	*Rede de TV*	*TV por assinatura*	*TV local*	*Impresso*	*Rede de rádio*	*Rádio local*	*Outdoor*
Starz!	—	54	3	—	42	1	—
USA	—	—	—	97	—	3	—
TNT	—	—	—	87	—	10	3
A&E	—	—	—	91	—	6	3
Fox Family	—	—	—	100	—	—	—
Discovery	—	—	—	96	—	3	1
Showtime	—	6	8	80	2	2	2
Lifetime	—	—	—	61	1	37	2
ESPN	—	—	—	74	—	26	—

Fonte: Estimativas feitas por Leading National Advertisers, Nova York, 1998.
(a). As redes de TV são listadas em ordem decrescente de acordo com o tamanho de seus orçamentos de marketing.

Além disso, os meios imprensa e rádio são muito difíceis para que neles seja criada a personalidade de uma marca como base de um plano de mídia. Ao invés disso, o uso crescente da televisão em rede é provavelmente o meio mais eficaz para responder ao desafio. Apesar de nem todas as afiliadas à rede aceitarem a publicidade por assinatura competitiva, um número suficiente de estações aceitará o fato de que um canal por assinatura pode criar algum barulho no mercado. Uns poucos anúncios da rede de TV bem-feitos, que claramente definem para o consumidor o ponto de diferenciação de um canal específico, certamente representam um dinheiro bem empregado.

Relacionamentos. É difícil para um canal de televisão desenvolver um "relacionamento" com seus clientes; entretanto, isto não deve impedi-lo de tentar. Um bom exemplo de marketing de relacionamento é a bem-sucedida revista impressa da A&E, *Biography*, disponível por assinatura paga. Apesar de muito de seu conteúdo editorial não estar especificamente relacionado ao canal, ela realmente dedica um espaço razoável à promoção de futuros espetáculos da A&E — o que é muito importante, pois uma grande parte da programação vem da Inglaterra, nem os títulos nem os astros são conhecidos nos Estados Unidos. Além disso, as escolhas editoriais da revista ajudam a reforçar a personalidade "fina, sagaz e inteligente" que o canal criou para si.

Uso mais dinâmico da promoção. Os dólares limitados da mídia, disponíveis para quase todos os canais por assinatura, podem ser "multiplicados" com promoções feitas com outros anunciantes. Uma associação inteligente entre um canal por assinatura e um produto adequado pode dar em troca o meio, que é o canal, bem como o tipo de espaço na prateleira que é geralmente muito caro. Por exemplo, se a Nickelodeon quiser fazer uma promoção amarrada (*tie-in*) deve, então, levar em consideração uma editora de livros infantis. Uma linha de títulos da Nickelodeon (muito parecida com a linha de brinquedos Nickelodeon) pode ampliar a lembrança da programação do canal e reforçar nas mentes dos pais a idéia de que a Nickelodeon tem um enfoque educativo — o que os deixará mais tranqüilos quanto ao tempo gasto por seus filhos assistindo a esse canal. Uma outra idéia para uma promoção "casada" pode ser o Discovery Channel patrocinar a visita a um zoológico, associando-a a um dos documentários do canal sobre animais. Caso sua série "Semana do Tubarão" tiver de ser exibida conjuntamente com um programa educacional nos zoológicos, com o propósito de fazer com que as crianças se interessem mais por tubarões, isto será muito válido tanto para os zoológicos como para as crianças.

Inversamente, uma promoção feita pelo Cinemax e pelos alimentos congelados Banquet não foi um sucesso absoluto. O Cinemax gastou muito dinheiro para criar uma marca que representasse entretenimento e filmes. A Banquet, embora líder em sua categoria, não foi uma boa aposta, pois alimentos congelados não combinam com entretenimento pela televisão. Independentemente do número de pessoas que a promoção atingiu, ela não fez nada para realçar a imagem da marca Cinemax.

A outra parte da equação do marketing na TV por assinatura está relacionada com as afiliadas dos canais por assinatura. Historicamente, as afiliadas a cabo venderam para o mercado os canais que elas tinham disponíveis, mas não elas próprias. Já que os consumidores não tinham nenhuma escolha além de comprar de suas operadoras a cabo locais se quisessem o produto, não havia incentivo nenhum para que essas operadoras vendessem a si próprias como marcas.

O monopólio local que as operadoras a cabo detiveram não foi suficiente para incentivá-las a se preocupar em servir seus usuários. Provavelmente, a maioria dos usuários de televisão por assinatura reclama das suas operadoras independentes por sua própria experiência pessoal, pois *todo mundo* considera as operadoras a cabo horríveis. Em um meio que recentemente se tornou competitivo, é muito difícil construir uma imagem da marca, mas superar uma hostilidade declarada em relação à categoria, sem falar da própria companhia, é uma tarefa pesada.

Assim como os canais por assinatura, as operadoras a cabo precisam parar e decidir como é que elas querem se apresentar aos seus clientes, o que é que oferecerão a seus assinantes que seja diferente e melhor. Ao invés de apresentar uma publicidade que diga aos usuários somente o que está disponível, as operadoras a cabo precisam dizer aos seus usuários por que eles devem comprar um produto essencialmente igual.

Quase todas as idéias antes apresentadas para o marketing de canais a cabo são aplicáveis às afiliadas dos canais por assinatura, e existem muitas outras oportunidades de marketing disponíveis para operadoras a cabo. Uma dessas oportunidades pode ser o relacionamento comunitário, bem como o marketing do envolvimento das operadoras em suas localidades. As operadoras a cabo devem ser uma parte de todos os serviços comunitários locais — devem oferecer programação especial para escolas e hospitais, oferecer canais de acesso local para transmitir eventos locais importantes, doar uma parte das taxas de assinatura para causas locais, e assim por diante. Esses programas protegerão cada vez mais as operadoras a cabo em suas comunidades.

Esperando ansiosamente

Com o desenvolvimento da capacidade de oferecer cada vez mais canais, os profissionais de marketing das televisões por assinatura têm de se esforçar ainda mais para destacar a sua marca. Podem conseguir isto de dois modos. Em primeiro lugar, eles devem continuar a criar identidades de marca muito fortes — centralizando esforços para sustentar os canais mais fortes e mais bem definidos. Isto certamente significará desviar a atenção de alguns dos canais menores, e pode finalmente levar ao encolhimento destes. Entretanto, a tendência às ofertas de "multicanais" de marcas grandes como a HBO e a Showtime continuará.

Em segundo lugar, devem participar da criação de canais de "nicho" bem definidos e direcionados para o target, sem querer atrair audiências de massa. Esses canais serão voltados para um público limitado e terão alta visibilidade entre o público almejado, e liderarão preços de anúncios razoavelmente altos devido à sua habilidade de atingir audiências bem definidas. Assim, por exemplo, temos um número crescente de canais em língua estrangeira e canais dedicados à boa administração do dinheiro, a negócios internacionais e similares.

Canais por assinatura, assim como muitas mercadorias de consumo que são compradas repetidamente, são marcas, e como tais devem ser vendidos como marcas. Isto significa que os canais por assinatura têm de dar um destino mais estratégico à publicidade, desenvolver idéias criativas mais inteligentes e, finalmente, começar a considerar a si mesmos como profissionais de marketing de produtos de consumo. Tudo isso vai exigir que eles gastem muito mais dinheiro do que já gastaram antes, e esta soma deverá ser investida em marketing e em publicidade deles próprios voltados para o público. E quanto à sua estrutura e ao uso de um levantamento de avaliação, eles se assemelharão mais e mais a grandes construtores de marcas de alimentos, bebidas e sabão.

Glossário

Afiliada a cabo:

Uma companhia que leva entretenimento a cabo para dentro da casa do usuário via cabo e não via satélite.

Anúncio de interstício:

Publicidade/promoção para um canal particular e que passa nesse canal.

Cabo básico:

Serviço a cabo que inclui canais entregues aos usuários como parte de um pacote de programação, e não canais pelos quais eles devam pagar uma taxa mensal adicional. Redes de TV a cabo básico incluem a CNN, a A&E e a TBS.

Canal premium:

Um canal disponível para consumidores mediante um pagamento mensal bem acima do custo da TV a cabo. A Home Box Office (HBO), a Showtime e a Starz! são os maiores canais premium.

Meio de sintonizar (uma estação):

Trabalhos de publicidade/promoção que induzem o consumidor a assistir a um determinado espetáculo em um horário específico.

Oferta multicanal:

Nome da marca transmitido em mais de um canal por assinatura.

Programação pay-per-view:

Programação disponível para os consumidores que desejarem acessá-la mediante pagamento para assisti-la uma única vez. Paga-se por programa, não uma taxa mensal.

Notas

1. Thomas Kalinske, "History repeats itself: consumers, technology and entertainment," *CTAM Quarterly Journal*, outono de 1994.
2. Baseado em estimativas feitas pela Leading National Advertisers, Nova York, 1998.

24

Marcas verdes e marketing ambientalista

Janet DiLorenzo
Richard E. Mathisen

Na década de 1990 assistimos a uma proliferação de produtos novos "que não agridem o meio ambiente" e embalagens criadas de acordo com o movimento do marketing ambientalista ou verde *(green marketing)*. Com o propósito de estar em sintonia com o meio ambiente, as empresas, em essência, oferecem produtos considerados "seguros" para os consumidores, bem como para a sociedade como um todo. Tais produtos são únicos, segundo os padrões modernos, por não apresentarem riscos à saúde dos indivíduos e por não causarem danos ao meio ambiente durante sua fabricação, uso ou descarte.

Para muitos, esse envolvimento com o ambiente pode parecer familiar. Durante as décadas de 1960 e 1970, um grande número de produtores concentrou suas preocupações ambientais no descarte e no refugo final da produção. Embora a década de 1980 tenha passado sem a consolidação de uma perspectiva clara ou de qualquer vigilância quanto à destruição de nosso meio ambiente, a década de 1990 mostrou sinais distintos de uma grande e constante preocupação não somente em relação ao descarte e ao refugo ou desperdício, mas principalmente em relação à prevenção de danos ao meio ambiente. Tal preocupação fez com que grupos religiosos desempenhassem um papel ativo nesta empreitada. Em outubro de 1998, um grupo de mil teólogos, cientistas e ativistas participaram de uma conferência na Universidade de Harvard. Como simpatizantes do movimento ambientalista, eles reafirmaram a crença de que poderiam influenciar no modo pelo qual as empresas incorporam o "verde" em seus estatutos.[1] Essencialmente, a manifestação exterior dessa vontade de proteger o meio ambiente contra danos e prejuízos está agora se materializando em produtos e embalagens na fase de fabricação. A mudança nada comum de política na década de 1990, que cabe bem debaixo do guarda-chuva do "marketing verde", está comprovada pelo ritmo rápido com que as empresas estão rotulando, empacotando, posicionando, desenhando e comunicando seus produtos de uma nova forma. A pauta principal dessas empresas é, como já vimos, a adequação em termos ambientais — ou fazer com que seus produtos fiquem "verdes."

O ímpeto histórico por um movimento de marketing ambientalista surgiu dos consumidores que estão mais cuidadosos com o que compram e com o custo desses produtos e, particularmente, com os efeitos que suas decisões de compra terão sobre o meio ambiente. Uma pesquisa ambiental do Gallup/*Advertising Age* conduzida no início da década de 1990 nos Estados Unidos descobriu que 79% dos entrevistados consideravam-se "fortes protetores do meio ambiente" ou "protetores do meio ambiente".[2] Em uma pesquisa similar conduzida por Gerstam e Mayers, que têm uma preocupação especial com a embalagem, 83% dos entrevistados disseram que preferiam comprar produtos seguros em termos ambientais, e 61% disseram que se recusavam a comprar produtos que pudessem representar uma ameaça para o meio ambiente.[3] A maioria das empresas respondeu prontamente a essa preocupação por parte dos consumidores através da comunicação cuidadosa do grau de correção ambiental inerente a suas agendas. Atualmente as empresas estão fazendo "apelos verdes" aos seus consumidores por meio da embalagem e por campanhas promocionais planejadas com precisão. A linguagem escolhida para articular preocupações ambientais inclui, por exemplo, termos como: *não agride o meio ambiente, biodegradável, passível de se tornar adubo orgânico*, e *seguro para o meio ambiente.* Infelizmente, o consumidor está sendo bombardeado com múltiplas variações sobre o tema dos apelos ambientais, muitos dos quais acabaram sendo falsos ou enganosos.

Apelos ambientalistas e o profissional de marketing: Procter & Gamble

A Procter & Gamble (P&G), como líder de um mercado de fraldas descartáveis de um bilhão de dólares, inicialmente introduziu esse produto na forma dos conhecidos Pampers e Luvs. A fralda descartável foi desenvolvida em 1961 e prontamente tornou-se a solução para pais que não achavam a fralda de pano atraente. Ao mesmo tempo que se provou que eram um sucesso inovador no desenvolvimento de produtos, as fraldas descartáveis têm sido criticadas por grupos ambientalistas como sendo nocivas ao meio ambiente. O *U.S. News & World Report* relatou em 1989 que, em média, cada bebê consome de 3 a 4 mil fraldas, e o produto descartável acaba ocupando aproximadamente 2% do espaço disponível nos aterros.[4] As fraldas descartáveis também levam 500 anos para se decompor; desse modo, elas representam um dilema ambiental de certa magnitude.

Para piorar ainda mais a situação as fraldas usadas descartadas, causam problemas para trabalhadores da área sanitária e contaminam a água do solo, conseqüentemente afetando as comunidades vizinhas aos aterros. À medida que os efeitos nocivos ao meio ambiente de um produto anteriormente aclamado tornaram-se conhecidos, a Procter & Gamble pôs-se a pesquisar ativamente os possíveis modos de se minimizar as preocupações ambientais de seus consumidores.

Como primeira medida, a empresa testou a reciclagem. As fraldas são feitas de plástico, polpa de papel e gel absorvente, e por essa razão a Procter & Gamble pensou que pudessem ser recicladas, com os materiais resultantes sendo reincorporados em produtos como óleos secantes para pintura, isolamento, papelão e vasos para plantas. Mas a P&G se deparou com um grande obstáculo a essa idéia que foi o alto custo associado à coleta e limpeza dos produtos descartados. A empresa partiu então para a pesquisa de uma outra possível solução — a compostagem. Em 1991, os gastos da P&G quanto à promoção da tecnologia de compostagem somaram aproximadamente US$ 20 milhões. Apesar de o processo ter sido implementado na Europa Ocidental há décadas, na época ele ainda era relativamente novo para os americanos. A compostagem ocorre em uma usina em que o lixo foi picado ou esmagado, sendo que os materiais não-degradáveis são descartados e o restante é convertido em uma substância — o composto — que é um excelente adubo para o solo, auxiliando as plantas em seu crescimento e desenvolvimento.

A Procter & Gamble decidiu promover sua idéia inovadora de uma forma intensiva por meio da mídia impressa. Posteriormente, a empresa foi acusada de apelos ambientais enganosos e tendenciosos em suas campanhas publicitárias. Essas acusações justificáveis originaram-se do fato de que havia relativamente poucas fábricas de compostagem capazes de processar as fraldas descartáveis nas comunidades. Em 1991, havia somente dez fábricas de compostagem em todo o território americano.

A tentativa da P&G de promover sua agenda ambiental utilizando apelos ecológicos relativos às fraldas descartáveis representa um dos vários modos nos quais os profissionais de marketing contribuíram para a falha do processo de comunicação. O resultado, certamente, é a confusão e a hesitação do consumidor com relação ao que pretendia ser uma solução de marketing para problemas criados pelo consumo.

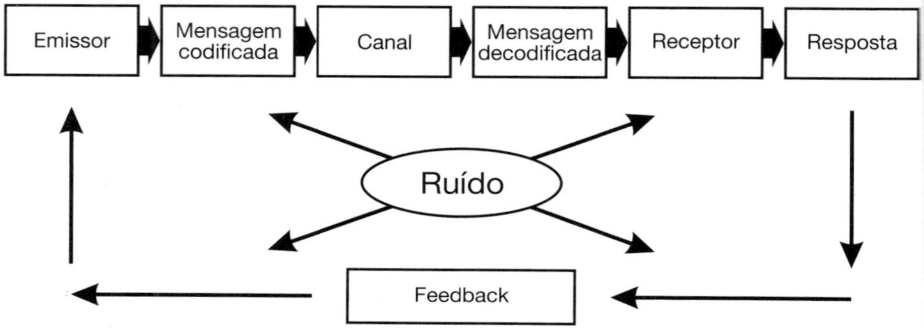

Figura 24.1 – Um modelo do processo de comunicação.

O processo de comunicação

Em sua forma mais simples, o processo de comunicação é o modo como duas ou mais pessoas compartilham de um pensamento comum. De acordo com uma autoridade, o processo requer cinco elementos: uma fonte, uma mensagem, um receptor, e os respectivos processos de codificação e decodificação.[5] Conforme a Figura 24.1, esse processo pode ser representado por um modelo amplo. A comunicação, dessa forma, envolve duas partes (um emissor e um receptor), instrumentos específicos de expressão (uma mensagem e um canal), e certas funções cognitivas (tais como codificação, decodificação e resposta), bem como o "feedback" e a presença de "ruído". Esse modelo básico é também endossado pelo papa dos intelectuais de marketing, Philip Kotler.[6]

Esse modelo é pensado para representar os elementos fundamentais de uma comunicação efetiva. Se a comunicação ocorrer de uma forma desbloqueada, então a expressão ideal desse modelo veria a comunicação começando com o emissor, sendo transmitida ao receptor, e sendo decodificada e recebida exatamente de acordo com o que se pretendeu inicialmente. Segundo uma outra autoridade, Berkowitz, a comunicação é mais efetiva quando tanto o emissor como o receptor compartilham de um "campo de experiências comuns" — um conceito que sugere um entendimento e um conhecimento similar da mensagem transmitida.[7] Infelizmente para muitas empresas, e por razões diversas, a comunicação não tem sido facilitada por um "campo de experiências comuns compartilhado pelo consumidor e pela empresa".

Colapsos na comunicação podem variar de apelos ambíguos a patentemente falsos, ambos contribuindo para a diminuição da eficácia e prejudicando a integridade do processo de comunicação. Em termos de campos compartilhados de experiência, as empresas têm geralmente tido consciência ambiental somente até o ponto em que suas ofertas de produtos e de manufaturas puderem ser caracterizadas como corretas em termos ambientais. O ruído (p. ex., apelos que fracassam em comunicar suas mensagens claramente) tem também contribuído para o recente colapso no processo de comunicação. Os consumidores parecem confusos a respeito do número e dos tipos de apelos ambientalistas que são feitos. Essa confusão pode ser detectada através do feedback geralmente clamoroso que os consumidores têm dado às empresas sobre seus métodos de marketing ambientalista.

Para se fazer justiça aos produtores que estão tentando ficar em sintonia com os apelos da sociedade, deve-se notar que, apesar de algumas corporações americanas terem bombardeado os consumidores com apelos ambientalistas enganosos, confusos e até mesmo contraditórios, o governo federal americano tem falhado em explorar sua capacidade inerente de melhorar a situação com a implementação de diretrizes ambientais bem definidas. Atualmente, os apelos ambientalistas são reafirmados e modificações de produtos que custam caro estão sendo feitas, sem a certeza de uma aprovação por parte do governo.

Dessa forma, as inconsistências dos apelos devem-se em parte às falhas das empresas e em parte ao resultado de políticas e padrões governamentais muito abrangentes, mal definidos, ambíguos ou até mesmo inexistentes. Ao manter essa posição, o governo envia um sinal de incerteza e de falta de interesse diretamente ao consumidor, e isto ajuda a reforçar ainda mais a crescente desconfiança que está sendo observada hoje em dia por parte do consumidor a respeito da "capacidade verde" dos produtos. Talvez, uma análise do modelo de comunicação feita com um elemento de cada vez poderá trazer alguma luz a esses problemas tão sérios.

Emissor

Supondo-se que a comunicação seja aceita, o emissor tem uma influência primordial sobre o receptor. Para se ter uma comunicação efetiva, a fonte de informação deve ser idônea e a comunicação aceitável para o receptor. Inversamente, uma comunicação pode não dar em nada quando sua fonte for considerada não-crível e/ou não-confiável; esta situação geralmente resulta em hesitação ou recusa imediata em aceitar a mensagem. Atualmente, empresas como Kraft General Foods, Mobil, Coca-Cola, Del Monte Foods, Dow Chemical e McDonald's, em um esforço conjunto para serem consideradas idôneas e sensíveis aos anseios ambientais do mercado, estão estabelecendo discretas pautas ambientais que declaram suas missões e estratégias dentro do movimento do marketing ambientalista. Por exemplo, o "Compromisso com o ambiente" do McDonald's diz:

> O McDonald's acredita que tem uma responsabilidade especial de proteger o ambiente para as futuras gerações. Essa responsabilidade vem do nosso singular relacionamento com milhões de consumidores no mundo todo — cuja qualidade de vida amanhã será afetada pela nossa administração do meio ambiente hoje. Compartilhamos de sua crença de que o direito de viver em um ambiente de ar puro, terra limpa e água límpida é fundamental e inabalável. Percebemos, hoje em dia, que um líder empresarial deve ser um líder ambientalista também. Portanto, nossa determinação é analisar todo e qualquer aspecto de nosso negócio em termos de seu impacto sobre o meio ambiente, e tomar medidas inovadoras se elas tiverem a perspectiva de deixar para as futuras gerações um mundo melhor e mais seguro em termos ambientais. Nós queremos liderar este movimento, tanto em palavras quanto em ações.
>
> Nosso compromisso com o meio ambiente e nossas atitudes são guiados pelos seguintes princípios:

- saber administrar efetivamente o lixo sólido: *reduzir — reutilizar — reciclar;*
- conservar e proteger os recursos naturais;
- defender valores e práticas favoráveis ao meio ambiente;
- assegurar procedimentos de responsabilidade.

Em todos os itens anteriores assumimos o compromisso de estabelecer comunicações oportunas, honestas e diretas com nossos consumidores, acionistas, fornecedores e funcionários.[8]

Este tipo de esforço corporativo com relação ao ambiente sugere aos consumidores que, neste caso, o McDonald's tomou uma posição clara e explícita sobre o meio ambiente. Em uma pesquisa ambiental conduzida durante a década de 1990, foi pedido aos consumidores que classificassem os anunciantes quanto à sua preocupação com o meio ambiente.[9] A Procter & Gamble foi classificada como a companhia que demonstrava ter mais consciência ambiental, seguida pelo McDonald's. Por incrível que possa parecer, 68% dos entrevistados acreditavam que não havia nenhuma empresa que estivesse suficientemente preocupada com o meio ambiente.

Codificação da mensagem

A mensagem é considerada o componente mais importante do modelo de comunicação: "É o pensamento, a idéia, as atitudes, a imagem, etc. que o emissor, ou a empresa, deseja transferir ao receptor apropriado".[10] O objetivo do emissor é determinar precisamente que informações devem ser transmitidas e por que razão, e tentar moldar sua mensagem de acordo com isso. Para muitas empresas na década de 1990, a principal mensagem comunicada aos consumidores era a de preocupação com o meio ambiente. Os exemplos incluem o uso de apelos ambientalistas em embalagens e em campanhas promocionais. Entre os termos que estão sendo usados hoje em dia nesses contextos estão *biodegradável, fotodegradável, degradável, reciclável, compostável, não-agressivo ao meio ambiente, seguro em termos ambientais, não agride a camada de ozônio,* e *protege a camada de ozônio.*

Canal (meio)

O canal é um elemento variável mas essencial do modelo de comunicação. É o meio específico de informação pelo qual uma mensagem é dirigida a um público específico. As empresas geralmente selecionam dentre uma variedade de canais, e incluídos aqui estão a difusão pelo rádio ou TV, a publicação impressa, as relações públicas e a mala direta. Um meio particularmente importante para empresas preocupadas com o meio ambiente tem sido a publicação impressa. Características e benefícios ambientais das marcas, expressos na forma de apelos ambientalistas, são comunicados mais efetivamente pela imprensa escrita e levam a um aumento de vendas de tais marcas. Por exemplo, a Mobil Corporation realizou uma campanha impressa no início da década de 1990 sobre o Mobil 1 que mostrava uma insígnia acompanhada pela frase "Consciência ambiental" e a frase "Leve seu óleo de motor usado a um dos centros de coleta autorizados". Um anúncio impresso do amaciante líquido para roupas Downy destacava o compromisso do fabricante quanto ao "refill" (reabastecimento). Essa propaganda bem-sucedida merece ser elogiada, pois o reabastecimento é econômico e ajuda o meio ambiente, reduzindo a quantidade de lixo que os compradores do Downy jogam fora.

Receptor

A comunicação tipicamente pode ser recebida como as empresas esperam, se a mensagem enviada for coerente com as opiniões, atitudes, percepções, motivações e crenças existentes do receptor. O receptor traz um "campo de experiência" para dentro do processo que, em última análise, influencia a mensagem codificada. No caso de apelos ambientalistas e pautas ambientais, os estudos parecem demonstrar que a atitude do receptor é geralmente de preocupação. Aqui estão alguns exemplos:

- Um estudo ambiental conduzido pelo *Reader's Digest* em 1991 indicou que 98% dos entrevistados estavam dispostos a mudar seus hábitos de comportamento e de compra para assegurar um mundo mais limpo.[11]
- No Terceiro Estudo Ambiental Nacional Anual, realizado para a fabricante de embalagens Gerstam e Mayers, 83% dos entrevistados disseram que preferiam comprar produtos que não agridem o meio ambiente. Além

disso, 61% alegaram que deixaram de comprar certos produtos no ano passado devido a preocupações ambientais.[12]

- A pesquisa Environment USA, conduzida em conjunto por Golin/Harris Communication e por Angus Reid Group, concluiu que 74% dos pesquisados consideravam a proteção ambiental uma prioridade.[13]
- O Relatório Lempert registrou que 50% dos pesquisados sentiam que as preocupações ambientais tinham afetado suas últimas compras de supermercado.[14]
- Uma pesquisa encomendada pelo British Market Research Bureau (BMRB)/Mintel, *The Green Consumer 1991,* concluiu que 39% dos entrevistados tinham "sempre/quase sempre" comprado ou usado produtos e serviços que não agridem o meio ambiente.
- A pesquisa Leo Burnett USA, conduzida em maio de 1991 verificou que 28% dos entrevistados estavam dispostos a fazer mudanças drásticas em seus estilos de vida a fim de ajudar o meio ambiente.[15]

As pesquisas citadas evidenciam as fortes preocupações de atitude que os consumidores têm em relação ao meio ambiente, bem como sua pronta disposição em tomar iniciativas ou medidas para que suas necessidades ou demandas sejam satisfeitas. Apesar de muitos emissores e receptores parecerem ter preocupações ambientais similares, as mensagens freqüentemente não têm sido decodificadas como pretendidas, sugerindo uma complexidade ao processo de troca de informação e de avaliação em geral. Até a presente data, a norma tem sido confusão e hesitação com relação à compra de produtos supostamente verdes.

Decodificação

Apesar de os consumidores considerarem que a maioria dos apelos ambientalistas representam gestos positivos por parte das empresas, eles estão confusos sobre o significado desses apelos. Um conjunto de resultados da pesquisa Environment USA, citada anteriormente, sugeriu que os consumidores se sentiam confiantes sobre o uso de produtos que faziam apelos ambientalistas como "recicláveis", "reciclar", ou "biodegradável". Além disso, eles acreditavam que os produtos com tais apelos em suas embalagens eram mais seguros para o meio ambiente do que os produtos que não apresentavam tais afirmações.

Entretanto, quando perguntados se esses apelos se referiam aos produtos ou às embalagens, 39% responderam que ambos, 26% disseram o produto, 22% disseram a embalagem e 13% não tinham certeza do significado dos apelos.[16] Esses resultados mostram claramente que, apesar de os consumidores se sentirem confiantes quanto à existência de apelos ambientalistas, permanece ainda uma falha óbvia na comunicação — a falta de um entendimento claro da mensagem.

Ruído

Os ruídos acompanham o processo e perturbam a efetividade da codificação, o meio, a decodificação e o feedback. Mensagens conflitantes por parte de emissores que não sejam os anunciantes interessados em fazer apelos ambientalistas, mesmo que fluam tranqüilamente através do meio, podem resultar na diminuição do impacto da mensagem do anunciante. Elas podem tomar a forma de emissor(es) que rejeitam os apelos, as mensagens de grupos de interesses especiais e as mensagens enviadas por outros anunciantes. Ruídos ou interferências, nesta altura do processo, podem também estar presentes em mensagens conflitantes enviadas pelo anunciante. No meio, a intensidade e o volume das comunicações e da mídia freqüentemente resultam no bloqueio seletivo das mensagens por parte do receptor, possivelmente apenas devido ao simples volume de mensagens que eles recebem.

O profissional de marketing que faz apelos ambientalistas deve reconhecer que a atenção do receptor-alvo não está somente voltada a assuntos ambientais. Interferência ou ruído no ponto de decodificação poderá resultar da inabilidade do receptor em interpretar a mensagem ou de atitudes conflitantes no campo de experiência do receptor. O trabalho e o custo associados à participação em atividades relacionadas ao meio ambiente como reciclagem, reutilização e reabastecimento podem perturbar a codificação, bem como as iniciativas subseqüentes. Finalmente, o ruído presente no feedback interfere com a capacidade do receptor em dar uma resposta clara e precisa e com a capacidade do emissor em receber o feedback de modo adequado.

Feedback

O fluxo de comunicação que parte do receptor em direção ao emissor ocorre por meio do feedback. Ele não tem sido efetivo na alteração da natureza de mensagens verdes recentes. Em seus esforços para serem consideradas preocupadas com o meio ambiente, muitas empresas realizam apelos exagerados, inadequados e sem substância, os quais não suportam uma análise precisa por parte dos consumidores e de grupos de defesa do meio ambiente. Dessa forma, a motivação capaz de ser vista como consciente em termos ambientais parece que toldou a visão dos produtores; apelos ambientalistas comuns, confusos e enganosos, a despeito de crescentes reações cínicas por parte dos consumidores no mercado atual, podem não trazer bons augúrios para o mercado ambientalista em geral.

A Procter & Gamble modificou a produção e o design de marcas como Pampers e Downy; a Kraft General Foods diminuiu os materiais para a embalagem do Miracle Whip, Jell-O Pudding e dos cereais Post. Outras importantes empresas que tomaram medidas de interesse incluem a Lever Brothers, a Clorox, a Lehn & Fink (Lysol), a Heinz, a Kimberly-Clark, a James River (Brawny), a Johnson & Johnson, a Tambrands (Tampax) e a Playtex.[17] À luz do desencontro entre alguns anunciantes do marketing ambientalista e alguns grupos de consumidores, é lamentável que aquelas corporações que expressam profunda sensibilidade para com as causas ambientais sejam pouco apreciadas apenas devido às fortes preocupações que os consumidores têm quanto aos apelos da publicidade enganosa. Isto pode parecer e realmente ser uma faca de dois gumes. Apesar de tudo, fica claro que o cerne do problema está relacionado às inconsistências que existem atualmente entre os muitos significados diversos de *verde* conforme são entendidos por consumidores, empresas, setores governamentais e grupos não-governamentais. Além disso, a falta de um processo de comunicação claro e conciso dentro dos círculos de marketing ambientalista parece que só continuará impedindo que os consumidores confiem nas empresas e aceitem como valiosas as contribuições de suas marcas para o movimento ambientalista.

Conclusão

O sucesso do movimento de marketing ambientalista é, em grande escala, determinado pela implementação efetiva do processo de comunicação por parte dos anunciantes. Para que as empresas possam comunicar suas pautas ambientais, é imprescindível que tenham conhecimento e entendimento suficientes do processo de comunicação. Os emissores devem codificar adequadamente suas mensagens para que possam se comunicar claramente. A mensagem tem de ser codificada de forma a usar efetivamente o meio apropriado e a minimizar o impacto do ruído ou da interferência quando a mensagem está sendo transmitida ao receptor. A mensagem comunicada deve ser prontamente decodificada, de tal maneira que o receptor a entenda exatamente do modo como foi pretendido pelo emissor e tome a atitude desejada.

Sem dúvida, o movimento ambientalista é relevante e importante hoje em dia. Muitas empresas enfrentaram sérios desafios para estimular seus consumidores a "comprar produtos verdes". O uso de apelos falsos, enganosos ou entendidos de forma errada tem agravado o problema do anunciante que está tentando contribuir para a segurança do meio ambiente. Embora os consumidores afirmem estar preocupados com o meio ambiente, suas ações e atitudes deixam muito a desejar em termos das expectativas dos anunciantes. Um processo de comunicação efetivo é imperativo para que essa disparidade seja reduzida.

Notas

1. T. Watanabe, "The Green movement gets religion", *Journal News*, 1º de fevereiro de 1999, 1E.
2. D. Chase, "Procter & Gamble gets top marks in AA survey", *Advertising Age*, 29 de janeiro de 1991, p. 8.
3. J. Dagnoli, "Consciously green consumers question marketers' commitment", *Advertising Age*, 16 de setembro de 1991, p. 14. Ver também J. Dagnoli, "Here today, still here tomorrow," *Time*, 9 de abril, 1990, p. 66.
4. Wilbur Schramm, "It's diaper city at the landfill", *U.S. News & World Report*, 3 de julho de 1989, p. 12. Ver também Wilbur Schramm, "Spreading a deeper shade of green", *Marketing*, 23 de maio de 1991, p. 16.
5. Wilbur Schramm, "How communication works", em Wilbur Schramm e Donald F. Roberts (orgs.), *The process and effects of mass communication* (Urbana: University of Illinois Press, 1971), p. 4.
6. Philip Kotler, *Marketing management: analysis, planning, and control*, 2. ed.

(Englewood Cliffs, NJ: Prentice Hall, 1991).

7. Ver Eric N. Berkowitz, Roger A. Kerin, William Rudelius e Steven W. Hartley, *Marketing*, 5ª ed. (Homewood, IL: McDonald's Corporation, setembro de 1991).
8. McDonald's Corporation, "Commitment to the environment", em *McDonald's and the Environment* (Oak Brooks, IL: McDonald's Corporation, setembro de 1991).
9. Chase, "Procter & Gamble gets top marks".
10. Leon G. Schiffman e Leslie Lazar Kanuk, *Consumer behavior*, 4ª ed. (Englewood Cliffs, NJ: Prentice Hall, 1991).
11. S. Hume, "Green labels good, but confusing", *Advertising Age*, 9 de dezembro de 1991, p. 43.
12. Dagnoli, "Consciously green consumers".
13. "S. Hume, "Consumer double-talk makes companies wary," *Advertising Age*, 28 de outubro de 1991, p. 4.
14. P. Lempert, "What's on shoppers' minds", *Progressive Grocer*, setembro de 1991, p. 32.
15. Hume, "Green labe is good".
16. Hume, "Consumer double-talk".
17. John Sinisi, *Superbrands* (Nova York: McGraw-Hill, 1992).

25

Como as marcas devem ser apresentadas aos consumidores idosos

Delight L. Omohundro

Definições

A gerontologia, o estudo do idoso, é geralmente confundida com a geriatria, o estudo de doenças relacionadas à velhice. Mas os idosos incapacitados são uma minoria: apenas 1,5% dos americanos com menos de 70 anos estão em asilos ou hospitais. Os idosos constituem um mercado enorme e crescente com, possivelmente, a maior renda individual do país, e podem ser adequadamente divididos em dois grupos: "os jovens idosos", aqueles com idade entre 65 e 85, um grupo geralmente livre do trabalho e das obrigações familiares, que porém ainda goza de boa saúde, e os "idosos idosos", aqueles acima de 85 anos (ver Figura 25.1).

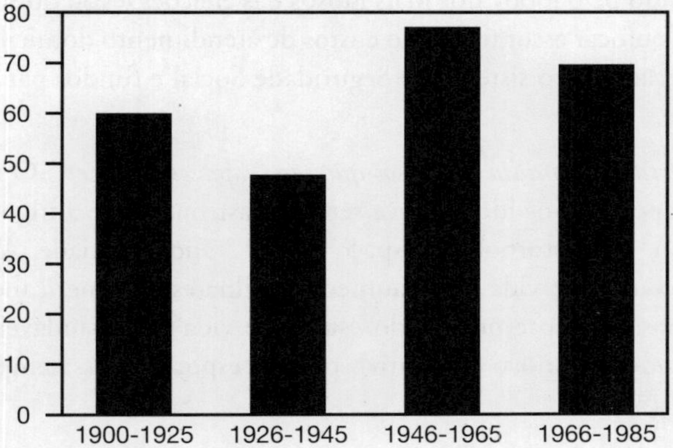

Figura 25.1 – Tamanho dos grupos de pessoas por nascimento (em milhões).

Conforme os membros da histórica geração "*baby-boom*" (explosão na taxa de nascimentos de bebês) nascida depois da Segunda Guerra Mundial se aproximam dos 50 anos, este mercado de adultos mais velhos tornou-se muito importante. Por décadas, os produtos que apelavam àquela geração criaram um formato de "um porco em uma jibóia" nos quadros de vendas, e as atividades econômicas nacionais espelhavam suas necessidades. Os mais idosos, nascidos em 1946, já passaram dos 50 anos, e à medida que esta geração fica mais velha a importância de se desenvolver métodos de venda específicos para o mercado de idosos — dirigindo as marcas para este grupo — acentua-se com o passar dos anos. Quando este grupo atingir a idade de 65 anos, o mercado maduro ultrapassará 30% da população americana, com um percentual de poder de compra até mesmo mais alto; e então esta se tornará a força dominante na economia americana e no mercado. Portanto, a capacidade de se comunicar com o idoso em geral, e em particular, com esta geração que foi a mais numerosa de todas, é crucial.

Em 1995, as pessoas dessa geração começaram a se aposentar, entrando para a American Association of Retired Persons [Associação Americana de Aposentados] (isto é, elas tinham 50 anos ou mais). Com o avanço contínuo do setor dos jovens idosos, mudanças já começaram a ocorrer. Esta geração dominou as economias de consumo por cinco décadas e, portanto, sua entrada em um novo estágio de vida tem sido comemorada com fanfarra. Entre as mudanças já visíveis estão as seguintes:

- *Ênfase política sobre temas relacionados aos idosos:* O impacto avassalador exercido pelo lobby dos mais idosos nas eleições levou dois partidos políticos a enfocar assuntos como custos de atendimento domiciliar para idosos, proteção para o sistema de Seguridade Social e fundos para a assistência à saúde.
- *Cobertura na mídia de idosos que são "capazes de fazer":* O último modelo de papel para os idosos deve ser o do astronauta (e antigo senador) John Glenn, que retornou ao espaço com 77 anos de idade. À medida que a expectativa de vida ativa aumenta, milhares de americanos idosos estão se aposentando e preferindo estilos de vida mais saudáveis, gerando um mercado-alvo novo e lucrativo para os esportes, passatempos e setores de recreação.
- *Projetos residenciais que incorporam características especiais para os proprietários mais maduros:* Itens como rampas, extremidades elevadas dos balcões e utensílios domésticos dispostos na altura certa, telefones e interruptores com teclas maiores e maçanetas de porta com alavancas tornam a vida bem mais fácil para todos.
- *Uma quantidade maior de artigos de vestuário disponíveis em tamanhos maiores:* Embora as lojas de roupas masculinas ofereçam uma grande variedade de tamanhos, as que vendem modelos femininos pecam por falta de tamanhos maiores. Hoje em dia, para fazer frente ao ganho de peso natural que vem com a idade, varejistas da alta moda como Bloomingdale's, Saks e Nieman Marcus freqüentemente incorporam tamanhos até 50/52 na categoria de "jovens senhoras", e oferecem na categoria de "mulheres" opções de tamanho para muitos estilos diferentes.

Este capítulo foi organizado em três partes principais. Primeiramente, são discutidos os principais desafios e ciladas ao se comunicar com o mercado dos idosos; e em seguida foram delineadas as principais mudanças, tanto psicológicas quanto físicas, que são vistas em consumidores idosos, se comparados a consumidores jovens. Conclui com uma discussão sobre os principais grupos de pessoas por idade e sobre o maior grupo, aqui tratados como cidadãos mais idosos — um grupo que se tornará ainda maior à medida que a geração *baby-boom* ficar mais idosa.

A comunicação com o consumidor mais idoso

Os idosos são exatamente como o restante da população, mas com algumas diferenças essenciais. Comunicar-se com os consumidores mais idosos requer uma habilidade especial, e as peculiaridades dos idosos da geração *baby-boom* podem acrescentar alguns desdobramentos interessantes. Embora os princípios básicos da comunicação ainda se apliquem, quem tiver a intenção de se comunicar com as pessoas idosas precisam adaptar esses princípios às necessidades e exigências únicas delas devido às mudanças específicas físicas, psicológicas e mentais que ocorrem com o passar dos anos.

Como o objetivo da publicidade é vender um produto ou serviço, a seguir temos adaptações de alguns princípios básicos de comunicação para os interesses e as necessidades específicas dos idosos. Esta discussão segue o modelo AIDA (Atenção — Interesse — Desejo — Ação), que descreve os vários processos de comunicação envolvidos quando um consumidor adquire algo (apesar da imensa controvérsia quanto à verdadeira ordem desses processos quando eles estão relacionados com as compras).

Atenção

O primeiro passo no processo de vendas ou de publicidade é ganhar a atenção dos consumidores. Para que a comunicação com os consumidores mais idosos seja eficaz, os publicitários deveriam seguir estas regras:

1. Comece com sua mensagem de vendas mais convincente. Os leitores ou espectadores mais idosos tendem a entender os significados rapidamente e como um todo, sem uma análise complexa, e eles decidem rapidamente também.
2. Se usar gráficos ou ilustrações, assegure-se de que eles transmitam a mesma mensagem de vendas que o texto, de tal modo que o tema seja compreensível à primeira vista. Qualquer que seja a imagem dominante, ela influenciará a reação do espectador mais idoso, portanto, suas mensagens visuais e verbais devem ser compatíveis entre si.
3. Evite imagens visuais e auditivas que não sejam adequadas ou que possam ofender os membros desse mercado, que têm um sistema de valores mais conservador do que os consumidores jovens. (Alguns dos símbolos que refletem valores básicos e eternos estão listados mais adiante neste capítulo.)

4. Certifique-se de que o instrumento usado para atrair a atenção será entendido por este grupo etário.

Há também muitas armadilhas a serem evitadas:

1. O uso do estilo MTV de "ruídos" e imagens (p. ex., música alta, rap ou rock).
2. O uso de imagens negativas (p. ex., um idoso com uma bengala, pobreza, deficiências, tragédias e tristezas).
3. Não proporcionar algo com que o público maduro se identifique ou "se relacione".
4. O uso de tipos não-legíveis (p. ex., difíceis de acompanhar, pequenos demais ou misturados).

Interesse

Não é fácil atrair o interesse dos idosos, mas há duas diretrizes úteis a serem seguidas. Em primeiro lugar, associe seu produto aos interesses reais de seu público mais idoso e não àquilo que um jovem redator possa imaginar que eles sejam. Os anunciantes precisam mostrar claramente os benefícios de seus produtos para se relacionar com esse novo mercado de cidadãos mais idosos; hoje em dia, as necessidades das pessoas mais idosas são freqüentemente de ampla abrangência e complexas. As pessoas mais idosas não estão querendo ficar mais jovens a todo custo; a maioria delas não se sente "velha". Ao invés disso, como esses indivíduos podem se dar ao luxo de aproveitar seu tempo de lazer da maneira que bem entenderem, muitos anseiam por expandir suas vidas em direções diferentes e interessantes. Com o passar dos anos, os idosos deixam de centrar-se em si mesmos e passam a ter interesses externos.

Em segundo lugar, defina sua marca em termos das novidades que ela traz e suas recompensas psicológicas ou emocionais. Estudos recentes sobre o mercado de idosos mostram que eles estão interessados em mais produtos, que estão mais "curiosos" em termos de "marcas", e que são mais curiosos em termos de atitude do que muitos publicitários pensam. Embora um consumidor idoso possa não "precisar" de seu produto, materialmente falando, ele poderá se interessar muito pelo seu produto se a compra desse mesmo produto representar um meio de obter um melhor desempenho, uma recompensa psicológica, uma nova experiência agradável ou simplesmente uma mudança no estilo de vida. O tempo tem um impacto sobre o corpo e também sobre o interior das pessoas. Uma vez que as necessidades básicas foram satisfeitas, muitas pessoas mais idosas se tornam abertas a apelos que ofereçam um estilo de vida atraente e um crescimento pessoal.

Há alguns perigos reais que devemos evitar quando tentamos despertar interesse entre os consumidores mais idosos; entre eles estão o estereótipo, a condescendência e a falsa urgência.

Estereótipo. Evite enfatizar as limitações físicas em mensagens ou em imagens. As mudanças que ocorreram na família americana tradicional significam que alguns jovens nunca tiveram uma experiência pessoal com parentes idosos. Eles podem supor que características visíveis (p. ex., bifocais e aparelhos para a surdez) dominam a vida dos mais idosos. Entretanto, qualquer concentração nos defeitos externos dos idosos é mal direcionada. Apesar de muitos americanos mais idosos terem algum tipo de problema físico de qualquer natureza, quase todos os idosos os consideram como problemas de ordem menor e — literalmente — os ignoram.

Outros estereótipos incorretos e prejudiciais incluem a noção do "idoso preso à cama", senilidade, pobreza e a necessidade de cuidados médicos. Afora os pacientes com a doença de Alzheimer (cerca de 10% dos idosos acima de 65), o cérebro realmente muda com a idade, mas em algumas áreas suas funções são na realidade aumentadas. Por exemplo, enquanto há uma diminuição da memória verbal, pesquisas mostram que a tomada de decisão é maximizada.

Condescendência. Algumas das convenções sociais informais das gerações mais jovens, tais como o uso generalizado do primeiro nome, são interpretadas por muitos americanos mais idosos como uma demonstração de falta de respeito. Os anunciantes correm o risco de tratar os mais idosos como inferiores quando os mostram em situações de dependência, necessitados de ajuda ou orientação, ou quando mostram "auxiliares" jovens e com um tom paternal ansiosos por assumir o controle. Essa imagem de dependência foi responsável pelo fracasso de diversas marcas que retrataram os idosos como decrépitos. Em muitas sociedades, os mais idosos são respeitados por sua experiência, uma atitude que não pode ser confundida com condescendência.

Falsa urgência. O público mais idoso aprendeu a resistir às típicas pressões de vendas. Ele sabe que o tempo é relativo e que eles podem se dar ao luxo de esperar um dia ou dois antes de tomar sua decisão.

Desejo

Para encorajar a compra, especialmente pela primeira vez, e, ainda mais importante, caso o valor da compra seja alto, deve-se insistir no desejo. Consumidores idosos geralmente estão interessados em aprender tudo sobre os produtos que compram, e freqüentemente têm tempo de sobra para assimilar todas as informações necessárias. Certifique-se de que está cobrindo todas as características essenciais relacionadas a desempenho, construção e confiabilidade, mas tenha sempre em mente a importância de parafrasear cada característica do produto em termos de seus benefícios para o usuário.

Foco nos principais benefícios pessoais oferecidos por sua marca. Seu produto oferece aperfeiçoamento pessoal? Uma nova experiência? Uma maneira melhor de desempenhar uma tarefa? É econômico? É uma solução para um problema recorrente?

Posicione a marca de uma maneira positiva. Mostre de que modo seu produto melhora a vida. (O xampu para "cabelos mais velhos" foi um fracasso; ninguém quis admitir que tinha "cabelos mais velhos".) Seu produto tem um desempenho melhor do que o dos concorrentes? Por quê? Ele tem uma boa garantia? Discuta cada benefício separadamente, e relacione-o à sua mensagem principal de vendas. Se puder, use pontos de venda com boa visualização — os idosos podem esquecer as palavras, mas sua lembrança visual é forte.

Por exemplo, a fralda geriátrica para controlar a incontinência urinária é um produto dirigido quase que exclusivamente ao mercado de idosos. Ela pode ser um dos mais difíceis desafios de produto já enfrentado por um profissional de marketing. Uma marca importante, Attends, decidiu transmitir uma mensagem científica, objetiva e correta em termos biológicos, descrevendo os problemas de controle da bexiga. A outra marca principal, Depends, escolheu como seu porta-voz June Allyson, uma famosa estrela da década de 1950, para transmitir uma mensagem otimista de liberdade e melhoria no estilo de vida. Enfatizando os benefícios e não os problemas, e associando-se a uma estrela de cinema favorita de sua própria geração, a Depends conseguiu dominar o mercado de fraldas geriátricas. Isto demonstra como o posicionamento habilidoso e inteligente do produto, mesmo tendo de lidar com um problema físico negativo, consegue criar um bem-sucedido apelo para o mercado de idosos.

Use "ganchos nostálgicos" ou símbolos com os quais seu espectador ou leitor se relacione.[1] Estes são alguns exemplos de símbolos de valores básicos atemporais:

- Bandeiras
- Igrejas
- Edifícios públicos
- Escolas e universidades
- Monumentos históricos
- Cenários históricos
- Fogos de artifício
- Patriotas
- Casas
- Pequenas cidades e bairros
- Lojas de artigos gerais
- Coretos
- Circos
- Mães e filhos
- Pais e filhos
- Avós e netos
- Vizinhos conversando
- Pessoas jogando cartas
- Cenários da natureza
- Animais de estimação
- Pessoas ajudando outras pessoas

É interessante especular sobre esses padrões tradicionais de interesse à medida que a geração *baby-boom* adentra o mercado de consumidores idosos. Certamente a variedade de símbolos se ampliará para incluir pessoas, lugares e coisas de suas memórias do passado. Este grupo representava no início os antigos rebeldes contra o *establishment*, tornaram-se "*yuppies*", e alguns estão agora na idade próspera, fazendo dieta de baixa caloria e com o "ninho vazio". Mas os psicólogos esperam que a geração *baby-boom* siga seu curso natural de maturação e se torne idosa, assim como "as adolescentes" da década de 1920 se tornaram mães de famílias tradicionais. Mudanças fundamentais neurológicas e psicológicas ocorrem na maturidade e afetam a aparência, bem como os valores básicos de uma pessoa, do mesmo modo que afetam o próprio processo mental (veja a seguir a seção sobre as mudanças nos consumidores mais idosos). Portanto, os mesmos tipos de mensagens relacionadas ao aperfeiçoamento do estilo de vida, esperanças e realizações que têm sido efetivas junto às gerações anteriores, provavelmente farão o mesmo sucesso com a geração *baby-boom*.

Ação

Como se estimula o consumidor idoso a largar o jornal e incluir o nome da marca que você oferece em sua lista de compras? Ou a chamar seu número 0800? Conforme mencionado antes, o experiente cidadão idoso não acredita muito no apelo da "urgência". Ele sabe que o lote de carros usados estará lá na próxima semana (e no próximo mês, também), que a comunidade aposentada pode desenvolver uma outra frente, e que uma outra "tarifa promocional" poderá estar em vigor na próxima semana. Portanto, o apelo inflamado das vendas, "aja agora ou saia perdendo", que funciona com um público mais ingênuo, não tem efeito nenhum com esses consumidores. Por outro lado, o leque de experiências dos consumidores idosos também os capacita a reconhecer pechinchas genuínas como a redução de preços de uma loja que vai fechar. Alguns modos eficazes de estimular o ato da compra entre os consumidores idosos são apresentados a seguir:

1. Certifique-se de que o número de seu telefone é legível! Tipos que são amontoados, muito pequenos, em itálico ou qualquer outro estilo de difícil leitura, ou branco vazado no preto simplesmente tornam a leitura dos números mais difícil e geralmente desencorajam qualquer esforço maior nesse sentido.

2. Diga aos leitores ou espectadores exatamente o que você quer que eles façam. Não seja tímido ou tente fazê-los adivinhar — ou pior, não os deixe no ar.

3. Caso haja um benefício real na tomada imediata de iniciativa por parte do consumidor, explique o porquê clara e realisticamente.

4. Repita seu nome e endereço no final do comercial de rádio ou de TV. Jovens ou idosos, os ouvintes não se lembrarão deles a menos que você os repita.

5. Repita a imagem gráfica ou a mensagem da TV nas embalagens e nas lojas. Tire proveito do lembrete que conduz a compras por impulso.

O caminho da comunicação para os idosos

O modelo básico de comunicação tem uma única variação para os consumidores idosos. Produtos relacionados ao seu bem-estar e a sua saúde podem receber atenção especial. A Figura 25.2 mostra um caminho de comunicação com duas vertentes: o *caminho de leitura (scanning pathuay)* superior, para produtos que não estão relacionados com as necessidades básicas de saúde e de sobrevivência; e o *caminho de esforço cognitivo* inferior, para produtos relacionados com as necessidades de saúde nas quais será dispendido um esforço mental mais intensivo. Quanto mais importante seu produto se tornar para o idoso, maior será a atenção ou o esforço cognitivo que sua comunicação receberá.

De acordo com o *Wall Street Journal*, a Young & Rubicam investiu mais de US$ 10 milhões no desenvolvimento de um modelo de construção da marca baseado na seqüência "Familiaridade — Relevância — Estima — Diferenciação," conhecido pelo famoso acrônimo FRED. Este modelo pode ser interpretado para o mercado de idosos da seguinte forma:

- *Familiaridade:* Quanto mais familiar for o nome da sua marca (brand name), mais forte será sua posição de mercado. Portanto, se sua marca for uma favorita tradicional, continue a vendê-la para os consumidores mais idosos. Não a modifique somente porque alguém na empresa fabricante ou na agência de publicidade está querendo variar. Não mexa com os valores já testados e verdadeiros que ela representa.
- *Relevância:* Qual a importância pessoal da marca para os consumidores idosos? Como a marca se encaixa em seus estilos de vida?
- *Estima:* Como a marca é considerada por seus consumidores? O objetivo de qualquer profissional de marketing deve ser preservar os valores positivos que se tem junto a outros consumidores e construir novos valores apropriados ao mercado dos idosos.
- *Diferenciação:* A diferenciação da marca é um passo importante para o sucesso de mercado. A marca deve ser percebida como diferente de todas as outras disponíveis, com características especiais que atraiam o mercado dos idosos. Lembre-se do exemplo das fraldas geriátricas da Depends.

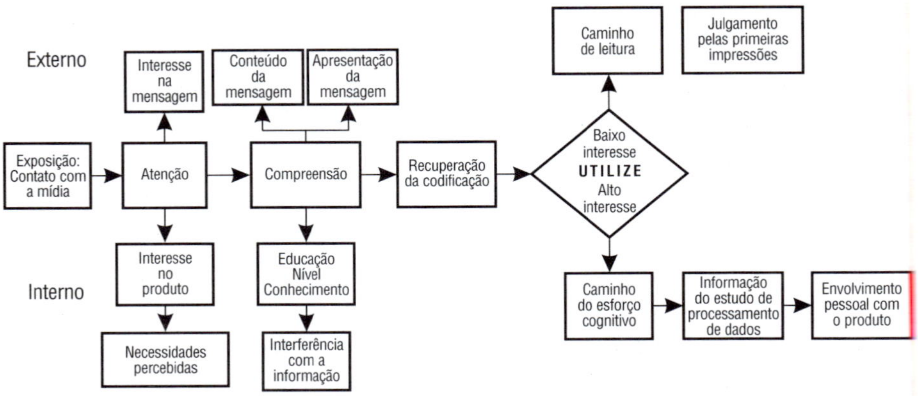

Figura 25.2 – Caminho de comunicação bimodal para o mercado maduro[7].

Mudanças nos consumidores mais velhos

Mudanças ou desenvolvimentos relacionados à idade podem ser tanto positivos quanto negativos. O desenvolvimento positivo é o crescimento; o desenvolvimento negativo é a degeneração. Crescimento, que era considerado um privilégio de crianças e adolescentes, é agora também reconhecido como existente na idade avançada. A degeneração, antes considerada inerente ao envelhecimento, parece estar relacionada também às funções das células e à nutrição, podendo ocorrer tanto na infância quanto na idade avançada.[2] Tanto o crescimento como o declínio ocorrem em diferentes proporções, e a direção do desenvolvimento se inverterá dependendo das condições. Em uma certa idade, o desenvolvimento de uma pessoa pode estar estável, crescente ou em declínio, e os cientistas estão aprendendo que muito disso está sob o controle pessoal.

O americano idoso típico não sente a idade. Quando perguntado quão velho ele se sente, o idoso de todas as idades sempre responde: "aproximadamente 35", "aproximadamente 40", ou algo semelhante. Nem mesmo quando olha para o espelho ele sente sua idade. A meiguice ou a suavidade psicológica que ocorre com a maturidade faz com que o idoso não preste muita atenção ou mesmo ignore deficiências físicas em detrimento de assuntos mais interessantes. Além disso, o próprio sentido de tempo se modifica. Ficando afastado da pressão e do relógio, que dominam a maior parte da vida moderna, gradualmente vemos um sentido de atemporalidade emergir, o que nos permite uma maior apreciação do "agora".[3] Isto se compara de muitos modos às ondas do cérebro geradas durante a meditação.

Embora existam algumas mudanças que acontecem com todos os seres humanos com o passar do tempo, as pesquisas estão afunilando o espectro de mudanças que são inevitáveis devido ao envelhecimento, chamado de envelhecimento primário. O envelhecimento secundário se refere a mudanças provocadas por doenças, alimentação ou abuso, que não são inevitáveis. As mudanças que ocorrem com o envelhecimento tem tríplice natureza: física, cognitiva e psicológica.

Mudanças físicas

Sistemas corporais diferentes também envelhecem em ritmos diferentes. O cabelo se torna grisalho, depois branco e cai. Há alguma perda relacionada aos cinco sentidos: a maioria dos idosos precisa de óculos. Alguns idosos sofrem de deficiência auditiva em escalas de freqüência cada vez mais altas. O sentido do toque pode diminuir lentamente. A pele desenvolve rugas e manchas senis. O olfato pode se deteriorar, mas isto ainda não foi definitivamente comprovado. E o paladar pode perder sua acuidade, como conseqüência da perda do olfato. Para a maioria dos idosos, essas mudanças representam transformações menores na limitação de sua capacidade.

Muitos outros sintomas relacionados ao envelhecimento na realidade têm sido observados e identificados como doenças tratáveis e passíveis de prevenção: ataque do coração, pressão alta, artérias entupidas, problemas digestivos, e assim por diante. Um declínio no tono muscular, uma vez considerado inevitável, agora parece estar diretamente relacionado à freqüência dos exercícios praticados. Em um estudo da Universidade de Tufts, idosos de 80 anos ou mais conseguiram desenvolver músculos por meio de levantamento de peso na mesma proporção que os jovens. A perda de cálcio nos ossos leva à osteoporose, que hoje pode ser prevenida e tratada por meio da manutenção dos níveis de magnésio. Os problemas dentais podem diminuir à medida que as novas gerações cuidam mais de seus dentes.

De fato, muito da degeneração tradicionalmente associada à velhice é na realidade envelhecimento secundário, sintomático de doenças crônicas que podem ser evitadas ou prevenidas através da alimentação e de mudanças no estilo de vida dessas pessoas. À medida que se conhece mais sobre a prevenção e a reversão de condições crônicas — câncer, diabetes, doenças coronárias, artrites —, os avanços da ciência estão tornando possível às pessoas adiar e muitas vezes evitar muitos dos sinais do envelhecimento que antigamente eram considerados inevitáveis.

Embora os profissionais de marketing devam evitar a ênfase nas deficiências ou defeitos físicos na tentativa de atingir os consumidores idosos, eles também não devem superestimar o cidadão idoso. Os idosos não esperam ser considerados jovens com cabelos brancos. Eles aceitam um aumento considerável de peso, umas poucas rugas, o acúmulo normal de desgaste que vem com a idade. Da mesma forma que os publicitários devem apresentar a diversidade de raças quando retratam grupos de pessoas, eles também devem mostrar idades diferentes e misturadas. Os idosos americanos gostam de se relacionar com amigos e famílias de todas as idades.

Mudanças cognitivas

Estudos importantes mudaram nossa visão a respeito do cérebro em processo de envelhecimento. Os cientistas já acreditaram que nós nascíamos com um número determinado de células cerebrais que gradualmente se extinguiam, conduzindo à inevitável senilidade. Mas hoje em dia novas pesquisas demonstram que não há nenhum declínio no número de células ativas. As células cerebrais mostraram uma incrível capacidade de crescer, refazer-se, de criar novas terminações nervosas em indivíduos de 80 anos ou mais. Os pacientes idosos que permanecerem mentalmente ativos poderão auxiliar esse processo. Outros estudos indicam que, em geral, a inteligência não diminui com a idade.

A senilidade (esquecimento, perda da acuidade mental, confusão) antigamente era considerada como o acompanhamento inevitável do envelhecimento. Hoje em dia esses sintomas estão relacionados à mais temida doença do cérebro em processo de envelhecimento, o mal de Alzheimer, que afeta 10% dos americanos acima de 65 e 50% dos idosos com mais de 75 anos. Os sintomas de esquecimento e de confusão mental não são motivo de riso para muitos consumidores mais idosos que vivem em permanente estado de apreensão quanto ao início da doença de Alzheimer. No entanto, é importante ter em mente que o esquecimento não é necessariamente um sinal da doença — uma pessoa pode estar esquecida devido ao estresse de todo dia, à mistura de medicamentos, ou devido ao tratamento da depressão, por exemplo.

O próprio processo cognitivo sofre uma transformação notável no cérebro maduro, desde a lógica linear de um passo de cada vez da juventude até a compreensão do todo à primeira vista da maturidade. O que causa esta mudança? Estudos indicam que vários fatores contribuem para isso: o acúmulo denso de experiência, que fornece uma perspectiva integrada, e a desaceleração do processo dos neurônios com o acúmulo de resíduos nas células ao longo do tempo. Essa desaceleração pode resultar em uma sobrecarga de sinais verbais no lóbulo cerebral linear esquerdo, causando uma mudança para o lóbulo direito abrangente. (Em alguns adultos essa mudança biológica ocorre simultaneamente à perda de memória por um curto espaço de tempo.)

O meio, assim como o comportamento pessoal, também tem impactos sobre a cognição. Fatores como condições ambientais, carga de estresse e papéis sociais desempenhados podem tanto acelerar a degeneração como revertê-la. Fatores pessoais como nutrição, exercício, fumo, alcoolismo e abuso de remédios também afetam a saúde cognitiva.

Métodos de teste podem indicar falhas que na realidade resultam do próprio teste ou das condições inerentes ao teste, muito mais do que das condições inerentes ao envelhecimento. O limite de tempo freqüentemente cria estresse, o que seria uma desvantagem para muitos idosos que são submetidos a testes. A Universidade de Duke demonstrou recentemente que muitos adultos mais idosos tinham um desempenho melhor na parte da manhã em relação a outros períodos do dia. Muitos estudos sobre destreza mental são conduzidos à tarde, e isto pode afetar os resultados dos testes entre os idosos (note que isto também pode afetar a memória para as comunicações matinais em oposição às comunicações no período da tarde).

Mais cedo ou mais tarde, os adultos que se tornam "maduros", no sentido psicológico da palavra, sofrem uma mudança cognitiva específica ou "mudança cerebral" que os afeta por completo, incluindo sua percepção quanto às comunicações em geral. Entender a natureza dessas mudanças auxilia o anunciante a dirigir com sucesso seus programas a todos os segmentos do mercado da maturidade. À medida que os adultos amadurecem, essas mudanças afetam suas percepções e o modo pelo qual eles processam as informações, bem como suas respostas às comunicações. Por ser essa transformação cerebral uma mudança do padrão de pensamento segmentado ou linear, característico de adultos jovens, para um processo de pensamento do cérebro todo ou abrangente, os consumidores mais idosos tendem a compreender os significados das comunicações publicitárias de uma forma total ao invés de seguir argumentos passo a passo. Essa mudança no processamento de dados também leva a uma melhora no processo de julgamento, que faz parte do que vem sendo caracterizado como uma perspectiva "madura" dos acontecimentos da vida.

Mudanças psicológicas

Com a maturidade ocorre uma mudança psicológica geral. A perspectiva que antes se voltava para o interior agora passa a voltar-se para o exterior. De centradas em si mesmas, as pessoas passam a ser desprendidas, aumentando também seus níveis operacionais. Psicólogos delinearam modelos clássicos dessas transições. De modo característico, passamos dos estágios de exploração e de formação familiar, que levam anos de autodesenvolvimento e de crescimento na carreira, sempre orientados pelo desejo de possuir, de se centrar em si mesmo quando jovens, para períodos de serviço comunitário e reconhecimento. O nível mais alto no modelo clássico de Maslow é chamado de *auto-realização*, um estado de sabedoria e de plenitude.[4] Os fatores que influenciam as mudanças cognitivas são também operacionais neste campo. O meio, os papéis sociais, o comportamento pessoal e as escolhas de estilo de vida afetam o desenvolvimento psicológico.

Aqueles que desejam se comunicar com os americanos idosos devem encarar um paradoxo. Os mais inovadores e criativos publicitários e artistas estão na faixa dos 20 ou 30, mas a comunicação bem-sucedida com o público maduro, psicologicamente falando, requer a orientação de mentes mais velhas, aquelas que já "passaram por tudo isso". A título de ilustração, dois dos mais brilhantes psicólogos do século XX, Erik Erikson e Abraham Maslow, quando jovens desenvolveram teorias a respeito da maturação humana que foram revolucionárias e altamente reconhecidas na época. Entretanto, assim que cada um deles atingiu a maturidade, decidiram revisar substancialmente suas teorias.[5] Apesar de brilhantes, suas teorias anteriores não foram capazes de abranger as experiências reais dos mais idosos; os insights, bem como a visão que tinham quando jovens, provaram ser inadequados para este fim. Somente quando os dois atingiram a completa maturidade é que foram capazes de sofrer o processo de envelhecimento de dentro para fora, e, portanto, descrevê-lo com autoridade. Segundo Maslow:

> Os jovens ainda não alcançaram a identidade ou a autonomia, ainda não tiveram tempo suficiente para experimentar um durável... relacionamento de amor pós-romântico, tampouco encontraram os degraus do altar... para

> se debruçar, tampouco adquiriram coragem suficiente para se tornar diferentes, para não se sentir envergonhados pelo fato de cultivar abertamente as virtudes.[6]

Algumas pessoas da "geração do eu", à medida que envelhecem, talvez nunca atinjam o nível de desprendimento a que Maslow se referiu. Outras, da geração *baby-boom*, experimentados na meditação, podem já ter alcançado esse nível de maturidade.

A dificuldade que os jovens têm ao escrever peças publicitárias dirigidas aos idosos parece inata. Muitos simplesmente não viveram o suficiente para se identificar com a idade. A juventude não consegue compreender as marcas profundas que 50 anos de vida deixam no corpo e na mente. É fácil identificar o desgaste físico que ocorre, e esses efeitos exteriores tendem a colorir muito do pensamento superficial a respeito da idade. Os redatores jovens tendem a errar tanto ao sentir pena como ao estereotipar o idoso, mesmo quando jovens cientistas têm a tendência de testar e medir atributos significativos para a juventude, mas menos relevantes para a maturidade. Talvez o ponto principal seja a inclusão do talento de uma pessoa mais velha na preparação e na avaliação de peças publicitárias dirigidas aos idosos.

Grupo de pessoas por idade

Para aqueles que se envolvem com o marketing de idosos, é de vital importância que sejam sensíveis em relação ao tempo. Os anunciantes devem analisar as datas de qualquer material estatístico que estejam usando — a informação e a abordagem muda de acordo com cada década. Por exemplo, este capítulo foi escrito no final da década de 1990, portanto, todas as estatísticas apresentadas estão relacionadas àquela época. Este é apenas um aspecto desafiante do mercado maduro que confronta os profissionais de marketing. Para fins de segmentação, o mercado-alvo de idosos deve ser definido de dois modos:

- *Pelo seu passado:* Englobando idosos por décadas, de acordo com a data de nascimento dos mesmos, ou por grupos de idade, que refletem as influências dos sensíveis anos formativos.
- *Pelo seu presente:* Agrupando os idosos pelos níveis físico, cognitivo e psicológico que eles atingiram hoje, afetando, desse modo, suas percepções atuais sobre a vida.

Essas segmentações se sobrepõem freqüentemente, mas nem sempre. Por exemplo, um anunciante tem a intenção de atingir homens com 60 anos de idade, que nasceram na década de 1930, um grupo cujos membros ficaram expostos ao pensamento da era da Depressão e aos valores da Segunda Guerra Mundial. Alguns desse grupo serão maduros, psicologicamente falando, ou "realizados" (ver o que já foi dito antes); outros ainda estarão na escalada profissional, batalhando por reconhecimento ou por sua sobrevivência econômica.

Além dessas complexidades de comunicação, o fato de que a passagem de cada ano altera o mercado de uma forma contínua é de suma importância.

Os grupos importantes de idade

Na prática, fazer parte do mercado maduro é algo que vem com a idade, e membros de cada grupo ou segmento de idade estão indelevelmente marcados pelas experiências significativas que tiveram nos anos de formação da sua juventude. Os segmentos específicos seguintes são aproximados e baseiam-se no ano do nascimento:

- *Com 70 anos ou mais (nascidos em 1929 ou antes):* Os membros desse grupo passaram por praticamente todas as tormentas do século XX. Vivenciaram a "tempestuosa década de 1920" de proibições e rebeliões morais, seguida de perto pelo surgimento da Grande Depressão e da Segunda Guerra Mundial. Os valores tradicionais são muito importantes para este grupo.
- *Entre 50 e 69 anos (nascidos entre 1930 e 1949):* Este grupo nasceu e foi criado em meio à privação, aos temores e ao desespero da década de 1930, quando muitos americanos não conseguiam trabalho e ficavam desabrigados e famintos; a este período seguiu-se o estresse, a escassez e o racionamento da Segunda Guerra Mundial. Os membros desse grupo têm valores e necessidades que refletem o período inseguro de suas infâncias. Valores de segurança são muito importantes para esse grupo.
- *Entre 30 e 49 anos (nascidos entre 1950 e 1969):* Este grupo inclui a geração *baby-boom* nascida após a Segunda Guerra Mundial. Devido ao tamanho e ao impacto econômico, este enorme grupo dominou o marketing durante toda a sua existência, e agora está se aproximando da idade madura. Muitas pessoas dessa geração foram criadas por pais que seguiam a ideologia permissiva de paternidade do Dr. Spock, e atribui-se a este fato o surgimento dos valores autocentrados e da rebelião da "geração do eu", e a inclinação para possuir dos *yuppies*.

Conclusão

O pensamento do marketing tradicional sempre prestou mais atenção nos consumidores jovens, deixando de lado o mercado de idosos. A razão de isso ocorrer, presumivelmente, é que os jovens têm mais tempo útil de consumo do que os idosos. Durante as últimas três décadas, a importância da geração *baby-boom* tem sido ressaltada por publicitários, que somente se concentravam nos jovens.

A notável mudança demográfica descrita neste capítulo — a importância crescente do grupo dos idosos — começou a causar uma impressão já tardia em profissionais de marketing de mercadorias de consumo. Entretanto, esses profissionais têm respondido a esse fato de uma maneira um tanto quanto exagerada nestes últimos dez anos. Sua forma de apresentar tais mercadorias aos consumidores idosos tem sido bem direta e até mesmo ingênua, e tais atitudes têm contribuído para o fracasso de muitas marcas dirigidas ao target dos idosos. Como mostra este capítulo, a arte de se comunicar com os consumidores idosos requer habilidades e uma compreensão das sutilezas que são, no mínimo, maiores do que aquelas necessárias à comunicação bem-sucedida com os consumidores jovens. As organizações de marketing estão aprendendo bem devagar esta lição.

Notas

1. David B. Wolfe, *Serving the ageless market* (Nova York: McGraw-Hill, 1990).
2. Marion Perlmutter e Elizabeth Hall, *Adult development and aging* (Nova York: John Wiley, 1992).
3. Wolfe, *Serving the ageless market.*
4. Abraham Maslow, *Motivation and personality* (Nova York: Harper & Row, 1970).
5. Erik Erikson, *Identity and the life cycle* (Nova York: W. W. Norton, 1967).
6. Maslow, *Motivation and personality*, Prefácio à segunda edição.
7. Deligh D. Omohundro, *Nutrition labels and elderly consumers* (Michigan: UMI, 1993).

26

Organizações culturais como marcas

O papel da resposta direta e eficaz das comunicações

Harold F. Clark, Jr.
(de uma conversa com Charles Ziff)

Charles Ziff foi um dos mais destacados especialistas em marketing e publicidade culturais nos Estados Unidos. Presidiu por mais de dez anos a Ziff Marketing Inc., a principal organização de marketing cultural do país, na qual ele também criou campanhas memoráveis de publicidade e de resposta direta que ainda são comentadas. Ziff era um escritor que pensava figurativamente e que acreditava que todo material escrito deveria tratar o leitor como um ser humano inteligente. Em julho de 1992, Charles Ziff faleceu vítima da Aids.

Um ano antes, em 20 de julho de 1991, ele traçou os princípios contidos em sua escrita persuasiva para organizações culturais; esta conversa está sendo publicada aqui pela primeira vez. Muito embora Ziff falasse sobre um nicho único dentro do marketing e da publicidade, seus princípios têm aplicações abrangentes para todas as formas de comunicação da marca.

1. Defina a essência

O que quer que se escreva — uma propaganda, uma mala direta ou um press release — deve captar a essência do tema acerca do qual se está escrevendo. Não se pode nem mesmo começar sem que se saiba qual é a essência. Ao fazer o marketing de Shakespeare, Rembrandt e Mozart, aprendemos como lidar com um produto ou serviço sem o luxo de querer ser capaz de redesenhá-lo. Devemos ir além dos atributos óbvios, ir mais fundo, e usar nossa capacidade intuitiva para definir a essência de um produto, serviço ou obra de arte — uma essência que torna o trabalho único nas mentes de seu público diferenciado, sofisticado e bem educado.

2. Fale com o artista

O melhor modo de conhecer a essência de uma companhia de teatro é falar com os artistas, o maestro, o diretor de criação, ou quem quer que seja. Faça com que eles se sintam à vontade para falar o que quiserem. É aí que eles começam a conversar. Inicie a conversa e deixe-os divagar.

Não peça para que eles digam o que deve estar no folheto. Ao invés disso, converse sobre o porquê de suas escolhas. Quais foram os elementos primordiais que os atraíram em primeiro lugar para desenvolver tal trabalho? Suas percepções são sempre precisas e admiráveis. Eles provavelmente pensaram sobre a essência de seu trabalho mais do que qualquer outra pessoa. Pelo menos, de uma forma totalmente diferente. A parte mais interessante e substancial emerge quando eles falam livremente sobre sua criação. Lembro-me de certa vez ter perguntado a Tony Randall sobre *The Master Builder*, quando estávamos em um táxi indo para a área residencial da cidade. Ele disse: "É uma peça sobre uma mulher que insiste em destruir seu marido somente para se divertir". Este é o tipo de *insight* a que me refiro.

O temor do novato é: "Se eles se envolverem, vão assumir o controle", ou: "Eles vão achar que não estou fazendo o meu trabalho". Não é este o caso. Muitas pessoas têm esses tipos de conversas rotineiras.

3. Faça da mala direta sua base

Uma vez que a essência já é conhecida, comece a usá-la em seu material. Comece com a mala direta para renovação de assinatura. Um profissional de mala direta tem duas tarefas:

1. vender os ingressos que o profissional tem em mente, e
2. ser uma evocação da personalidade do lugar que isso representa, bem como o trabalho que isso está caracterizando.

Portanto, duas coisas precisam ser entendidas: a essência da companhia e como vendê-la.

Danny Newman foi o primeiro a demonstrar o valor da mala direta para as organizações culturais. Ele foi um agente de publicidade criador, um homem de palavra e não uma caricatura de pessoa humana. Ele criou folhetos muito expressivos, com cores vibrantes, que chamavam a atenção dos leitores e que emitiam sons ao serem abertos por eles. Esses folhetos geravam volume porque Danny Newman preconizava que a correspondência deveria ser enviada a todo nome que caísse em suas mãos. Isto funcionou nos anos iniciais (quando havia muitos voluntários, cada qual com sua própria lista de nomes e de endereços para os cartões de Natal).

À medida que o mercado amadureceu e as instituições se tornaram maiores, várias coisas aconteceram:

1. A mala direta nem sempre funcionou tão bem quanto no passado.
2. O volume cresceu geometricamente. O folheto bizarro que emitia sons era apenas um entre os 25 outros que chegavam à casa do espectador; e, como conseqüência, sua eficácia viu-se severamente prejudicada.
3. Havia reservas com relação ao tom alto de voz e à estética feia (em comparação com a estética no palco).

Newman nos mostrou a necessidade de vendermos, mas ele não entendeu que sua ênfase no exagerado não conseguiu capturar e promover a essência definidora da empresa. Ele demonstrou, porém, que a mala direta é o meio mais efetivo para se usar, especialmente para vendas de assinaturas. Infinitamente renovável, ela constrói a fidelidade que, por sua vez, gera a continuidade dos rendimentos.

4. Desenvolva uma filosofia de atendimento ao público

O marketing cultural mudou fundamentalmente desde que Newman estava no auge. Já tendo estado nas mãos cuidadosas de defensores bem-intencionados que estimulavam seus amigos e vizinhos a participar de listas de cartões de Natal, o marketing cultural agora parte para um processo mais sofisticado e profissional.

Atualmente, as organizações culturais de sucesso têm desenvolvido um serviço de atendimento à mentalidade do público. Elas entendem que sua existência depende da capacidade de satisfazer às necessidades específicas de seu público e usam toda e qualquer técnica disponível para descobrir quais são essas necessidades. Já desenvolvemos softwares de modelos para campanhas de mala direta que visam a mercados-alvo com precisão eficiente.

Ao mesmo tempo, uma organização cultural não pode dar as costas à sua comunidade, da qual depende para doações. Levantar dinheiro está ficando cada vez mais difícil. Temos de equilibrar o amor-próprio e a herança (o pequeno número de pessoas "de outros tempos") com um número enorme de novas necessidades por parte de novos públicos em potencial (muitas pessoas com pouco dinheiro). Temos de saber quem somos em relação aos dois segmentos.

O desafio do profissional de marketing cultural é resolver essa tensão — ser fiel à visão do diretor artístico e à essência da companhia ao mesmo tempo que atende às necessidades das pessoas que representam suas raízes e origens e das que exigem que você exceda os limites artísticos.

5. Escolha o momento certo

Para entender a essência do trabalho, tente imaginar o momento mais excitante, emocionante, engraçado, memorável e impulsionador em cada peça a ser vendida. Que sentimentos a mala direta transmite? Mesmo se vista pela segunda vez, ela terá algum atrativo? Seu momento significativo deve ser autossuficiente. O trabalho do redator é escolher o momento adequado a ser mostrado, o momento que apreende a essência de cada parte da obra. Quando estiver escrevendo sobre orquestras sinfônicas, pergunte-se: "Consigo ouvir a música?".

6. Crie um instrumento visual

Há bilhões de maneiras de se atingir o resultado esperado. Um profissional inexperiente pensaria em usar uma seqüência completa de cenas do palco no momento mais dramático. Mas seria melhor evocar a essência do trabalho com um símbolo eficaz ou com poucas palavras. Tal instrumento funciona em dois níveis:

1. Ele deve ser impulsionador, surpreendente e prazeroso por si; e
2. deve se encaixar, ser adequado e relevante para o trabalho que pretende representar.

Um bom exemplo é "No Elephants" (Sem Elefantes) [uma chamada usada em 1991 para o folheto do New York City Opera]. A manchete prometia entretenimento. Era agradável de ser vista. Mais adiante, quando se lia o folheto, a atitude especial que definia a companhia era revelada aos poucos. Continha muita coisa a respeito de quem eles eram e quem não eram (ver Figura 26.1).

Um novato poderá ser engraçado e divertido sem penetrar no que é essencial. Seria então um falastrão. Precisamos ter algo de significativo para o target e temos de escrever de um modo que as pessoas queiram ler o que escrevemos.

Um bom material deve atender a uma variedade enorme de público. Se puder atrair e manter sua curiosidade ou construir a consciência do público a respeito da abrangência do trabalho teatral, então o material funciona. Um exemplo particularmente eficaz é a variedade infinita de maneiras com que o desenho do pequeno moleque promove *Os miseráveis*.

7. Tente conseguir uma proposta

Mantidas inalteradas as demais variáveis, uma peça de mala direta que seja somente um anúncio vai funcionar bem menos do que uma que contenha uma proposta — por exemplo, "Compre isto" sozinho, comparado a "Compre isto e receba... um convite para um recital ou um pôster de graça, ou qualquer outra coisa". O ideal é uma promessa do tipo "se... então".

Figura 26.1– Folheto do New York City Opera.

Nem sempre é preciso escrever as duas partes da proposta. Se colocá-la de tal modo que a outra metade esteja implícita, provavelmente o leitor completará o espaço vazio. Um exemplo muito bom é a figura de uma criança faminta com os dizeres: "Você pode salvar esta criança ou pode virar a página".

8. Seja sucinto

Chamadas mais simples, mais ousadas, nítidas, singulares e em negrito funcionam melhor. Escolha as frases que atraem o leitor e esqueça o resto. Assim que escolher uma parte da obra que possa servir como um símbolo ou um ícone, ache as palavras que sirvam de metáfora para todo o resto. No folheto do City Opera, a figura de Pagliacci propiciou à companhia uma imagem específica, enquanto as palavras "sem elefantes" representaram 13 ou 14 outras óperas e deram à companhia uma tonalidade única de voz.

É necessário ter muita coragem para fazer isso. É preciso definir as prioridades e então ter a coragem e a ousadia de eliminar todo o restante.

9. Seja alguém interessante

Em seu trabalho, é importante consolidar uma clara "persona" de inteligência. Saiba quem você é e depois deixe isso transparecer. Seus leitores não são tolos — particularmente aqueles capazes de interpretar um folheto de ópera. Eles gostam de ser tratados como adultos. Portanto, não tenha medo de usar humor e ironia; eles agradam a esses leitores pelo fato de respeitar sua inteligência.

O tom de voz é muito importante também, pois, como no caso do "sem elefantes" do New York City Opera, ele o auxilia a revelar sua personalidade. Uma linguagem branda ou insossa do folheto pode sugerir ao leitor que a experiência no palco não será muito excitante; vangloriar-se com expressões superlativas, alta e impertinentemente pode sugerir uma situação futura da qual você preferiria escapar. Seja uma pessoa inteligente: um adulto interessante, culto e divertido com quem seu público desejará se identificar.

10. Não negligencie o óbvio

Quando fizemos nossa primeira pesquisa para o New York City Opera, aprendi um segredo que nunca mais esqueci. Na lista de atributos sobre o porquê de as pessoas assistirem a uma ópera, havia um único item que ganhou de todos os outros: a importância da beleza da voz humana ao cantar. Esse atributo superou, literalmente, todas as expectativas.

Ora, ele é óbvio, mas freqüentemente não nos referimos ao óbvio. Os trabalhos mais criativos para óperas nunca expressam diretamente a beleza e o poder extraordinários de se ouvir as pessoas cantar. Porém esta é a razão principal de as pessoas assistirem às óperas: o fator motivador da categoria. A maioria das pessoas fala somente dos fatores discriminantes.

11. Fale mais de uma vez

Os consumidores são profundamente ignorantes a respeito de muitas coisas consideradas óbvias para você. E geralmente eles não entendem a idéia pela primeira vez. O New York City Opera tem títulos superpostos (isto é, traduções dos diálogos para o inglês projetadas em uma tela acima do palco) — um fato que tem sido mencionado há quatro ou cinco anos em todas as malas diretas e na publicidade. Mesmo assim, quando fizemos nossa pesquisa, descobrimos que 80% das pessoas que não tinham visto os títulos não tinham a mínima idéia do que eles significavam. E isto aconteceu mesmo depois de passar cinco anos falando neles!

Você não pode supor que porque você diz algo uma vez as pessoas leram e entenderam. Você tem de continuar repetindo.

12. Empenhe-se em atingir ordem e clareza

Qualquer mensagem impressa, particularmente em uma mala direta de assinaturas, funciona melhor quando a geometria e o padrão de dobra ou o esquema do layout propiciam ordem e clareza à estrutura do trabalho que está à venda. Como exemplo, veja a Figura 26.2 [a assinatura do folheto de 1990 para o Public Theater's New York Shakespeare Festival]. Papp tinha dez peças. Proporcionamos um arranjo ordenado coerente. Não tínhamos dez painéis para onze peças, e caso ele tivesse tido onze peças teríamos feito algo diferente.

Num folheto de assinatura, precisa-se fazer uso efetivo do layout para dar conta do grande volume de material. A publicidade contém um terço das informações necessárias em um folheto de assinatura.

Não importa se o layout apresenta uma ópera, toda a estação ou as apresentações da semana seguinte, ele tem de parecer limpo e simples. O design deve ser o mais transparente possível e não pode estar sobrecarregado de fatos. A parte mais difícil é obter a estrutura e o formato corretos para lidar com todos os trabalhos individuais da estação. Deve-se escolher entre enfatizar nada ou enfatizar tudo — e esta é uma decisão muito difícil de se tomar. Às vezes há problemas financeiros, bem como aspectos contratuais. Se Pavarotti estiver se apresentando você vai querer mostrá-lo, mas você não vai querer dar a entender que ele é a única atração que vale a pena ser vista em toda a temporada.

Não há regras de como se fazer isto — a não ser entender que, para funcionar bem, um folheto deve ter ordem e clareza.

13. Faça um mecanismo de compras transparente

Em qualquer comunicação de resposta direta, tanto a persuasão como a clareza da comunicação devem ser mantidas no formulário de pedido. O mecanismo de se efetuar um pedido deve ser de fácil leitura e atraente. Se parecer complicado ou difícil de entender, as pessoas terão uma desculpa para não fazer nada.

Se você não tiver certeza de como está funcionando, mostre seu trabalho a pessoas que não estão envolvidas com ele diretamente e observe como elas se comportam diante dele.

14. Conte uma história

As partes de um folheto funcionam como as estruturas de uma história em quadrinhos; seguem uma seqüência linear. Abrir um folheto é como ler as páginas de um livro. Para criá-lo é preciso entender por onde os olhos viajam e como as pessoas de fato o seguem.

O folheto todo precisa contar uma história. Deve haver uma seqüência racional e convincente de idéias ou argumentos, e todas as partes precisam se encaixar de maneira lógica.

Figura 26.2 – Folheto de assinatura do *Public Theater's New York Shakespeare Festival.*

Lembre-se de quanto tempo o leitor levará para entender o que você quer que ele leia. Tome o leitor pela mão e revele sua história em seqüência. Construa seu argumento de uma maneira sensata, ordenada e interessante. De tempos em tempos, você deve inserir alguns petiscos suculentos, que farão com que o tempo gasto com a leitura valha a pena e descobrirá um modo de lidar com o material obrigatório, pois esse mesmo material desvia a atenção e compete com sua história. Você não pode deixar de mencionar *O quebra-nozes*, mas isto não significa que você ponha em risco a superestimada importância de *Giselle*.

Você sempre terá de ceder, mas se souber pelo que está lutando os acordos funcionarão melhor.

15. Persiga somente o que puder obter

Você pode representar a arte diretamente (através da fotografia) ou através de um substituto como uma metáfora. Caso escolha a via alternativa, ela deve decorrer da própria obra. Na realidade, não precisa ser um momento real da ópera, mas terá de representá-la.

Talvez você não tenha condições de encarar os custos da criação e da produção de momentos que você gostaria de explorar. Se não puder criar visuais que sejam tão bons quanto ou até melhores do que o que está acontecendo nos palcos, então fique com o palco. Selecione dentre todas as fotografias aquela que mais se aproxima do momento que escolheu. Uma fotografia medíocre é sempre preferível a uma ilustração medíocre ou malfeita.

Outro modo de se esticar o orçamento é usar a mídia que se relaciona com o que você está apresentando. Se estiver lidando com um meio musical (ópera, concertos, ou mesmo balé), faz sentido apresentar a música em suas comunicações. Não dependa somente de comunicações impressas, mas vá para o rádio. Una o som musical ao ponto-chave de seu material e assegure-se de que a mala direta esteja amarrada à sua presença no rádio.

16. Cuidado com as conveniências estruturais que não vendem

Não há nada errado em se tentar explorar um tema único em uma temporada, ou o corpo de um trabalho, utilizando-o para todas as peças. Mas não force demais o tema a ponto de ele não ser mais verdadeiro ou relevante ou nem mesmo passar uma boa idéia vendável.

Suponhamos que você tenha descoberto que exagerando só um pouco seria possível se caracterizar todas as óperas da estação como histórias de traição. Este poderá ser um expediente oportuno, mas também poderá ser terrível. Pergunte a si mesmo: será que as pessoas se interessam tanto por traição a ponto de assistir a dez espetáculos sobre o tema? Caso seja apenas uma conveniência estrutural, descarte-a.

17. Concentre-se mais em como o trabalho é feito do que naquilo que ele é

Como fazemos algo geralmente é uma fonte melhor para um tema do que *o que* fazemos. Particularmente com trabalhos já conhecidos do grande público, o modo como são executados pode ser mais motivador para as vendas do que a história familiar do enredo. Se os temas que derivam do conteúdo do trabalho não fizerem parte das razões pelas quais o artista escolheu a temporada, então eles não representarão uma razão convincente para que se assista à peça.

O "Theater of issues" de Joseph Papp não procurou forçar uma afinidade ou similaridade que não existia. Nem insinuou que haveria uma mesmice ou uma repetição. A frase "Public Theater: A verdade seja qual for" não tinha a intenção de descrever a escolha das peças; e, sim, prometia um ponto de vista específico, uma atitude que caracterizava a companhia e a promessa de uma resposta provocativa por parte do público. Em última instância, o sucesso nada mais é do que o modo como as pessoas reagem ao trabalho.

18. Capte os sentimentos

Grosso modo, as formas artísticas mais narrativas, mais teatrais (teatro, ópera e dois terços das danças) são, em última instância, um retrato das pessoas e do que acontece com elas. E não têm a ver com coisas ou idéias.

Em *Miss Saigon*, considere a diferença entre o efeito especial do helicóptero e a emoção estampada no rosto de Lea. É muito mais difícil para um fotógrafo expressar o sentimento de Lea do que retratar o helicóptero partindo. Mas o mais importante aqui é Lea. É uma escolha entre o tangível, o visível e o concreto contra alguma coisa que capte o sentimento.

A ópera está em uma das extremidades do espectro do entretenimento, enquanto as tediosas corridas de carro se encontram na outra ponta. Talvez haja mais pessoas assistindo às corridas de carro do que às óperas. Portanto, se você quer atingir o maior número de pessoas e obter apelo de massa, você deve oferecer a parafernália tangível (o helicóptero ou o lustre caindo).

Quanto mais você for em direção à extremidade do espectro de entretenimento em que se encontra a ópera, mais seu público demandará emoção. É mais difícil fazer a publicidade de uma ópera porque o cenário e os efeitos pirotécnicos do palco não são mágicos. Há a necessidade de se encontrar uma metáfora mais viva para a emoção humana.

19. Lembre-se do benefício maior

O que continua a contar para as pessoas retornarem à ópera é o fato de que houve um momento em que o canto, a música, a encenação, a dança, o cenário e os figurinos criaram no seu todo uma experiência emocional intensa e gratificante para elas. Foi algo muito significativo. Os freqüentadores de ópera retornam na esperança de vivenciar novamente um daqueles momentos.

O folheto de ópera tem a intenção de provocar o espectador com a probabilidade de que aquele momento se repita. Todo o trabalho que você faz — definir a essência, entender os objetivos artísticos, responder às necessidades de um mercado em constante mudança, desenvolver novos materiais e um layout claro — promete isso: a mágica é possível.

Em uma sociedade como a nossa, na qual se compra agora e se paga mais tarde e onde o reembolso é garantido, o reconhecimento vem somente daqueles que se comovem. Eles vão à ópera porque sabem como é quando um artista captura-lhes a imaginação como um balão, segura-a por um instante e depois a põe novamente em liberdade, renovada.

20. Tenha bom gosto e talento

A pesquisa de marketing desenvolvida para uma das principais orquestras sinfônicas da América indica que a maioria das pessoas vai a concertos porque eles representam uma realização pessoal e social — algo de bom que elas querem fazer para si próprias. A pesquisa também indica que a maneira como elas lidam com o próprio sentimento pode afetar suas expectativas e reações em relação às apresentações.

Portanto, o marketing é feito não apenas apresentando os produtos, mas atendendo às necessidades do comprador. Deve-se criar a expectativa, aguçar a curiosidade e dar ao público receptivo uma bela obra de arte, uma peça de teatro espetacular ou uma noite inesquecível de música — não apenas para que ele possa admirar a arte, mas também para que se divirta.

Os artistas liberam o espírito — de um indivíduo, de um público ou de uma sociedade inteira. A responsabilidade do profissional de marketing cultural é criar oportunidades para o encontro entre artistas e público. Este trabalho deve ser feito eficientemente, com bom gosto e com talento. Os artistas se encarregarão daquilo que vão apresentar.

Parte V

Desenvolvendo a compreensão das marcas

27

Desenvolvendo a compreensão das marcas

John Philip Jones

Os colaboradores deste livro demonstraram de uma forma consistente que uma marca, ou pelo menos uma marca forte, proporciona uma rica mescla de valores a seus usuários — qualidades acima e além da capacidade básica da marca de desempenhar tarefas funcionais. A publicidade tem muito a ver com esses valores agregados que formam parte de uma marca e que a distinguem de seus concorrentes. As marcas são os produtos finais do trabalho de cientistas, fabricantes, contadores e gerentes, mas são também o produto final da imaginação humana.

Este é o contexto no qual se há de focar o tópico tão importante do ensino da publicidade. Os publicitários não podem construir valores agregados se trabalharem meramente como técnicos, do mesmo modo que os engenheiros químicos que desenvolvem a fórmula inicial para uma marca são considerados técnicos de produtos. Os valores agregados são psicológicos; eles existem nas mentes dos consumidores. De acordo com o que já foi explicado e ilustrado em capítulos anteriores deste livro, esses valores agregados originam-se das experiências dos consumidores com relação à marca, aos tipos de pessoas que a usam, à confiança do comprador quanto à eficácia da marca, e com relação à aparência da marca — a estrutura e em particular o design da embalagem, como uma expressão das propriedades intrínsecas e extrínsecas da marca.

Os valores agregados geralmente funcionam sutilmente — uma reflexão do modo freqüentemente incomum com que os consumidores respondem às marcas. A pesquisa tem confirmado essa teoria. Quando é pedido às pessoas que descrevam a personalidade de uma marca como se ela fosse um ser humano, suas descrições, na maioria dos casos, são uma mistura de atributos favoráveis e desfavoráveis. Estes últimos, que ocasionalmente podem ser um tanto negativos, obviamente não foram planejados pelos profissionais de marketing. Provavelmente, eles vêm de associações e atributos da marca não totalmente visíveis, ou de atividades inoportunas por parte dos fabricantes que as vendem.

A tarefa de criar, construir e sustentar valores agregados exige profissionais imaginativos, sutis, sensíveis e, acima de tudo, bem preparados intelectualmente falando. Educação, leitura, experiência e contemplação constroem a profundidade intelectual de um indivíduo. É a partir dessa profundidade que o publicitário passará a entender os consumidores. Ela também capacita ou pelo menos auxilia um publicitário na concepção e no incentivo de idéias que entram na cabeça dos consumidores e causam um processo de ressonância à medida que o uso da marca e os valores agregados trabalham juntos em harmonia para impulsionar o uso repetido.

A necessidade de profundidade intelectual é responsável pela ênfase de Bruce Vanden Bergh, no Capítulo 28, quanto à educação artística básica e liberal como um fundamento para os estudos de publicidade; ela também explica a importância que Constantin Cotzias, no Capítulo 29, atribui aos modos pelos quais a mente pode ser ampliada, motivada e direcionada a seguir seqüências de associações de idéias. Este processo, que é o verdadeiro trabalho de uma agência de publicidade, não tem muito a ver com as habilidades gráficas, de escrita e de produção de filmes de que a agência também necessita, mas que podem ser mais bem descritas como habilidades aplicadas.

Cada publicidade, independentemente de ter tarefas simples ou objetivos comuns, é uma criação da imaginação humana. Os publicitários mais produtivos são aqueles que têm: (a) os recursos intelectuais mais ricos — recursos estes que foram acumulados pela experiência, educação e leitura; e (b) a capacidade praticada de peneirar, reciclar e revisar esses recursos partindo de pontos de vista diferentes. É realmente raro atingir-se o último objetivo, embora as técnicas descritas por Cotzias no Capítulo 29 possam soprar a faísca que produzirá a chama.

É a justaposição dessas duas coisas — recursos e aptidão mental — que compõe o segredo de como os publicitários são capazes de gerar as idéias mais fortes, criar os valores agregados mais sutis e duráveis, e ajudar a construir marcas significativas para seus clientes.

28

A formação em publicidade nas universidades americanas

Bruce G. Vanden Bergh

Antecedentes históricos

A formação em publicidade e propaganda nas universidades americanas começou com os primórdios da publicidade moderna por volta do início da década de 1900. Os primeiros cursos de publicidade e propaganda foram provavelmente cursos por correspondência oferecidos já em 1896. As Escolas Internacionais por Correspondência acrescentaram cursos de publicidade e propaganda a seus currículos por volta de 1903. A The Chicago College of Advertising foi fundada em 1906.[1]

Aproveitando a onda do novo interesse em formação universitária profissional no início do século XX, a formação em publicidade encontrou dois parceiros acadêmicos já existentes com os quais poderia juntar forças: o jornalismo e a administração de empresas (marketing). Até hoje, a maior parte dos programas de publicidade nos Estados Unidos está alinhada mais com os programas de jornalismo (ou comunicação de massa) do que com os de administração de empresas.

Os primeiros cursos de publicidade e propaganda de nível universitário surgiram em universidades particulares como a Universidade de Nova

York (1905) e a Universidade Northwestern (1908), localizadas perto de centros de publicidade, mas logo apareceram também em grandes universidades estaduais do Centro-Oeste, como a Universidade de Missouri (1908), de Kansas (1909), de Indiana (1909), a Universidade Estadual de Iowa (1910) e a de Wisconsin (1910). Em 1950, 482 faculdades e universidades ofereciam alguma matéria sobre publicidade e propaganda.

Com o saudável crescimento das matérias sobre publicidade entre 1905 e 1950, logo as grades de publicidade e propaganda começaram a ser oferecidas pelas universidades e faculdades. Uma grade curricular de publicidade e propaganda de subgraduação inclui no mínimo uma seqüência de três cursos com disciplinas ligadas à publicidade e propaganda. Os cursos de "seqüência" e de "especialização" são os tipos de grade mais comumente encontrados. A especialização em publicidade e propaganda leva à obtenção do diploma de bacharel nesse campo. As primeiras grades em publicidade e propaganda eram seqüências de matérias em faculdades de jornalismo ou administração de empresas.

A Universidade de Missouri leva o crédito por ter estabelecido o primeiro programa de publicidade e propaganda em 1908 como uma seqüência que em 1913 se tornou especialização em publicidade. Disciplinas de publicidade e propaganda foram incluídas no curso de marketing nas universidades de Nova York e Marquette (1916), nas de Northwestern (1917) e de Wisconsin (1917). A Universidade de Oklahoma incluiu uma disciplina de publicidade e propaganda no curso de jornalismo em 1919. A maior parte do crescimento dos currículos de publicidade e propaganda ocorreu depois da Segunda Guerra Mundial. Mas de cem das atuais 148 grades de publicidade e propaganda existem desde 1950.

O desenvolvimento precoce de cursos de publicidade e propaganda em faculdades e universidades aconteceu por conta do anseio que o jovem setor da área tinha de ser considerado uma profissão. Entre as características que o setor empresarial acreditava serem típicas de uma profissão estavam o currículo de formação padronizado e o status da associação com instituições de ensino superior. O debate sobre o que constitui um currículo padronizado adequado para uma carreira em publicidade jamais foi realmente resolvido.

Os primeiros desentendimentos a respeito do currículo ideal para o curso de publicidade surgiram entre os "vocacionalistas", que vinham das escolas de jornalismo, e os "generalistas", que lecionavam em cursos de administração de empresas. Os vocacionalistas enfatizavam particularmente a contribuição da imaginação humana para a atividade publicitária — um reflexo do papel da publicidade na construção de marcas (ver Cotzias, Capítulo 29, neste livro). Entretanto, o debate acerca da melhor base educacional para um graduado em publicidade e propaganda continuou, e deixou o setor sem o currículo básico padronizado que ele tanto queria. A falta de acordo sobre se a educação em publicidade e propaganda deveria desenvolver primordialmente habilidades iniciais (para o primeiro emprego), tais como redação, ou princípios estabelecidos cientificamente, de particular importância para gerentes de empresas e agências, permanece até os dias de hoje.

O grande aumento da formação em publicidade e propaganda nos Estados Unidos ocorreu após a Segunda Guerra Mundial nas grandes universidades públicas, primeiro no Centro-Oeste e depois no Sudeste e no Sudoeste. O período pós-guerra fomentou o interesse pela educação em publicidade e propaganda entre os veteranos que retornavam mais maduros e mais bem orientados profissionalmente do que o universitário propriamente dito. Ao voltar, eles também encontraram uma sociedade em plena expansão econômica, com ofertas de emprego para quem tivesse habilidades profissionais como as que se aprendiam nos cursos de publicidade e propaganda.

Talvez em virtude do reconhecimento do aspecto mencionado antes — que as matérias vocacionais, especialmente aquelas dedicadas a atividades criativas, são de particular importância para a construção de marcas —, o crescimento da educação em publicidade e propaganda deu-se em escolas de jornalismo e não em faculdades de administração de empresas durante o final da década de 1950 e início da década de 1960. A redução de matérias de publicidade e propaganda no curso de administração adveio diretamente das descobertas de dois estudos sobre a educação em administração de empresas publicados pela Fundação Ford e pela Fundação Carnegie em 1959. Esses dois importantes estudos recomendavam que as escolas de administração elevassem seus padrões acadêmicos e de admissão e reduzissem o excesso de especialização em suas matérias. Tais recomendações tiveram como efeito imediato a eliminação de cursos e programas de publicidade e propaganda em treze faculdades de administração de empresas de grandes universidades espalhadas por todo o país. Entre as universidades que tiraram a publicidade e a propaganda do currículo de administração estão as da Flórida, Washington, Colúmbia, Minnesota, Northwestern, a Estadual de Ohio, a do Texas e a de Boston. Em 1990, 90% de todos os cursos de propaganda eram realizados em escolas, departamentos ou faculdades de jornalismo, comunicação de massa ou comunicação.

A educação em propaganda manteve suas sólidas raízes históricas no jornalismo desde a década de 1960 até a de 1990. Currículos de jornalismo e comunicação de massa que contavam apenas com umas poucas matérias opcionais de publicidade e propaganda começaram a criar cursos completos nessa área, e em alguns casos, a publicidade e a propaganda receberam status de departamento. Nos Estados Unidos, o Centro-Oeste sempre foi o núcleo de educação em publicidade e propaganda, com cerca de um quarto de todos os cursos localizados na região. Embora as raízes da educação nessa área estejam no Centro-Oeste, o crescimento desses cursos desde o início da década de 1960 esteve solidamente estabelecido no Sudeste. O número de cursos naquela região mais que dobrou desde 1960, quando havia apenas treze. O Centro-Oeste ainda tem o maior número de cursos de publicidade e propaganda, cerca de 34, segundo os registros. A região com menos cursos é o Leste, com apenas treze.

A formação universitária em publicidade e propaganda seguida de mestrado ou doutorado adotou um padrão de crescimento diferente do que o dos cursos de graduação. O número total de cursos de mestrado hoje não é muito diferente daquele da década de 1960. A tendência, entretanto, tem sido a de afastar-se dos programas relacionados à administração de empresas e aproximar-se dos programas de jornalismo e comunicação de massa. Havia cerca de quarenta programas de mestrado em 1965, e hoje existem aproximadamente 49. Por outro lado, enquanto em 1965 existiam quase vinte programas ligados à administração de empresas, hoje há apenas três. Cursos de mestrado ligados a jornalismo e comunicação de massa cresceram de cerca de 25 em 1965 para mais de 35 hoje. O maior crescimento de cursos de graduação foi o de doutorado, com o intuito de os cursos de publicidade e propaganda preencherem as próprias necessidades de professores universitários bem preparados. Atualmente, há cerca de dezoito cursos de doutorado nas áreas de jornalismo e comunicação de massa que preparam futuros educadores em publicidade e propaganda, e novos cursos estão sendo criados neste exato momento. Em 1965 havia apenas quatro cursos de doutorado (Ph. D.) em jornalismo e comunicação de massa.

Os conceituados cursos de mestrado em publicidade e propaganda já eram bem sólidos em meados da década de 1960. A Universidade de Illinois, a do Estado de Michigan, a Northwestern e a do Texas estão entre as pioneiras na formação universitária em publicidade e propaganda. Esses cursos tendiam a espelhar o nível de mestrado em administração de empresas (MBA), com ênfase em matérias orientadas para a gestão. Entretanto, esses cursos de graduação duravam geralmente um ano, e não os dois anos necessários para receber o MBA em cursos de administração de empresas. O curso da Northwestern foi, e ainda é, o único entre os cursos de publicidade e propaganda a oferecer apenas mestrado e não bacharelado nessa área.

Os grandes cursos de mestrado das universidades de Illinois, Estadual de Michigan e Texas são os únicos que levam especificamente a graduação em publicidade e propaganda. A maior parte dos programas de mestrado verifica-se em jornalismo e comunicação de massa, com áreas de especialização, aperfeiçoamento, concentração ou ênfase em publicidade e propaganda. Esse arranjo tem a ver com tamanho, recursos e onde são dados os cursos. As universidades de Illinois, Estadual de Michigan, Northwestern e Texas têm os próprios departamentos de publicidade e propaganda dentro de faculdades de jornalismo ou comunicação. A maioria dos outros programas não é encontrada em departamentos de publicidade e propaganda, mas em escolas de jornalismo ou departamentos de comunicação de massa, que às vezes estão em faculdades de artes e ciências. O resultado é que é dada menos ênfase à publicidade e propaganda, que se torna apenas uma entre inúmeras subáreas opcionais, juntamente com outras especialidades como jornalismo e telecomunicações dentro do programa de comunicação de massa.

O crescimento no número de cursos de doutorado que preparam os alunos para carreiras futuras como educadores em publicidade e propaganda tem sido dramático desde os anos 1960. Havia seis cursos de doutorado em 1965 (quatro em jornalismo/comunicação de massa e dois em administração de empresas). Hoje existem dezenove programas de doutorado, dos quais dezoito são em jornalismo/comunicação de massa. A Universidade do Texas oferece o único programa que realmente culmina com o grau de doutorado em publicidade e propaganda. Todos os outros programas de doutorado ligados a jornalismo ou a comunicações oferecem graduação em jornalismo, comunicação, comunicação de massa e mídia de massa.

O currículo da publicidade e propaganda

Talvez o mais controverso aspecto da educação em publicidade e propaganda tenha sido a natureza do seu currículo, que faz parte da discussão maior sobre se a propaganda pode ou não ser ensinada em sala de aula. Alguns acreditam que as habilidades necessárias para trabalhar em publicidade e propaganda são melhor aprendidas na prática, e que a maioria das matérias é teórica demais. Outros acham que a propaganda pode ser ensinada no nível da faculdade e que a educação para a publicidade e propaganda se dá melhor sobre uma base educacional ampla e liberal. Esse ponto tem grande importância. O Accrediting Council for Education in Journalism and Mass Communication, órgão profissional que outorga o credenciamento nacional a escolas e faculdades dentro de universidades, sempre acreditou enfaticamente no valor de uma educação ampla — um ponto que vai ao encontro do papel das agências de publicidade na geração de idéias que constroem o valor agregado não-funcional das marcas (isto é, idéias externas aos limites de suas propriedades funcionais descritas literalmente).

Outro ponto de controvérsia tem sido a influência da formação em jornalismo sobre os programas de publicidade e propaganda. Por exemplo, há trinta anos, a influência do jornalismo/mídia podia ser vista em um currículo típico de publicidade e propaganda. Cursos de publicidade em jornal, publicidade de varejo, publicidade em rádio e televisão e em textos e layouts refletiam a herança jornalística de muitos programas de publicidade e propaganda.

O atual modelo de currículo adotado pela maioria dos programas de publicidade e propaganda combina uma educação básica em belas-artes com cursos de ciências sociais e administração. Na maioria dos programas a proporção de matérias de belas-artes e estudos profissionais é de 3:1. O currículo básico de publicidade e propaganda geralmente inclui uma combinação de cursos sobre os princípios, a redação em publicidade, mídia em publicidade, gestão de publicidade, planejamento de campanhas em publicidade e pesquisa em publicidade. As matérias de publicidade e propaganda são complementadas, na maioria dos programas, com um estágio em uma empresa de publicidade.

A polêmica sobre o que constitui uma preparação adequada para carreira em publicidade e propaganda ainda não terminou. O currículo básico sofreu ultimamente algumas críticas por não se manter atualizado com as mudanças tecnológicas no setor de comunicação de marketing. Uma força-tarefa composta por acadêmicos e profissionais estudou a situação atual no intuito de preparar melhor os profissionais de publicidade e relações públicas para o setor de comunicações no século XXI. Esta força-tarefa tem suas origens no curso de jornalismo e nasceu do interesse de vários membros importantes da Association for Education in Journalism and Mass Communication.

A força-tarefa concluiu que o ritmo das mudanças tecnológicas exige que os alunos não sejam treinados e educados segundo programas orientados para o setor; seria mais apropriado um currículo unificado que integrasse os conhecimentos e preparasse os alunos para as carreiras de comunicadores. A ênfase neste novo currículo seria em belas-artes, comunicação visual e verbal, comportamento das empresas e organizações, habilidades em pesquisa e uma ampla compreensão de outras disciplinas de comunicação, além da especialidade profissional de cada um. *Comunicação de marketing integrada* e *comunicação integrada* são os nomes mais comuns dados a essa abordagem. Embora muitos acadêmicos e profissionais adotem este ponto de vista, não fica claro até que ponto ele irá alterar a maneira pela qual publicidade e propaganda é ensinada. O curso de graduação da Universidade Northwestern é considerado um modelo dessa abordagem da educação em publicidade e propaganda.

Como os cursos de publicidade e propaganda nas universidades norte-americanas deixaram de ensinar "habilidades", vários cursos profissionais de pós-graduação foram montados para preencher esse vazio. O desenvolvimento dessas escolas também foi influenciado pelo declínio nos programas de treinamento antes oferecidos pelas agências de propaganda a funcionários iniciantes. Para preencher essa lacuna, quatro importantes escolas foram fundadas desde 1979: a Portfolio Center (Atlanta), a Creative Circus (Atlanta), a Miami Ad School (Miami, Flórida) e a VCU Ad Center da Universidade do Estado da Virgínia (Richmond). O foco desses cursos reside no desenvolvimento de redatores e artistas que serão capazes de ingressar nas agências de publicidade para exercer funções em criação no mais exigente nível de iniciante.

Parece mesmo que o currículo dos cursos de publicidade e propaganda tornou-se menos especializado e vocacional ao longo dos últimos trinta anos. O currículo básico na maioria dos programas de publicidade e propaganda é de natureza "generalista", com posterior especialização oferecida por matérias eletivas. A mais profunda especialização que é oferecida acontece na área de criação, com desenho gráfico, produção de peças para anúncios impressos e televisão e cursos avançados de redação, estando presente em muitos programas de publicidade e propaganda. Esses cursos são os mais importantes para que os alunos aprendam a construir marcas.

Corpo docente na publicidade e propaganda

O número de professores que lecionam publicidade e propaganda em tempo integral mais que dobrou desde o início da década de 1960, passando de 135 em 1964 para mais de 350 em 1997. Duas tendências são evidentes no corpo docente de cursos de publicidade e propaganda, além do mero crescimento no número de professores que lecionam a matéria. Primeiro, uma grande porcentagem dos membros do corpo docente atual tem diploma de doutorado. Aproximadamente 40% daqueles que lecionavam publicidade e propaganda em 1964 tinham doutorado; hoje, eles são quase 70%. A segunda tendência, não necessariamente exclusiva do corpo docente de publicidade e propaganda, é poder contar com um maior número de professores que lecionam em tempo parcial, profissionais que, em regra geral, fazem parte da comunidade empresarial local. Na década de 1990, havia um número maior de professores que lecionavam publicidade e propaganda em tempo parcial do que professores que lecionavam em tempo integral. Ao todo, há cerca de 160 professores que lecionam publicidade e propaganda em tempo parcial no país.

A combinação entre o aumento no número de membros do corpo docente com doutorado e a existência de mais professores em tempo parcial com experiência profissional traz um equilíbrio entre treinamento prático e conhecimento teórico a muitos programas de publicidade e propaganda. Os programas menores geralmente precisam escolher entre um corpo docente de profissionais sem doutorado e um corpo docente com orientação acadêmica e professores doutores. Programas maiores podem ter mais vagas para professores, portanto, podem tentar obter o equilíbrio entre habilidades e teoria para proporcionar uma sólida educação em publicidade e propaganda.

O crescimento e a distribuição regionais do corpo docente de publicidade e propaganda seguem o mesmo padrão estabelecido pelo crescimento dos programas. O Centro-Oeste tem o maior corpo docente, com cerca de 130 membros, enquanto o Sudeste apresentou o maior crescimento nos últimos trinta anos: de dezoito, em 1964, para 104, em 1993. O Leste teve um crescimento modesto do corpo docente de publicidade e propaganda no mesmo período, aumentando em apenas dez membros, passando de 27 para 37.

Muitos professores de propaganda pertencem à American Academy of Advertising (AAA), uma organização profissional fundada no final da década de 1950 para atender às necessidades e interesses de um crescente número de professores que lecionavam publicidade e propaganda. Hoje essa organização tem mais de setecentos membros das áreas de publicidade e marketing. A AAA realiza uma conferência anual cujo resultado é publicado; ela publica também uma das mais importantes revistas de pesquisa em publicidade e propaganda da área, a *Journal of Advertising*.

Alunos matriculados

O número de alunos matriculados é monitorado anualmente desde 1960 por duas fontes principais. A Advertising Education Publications realiza um levantamento anual das matrículas nos cursos de publicidade e propaganda e mostra o resultado em sua publicação *Where should I go to study advertising and public relations?* Lee Becker, da Universidade Estadual de Ohio, deu continuidade à verificação anual de matrículas no curso de jornalismo iniciada por Paul Peterson, e publica anualmente relatórios de evasão das áreas mais importantes no *Journalism Educator*. Os seguintes números e análises sobre matrículas baseiam-se nessas fontes.

A matrícula de alunos em cursos de publicidade e propaganda e de jornalismo e comunicação de massa cresceu consideravelmente entre o início dos anos 1960 e 1990, com algum declínio desde então. Aproximadamente 3.000 alunos de graduação em todo o país estudaram publicidade e propaganda em 1964. Em 1990, esse número havia crescido para mais de 14 mil, com um ligeiro declínio durante essa década. Em 1997, as matrículas em cursos de publicidade e propaganda cresceram novamente para quase 16 mil alunos. Publicidade e propaganda é a segunda matéria mais importante de especialização nos cursos de jornalismo e comunicação. Relações públicas desbancou Propaganda e tornou-se a maior matéria de especialização em meados dos anos de 1990. Combinados, os programas de publicidade e propaganda e relações públicas receberam mais de 36 mil matrículas em 1997.

O declínio nas matrículas em publicidade e propaganda no início da década de 1990 parece ser parte de uma tendência mais ampla do declínio de matrículas em programas de jornalismo e comunicação de massa, além de administração. Uma parte desse declínio pode ser explicada pelo pequeno número de alunos do colegial que se formou e entrou em faculdades e universidades no início e em meados da década de 1990. Parte do declínio pode ser atribuída à fraqueza da economia nacional nesse período, quando menos empregos foram disponibilizados para formandos de programas com orientação profissional. No final da década de 1990, a tendência se reverteu e as matrículas e as perspectivas de emprego se fortaleceram nas proximidades do ano 2000.

O aumento no número total de matrículas (inclusive em programas de jornalismo e administração) influenciou no crescimento dos programas e do corpo docente em termos regionais. No Centro-Oeste está a maioria dos alunos de publicidade e propaganda. No Sudeste e Sudoeste, entretanto, tem ocorrido o maior crescimento nas matrículas. Cada uma dessas regiões possuía menos de 500 alunos de publicidade e propaganda em 1964, sendo que em 1989 já havia alcançado 4.000 alunos no Sudoeste e 5.000 no Sudeste. As matrículas no Centro-Oeste cresceram de pouco mais de 1.000 em 1964 para mais de 8.000 em 1989.

Publicidade e propaganda tem sido uma matéria de especialização bastante popular entre os universitários nos últimos trinta anos. Embora tenha havido um pequeno declínio percentual nas matrículas no início da década de 1990, a longo prazo o interesse dos alunos continua forte. A especialização em relações públicas parece estar seguindo o caminho trilhado pela publicidade e propaganda e está ultrapassando esta última em número de programas, professores e alunos.

As universidades

Pouquíssimos estudos classificaram os programas oferecidos pelas faculdades e universidades. Entretanto, com base em pesquisas publicadas na hoje extinta revista *Madison Avenue* e na *Advertising Age*, estas são as faculdades e universidades americanas mencionadas com maior freqüência:

Universidade da Carolina do Norte
Universidade da Carolina do Sul
Universidade da Flórida
Universidade da Geórgia
Universidade de Illinois
Universidade de Missouri
Universidade de Syracuse
Universidade do Tennessee
Universidade do Texas
Universidade Estadual de Michigan
Universidade Northwestern
Escola Thunderbird
(American Graduate School for International Management)

Esta lista está em ordem alfabética, e não reflete nenhum tipo de classificação. Além disso, os programas aparecem nesta lista por diferentes motivos. Eles têm especialidades diferentes como formação para graduação, programas de subgraduação com ênfase em criação e bons cursos internacionais.

Outras universidades com cursos de publicidade e propaganda que geralmente não fazem parte do topo da lista, mas chegam perto, são a Universidade de Boston, a Universidade do Colorado, a Universidade de Kansas, a Universidade Estadual de Louisiana, a Universidade Marquette, a Universidade de Nebraska, a Universidade de Oklahoma, a Universidade de Oregon, a Universidade Estadual da Pensilvânia, a Universidade de Temple, a Universidade do Estado da Virgínia, a Universidade de Washington e a Universidade de Wisconsin.

Envolvimento do setor no ensino da publicidade e propaganda

A maioria dos programas de propaganda recebe apoio tanto moral como financeiro das comunidades de publicidade locais e das entidades de ex-alunos. Além desse suporte regional, as organizações nacionais fornecem palestrantes, material educacional, bolsas e estágios, e também patrocinam concursos estudantis. O envolvimento do setor cresceu juntamente com os programas e o número de alunos e professores ao longo dos últimos trinta anos. Algumas das maiores empresas de publicidade e o que elas oferecem em apoio à educação em publicidade e propaganda estão relacionadas a seguir.

American Advertising Federation

A American Advertising Federation (AAF) patrocina um dos concursos estudantis mais abrangentes e de maior visibilidade nos Estados Unidos. Desde 1973, a AAF patrocina um concurso nacional de publicidade. Ele se baseia invariavelmente em uma marca real e importante, e dá grande ênfase aos valores agregados não-funcionais da marca. O concurso atrai mais de cem faculdades e universidades todos os anos. Cada universidade participante realiza um concurso regional para se classificar para a disputa nacional, realizada sempre em junho durante a Conferência Nacional Anual da AAF. Os vencedores das quinze regiões da AAF competem na conferência nacional, da qual saem quatro ganhadores.

O projeto é patrocinado cada ano por um anunciante nacional como Kodak ou Saturn. O patrocinador oferece a maior parte dos recursos de transporte para levar os vencedores regionais ao concurso nacional. Ganhar o National Student Advertising Competition (NSAC) (Concurso Nacional de Publicidade para Estudantes) da AAF é considerado um dos feitos de maior prestígio para um aluno de publicidade e propaganda. O NSAC comemorou 25 anos em 1998.

Advertising Educational Foundation

A Advertising Educational Foundation (AEF) patrocina, juntamente com a American Academy of Advertising, o programa "professor visitante" que coloca membros do corpo docente de publicidade e propaganda, marketing e outras disciplinas acadêmicas em agências de publicidade, empresas de mídia e empresas anunciantes para que ganhem experiência prática e depois a devolvam para a sala de aula. Esses estágios de professores ocorrem no meio do ano e em geral duram três semanas.

A AEF também patrocina o programa "embaixador", que leva altos executivos de publicidade e marketing aos campi das faculdades para um programa de dois dias de palestras e reuniões durante as quais explicam aos alunos e professores a contribuição que a publicidade dá à nossa sociedade. Além disso, a AEF disponibiliza para os programas das faculdades uma coletânea de materiais educacionais de sua autoria.

Business Marketing Association

Anteriormente chamada Business Professional Advertising Association, a recém-batizada Business Marketing Association (BMA) patrocina um concurso estudantil nacional entre as escolas afiliadas. O tema apresentado no concurso baseia-se em um problema industrial, profissional ou business-to-business. A solução que se pede é uma campanha de publicidade/marketing que seja filmada pelos alunos e apresentada para ser julgada nacionalmente.

A BMA também supervisiona uma coletânea de materiais educacionais, outorga a seus membros, através de exames, o certificado de comunicadores empresariais e patrocina o curso "de volta à escola" para seus membros na conferência nacional todos os anos.

Direct Marketing Educational Foundation

A Direct Marketing Educational Foundation (DMEF) mantém um curso de apoio bastante amplo a professores de faculdade e alunos. Para os educadores, a DMEF patrocina uma Conferência Anual de Educadores de Marketing Direto de um dia, e uma de três a quatro dias no Instituto para Educadores de Marketing Direto. A fundação oferece bolsas para os seminários da Direct Marketing Association (DMA) e tem um programa de pesquisa avançado para educadores. Além disso, a DMEF produz material educacional e oferece desconto aos membros nas publicações da DMA, que incluem o *Journal of Direct Marketing*. Ela também patrocina um concurso estudantil chamado ECHO.

A DMEF oferece ainda programas para estudantes; entre eles, cinco dias no Collegiate Institute, um programa de estágio durante as férias do meio do ano, o "dia da profissão" realizado em conjunto com as conferências anuais de divisões locais da DMA, e um guia de carreiras.

O futuro da formação em publicidade e propaganda

A formação em publicidade e propaganda parece estar firmemente consolidada nas escolas de jornalismo e comunicação em todo o país. Entretanto, mudanças tecnológicas no setor das comunicações estão pressionando os educadores para que analisem qual é o currículo adequado para preparar os alunos para essa mudança no ambiente tecnológico. As matérias de publicidade e propaganda evoluíram de uma orientação com foco nas habilidades para uma abordagem mais teórica ao longo dos últimos trinta anos. Mesmo assim, cada especialidade em comunicação ainda oferece um currículo próprio voltado para a prática, baseado nas necessidades do setor a que serve. Os críticos dizem que essa orientação para o setor deveria dar lugar a uma abordagem mais integrada, que prepare o aluno para ser um comunicador que possa transitar facilmente através das velhas fronteiras entre especialidades, tais como publicidade e propaganda e relações públicas. O conselho é que se procure o corpo de conhecimento comum que todos os comunicadores devem dominar e se rompam todas as velhas fronteiras artificiais do setor. Resta saber que tipo de influência esses críticos terão sobre o currículo de publicidade e propaganda do futuro.

O crescimento da formação em publicidade e propaganda parece ter se estabilizado depois de duas décadas de rápida expansão. Uma parte do declínio registrada no início da década de 1990 deveu-se a classes de graduação menores que o usual e ao retrocesso econômico daqueles anos. Com a retomada sustentada da economia e o aumento do número de formandos universitários — e desde que a educação em publicidade e propaganda seja capaz de se adaptar a novas realidades de mercado —, o futuro pode ser muito promissor. Na verdade, as matrículas começaram a aumentar novamente por volta do ano 2000. Entretanto, há que enxergar as realidades do campus. As universidades estão sofrendo com os menores orçamentos dos últimos anos, e a consolidação de programas é uma das maneiras de enfrentar esse problema. Espera-se que os programas de publicidade e propaganda não sejam alvo desse tipo de reestruturação, sob pena de desestimular a formação em propaganda nos campi.

Uma última reflexão: a publicidade e a formação em publicidade e propaganda foram extremamente bem-sucedidas durante a segunda metade do século XX nos Estados Unidos. Esse sucesso resultou na vinda de estudantes de todas as partes do globo para estudar publicidade e propaganda no país. Resultou também no uso de técnicas de publicidade e propaganda em áreas de comunicação nas quais elas jamais haviam sido usadas. A mídia de informação e a mídia de entretenimento captaram a noção de que técnicas de persuasão como as usadas pelos anunciantes podem funcionar em outros formatos. Surgiram assim os infomerciais, as notícias-espetáculo dos tablóides e os clipes de músicas, que são todos basicamente publicidade. A fronteira entre a publicidade e outras formas de comunicação está se diluindo. É esse o futuro da publicidade, um futuro em que o que os educadores em publicidade e propaganda têm ensinado não é exclusivo, mas universal. E a formação em publicidade e propaganda terá de acompanhar a aceitação dessas técnicas em campos que transcendem aqueles nos quais elas se originaram.

Nota

1. As informações contidas neste capítulo vêm das seguintes fontes, as quais eu também recomendo como leitura adicional para aqueles que gostariam de se aprofundar no tópico da formação em publicidade e propaganda nos Estados Unidos: Lee B. Becker e Gerald M. Kosicki, "Annual census of enrollment records fewer undergrads", *Journalism and Mass Communication Educator*, vol. 48, nº 3, outono de 1993, p. 55-65; Lee B. Becker e Gerald M. Kosicki, "Annual survey of enrollment and degrees awarded", *Journalism and Mass Communication Educator*, vol. 52, nº 3, outono de 1997, p. 63-74; Tom Duncan, Clarke Caywood e Doug Newsom, *Preparing advertising and public relations students for the communications industry in the 21st century* (Chicago: Task Force on Integrated Communications, 1993); Billy I. Ross e Keith F. Johnson, *Where shall I go to study advertising and public relations?* (Lubbock, TX: Advertising Education Publications, 1998); Kim B. Rotsoll e Arnold M. Barban, "Advertising Education", no livro de James H. Leigh e Claude R. Martin, Jr. (orgs.) *Current research and issues in advertising* (Ann Arbor: Division of Research, Graduate School of Business Administration, University of Michigan, 1984), p. 1-18.

29

Formação para o processo criativo

Constantin G. Cotzias

> Nada no mundo substitui a persistência. Nem o talento — não há nada mais comum do que homens malsucedidos cheios de talento. Nem a genialidade — são quase proverbiais os gênios não reconhecidos. Nem a formação — o mundo está repleto de pessoas bem formadas, mas fracassadas. Somente a persistência e a determinação são onipotentes.
>
> *Calvin Coolidge*

Tenacidade

Nada assusta mais o estudante que recebeu uma formação tradicional, tem um raciocínio linear e que é todo reprimido, que a necessidade de ser criativo. Se lhe for pedido que repita um pensamento de um livro, um catálogo ou um caderno, ele o fará sorrindo. Mas basta pedir que enuncie um pensamento original que venha de sua mente para que empalideça de medo. Eliminar a frase *não consigo* de seu vocabulário e fazer com que acompanhe através da densa neblina chamada processo criativo, é a primeira tarefa desafiadora tanto para o professor como para o aluno.

O que torna esses primeiros passos um pouco mais fáceis é que, à própria revelia, o aluno já vem praticando sua criatividade. Basta ouvir as provocações incisivas que os alunos fazem entre si, a visão pejorativa que têm dos pais, até mesmo as piadas que criam sobre os professores. Mal sabem eles que iniciaram o processo de olhar para coisas comuns a partir de pontos de vista incomuns.

Agora é simplesmente uma questão de aplicar o ponto de vista incomum a uma coisa comum chamada marca. Aliás, vamos apagar a palavra *simplesmente*, porque é aqui que entra a tenacidade. Os alunos precisam ser extremamente tenazes para conseguir criar uma peça publicitária após a outra, mesmo que todas as peças que criarem sejam horríveis. Uma coisa é ser bom nas provocações, outra é aplicar tal capacidade. Manter interessados os adolescentes impacientes e imediatistas é o maior problema.

As histórias das guerras comerciais nesse ramo são sempre boas, mas os comerciais/anúncios que fazem os alunos arrepiar são ainda melhores. Faça com que eles se interessem pelos anuários de prêmios. Faça com que entendam que 98% dos anúncios que vêem todos os dias são banais. Faça com que admirem anúncios/comerciais que são mais velhos que eles. E, sobretudo, ajude-os a entender que o sucesso virá depois de muitos fracassos. É por isso que, ao fazer o primeiro curso de criação, eles não devem sequer ter a expectativa de que vão criar boas peças publicitárias. A única coisa que devem tentar fazer é responder à pergunta: "É gostoso? O processo de ganhar uma dor de cabeça por causa de um comercial/anúncio é divertido?". Se a resposta for sim, então valeu a pena pagar pelo curso. Se a resposta for não, então ainda valeu a pena pagar, porque eles saberão que essa não é sua paixão.

A lógica por trás da permissão para que os alunos errem bastante é, se for divertido, que eles no fundo sejam bem-sucedidos. Basta que se dediquem o suficiente.

Aprendi a ser persistente na School of Visual Arts (SVA) (Escola de Artes Visuais), na qual fiz uma série de cursos aparentemente intermináveis enquanto trabalhava nas agências. Se alguém tivesse me desestimulado, eu jamais teria descoberto a osmose que se experimenta ao aprender com os próprios erros. É o tipo de osmose que penetra em cada fibra de seu ser, através de cada poro — de forma que os períodos que se passam entre a criação de bons comerciais/anúncios vão encurtando, e se vivencia a emoção visceral de criar uma idéia que, sabemos, ninguém mais poderia ter criado. Saber que é permitido fracassar e ter a tenacidade de resistir ao fracasso foi o que tornou minha experiência na SVA mais valiosa do que os cursos de preparação e de formação juntos. Eu aprendi a ser incansável. Aprendi o que é ter fome de trabalho. Aprendi a brigar pelo sucesso quando nada parecia indicar que ele fosse possível. Esse tipo de paixão gera sucesso. Tudo de que se precisa é tempo.

Discernimento

Antes de o aluno poder fazer um bom trabalho, ele precisa saber o que é bom. É por isso que os livros de prêmios devem se tornar seu guia. Alunos que levam a sério o curso de Publicidade e Propaganda aprendem mais com o One Show — o livro de prêmios dos diretores de arte — e os anuários das artes da comunicação do que com a maioria dos professores. Ali eles conhecerão o que é bom. Saberão quem está realizando um bom trabalho. Saberão quais agências são boas e quais são péssimas. E depois de uma análise minuciosa, aprenderão que o fato de um anúncio/comercial ter ganho um prêmio não faz dele uma boa propaganda. É nesse ponto que começarão a desenvolver a capacidade de discernir.

Para começar a estimular a capacidade de discernir dos alunos, peça a eles que se encaminhem à biblioteca e tirem cópias dos anúncios/comerciais dos anuários que mais os impressionarem — anúncios/comerciais tão bons que se eles tivessem feito um deles teriam se aposentado. O que os alunos trazem para a aula inicialmente é interessante. Geralmente eles se concentram nos anúncios/comerciais que usam a técnica óbvia de brincar com as palavras e colocá-las em visuais considerados "exagerados". É aí que você pede aos alunos que olhem para o anúncio/comercial a partir de três pontos de vista:

1. O que eu, consumidor, ganho com ele?
2. O que eu, cliente, ganho com ele?
3. O que eu, pessoa criativa, ganho com ele?

Quando os alunos olham para uma publicidade do ponto de vista do consumidor, começam a se fazer perguntas como: "Essa publicidade me faria comprar essa marca?" "Essa marca atende a uma necessidade minha?" "Como consumidor, a publicidade me oferece benefícios satisfeitos?" Quando analisam a publicidade do ponto de vista do cliente, eles apresentam um conjunto diferente de perguntas: "Essa publicidade está dizendo o suficiente sobre minha marca que justifique o custo de centenas de milhares de dólares de produção e divulgação?" "O que ela diz sobre minha marca é exclusividade minha ou qualquer empresa poderia colocar o nome ali?" "É assim que eu quero que minha marca seja representada?" Finalmente, quando examinam uma publicidade do ponto de vista de uma pessoa criativa, surgem na mente as perguntas mais divertidas: "Algum dos meus heróis da publicidade me contrataria por ter feito essa peça?" "Será que o pessoal da criação mergulhou em sua capacidade criativa para elaborar essa publicidade?"

Uma vez analisada a publicidade desses três pontos de vista, os alunos percebem que um jogo de palavras vazio por trás de um visual extravagante é, na melhor das hipóteses, auto-indulgente. Percebem também que criar publicidade responsável tanto diante do cliente quanto do consumidor requer arte, se for feita com perspicácia também. Logo, os alunos começam a valorizar a ironia, assim como a publicidade que realmente diz alguma coisa. Aliás, a publicidade que diz algo de forma provocativa é definitivamente a mais atraente.

À medida que os alunos passam a formar a própria capacidade de julgar, começam a definir padrões para o próprio trabalho. Aqueles alunos que de fato encontram peças publicitárias que os fazem babar são os que menos tendem a criar uma publicidade inadequada. Além de melhorar a capacidade de julgamento, os alunos que estudam os anuários também aprendem a ser originais. Eles percebem que, ano após ano, nenhuma das idéias contidas naqueles anúncios/comerciais foi repetida. E, acima de tudo, os alunos vêem por si mesmos que, para ser verdadeiramente original, eles precisam antes conhecer o que já foi feito.

Pesquisa: outro exercício de tenacidade

Antes do título provocativo, antes do visual que impressiona, o processo criativo começa com a pesquisa. É impossível fazer uma publicidade adequada quando não se conhece a marca tão bem quanto a pessoa que a produz. Em termos simples, grandes fatos resultam em grandes anúncios/comerciais.

Não estou falando de dados estatísticos ou psicológicos do mercado que entram no marketing do produto. Estou me referindo àqueles fatos tangíveis que atendem especificamente às necessidades dos consumidores. Esses fatos são a base para a elaboração de qualquer proposta ou conjunto de propostas que constituem o núcleo da publicidade. A melhor maneira de o aluno obter conhecimento desses fatos é ligar diretamente para o cliente. Eu sei que meus alunos fizeram um bom trabalho de pesquisa quando recebo telefonemas das empresas reclamando das ligações que receberam.

Obviamente, o segredo aqui é fazer as perguntas certas. E para saber isso é preciso se perguntar se na resposta à pergunta que se está colocando será possível encontrar o anúncio/comercial. Como exemplo, suponhamos que o cliente seja o Sistema de Segurança ADT. Eu ligaria para eles e perguntaria: "O ADT é usado em prisões?" "O governo o utiliza no Pentágono, na Casa Branca ou na CIA?" "Ele é usado pelas grandes joalherias de Nova York?" "E os bancos?" "E as delegacias de polícia?" "As empresas de segurança usam o ADT para se proteger?". Claro que uma resposta afirmativa para qualquer uma dessas perguntas daria margem para uma publicidade espetacular. (Na verdade, todas as respostas são afirmativas.) "Mas esse não é o papel do executivo de contas?", pergunta a maioria dos alunos. O problema é que a maioria dos executivos de contas nunca escreveu o texto de um anúncio/comercial. E a maioria deles tenta resguardar seus colegas da criação diante do que eles consideram informação supérflua.

Certa vez, na grande agência nova-iorquina Batte, Barton, Durstine and Osborn (BBDO), eu recebi a tarefa de realizar uma campanha impressa para o isolante da GE Silicone, uma calefação que dura cinqüenta anos. Depois de receber as informações básicas, tive a sensação de que algo precioso havia sido ocultado. Liguei então para a GE e fingi ser um aluno da SVA pesquisando para terminar uma tarefa. Fiquei boquiaberto quando perguntei ao gerente de produto se o isolante tinha alguma aplicação industrial. "Bom, tem. Ele é usado para segurar as placas do ônibus espacial."

Liguei para o executivo de contas. "Por que você não me disse que aquela coisa é usada no ônibus espacial?"A resposta dele foi: "Bom, porque eu soube que algumas placas caíram". A primeira publicidade do isolante da GE Silicone teve uma chamada simples:

> SE CONSEGUIMOS MANTER 99% DAS PLACAS NO ÔNIBUS ESPACIAL, VAMOS MANTER 100% DAS PLACAS NO SEU PISO.

Os alunos devem sempre conseguir as próprias informações. Nunca se sabe que fatos eles vão desenterrar. Uma vez, quando pesquisava a Nicoderm como cumprimento de uma tarefa, um aluno chegou à aula sem nenhum anúncio/comercial. Questionado, disse que descobriu um fato que o impediu de fazer qualquer tipo de publicidade. Ao ouvir isso, disse a ele para usar esse fato e fazer uma peça publicitária sobre o uso da hipnose para deixar de fumar. Ele fez. A peça ficou tão boa que eu pedi que ele a fizesse no editor eletrônico de textos para publicá-la no jornal local *Pennysaver*, para o cliente Citizens for Hypnosis. A peça dizia:

> O INGREDIENTE ATIVO DO NICODERM DEVE SER BOM.
> OS DEDETIZADORES O USAM HÁ ANOS.

Ela foi finalista no One Show. Este último caso suscita um aspecto valioso. O raciocínio de um pesquisador de fatos deve ser como o de um mercenário. "Que fatos vão me ajudar a criar grandes anúncios/comerciais que me tornarão famoso?" O "tem um anúncio aí" deve se tornar o mantra de todos os estudantes de publicidade.

O conceito: tangentes e cadeias de idéias

Os alunos que estão criando publicidade pela primeira vez na vida parecem passar pela mesma catarse. O primeiro estágio parece ser a incansável busca do melhor jogo de palavras, realçado pelo visual considerado "radical e maluco", na tentativa inútil de ser engraçado. Uma vez eliminadas as palavras "radical e maluco" do vocabulário deles, os alunos começam a se dar conta de que a publicidade ainda faz parte do ramo da comunicação.

Surge então o segundo estágio, geralmente sob forma de uma afirmação banal a respeito do produto acompanhada por uma foto do produto ainda mais tediosa. Questionados sobre a mensagem da publicidade, os alunos inevitavelmente apontam os rabiscos ao pé da página, que representam o protótipo da peça sem texto. É nesse momento que os alunos começam a perceber a necessidade de formar um conceito antes mesmo de escolher as chamadas espirituosas. A idéia de conceber um pensamento original paralisa os alunos medianos, uniformizados, programados e de pensamento linear.

Infelizmente, o meio tradicional de avançar é por tentativa e erro. Professor e aluno ficam esperando que surja aquela idéia provocativa que demonstre algum traço de talento. O problema da tentativa e erro é o nível de frustração que vem junto. Para cada peça publicitária que tenha ainda que remotamente algum pensamento original, o aluno sofre o processo humilhante de criar muitas totalmente vazias. Geralmente é neste ponto que o aluno joga a toalha, desiste e vira executivo de contas.

Existe, no entanto, uma técnica que pode desmistificar completamente o processo criativo. O primeiro passo é fazer o aluno entender que criatividade não é nada mais que pegar uma coisa comum (uma marca) e olhar para ela de um ponto de vista incomum (um anúncio). Partindo dessa definição, é preciso apenas se empenhar para ver as coisas de forma diferente.

Para exemplificar este ponto, vamos tomar a observação de que "O céu está azul" e apenas perguntar o que ela significa. Bem, para começar, significa que não está chovendo. Significa que o sol está brilhando. Significa que estamos olhando para cima. Significa que existe atmosfera. E nitidamente significa que não estamos no norte de Nova York. Obviamente, este último é o ponto de vista mais interessante da tediosa observação de que o céu está azul.

Fragmentando este exemplo, veremos que acontece uma dinâmica interessante. Primeiro, nada além do mero senso comum está sendo usado para analisar essa coisa comum de vários pontos de vista. A escolha de "Não estamos no norte de Nova York" como a observação mais interessante é instintiva, não intelectual.

Tomemos agora, um outro objeto comum para tentar vê-lo de pontos de vista diferentes e incomuns e redefini-lo — digamos, um pedaço de giz. Se escrevermos: "Giz é:" no topo de uma folha de papel, poderemos listar maneiras diferentes de defini-lo, além de simplesmente um pedaço de giz:

- É um brinquedo que ajuda a brincar de amarelinha.
- É um objeto que faz um ruído irritante.
- É uma substância feita de conchas do mar esmagadas.
- É um computador do século XVIII.
- É uma ferramenta para marcar cadáveres no chão.

Ao olhar para um pedaço de giz de tão diferentes pontos de vista, nós literalmente demos a ele cinco novas definições. Agora ele não é apenas um pedaço de giz. Não é essencialmente isso que fazemos com uma marca para criar uma publicidade?

Esses exercícios podem ser facilmente elaborados e transformados em métodos para criação de anúncios/comerciais para um produto. Como exemplo, digamos que o tema seja o amaciante e protetor de couro Lexol. O primeiro passo é definir, clara e sucintamente, o que é e o que faz o produto. Parafraseando a descrição no frasco, definimos o Lexol como "um óleo protetor que pode recuperar as rachaduras do couro". Trabalhando com um marcador preto em uma folha de desenho de 43 por 55 centímetros, escrevemos no meio da página o que o produto é e faz e fazemos um círculo em volta. Quando aplicamos o mesmo método de pensamento empregado em "O céu está azul" e "Giz é:" para o Lexol, imediatamente vêm à mente cinco idéias associadas, embora obviamente o número delas seja infinito. Eu chamo essas idéias de *tangentes*, e elas por sua vez podem produzir outras cadeias de idéias. Conforme mostra a Figura 29.1, existem cinco tangentes saindo da descrição básica da marca "óleo protetor que recupera as rachaduras do couro":

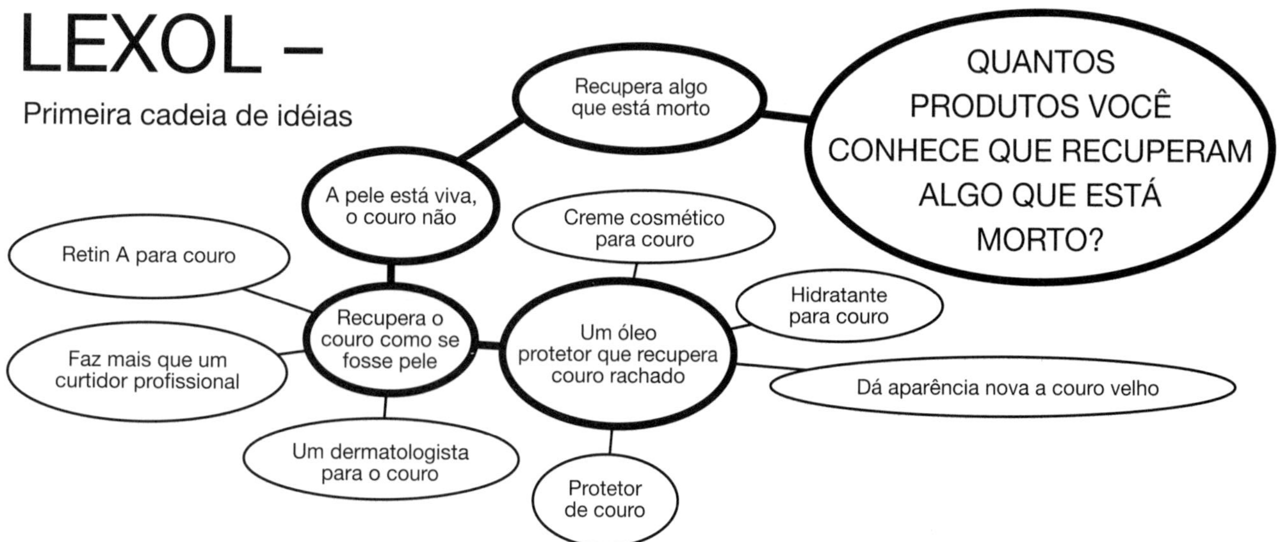

Figura 29.1 – Lexol: primeira cadeia de idéias.

1. Creme cosmético para couro.
2. Protetor de couro.
3. Dá aparência nova a couro velho.
4. Recupera o couro como se fosse pele.
5. Hidratante para couro.

Dessas cinco tangentes, aquela que eu escolheria por instinto como a mais interessante é a "recupera o couro como se fosse pele". Mais uma vez, o mesmo pensamento tangencial é aplicado a este ponto de partida. Também estão na Figura 29.1 nossas quatro novas tangentes:

1. Faz mais que um curtidor profissional.
2. Um dermatologista para o couro.
3. Retin A para couro.
4. A pele está viva, o couro não.

Conceitualmente, a tangente mais provocativa, para o meu gosto é "a pele está viva, o couro não". A extensão lógica, que redefine totalmente o que o Lexol é e faz, é que ele pode recuperar algo que está morto. Assim, se você tiver como visual uma foto e a descrição do frasco que diz "recupera couro rachado", a chamada da propaganda poderia ser simplesmente: "Quantos produtos você conhece que recuperam algo que está morto?".

Consideremos por um instante que esta publicidade seja vista como intelectual demais, e que devemos procurar uma abordagem mais direta. Voltando às nossas cinco tangentes originais, podemos aplicar nossa técnica para, digamos, "protetor de couro". A Figura 29.2 mostra três tangentes simples:

1. Protege estofados de couro.
2. Protege livros de couro.
3. Protege artefatos de couro.

Se tomarmos a primeira e colocarmos a pergunta: "O Lexol é recomendado por fabricantes de carros?", um simples telefonema para as concessionárias locais nos proporciona três novas tangentes:

1. BMW — não.
2. Ferrari — sim.
3. Mercedes-Benz — sim.

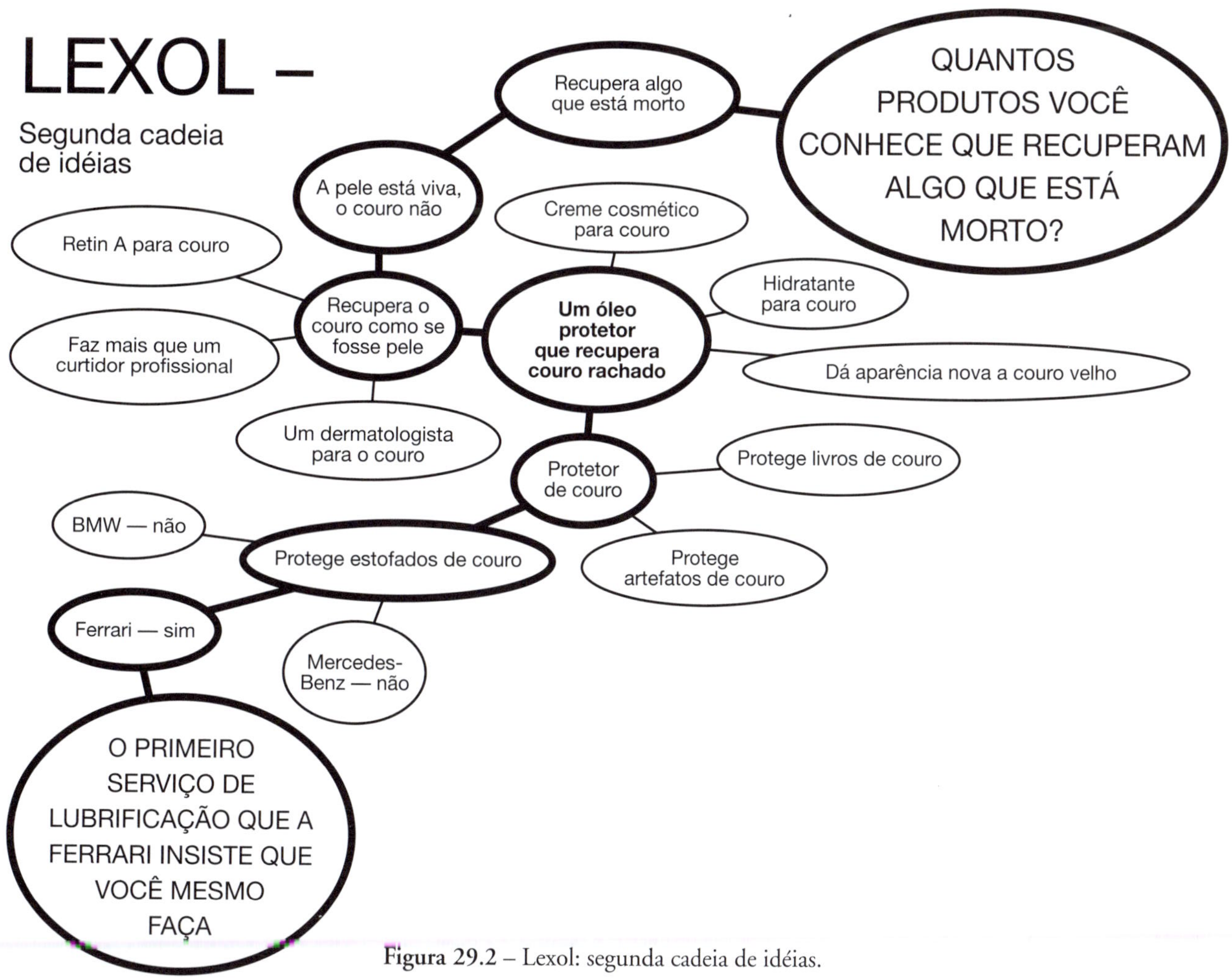

Figura 29.2 – Lexol: segunda cadeia de idéias.

Minha preferência é a Ferrari. O fato de o amaciante de couro Lexol ser parte da manutenção desse carro serve imediatamente para a chamada "O primeiro serviço de lubrificação que a Ferrari insiste que você mesmo faça". Digamos que essa frase seja considerada superficial demais, mas que ainda queremos criar algo direto, talvez mais visual. Voltando às três tangentes de "protetor de couro", um artefato de couro poderia ter um visual forte, dependendo do que fosse.

Depois de telefonar para alguns museus, descobrimos que o Lexol é utilizado nos seguintes itens (aliás, uma linha de pensamento seguida por meus alunos):

1. Botas de montar de Teddy Roosevelt na Biblioteca Roosevelt.
2. Peças de couro dos antigos americanos nativos no Museu de História Natural.
3. Capacete de Charles Lindbergh no Smithsonian.

Digamos que o capacete de Lindbergh seja o que mais nos agrada. Aplicamos nossa técnica a esse ponto de partida. Como mostra a Figura 29.3, três possíveis tangentes vêm à mente:

1. Está em uma redoma de vidro.
2. É a primeira peça de couro a cruzar o Atlântico pelo ar.
3. Também é protegido pela segurança do Smithsonian.

Como o Lexol é um protetor de couro, a última tangente serve para o seguinte anúncio:

Visual: o capacete de Lindbergh exibido no Smithsonian.
Chamada: "Protegido por um sistema de alarme de US$ 150 mil e um frasco de Lexol".

Para efeito de apresentação, obviamente esta abordagem criativa foi simplificada. Aqui nós trabalhamos com não mais do que cinco tangentes em cada nível. Entretanto, como estamos trabalhando com círculos (e também dentro deles), fica claro que independentemente de quantos pontos de vista surjam, sempre haverá outros. Como um círculo tem 360 graus, há no mínimo o mesmo número de pontos de partida. Esta é uma demonstração de que as idéias são infinitas, e não finitas.

Figura 29.3 – Lexol: terceira cadeia de idéias.

A outra vantagem desta abordagem é que ela *elimina o medo diante de uma folha de papel em branco*. Em vez de esperar que um raio de luz caia do céu, os alunos entendem que idéias são coisas que devem ser buscadas. Com a prática, este método foi comprovado por uma série de profissionais das agências mais criativas de Nova York. Esta técnica também beneficia os alunos que ainda não a usaram para criar um anúncio. Por ser visual, ela possibilita àqueles que possuem pensamento linear usar o raciocínio tangencial. Ela ajuda a trabalhar a capacidade instintiva no lugar da intelectual. Mas acima de tudo ela ensina que pensar em uma idéia pode ser tão divertido quanto executá-la.

Para os alunos que se lançam à execução depressa demais, este método faz com que pisem no freio imediatamente. Cria-se a valorização das *idéias* e não apenas das frases provocativas. O método também estimula a curiosidade, porque força os alunos a questionar o objeto para o qual eles olham. Logo, eles serão capazes de regredir até a idade mental de uma criança de quatro anos que está sempre perguntando "E se..." ou "Por quê?". Quantas vezes nós, adultos, fomos surpreendidos por perguntas de crianças de 4 anos como "Por que o céu é azul?" "Bem, o céu é azul porque... Ora, por que o céu é azul?". Ao trazer de volta esse tipo de curiosidade, as coisas velhas parecem novas outra vez, e isso nos ajuda a olhar para as coisas a partir de novos pontos de vista. Quando um aluno usa essa técnica com convicção, seu método criativo começa a tomar forma. O que acontece logo em seguida é o desenvolvimento da expressão e do estilo criativo desse indivíduo. É aí que o aluno consegue alcançar a mais cobiçada das capacidades em publicidade: a consistência.

À medida que os alunos começam a adquirir a compreensão do que são as idéias e de como usá-las, podem começar a empregar um método mais sofisticado para ajudá-los a produzir publicidade.

O conceito: gerando e organizando tag lines*

Uma boa *tag line* é a idéia da campanha articulada em uma sentença e usada para amarrar os anúncios/comerciais de uma série.

- "Suburu. Acessível e feito para continuar assim" tem uma profundidade de pensamento que dá margem a pelo menos dois anos de execução.

---

* *Tag line*: expressão ou frase de efeito que se coloca no final de um anúncio ou de uma campanha com o propósito de identificá-la. (N.R.T.)

- "Perdue. Só um homem durão é capaz de criar um frango macio" é uma *tag line* que dá margem a inúmeras campanhas que mostram um personagem motivado e determinado que faz de tudo para criar frangos macios.
- "Volvo. O carro para quem pensa" enseja campanhas inteligentes sobre um carro que é comprado por pessoas inteligentes.

Cada uma dessas *tag lines* clássicas sustentou sua respectiva campanha durante anos, quando não décadas.

Para exercitar a criação de *tag lines*, o melhor a fazer para começar é pegar um bloco de papel de 10 cm x 10 cm e ter uma parede comprida à disposição. À medida que os alunos vão verbalizando as *tag lines* para um produto, cada uma é escrita em uma folha de papel e colada com fita adesiva na parede. As frases não precisam ter uma redação impecável, mas precisam trazer idéias bem pensadas. Logo vai ficando claro que essas idéias refletem uma variedade de posicionamentos criativos diferentes para nossa marca. Começamos por organizá-las horizontalmente em toda a parede, refletindo os vários pontos de vista sobre o produto. Logo percebemos que algumas frases são o mesmo pensamento escrito de formas diversas. Colocamos estas verticalmente, com a frase que achamos mais substancial no topo.

Quando nos afastamos e olhamos para a parede, começamos a ver que nossos pensamentos foram organizados de uma maneira interessante. As frases horizontais representam as idéias para as campanhas, enquanto as verticais representam idéias para as propagandas de uma campanha.

O uso dessa técnica requer que os alunos não tenham dificuldade de escrever frases. Eles literalmente "disparam" uma frase após a outra em pedaços de papel, sem dar muita atenção à redação. Quando uma frase em particular atrai nosso interesse, nós voltamos e a reescrevemos da melhor forma possível, até que ela nos agrade como peça publicitária.

Embora orientada para a escrita, essa técnica invariavelmente evoca imagens. Anotações sobre as imagens devem ser feitas entre parênteses sob cada frase respectiva. O interessante com relação a esta técnica é que talvez jamais venhamos a criar a *tag line*, mas decerto criaremos campanhas que evoluíram a partir de um pensamento trabalhado. Na verdade, esse é o objetivo da técnica: fazer os alunos se concentrar no que querem transmitir. Em certo sentido, ela é bastante parecida com a técnica de tangente/cadeia: apenas organiza o pensamento por meio de frases. Obviamente, a técnica de tangente/cadeia pode ser utilizada para gerar as frases colocadas na parede. Mas, qualquer que seja a técnica usada, este exercício é um meio excelente de tornar o pensar agradável, e é um método de criar campanhas conceituais sem sofrer uma hemorragia cerebral.

Execução

Se você observar consumidores folheando uma revista, verá que poucos gastam sequer 3 segundos olhando um anúncio. O problema para a maioria dos alunos e principiantes em criação é que os diretores de criação gastam ainda menos tempo olhando para os anúncios dos alunos quando folheiam seus portfólios (geralmente chamados *books*). Dizer que um anúncio precisa ser claro como água é dizer pouco. Ele pode conter a idéia mais sagaz e incisiva já concebida, mas se o diretor de criação não a entender em 3 segundos, ela é inútil.

Em uma das agências em que trabalhei, eu tinha uma secretária com o QI de uma ameba. Quando meu diretor de criação me perguntou se eu queria me livrar dela, eu disse que de jeito nenhum. Para mim ela valia ouro. Depois de escrever um comercial/anúncio, eu o mostrava para ela e perguntava: “Você entendeu?”.

“Bom, eu não gostei muito desse anúncio/comercial porque...”

“Não, não. Eu não quero saber se você gostou, quero saber se você entendeu.”

“Ah, entendi”.

Na mosca. O ser humano mais idiota da terra entendeu a publicidade. Perfeito. Os idiotas são inestimáveis. Todo novo profissional devia ter um. O problema seguinte que a maioria dos iniciantes enfrenta é fazer um trabalho provocativo.

Quando um diretor de criação tem uma janela disponível, sua sala se transforma em um mar de capas de portfólios pretas. Se você calcular que há em média 25 anúncios/comerciais por portfólio, o trabalho de um iniciante precisa se destacar em meio a um enorme amontoado de anúncios/comerciais só para ser notado.

“Atitude”

Uma maneira segura de o novo profissional ter seu trabalho notado é dar às propagandas o máximo de “atitude” possível. Se você estudar o trabalho de Ed McCabe no auge da Scali, vai ver que ele construiu uma agência inteira com peças de comunicação inteligentes, da maneira mais provocativa e "atitudinal" possível. Aliás, você poderia acrescentar a palavra *imbecil* no final de cada uma de suas frases:

- Perdue: "Meus frangos comem melhor que você", imbecil.
- Horn and Hardarts: "Não dá para comer a atmosfera", imbecil.
- Serviço público: "Seus pulmões estão tão sujos como o parapeito da sua janela", imbecil.

Chamadas

O mesmo se aplica às chamadas. Se o aluno se vê tentado a colocar um ponto de exclamação no final de uma frase é porque a mensagem definitivamente não foi transmitida da forma mais provocativa possível. O que é interessante nos pontos de exclamação das chamadas é que você nunca os vê nos livros de prêmios, só em anúncios de jornais de segunda.

Trocadilhos

Qualquer pessoa pode escrever um trocadilho — até mesmo um bom trocadilho. Mas em geral não há uma idéia por trás dos trocadilhos. Eles não são nada além de um jogo de palavras que inspiram bem pouco.

Chamadas com final forte

Se uma frase parece sem graça, tente descobrir se o aluno não enterrou a palavra mais provocativa no meio da sentença. Rodney Dangerfield, em minha opinião, teria dado um excelente redator. Ele é o mestre das observações engraçadas. Analise seu trabalho, como esta frase: "Fui falar com meu filho sobre pássaros e abelhas, e ele me falou de minha esposa com o carteiro". Se você colocar a palavra *carteiro* em qualquer outro lugar da frase, ela perde toda a energia.

O visual

A maneira mais óbvia de tornar qualquer publicidade provocativa, entretanto, é através do visual. Eu recomendo fortemente que os alunos não usem imagens do produto como visual. Para todos os fins e propósitos, é um desperdício. A melhor forma de avaliar se um visual é provocativo ou não é perguntar a si mesmo se você gostaria de participar daquela filmagem. Se você está meramente filmando um produto, a única coisa interessante no local será a mesa de lanches oferecida em todas as filmagens. Hoje, os alunos montam portfólios especulativos (*spec books*). Não há limitação de custo para produzir suas peças publicitárias. Seus visuais podem custar o que eles quiserem. Um *book* visual é tão importante para o redator quanto para o diretor de arte. Da mesma forma, um *book* bem escrito é tão vital para o diretor de arte quanto para o redator.

Palavras e imagens trabalhando juntas

A missão mais importante de uma frase bem escrita e um visual provocativo é funcionar bem juntos. Idealmente, um não deveria poder ser compreendido sem o outro. Neil Drossman criou certa vez um anúncio que tinha um homem em uma cadeira de rodas mexendo na parte de trás de um aparelho de televisão. A chamada era: "O que você está vendo é uma televisão consertando um homem". O toque irônico do anúncio é fortalecido por conta de como o visual e a frase se complementam. Se um deles for coberto, você não entende o outro. Nenhum deles é redundante. Aqui, o estudo de roteiros cômicos como "The far side", de Gary Larson, ajuda. É raro ver um de seus cartoons cujo visual ou frase não reflita um homem de verdade.

Tensão entre palavras e imagens

Isso nos leva à criação de tensão entre a frase e o visual. Uma estação de rádio britânica fez certa vez um anúncio para atrair anunciantes para o rádio. A foto mostrava Adolph Hitler com o rosto contorcido gritando em um microfone. A chamada era: "O rádio funciona". O segredo do anúncio foi a complementaridade entre a chamada e o visual. Um era a preparação para o outro, dando enorme impacto tanto ao visual quanto à frase.

Um dos melhores exemplos de tensão em uma publicidade é hoje o clássico pôster de fita de áudio Maxell no qual um homem é atordoado por dois alto-falantes estéreos e seu cabelo, bebida e móveis ficam no ar. A frase do anúncio é incrivelmente sem graça. Diz simplesmente: "Depois de tocar 500 vezes, sua fita de alta fidelidade ainda toca com alta fidelidade". A lição aqui é o que complementa o quê. Se a frase estivesse na parte inferior, o anúncio não chegaria perto de ter o impacto que teve. O leitor teria guardado a frase sem graça em vez do visual bizarro.

O que se vê primeiro — chamada ou visual?

Ao fazer a direção de arte, os alunos precisam saber o que querem que seja visto antes, a frase ou o visual. Uma vez decidido isto, então o elemento a ser visto antes tem de ser dominante no layout.

Verossimilhança

O tópico final na execução de uma campanha é a verossimilhança. Mais importante do que uma campanha especulativa ser verdadeira é que ela seja verossímil. Aprendi isso com uma campanha que eu escrevi. A campanha era para a escova macia Clorox. Visualmente, a frase estava esboçada. Ela dizia: "Um frasco de Comet causa mais danos em seu banheiro do que 15 anos de uso". Ao ver o anúncio, Joe O'Neill, um colega mais experiente, disse: "Antes de mandar fazer, mude 15 para 5". "Por quê?" perguntei. "A verdade é que são quinze anos." "Não importa", disse O'Neill. "Quinze anos não é verossímil. Cinco anos é. Se você diminuir os anos não deixa de ser verdade, mas fica mais verossímil."

Essa é uma lição particularmente valiosa para os alunos. Como suas campanhas são especulativas, tenho menos motivo para acreditar em um fato ou mesmo em um visual dramático. Ao contrário de uma campanha de verdade para uma marca de verdade, ele não precisa ser verdadeiro. É por isso que, quando se trata de trabalho especulativo, a verossimilhança é muito mais importante que a verdade.

Novamente o conceito

Em uma era em que a execução reina, meu conselho ainda é que se concentrem no conceito. Uma vez encontrado um conceito realmente provocativo, aparecerá também uma execução igualmente provocativa. É por isso que eu fazia oficinas de criação aos domingos à noite para meus alunos. Ali eles trabalhavam em equipes durante algumas horas em uma tarefa que jamais iria para a execução. Eles só pensavam nas idéias. Eu passava de equipe em equipe e simplesmente fazia a crítica dos conceitos. A lógica é que, uma vez que se tenha uma idéia objetiva, clara e provocativa, as frases e os visuais cairão do céu.

Os métodos que descrevi neste capítulo são extremamente pragmáticos. Mas eu posso atestar sua eficácia e venho praticando-os há muitos anos. Eles são o resultado de um conhecimento acumulado que foi obtido a partir de inúmeros cursos em que fui ora aluno, ora professor, além de quinze anos de experiência em redação em cinco importantes agências de publicidade de Nova York.

Sobre os colaboradores

Alexander L. Biel é um destacado consultor internacional em pesquisa de mercado e marketing, além de reconhecido especialista em patrimônio de marca e avaliação publicitária. Formado pela Chicago University e pela Columbia University, depois de trabalhar como diretor associado de pesquisa na Leo Burnett passou por inúmeros cargos de chefia na Ogilvy & Mather na Europa e na América do Norte. Foi diretor executivo do Centro de Pesquisa e Desenvolvimento da Ogilvy (que se transformou no Centro WPP de P & D). É autor de mais de setenta artigos e ensaios sobre tópicos de marketing, e seu livro lançado em 1993 *Brand Equity and Advertising* (em colaboração com David Aaker) está na quarta edição. É diretor não-executivo da Research International e presidente da Alexander L. Biel & Associates, de São Francisco, Califórnia.

Harold F. Clark, Jr. é presidente da Smith Clark Associates, empresa de consultoria em comunicação e marketing sediada em Amenia, Nova York. Entre seus clientes estão a Johnson & Johnson, a Bechtel Corporation, a American Association of Advertising Agencies, a J. Walter Thompson e a American Soybean Association. Trabalhou durante vinte anos na J. Walter Thompson, onde se aposentou em 1988 como vice-presidente executivo e membro do quadro de diretores responsável pelos padrões de publicidade e pelo treinamento e desenvolvimento em todo o mundo. Graduou-se pela Amherst College (bacharel em administração), pela Stanford University (mestre em administração) e pela Columbia University (Ph.D.)

John Dalla Costa é um consultor e publicitário nascido no Canadá. Foi presidente e CEO da Miller, Myers, Bruce, Dalla Costa, Inc., conceituada empresa de consultoria em marketing e propaganda. Completou o Programa Proprietário/Presidente na Harvard Business School. Atualmente preside a Catalysis Consulting, Inc. em Toronto, e trabalha com altos executivos de empresas de primeira linha em renovação organizacional, planejamento do patrimônio da marca e gerenciamento de relacionamento. É autor de três livros, entre eles *The ethical imperative: why moral leadership is good business.* Escreve regularmente para as revistas *Financial Post* e *Marketing.* É também instrutor do Programa de Marketing de Formação Executiva na Queen's School of Business da Queen's University de Kingston, Ontário, e fundador do Centro para Orientação Ética, onde trabalha com líderes acadêmicos e empresariais para estimular "uma ética global para a economia global".

Constantin G. Cotzias é bacharel em administração pela Gettysburg College e mestre em administração pela Universidade de Nova York. Trabalhou quinze anos como redator em várias agências, entre elas Ammirati Puris, Scali McCabe Sloves, Levine, Huntley, Schmidt & Beaver, BBDO e Messner Vetere. Recebeu muitos prêmios de publicidade importantes, inclusive o One Show, Andy, Clio e o Festival Internacional do Cinema. Seus alunos ganharam inúmeros prêmios para estudantes, entre eles duas pratas e dois bronzes no One Show. Atualmente é professor associado na VCU Adcenter (Virginia Commonwealth University) em Richmond, Virgínia.

Janet DiLorenzo obteve mestrado em marketing pela Hofstra University e doutorado em administração pela Columbia University. Atualmente é professora de marketing da Escola de Administração da Universidade Fordham. Além disso, é coordenadora e conselheira do Programa para Estagiários em Marketing para alunos de administração. Ministrou vários cursos de marketing, inclusive de marketing internacional, habilidades empreendedoras, propaganda, estágio em marketing e comportamento do consumidor. Recebeu o prêmio Dean's por Excelência no Ensino na Universidade Fordham. Anteriormente havia trabalhado em regime de dedicação exclusiva para organizações como a Lord and Taylor e a Mobil Oil Corporation. Trabalhou também como consultora em planejamento e promoção estratégicos para a Canon, MCI e Polo/Ralph-Lauren. Seus interesses em pesquisa estão nas áreas de formação em marketing, propaganda, marketing internacional e marketing de serviços. Publicou artigos em jornais como *Journal of Marketing for Higher Education, Psychology & Marketing* e *Multinational Business Review*.

Andy Farr é diretor de pesquisa e desenvolvimento do Millward Brown Group, sediado no Reino Unido, onde é responsável pelo desenvolvimento de novas técnicas nas áreas de pesquisa de marca, propaganda e mídia. Começou na Millward Brown em 1985 e trabalhou em vários mercados, inclusive de bens de consumo, mídia e automotivo, tendo se especializado em pesquisa de publicidade. Assumiu em 1990 o cargo de diretor de pesquisa e desenvolvimento no Reino Unido, trabalhando com Gordon Brown, fundador da empresa. Juntamente com Brown, publicou ensaios sobre o relacionamento entre os efeitos imediatos e de longo prazo da propaganda, tendo recebido o prêmio WPP Atticus pela originalidade em serviços de marketing. Em 1994 foi membro-fundador da equipe global de P & D da Millward Brown e trabalhou no desenvolvimento e aperfeiçoamento do portfólio de produtos de pesquisa da empresa. Em 1996 foi responsável pela criação do bem-sucedido sistema Millward Brown de avaliação do patrimônio da marca, o BrandDynamics™, e em 1998 trabalhou com o grupo de propaganda e mídia WPP para desenvolver e lançar o estudo WPP BRANDZ™, um monitor global de patrimônio de marca baseado na metodologia do BrandDynamics que abrange 3.500 marcas. Publicou inúmeros ensaios relativos à eficácia da publicidade e construção de marca, eficácia da mídia impressa e freqüência eficaz. Foi juiz do Instituto de Profissionais da Propaganda (IPA) por ocasião da entrega dos Prêmios de Eficácia em Propaganda no Reino Unido.

Paul Feldwick, graduado pela Oxford University, é um dos grandes planejadores e analistas de propaganda britânicos. Atualmente é diretor executivo de planejamento da BMP DDB, Londres (agência onde Stanley Pollitt criou o conceito de planejamento de contas na década de 1960), e também tem responsabilidades globais na DDB Needham Worldwide. É participante fundamental do Prêmio de Eficácia em Publicidade do Instituto de Profissionais da Propaganda (IPA) e editor de dois volumes da coletânea dos trabalhos premiados, *Advertising Works 5* e *Advertising Works 6*. Membro do IPA e da Sociedade de Pesquisa de Mercado, é autor conhecido e palestrante de temas relacionados à propaganda e à pesquisa.

David Haigh ensinava inglês na Universidade Bristol antes de ser qualificado como Perito Contador Juramentado na Price Waterhouse de Londres. Trabalhou em gerenciamento financeiro internacional e depois entrou no setor de serviços de marketing, primeiro como diretor financeiro da Creative Business e em seguida como diretor financeiro da WCRS & Partners. Deixou a empresa para montar uma consultoria de marketing financeiro, mais tarde adquirida pela Publicis, o grupo de serviços de marketing pan-europeu, onde trabalhou como diretor durante cinco anos. Foi para a Interbrand como diretor de valorização da marca no escritório de valorização de marcas globais de Londres, de onde saiu em 1996 para montar a Brand Finance Limited, na qual é diretor gerente. É membro do Instituto Oficial de Marketing do Reino Unido e membro do painel de juízes dos Prêmios de Eficácia em Publicidade do Instituto dos Profissionais de Publicidade (IPA). É autor de vários livros sobre valorização da marca e tem escrito bastante para a imprensa especializada em finanças e marketing sobre o mesmo tema, inclusive artigos para *The Times*, *Journal of Brand Management, Brand Strategy, Marketing Business* e *Admap.*

John Philip Jones é um acadêmico americano nascido na Inglaterra e graduado pela Cambridge University (bacharel com honra e mestre em economia). Passou 27 anos no segmento de agências de publicidade, dos quais 25 na J. Walter Thompson da Grã-Bretanha, Holanda e Escandinávia, administrando a publicidade de inúmeras marcas de relevo no setor de bens de consumo freqüente. Em 1981 juntou-se ao corpo docente da S. I. Newhouse School of Public Communications, da Universidade de Syracuse, onde hoje é professor catedrático e ex-presidente do Departamento de Propaganda. É também professor adjunto do Royal Melbourne Institute of Technology da Austrália. Seus trabalhos publicados incluem seis livros e mais de setenta artigos para jornais especializados. Sua área específica é a medição dos efeitos da publicidade, e é consultor requisitado por muitos anunciantes e agências de publicidade dos Estados Unidos e de outros países. Recebeu inúmeros prêmios profissionais e é atualmente membro do National Advertising Review Board dos Estados Unidos.

Mary Baumgartner Jones nasceu em Indiana mas cresceu na Europa, em Nova York e na Geórgia. Fez bacharelado em relações internacionais na Mount Holyoke College. Iniciou a carreira como consultora em gerenciamento na R. S. Carmichael and Company, empresa especializada em desenvolvimento de novos produtos e marketing para empresas que prestam serviços financeiros. De lá ela foi para a Grey Direct para aprender a disciplina do marketing direto, e depois para a Ross Roy Communications/NY para chefiar o departamento que cuida das contas da agência. Trabalha atualmente na Home Box Office (HBO) onde passou algum tempo atuando em publicidade e desenvolvimento de novos produtos; ocupa o cargo de diretora de Marketing de Campo e Promoção.

Judie Lannon é uma conceituada profissional de pesquisa qualitativa e estrategista de comunicação em marketing no Reino Unido. Depois de se formar em psicologia na Michigan University, iniciou a carreira na Leo Burnett de Chicago. Trabalhou durante vinte anos na J. Walter Thompson de Londres e tornou-se diretora de pesquisa e desenvolvimento da J. Walter Thompson na Europa. Tem atualmente uma empresa de consultoria. É especializada em desenvolver estratégias de comunicação local e internacional para clientes britânicos e internacionais, além de gerenciar cursos de pesquisa e comunicação em marketing. Publicou muitos ensaios sobre pesquisa, criação de marca e comunicações integradas, e é assídua palestrante em conferências internacionais e escolas de administração. É editora do prestigiado jornal *Market Leader* da Sociedade de Marketing da Grã-Bretanha, editora especial do *International Journal of Advertising* e membro do quadro de juízes da Sociedade de Pesquisa de Mercado (Reino Unido). Atua na promoção de um relacionamento mais próximo entre o mundo acadêmico e o profissional.

Carla V. Lloyd é professora catedrática associada da S. I. Newhouse School of Public Communications da Universidade de Syracuse e ex-presidente do departamento de publicidade da mesma escola. Fez bacharelado na Universidade de Utah, mestrado na Medill School of Journalism da Northwestern University e doutorado em sociologia na Maxwell School of Citizenship and Public Affairs da Universidade de Syracuse. Como professora, amplamente reconhecida pela especialização em planejamento de mídia para publicidade, ganhou inúmeros prêmios e tem experiência profissional em publicação, varejo e venda de jornais. Antes de entrar para o corpo docente da Universidade de Syracuse, foi instrutora nas universidades de Miami, Oxford e Ohio. Publicou artigos juntamente com o Dr. Dennis Martin (autor do best-seller sobre mídia *The Media Flight Plan)*.

Richard E. Mathisen é professor de marketing da Coles College of Business, da Kennesaw State University, na Geórgia. É especialista no campo cada vez mais importante do marketing ambientalista.

Delight L. Omohundro recebeu o Mérito Acadêmico Nacional em redação criativa na Cornell e tem mestrado em biologia nutricional. Fez doutorado na Universidade de Syracuse com uma tese sobre o uso de etiqueta de alimentos pelos idosos. Durante sua carreira em publicidade trabalhou com William Bernbach e Mary Wells na Caldor e na Warner, e teve cliente como Chevrolet, Velcro, *Playboy* e J. L. Hudson, a maior loja de departamentos do mundo. Também ganhou prêmios Addy por peças publicitária institucionais e para consumidores. É autora de *How to Win the Grocer Game*, ainda usado como manual do consumidor, e durante dois anos fo editora do *Consumer Digest.* Ensinou publicidade, redação e mídia na S I. Newhouse School of Public Communications da Universidade de Syracuse, e atualmente é presidente da Megafax Research Inc., empresa especializada em medir a satisfação do consumidor para grandes empresas

Filip Palda é professor associado de economia da National School of Public Administration de Montreal, no Canadá. Fez doutorado em economia na Universidade de Chicago, em 1989. Escreveu cinco livros, editou outros cinco e publicou inúmeros artigos em jornais especializados sobre fenômenos políticos e sobre a interação entre o sistema de impostos e a economia informal.

Kristian Palda é professor da Escola de Administração da Queen's University, no Canadá. É doutor em administração pela Universidade de Chicago desde 1963. Sua tese de doutorado, "A medição dos efeitos cumulativos da publicidade", ganhou o Prêmio da Fundação Ford para Teses de Doutorado. Sua pesquisa engloba marketing, publicidade política e políticas de pesquisa e desenvolvimento. É autor de oito livros e inúmeras publicações acadêmicas em periódicos como *Journal of Business, Journal of Marketing Research* e *Journal of Law and Economics.* Sua pesquisa atual é sobre a história do terror político.

Jan S. Slater, Ph.D., é professora assistente de publicidade na E. W. Scripps School of Journalism da Universidade de Ohio, em Athens, Ohio. Antes de trabalhar na Universidade de Ohio, foi professora assistente e coordenadora da cadeira de publicidade na Xavier University de Cincinnati, Ohio, e instrutora de publicidade da S. I. Newhouse School of Public Communications da Universidade de Syracuse e da Universidade de Nebraska, em Omaha. Além dos dez anos de experiência como professora, tem vinte anos de experiência em publicidade, tanto no setor privado como em agências de publicidade. Até 1990 tinha a própria agência, a J. Slater & Associates, em Omaha, Nebraska.

É bacharel pela Hastings College, Hastings, Nebraska, mestra em ciências da publicidade pela Universidade de Illinois, Champaign-Urbana, e doutora em comunicação pela Universidade de Syracuse.

Mark Stockdale é bacharel em economia e estatística e mestre (com distinção) em marketing. Trabalhou muitos anos em marketing e planejamento de contas em três importantes agências de Londres: Allen Brady & Marsh, J. Walter Thompson e Leagas Delaney. Começou na Leo Burnett de Londres em 1992, como diretor de Planejamento de Marca, e em 1996 foi promovido a diretor de Planejamento Executivo. É também membro do grupo de administração da agência. É membro do Comitê Valor da Publicidade do Instituto (Britânico) de Profissionais de Propaganda (IPA) e autor do Guia para Produzir Peças Publicitárias Eficazes para Serviços Financeiros do IPA. É também membro do Grupo Executivo (Britânico) para Planejamento de Contas. É palestrante e autor de inúmeros artigos para jornais especializados.

Bruce G. Vanden Bergh, Ph. D., é professor do Departamento de Publicidade da Universidade Estadual de Michigan, de cujo corpo docente é membro desde 1978. Durante sua estada ali, foi presidente do Comitê de Assuntos dos Formandos e presidente do Departamento de Publicidade. Foi presidente da American Academy of Advertising, em 1995, e foi nomeado para a Academic Division of the American Federation (AAF). Tem inúmeras publicações em jornais acadêmicos e foi co-autor de dois livros nesse campo: *Advertising Campaign Strategy* e *Advertising POrinciples*. Também serviu no conselho editorial do *Journal of Advertising* e do *Journalism & Mass Communication Quarterly*. Foi merecedor de inúmeras homenagens, entre elas a de Educador Emérito da AAF, em 1996, e Ex-aluno Emérito da Faculdade de Comunicação da Universidade do Tennessee, em 1994. É especializado nas áreas de criatividade em publicidade, desenvolvimento de campanhas e comportamento do consumidor.

Roderick White formou-se na Universidade de Cambridge e trabalhou mais de 35 anos em publicidade na Walter J. Thompson e na Lansdown Conquest como planejador, pesquisador e consultor de marketing. Nesse período trabalhou em uma ampla variedade de mercados, tanto no Reino Unido como internacionalmente, para clientes que vão de multinacionais como Unilever, Nestlé, Ford e Kellogg's a associações comerciais, departamentos do governo e agências das Nações Unidas. Recentemente concentrou-se no mercado de serviços financeiros e na aplicação de teorias de criação de marca e marketing de bens de consumo nesse campo. É autor de dois livros e inúmeros artigos para a imprensa de marketing e publicidade. É editor da *Admap*, revista inglesa bimestral de prestígio que apresenta o ponto de vista do profissional quanto aos progressos nas comunicações, no marketing e na mídia.

Charles Ziff graduou-se pela Wesleyan University. Foi fundador da Ziff Marketing, especializada em serviços de marketing e publicidade para organizações culturais. Trabalhou como especialista de marketing no escritório para artes da Fundação Ford, como vice-presidente de promoções da Academia de Música do Brooklyn, como diretor-gerente da Fundação para a Dança Nicolais-Louis e como diretor da American Arts Alliance. Foi professor da Universidade de Nova York e da City University de Nova York. Morreu em 1992.